24시간 365일
서버/인프라를 지탱하는 기술

무중단 서비스를 위해 지금 당장 할 수 있는 것은 무엇인가?

확장성 고성능 효율성

이토 나오야, 카츠미 유키, 다나카 신지, 히로세 마사아키, 야스이 마사노부, 요코가와 카즈야 공저 / 진명조 옮김

"24 JIKAN 365 NICHI"
SERVER/INFRA O SASAERU GIJUTSU

Copyright ⓒ Naoya Ito, Yuki Katsumi, Shinji Tanaka, Masaaki Hirose,
Masanobu Yasui, Kazuya Yokogawa 2008 All rights reserved.

Original Japanese edition published by Gijyutsu-Hyoron Co., Ltd., Tokyo.
This Korean language edition published by arrangement with Gijyutsu-Hyoron Co., Ltd.,
Toyko in care of Tuttle-Mori Agency, Inc., Tokyo through Danny Hong Agency, Seoul.

이 책의 한국어판 저작권은 대니홍 에이전시를 통한 저작권자와의 독점 계약으로 (주)제이펍에 있습니다.
저작권법에 의해 한국 내에서 보호를 받는 저작물이므로 무단전재와 복제를 금합니다.

24시간 365일 서버/인프라를 지탱하는 기술

1쇄 발행 2009년 4월 22일
7쇄 발행 2022년 3월 31일

지은이 이토 나오야, 카츠미 유키, 다나카 신지, 히로세 마사아키, 야스이 마사노부, 요코가와 카즈야
옮긴이 진명조
펴낸이 장성두
펴낸곳 주식회사 제이펍

출판신고 2009년 11월 10일 제406-2009-000087호
주소 경기도 파주시 회동길 159 3층 / **전화** 070-8201-9010 / **팩스** 02-6280-0405
홈페이지 www.jpub.kr / **원고투고** submit@jpub.kr / **독자문의** help@jpub.kr / **교재문의** textbook@jpub.kr

편집부 김정준, 이민숙, 최병찬, 이주원, 송영화
소통기획부 이상복, 송찬수, 배인혜 / **소통지원부** 민지환, 김수연 / **총무부** 김유미

진행 및 교정·교열 장성두 / **내지디자인** 북아이 / **표지디자인** Aowa & Arowana
용지 신승지류유통 / **인쇄** 해외정판사 / **제본** 일진제책사

ISBN 978-89-962410-0-3 (13000)
값 25,000원

※ 이 책은 저작권법에 따라 보호를 받는 저작물이므로 무단 전재와 무단 복제를 금지하며,
  이 책 내용의 전부 또는 일부를 이용하려면 반드시 저작권자와 제이펍의 서면동의를 받아야 합니다.
※ 잘못된 책은 구입하신 서점에서 바꾸어드립니다.

제이펍은 독자 여러분의 아이디어와 원고 투고를 기다리고 있습니다. 책으로 펴내고자 하는 아이디어나 원고가 있는
분께서는 책의 간단한 개요와 차례, 구성과 저(역)자 약력 등을 메일(submit@jpub.kr)로 보내주세요.

차례

CHAPTER 01 서버/인프라 구축 입문
다중화/부하분산의 기본

1.1 다중화의 기본 ·· 2
다중화란 ·· 2
다중화의 본질 ·· 2
라우터 장애시의 대응 ·· 4
웹 서버 장애시의 대응 ·· 5
장애극복 ·· 7
장애검출 ······ 헬스체크 ·· 8
Active/Backup 구성 만들기 ·· 10
서버를 효과적으로 활용하자 ······ 부하분산 ·· 12

1.2 웹 서버의 다중화 DNS 라운드로빈 ·· 13
DNS 라운드로빈 ·· 13
DNS 라운드로빈의 다중화 구성 예 ·· 14
보다 편하게 시스템 확장하기 ······ 로드밸런서 ·· 18

1.3 웹 서버의 다중화 IPVS를 이용한 로드밸런서 ·· 19
DNS 라운드로빈과 로드밸런서의 차이 ·· 19
IPVS ······ 리눅스로 로드밸런서 구성 ·· 20
스케줄링 알고리즘 ·· 21
IPVS 사용하기 ·· 23
로드밸런서 구축하기 ·· 24
L4스위치와 L7스위치 ·· 28
L4스위치의 NAT구성과 DSR구성 ·· 29
동일 서브넷인 서버를 부하분산할 경우 주의사항 ·· 31

1.4 라우터 및 로드밸런서의 다중화 ·· 33
다중화란 ·· 33
다중화 프로토콜 VRRP ·· 33

차례

VRRP의 구조 ··· 34
keepalived의 구조상의 문제 ································ 38
keepalived 다중화 ·· 39
keepalived 응용 ··· 43

CHAPTER 02 한 단계 높은 서버/인프라 구축
다중화, 부하분산, 고성능 추구

2.1 리버스 프록시 도입 아파치 모듈 ························ 46
　리버스 프록시 입문 ··· 46
　HTTP 요청 내용에 따른 시스템의 동작 제어 ········· 47
　시스템 전체의 메모리 사용효율 향상 ··················· 49
　웹 서버가 응답하는 데이터의 버퍼링의 역할 ········· 53
　아파치 모듈을 이용한 처리의 제어 ······················ 56
　리버스 프록시의 도입 ······································ 57
　진보된 RewriteRule의 설정 예 ·························· 64
　mod_proxy_balancer로 여러 호스트로 분산하기 ··· 65

2.2 캐시서버 도입 Squid, memcached ···················· 69
　캐시서버 도입 ·· 69
　Squid 캐시서버 ·· 71
　memcached에 의한 캐시 ································· 76

2.3 MySQL 리플리케이션 단시간에 장애복구하기 ······ 79
　DB서버가 멈춘다면? ·· 79
　MySQL 리플리케이션 기능의 특징과 주의점 ········ 81
　리플리케이션의 원리 ·· 83
　리플리케이션 구성을 만들기까지 ······················· 84
　리플리케이션 시작 ··· 87
　리플리케이션 상황 확인 ···································· 89

2.4 MySQL 슬레이브 + 내부 로드밸런서 활용 예 ······· 94
　MySQL 슬레이브 활용방법 ······························· 94

슬레이브 참조를 로드밸런서 경유로 수행하는 방법 ·················· 96
내부 로드밸런서의 주의점 ······ 분산방법은 DSR로 하라 ·················· 101

2.5 고속, 경량의 스토리지 서버 선택 ·················· 102
스토리지 서버의 필요성 ·················· 102
이상적인 스토리지 서버 ·················· 105
HTTP를 스토리지 프로토콜로 이용하기 ·················· 106
남은 과제 ·················· 108

CHAPTER 03 무중단 인프라를 향한 새로운 연구
DNS서버, 스토리지 서버, 네트워크

3.1 DNS서버의 다중화 ·················· 112
DNS서버 다중화의 중요성 ·················· 112
주소변환 라이브러리를 이용한 다중화와 문제점 ·················· 112
서버팜에서의 DNS 다중화 ·················· 115
VRRP를 이용한 구성 ·················· 115
DNS서버의 부하분산 ·················· 117
정리 ·················· 119

3.2 스토리지 서버의 다중화 DRBD로 미러링 구성 ·················· 120
스토리지 서버의 장애 대책 ·················· 120
스토리지 서버의 동기화 문제 ·················· 120
DRBD ·················· 121
DRBD의 설정과 실행 ·················· 123
DRBD의 장애극복 ·················· 127
NFS서버를 장애극복할 때 주의점 ·················· 131
백업의 필요성 ·················· 131

3.3 네트워크의 다중화 Bonding 드라이버, RSTP ·················· 132
L1, L2 구성요소의 다중화 ·················· 132
장애발생 포인트 ·················· 132
링크의 다중화와 Bonding 드라이버 ·················· 133

차 례

　　스위치의 다중화 ……………………………………………… 135
　　스위치의 증설 ………………………………………………… 138
　　RSTP …………………………………………………………… 140
　　정리 ……………………………………………………………… 143

3.4 VLAN 도입 유연한 네트워크 구성 ……………………………… 145
　　서버팜에서 유연성이 높은 네트워크 ………………………… 145
　　VLAN 도입이 가져오는 이점 ………………………………… 146
　　VLAN의 기본 …………………………………………………… 150
　　VLAN의 종류 …………………………………………………… 151
　　서버팜에서 활용 ………………………………………………… 154
　　열쇠는 물리적 구성의 단순화 ………………………………… 159

CHAPTER 04 성능향상, 튜닝
리눅스 단일 호스트, 아파치, MySQL

4.1 리눅스 단일 호스트 부하의 진상규명 ……………………… 162
　　단일 호스트의 성능 끌어내기 ………………………………… 162
　　추측하지 말라, 계측하라 ……………………………………… 163
　　병목 규명작업의 기본적인 흐름 ……………………………… 165
　　부하란 무엇인가 ………………………………………………… 167
　　Load Average를 계산하는 커널 코드 확인 ………………… 177
　　CPU사용률과 IO대기율 ………………………………………… 179
　　멀티CPU와 CPU사용률 ………………………………………… 182
　　CPU사용률이 계산되는 원리 …………………………………… 184
　　프로세스 어카운팅의 커널 코드 확인 ………………………… 186
　　쓰레드와 프로세스 ……………………………………………… 189
　　ps, sar, vmstat 사용법 ………………………………………… 193
　　OS튜닝이란 부하의 원인을 알고 이를 제거하는 것 ………… 207

4.2 아파치 튜닝 …………………………………………………… 209
　　웹 서버 튜닝 …………………………………………………… 209
　　웹 서버가 병목현상? …………………………………………… 209

아파치의 병렬처리와 MPM ·· 210
httpd.conf 설정 ·· 216
Keep-Alive ·· 227
아파치 이외의 선택방안 검토 ·· 227

4.3 MySQL 튜닝의 핵심 ·· 230
MySQL 튜닝의 핵심 ·· 230
메모리 관련 파라미터 튜닝 ·· 233
메모리 관련 체크툴 ······ mymemcheck ···························· 237

CHAPTER 05 효율적인 운용 안정된 서비스를 향해

5.1 서비스의 가동감시 Nagios ·· 240
안정된 서비스 운영과 서비스의 가동감시 ························ 240
Nagios의 개요 ·· 243
Nagios의 설정 ·· 244
웹 관리화면 ·· 250
Nagios의 기본적인 사용법 ·· 253
Nagios 응용법 ·· 258
정리 ·· 264

5.2 서버 리소스 모니터링 Ganglia ·································· 265
서버 리소스 모니터링 ·· 265
모니터링 툴 ·· 266
Ganglia ······ 대량의 노드에 적합한 그래프화 툴 ············ 267
아파치 프로세스의 상태 그래프화 ···································· 269

5.3 서버관리의 효율화 Puppet ·· 274
효율적인 서버관리를 실현하는 툴 Puppet ······················ 274
Puppet의 개요 ·· 275
Puppet의 설정 ·· 276
설정파일 작성방법 ·· 279
로그 통지 ·· 288

운용 ··· 290
자동 설정관리 툴의 장단점 ································ 290

5.4 데몬의 가동관리 daemontools ···················· 292
데몬이 비정상 종료했을 경우 ································ 292
daemontools ··· 293
데몬의 관리방법 ··· 295
daemontools의 팁 ·· 301

5.5 네트워크 부트의 활용 PXE, initramfs ··········· 306
네트워크 부트 ·· 306
네트워크 부트의 동작 ······ PXE ····························· 307
네트워크 부트의 활용 예 ······································ 310
네트워크 부트를 구성하기 위해 ····························· 312

5.6 원격관리 관리회선, 시리얼 콘솔, IPMI ············ 316
원격 로그인 ··· 316
네트워크 장애 대비 ··· 316
시리얼 콘솔 ··· 320
IPMI ··· 323
정리 ·· 325

5.7 웹 서버 로그관리 syslog, syslog-ng, cron, rotatelogs ············· 326
웹 서버 로그 집약, 수집 ······································ 326
집약과 수집 ··· 326
로그 집약 ······ syslog와 syslog-ng ························ 327
로그 수집 ·· 331
로그서버의 역할과 구성 ······································· 333
정리 ·· 333

CHAPTER 06 서비스의 무대 뒤
자율적인 인프라, 다이나믹한 시스템 지향

6.1 Hatena의 내부 ··· 336
   Hatena의 인프라 ·· 336
   확장성과 안정성 ··· 339
   운용효율 향상 ··· 344
   전원효율 – 리소스 이용률 향상 ·················· 348
   자율적인 인프라 지향 ································· 352

6.2 DSAS의 내부 ·· 353
   DSAS란 ·· 353
   시스템 구성 상세 ······································· 361
   DSAS의 미래 ··· 376

APPENDIX
샘플코드 • 377
찾아보기 • 396

한국어판 서문

한국의 독자 여러분!

이번에, 저희 집필진이 쓴 이 책이 한국어로 번역된다는 말을 듣고 영광으로 생각함과 동시에 한국의 독자 여러분께 도움을 드릴 수 있게 되어 집필진 모두는 매우 기쁘게 생각하고 있습니다.

이 책은, 일본에서 웹 서비스를 제공하고 있는 ㈜Hatena와 KLab㈜의 엔지니어가 「확장성」, 「고성능」, 「운용의 효율화」라는 3가지를 키워드로 하여, 집필진의 경험을 바탕으로 한 노하우를 정리한 것입니다.

양사는 웹 서비스를 제공하고 있다는 공통점은 있지만 협업을 하고 있는 것은 아니므로, 서로의 인프라 시스템에 관해서는 잘 알지 못 했습니다. 그러나, 이 책을 집필하는 과정에서 양측의 시스템을 알게 되면서, 최종적인 구현 모습은 다를지라도 거기에 이르는 설계사상에는 유사한 점이 많아서 놀랐던 기억이 납니다.

저는 한국어판 책에서도 동일한 노하우를 전할 수 있으리라 생각합니다. 즉, 살고 있는 나라나 말하는 언어가 다르더라도 「오픈소스 소프트웨어와 필수 하드웨어로 만든, 웹 서비스를 위한 인프라」라는 공통점이 있다면, 분명 그 노하우는 국가나 언어의 벽을 넘어서 통할 것이라고 저는 생각합니다.

한국어판 서문

틀림없이, 다양한 상황이나 환경이 있을 것이므로, 이 책에 쓰여져 있는 내용이 독자 여러분의 시스템에 있는 그대로 적용할 수는 없을지도 모릅니다. 하지만, 여러분과 집필진 사이에는 「서버/인프라」라는 공통점이 있습니다. 분명, 우리의 노하우가 담긴 이 책 속에서 여러분은 새로운 발견과 식견을 얻을 수 있으리라 믿습니다. 그리고, 바다 건너에 있는 여러분에게 도움을 드릴 수 있어서 집필진은 매우 기쁘게 생각합니다.

끝으로, 이런 종류의 기술서는 영문 원서를 번역한 것이 많지만, 이렇게 좋은 기회를 준 번역 관계자 여러분, 그리고 이 책을 지금 손에 들고 있는 여러분에게 진심으로 감사드립니다.

"당신의 엔지니어 인생이 늘 행복하길 기원하며…"

2009년 4월
도쿄 록본기에서
저자들을 대표해서 **히로세 마사아키**

옮긴이 서문

　학습, 연구 목적으로 또는 상용 서비스를 제공하기 위해 기본적인 네트워크, 서버를 구축하고 나름대로의 보안성과 성능을 유지하고 최대한 장애가 발생하지 않도록 안정적으로 운용, 관리하는 것이 시스템 관리자가 일차적으로 수행해야 할 임무다. 이를 위해 다양한 설치, 운용관련 기술문서와 서적을 검색, 탐독하고 수많은 시행착오를 겪으면서 운영체제, 서비스 프로그램 등의 설치, 환경설정, 삭제 등을 반복하게 될 것이며, 지금 이 책을 읽고 있는 독자라면 아마도 이미 이러한 과정을 지나왔을 것이라 생각한다. 그리고, 이제는 한 단계 높은 레벨의 서버/인프라 관리방안을 모색하고 있으리라 51% 확신하는 바이다.

　"24시간 365일 무중단 서비스를 위해 지금 무엇을 할 수 있는가?"

　당신의 질문이 위와 같다면 이 책이 그 해답이 될 것이다. 이 책에서는 이미 널리 알려진 혹은 저자들이 직접 제작하여 실무에 적용해온 오픈소스 소프트웨어를 이용하여 중단 없는 서비스를 운용하기 위한 '다중화', '성능향상', '확장성', '운용효율성'에 대해 설명하고 있다. 아울러, 이 책의 저자들이 소속되어 있는 '일본의 구글'이라 칭송받는 ㈜Hatena와 모바일 플랫폼 서비스를 제공하는 KLab㈜의 서버/인프라 구성환경, 운용도구에 대한 소개를 비롯해 운용사례 및 차후 개선방향까지도 언급하고 있어, '다중화', '확장성', '효율적 운용방안' 등에 관한 이론과 함께 실례를 접할 수 있다.

　이 책을 읽으면서 서버/인프라 관련 기술을 접하게 되면 자연스레 그 기술의 정점에 있는 '구글'을 떠올리게 된다. 구글의 서버/인프라 구성에 관한 바탕을 이루는 생각은 비용절감, 저가형 하드웨어, 스마트한 소프트웨어에 집중하는 것이라고 한다. 기능에 적합하게 튜닝된 리눅스 운영체제를 이용하고, 서버, 랙, 데이터센터 레벨의 장애가 일어나더라도 데이터의 손실이나 전체 시스템 다운이 방지되도록 '다중화' 되어 있으며, 시스템 규모 확장시에는 플러그인 방식에 의

옮긴이 서문

해 세팅과 설정이 가능할 정도로 '확장성'과 '운용이 표준화, 효율화' 되어 있다. 구글은 이러한 기술들을 우수한 인력을 이용해 자체 개발하여 운용하고 있다. 물론, 우리가 다루는 서버/인프라 환경은 구글의 그것과는 많이 다르겠지만, 중단 없이 서비스해야 한다는 목표와 필요로 하는 기술은 유사하리라 생각한다.

모든 시스템 관리자에게 '서버/인프라를 지탱하는 기술'이 필요하지는 않겠지만, 더 나은 서비스를 위해 필수적인 것만은 사실이다. 한 단계 높은 레벨의 서버/인프라 관리방안에 대해 고민해본 적이 있다면 이 책에 있는 기술들을 꼭 한 번 적용해보길 바란다.

오늘을 함께 살아가고 있는 가족, 친구 그리고 회사동료들에게 고마운 마음을 전한다. 그리고 부족한 저를 믿고 제이펍의 첫 책의 번역을 맡겨주신 장성두 실장님께, 지면을 통해 제이펍의 첫 출간 축하드리고 감사드린다. '0과 1로 밥먹고 사는 사람들을 위해' 좋은 책 많이 내주시기를…

2009년 4월
진명조

진명조 … 고려대학교 재료공학부를 졸업하고 ㈜오늘과내일 연구소에서 근무 중이다. 『입문자를 위한 루비』(2009), 『Binary Hacks : 해커가 전수하는 테크닉 100선』(2007), 『C언어로 배우는 알고리즘 입문』(2004) 등을 번역하였다. IT 개발자의 삶 속에서 작은 보람을 찾고자 오늘도 주어진 업무에 최선을 다하고 있다.

지은이 서문

SNS나 블로그, 쇼핑 사이트를 시작으로 다양한 웹서비스, 메일이나 채팅 등의 커뮤니케이션 툴 등, 이미 인터넷은 우리 생활에 없어서는 안 될 인프라라고 해도 과언이 아니다. 역시나 필자도 예외 없이 매일 인터넷을 사용하고 있다. 보다 정확히 표현하면, 공과 사를 가릴 것 없이 완전히 인터넷의 바다에 빠져 나날을 보내고 있다.

그런데 필자의 경우에는 – 분명, 지금 이 책을 보고 있는 여러분도 똑같으리라 생각하지만 – 「사용자」와는 다른 측면을 가지고 있다. 바로 서비스 「제공자」라는 측면이다. 필자의 경우는 네트워크나 서버 구축, 운용관리를 직업으로 하고 있다.

예전에는 네트워크나 서버라고 하면 기자재가 고가여서 그리 간단하게 접할 수 없는 분야였다. 그러나 요즘은 리눅스(Linux)나 FreeBSD를 시작으로 PC UNIX가 보급되고, 하드웨어 가격이 많이 저렴해졌으며, 네트워크에 항상 접속할 수 있는 덕분에 가정에서 네트워크를 구성하고 서버를 구축해서 이용하는 사람도 많아졌다.

이러한 상황과 맞물려 인프라 관련 정보도 자주 접할 수 있게 되었다. 특히, 설치방법이나 아파치(Apache) 등의 데몬 설정 등 이른바 하우투(How-To)의 내용이 사뭇 놀랄 만큼 충실해져서 초보 엔지니어에게는 편리한 세상이 되었다고 생각한다.

한편, 그 다음 단계인 운용관리작업의 효율화, 서비스의 다중화나 확장성과 같은 주제의 기술적인 정보나 노하우는 아직도 모자란 느낌이다.

필자의 경우도 몇 대의 서버로 구성된 시스템을 구축, 운용하는 것부터 시작했지만 수십 대에서 수백 대 규모로 장비가 증가하면서 느끼는 가장 커다란 벽은 「다중화」, 「확장성」에 관한 정보였다. 당시 필자는 「다중화」나 「확장성」에 관한 지식이나 경험도 없었으며, 어디서부터 손을 대어야 좋을지조차도 모르는 상태었다. 또한, 이를 실현하기 위해서 고가의 상용제품을 이용해야만 한다는 잘못된 믿음을 가지고 있어서 테스트를 해보려 해도 좀처럼 만져볼 수 없었다.

지금 생각해보면 당시의 이런 생각은 잘못된 것이었다. 사실은 오픈소스 소프트웨어 OSS와 일반적인 도구로 「다중화」와 「확장성」을 겸비한 시스템을 구축할 수 있기 때문이다. 그렇다면 돌이켜서 무엇이 원인이었는지 생각해보면, 단순히 '그런 게 있을 줄은 몰랐어.', '그런 게 가능할 줄은 몰랐어.' 라는 반응으로 그칠 것으로 생각한다.

바로 여기에 이 책을 집필한 동기가 있다. 즉, 이 책의 목표는 「다중화」되고 「확장성」도 있는 인프라를 구축하기 위한 힌트를 여러분에게 전하기 위해서다.

이 책에는 다소 의도적으로 오픈소스를 사용하고 있다. ㈜Hatena와 KLab㈜의 엔지니어 그룹이 허황되지 않은, 실제 가동중인 시스템에 관련된 보다 실천적인 정보를 전달한다. 시스템이란 「계系」다. '계'라는 것은 각각의 요소가 서로 연관되어 구성된 것이다. 이 책에서는 각각의 요소기술에 대해 상세히 설명하고 상호 연관성이나 흐름, 연결관계를 중요시한 내용이 될 수 있도록 힘을 쏟았다. 또한 이 책은 하우투 how-to 책이 아니다. 따라서 꼼꼼하게 설치순서를 설명해주지는 않으며, 책에 쓰여진 대로 명령을 실행한다고 해서 뭔가 이루어지지도 않는다.

이 책에 기술되어 있는 것은 실제 현장에서 우리가 어떻게 생각하고 고민하고 연구해왔는지, 그 궤적과 성과의 결과물이다. 「독자 여러분이 이후에 인프라를 설계, 구축, 운용관리할 때, 이 책이 조금이나마 의지가 되고 지식이 되었으면…」하는 바람을 담아 이 책을 집필했다.

2008년 7월

저자들을 대표해서 **히로세 마사아키**

이 책의 구성

이 책은 총 6장으로 구성되어 있다.

1장 서버/인프라 구축 입문 ······ 다중화/부하분산의 기본

2장 한 단계 높은 서버/인프라 구축 ······ 다중화, 부하분산, 고성능 추구

3장 무중단 인프라를 향한 새로운 연구 ······ DNS서버, 스토리지 서버, 네트워크

1 ~ 3장에 걸친 일관된 테마는 「다중화」와 「확장성」을 겸비한 인프라 디자인 이다.

각 장의 절은 각각 독립된 주제지만, 「소규모 시스템을 출발점으로 어떻게 인프라를 정비해 나아갈까」라는 스토리 내에서 서로 연관되어 있다. 우선은 흐름을 파악하기 위해 1 ~ 3장 전체를 대략적으로 훑어보고 그 다음 관심 있는 절로 돌아가 차분히 읽어가는 방법을 추천한다.

4장 성능향상, 튜닝 ······ 리눅스 단일 호스트, 아파치, MySQL

4장의 테마는 「성능향상」이다.

서버를 나열해서 로드밸런싱하고 시스템 전체의 성능향상을 꾀한다는 작전에는 그 구성요소인 개별서버의 튜닝도 빼놓을 수 없다. 4장에서는 특히 개별 성능향상에 관해 다루고 개별서버의 능력을 발휘하기 위해 필요한, 병목의 특징이나 튜닝에 대해 서술한다.

5장 효율적인 운용 ······ 안정된 서비스를 향해

5장은 감시나 관리와 같은 「운용」이 테마다.

만일 서버 대수가 증가함에 따라 운용비용도 증가한다면 장래에는 운용비용

이 병목이 되어 생각처럼 인프라를 확대할 수 없을 가능성이 있다. 다른 좋은 방법을 쓰면 얼마나 운용을 효율화할 수 있는지가 확장성 있는 인프라를 키워내는 열쇠가 된다고 할 수 있다. 5장에는 집필진의 운용환경에서 어떻게 효율적인 연구를 수행하는지, 그 사례를 소개한다.

6장 서비스의 무대 뒤 ······ 자율적인 인프라, 다이나믹한 시스템 지향

마지막 6장에는 ㈜Hatena와 KLab㈜에서 운용 중인 DSAS의 여러 기능에 대해, 그리고 실제로 가동 중인 네트워크, 서버 인프라에 관련된 얘기를 한다.

집필진은 인프라팀 내에서도 핵심 엔지니어들이다. 내용은 테크니컬한 얘기와 함께 지금까지의 각 장에서는 너무 사소해서 소개할 수 없는 것이나 오늘에 이르기까지의 경위, 역사, 인프라 계열 엔지니어의 모티베이션이나 마인드와 같은 주제도 포함시킴으로써 읽을거리로서도 재미있게 구성하였다.

집필담당 및 출처

절	집필담당
1.1 다중화의 기본	야스이 마사노부 (KLab㈜)
1.2 웹 서버의 다중화 DNS 라운드로빈	야스이 마사노부
1.3 웹 서버의 다중화 IPVS를 이용한 로드밸런서	야스이 마사노부
1.4 라우터 및 로드밸런서의 다중화	야스이 마사노부
2.1 리버스 프록시 도입 아파치 모듈	이토 나오야 (㈜Hatena)
2.2 캐시서버 도입 Squid, emcached	이토 나오야

이 책의 구성

절	집필담당
2.3 MySQL 리플리케이션 단시간에 장애복구하기[1]	히로세 마사아키 (KLab㈜)
2.4 MySQL 슬레이브 + 내부 로드밸런서 활용 예[2]	히로세 마사아키
2.5 고속, 경량의 스토리지 서버 선택	야스이 마사노부
3.1 DNS서버의 다중화	야스이 마사노부
3.2 스토리지 서버의 다중화 DRBD로 미러링 구성	야스이 마사노부
3.3 네트워크의 다중화 Bonding 드라이버, RSTP	카츠미 유키 (KLab㈜)
3.4 VLAN 도입 유연한 네트워크 구성	요코가와 카즈야 (KLab㈜)
4.1 리눅스 단일 호스트 부하의 진상규명	이토 나오야
4.2 아파치 튜닝	이토 나오야
4.3 MySQL 튜닝의 핵심[3]	히로세 마사아키
5.1 서비스의 가동감시 Nagios	다나카 신지 (㈜Hatena)
5.2 서버 리소스 모니터링 Ganglia[4]	히로세 마사아키
5.3 서버관리의 효율화 Puppet	다나카 신지
5.4 데몬의 가동관리 daemontools	히로세 마사아키
5.5 네트워크 부트의 활용 PXE, initramfs	카츠미 유키
5.6 원격관리 관리회선, 시리얼 콘솔, IPMI	카츠미 유키
5.7 웹 서버 로그관리 syslog, syslog-ng, cron, rotatelogs	카츠미 유키
6.1 Hatena의 내부	다나카 신지
6.2 DSAS의 내부	야스이 마사노부

출처 : [1] 『WEB+DB PRESS』 (Vol.22)의 특집2 「MySQL 전환 안내」, 2장 「현장 지향의 리플리케이션 해설」
　　　 [2] 『WEB+DB PRESS』 (Vol.38)의 연재, [보이리라! 장인의 기술] 확장성 있는 웹 시스템 연구 「제1회 : 다양한 형태의 로드밸런스」
　　　 [3] 「5분 만에 하는 MySQL 메모리 관련 튜닝!」
　　　　　 URL http://dsas.blog.klab.org/archives/50860867.html
　　　 [4] 『WEB+DB PRESS』 (Vol.40)의 연재, [보이리라! 장인의 기술] 확장성 있는 웹 시스템 연구 「제3회 : 그 밖에 모니터링 관련」

용어 정리

이 책에서 다루는 내용은 네트워크부터 애플리케이션에 이르기까지 범위가 넓고 다양한 용어가 나온다. 우선, 자주 사용하는 용어를 정리해보자.

AP서버(Application Server)

애플리케이션 서버. 동적 콘텐츠를 반환하는 서버를 말함. 예를 들면, Apache + mod_perl이 동작하는 웹 서버나 Tomcat과 같은 애플리케이션 컨테이너가 동작하는 서버.

CDN(Content Delivery Network)

콘텐츠를 전송하기 위한 네트워크 시스템. 전송 성능향상과 가용성 향상을 목적으로 한다. Akamai 등 몇몇 상용 서비스가 존재하며, 전 세계에 존재하는 캐시 서버 중에 클라이언트에 보다 가까운 캐시 서버를 선택해서 전송함으로써 성능향상을 실현하는 것이 구성상 특징임.

IPVS(IP Virtual Server)

LVS(Linux Virtual Server) 프로젝트의 성과물로, 로드밸런서에 불가결한 「부하분산」 기능을 실현함.

→ 「LVS」 참조.

LVS(Linux Virtual Server)

리눅스에서 확장성이 있고 가용성이 높은 시스템을 만드는 것을 목표로 하고 있는 프로젝트. 그 성과물 중 하나로 리눅스 로드밸런서를 위한 IPVS가 있다. 본래는 프로젝트명이지만 관례적으로 「LVS」를 「리눅스로 만든 로드밸런서」라는 의미로 쓰기도 한다.

URL http://www.linuxvirtualserver.org/

XIX

용어 정리

Netfilter

리눅스 커널 상에서 네트워크 패킷을 조작하기 위한 프레임워크. 패킷 필터링 등을 수행하는 iptables나 로드밸런스를 실현하기 위한 IPVS도 Netfilter의 기능을 이용하고 있다.

NIC(Network Interface Card)

본래는 네트워크 기능을 추가하기 위한 카드를 가리키는 용어지만, 확장카드나 온보드$^{On\text{-}board}$를 가리지 않고 네트워크 인터페이스를 총칭해서 사용되기도 한다. LAN카드, 네트워크 카드, 네트워크 어댑터라고도 한다.

OSI 참조 모델

데이터통신을 위한 네트워크 계층을 설명한 모델. 7개 계층(레이어^{layer})으로 되어 있다.

자주 접하는 레이어는 다음과 같다.

- 레이어7 (애플리케이션 계층) : HTTP나 SMTP와 같은 통신 프로토콜
- 레이어4 (트랜스포트 계층) : TCP나 UDP
- 레이어3 (네트워크 계층) : IP나 ARP, ICMP
- 레이어2 (데이터링크 계층) : 이더넷^{Ethernet} 등

또한 「L2스위치」와 같이 「Layer n」은 「Ln」으로 표기하기도 한다. OSI는 Open Systems Interconnection의 약자.

VIP(Virtual IP Address)

물리적인 서버나 NIC가 아니라 유동적인 서비스나 역할에 할당된 IP주소를 말함. 예를 들면, 로드밸런서의 경우에는 클라이언트의 요청을 받아들이는 IP주소를 VIP라고 한다. 왜냐하면 이 IP주소는 HTTP 등의 서비스에 관련된 것이기 때문이며, 또한 다중화를 위해 Active/Backup 구성을 할 경우에는 유일한 마스터가 되는 Active측의 로드밸런서가 이 IP를 인계하기 때문이다. 가상주소, 가상

IP주소라고도 한다.

가용성(Availability)
시스템을 정지시키지 않음을 뜻함. 「가용성이 높다」라고 하면 「해당 서비스는 거의 멈추지 않는다」라는 의미다. 또한, 문맥에 따라서는 「가동률이 높다」거나 「연중 가동시간이 길다」라는 의미로도 사용된다.

다중화(Redundancy)
시스템의 구성요소를 여러 개 배치해서 하나가 고장 나서 정지해도 바로 교체해서 서비스가 멈추지 않도록 하는 것을 말한다. RAID(Redundant Arrays of Inexpensive Disks)가 그 전형적인 예. 이중화라고도 한다.

네트워크 부트(Network Boot)
네트워크를 통해 부팅에 필요한 부트로더나 커널 이미지 등을 전달받아 기동하는 것. 5.5절에서 소개하는 PXE는 네트워크 부트를 실현하기 위한 사양 중 하나.

네트워크 세그먼트(Network Segment)
브로드캐스트 패킷이 전달되는 범위의 네트워크를 말함. 「충돌 도메인(collision domain)」과 동일한 의미였지만, 전 이중화 구성에서는 충돌이 발생하지 않으므로 「네트워크 세그먼트 = 충돌 도메인」이라고 하기 어려워졌다.

단일장애점(Single Point of Failure)
장애가 발생하면 시스템 전체가 정지해버리는 곳. 말하자면 시스템의 급소. SPOF(Single Point of Failure)라고도 한다. 예를 들면, RAID나 전원과 같은 서버 내의 요소를 아무리 다중화하더라도 모든 서버가 한 대의 스위칭 허브에 연결되어 있다면, 시스템 전체를 볼 때 그 스위치는 단일장애점이 된다.

데몬(Daemon)
백그라운드에서 지속적으로 실행되면서 특정 작업을 수행하는 프로그램. 예를 들어, httpd나 bind 등.

용어 정리

데이터센터(data center)
서버 등의 기기를 수용하기 위해 만들어진 전용시설의 명칭. 공조, 정전대책, 소화, 지진대책과 같이 24시간 365일 서비스를 수행하기 위해 필요한 설비가 갖춰져 있다.

라운드로빈(Round Robin)
여러 개의 노드에 대해 순서대로 할당하거나 분산하는 것.
예를 들면, 하나의 FQDN[Fully Qualified Domain Name](전체 주소 도메인명)에 복수의 A레코드(IP주소)를 할당해서 액세스를 분산하는 「DNS 라운드로빈」이나, 복수의 서버에 순차적으로 요청을 분산하는 로드밸런서의 밸런스 알고리즘 등이 있다.

레이어(Layer)
→ 「OSI 참조 모델」 참조

로드밸런서(Load Balancer)
클라이언트와 서버 사이에 위치해서 클라이언트로부터의 요청을 백엔드[backend]의 여러 서버로 적절하게 분산하는 역할을 하는 장치. 다르게 표현하면, 여러 서버를 묶어서 하나의 고성능 가상서버에 준하는 성능을 내기 위한 장치. 부하분산기라고도 한다.

리소스(Resource)
CPU나 메모리, 하드디스크 등, 서버가 지닌 하드웨어적인 자원.
예를 들면, CPU사용률이 높은 상태를 「리소스를 잡아먹고 있다」라고 표현한다.

메모리 파일시스템(Memory File System)
하드디스크와 같은 영구기억장치가 아닌 메모리상에 만든 파일시스템. 디스크상의 파일시스템과 동일하게 사용할 수 있으나 메모리상에 있기 때문에 재부팅하면 데이터가 사라지는 반면, 읽고 쓰기를 고속으로 수행할 수 있다는 장점이 있다.

부하(Load)

「부하」는 여러 종류가 있는데 크게 「CPU 부하」와 「I/O 부하」로 나눌 수 있다. 부하를 계산하기 위한 지표는 Load Average 등 몇 가지가 있다. 또한, 부하를 계측하기 위한 명령어도 top이나 vmstat 등 몇 가지가 있다. 자세한 것은 4.1절을 참조.

병목(Bottleneck)

시스템 전체의 성능을 떨어뜨리는 원인이 되는 지점.

블록되다(Blocked)

읽기 또는 쓰기처리가 완료되기를 기다리기 위해 다른 처리를 할 수 없는 상태를 「I/O 대기로 블록되어 있다」라고 한다. 주로 디스크 I/O나 네트워크 I/O에 대해 사용되는 용어지만 입출력 처리 일반에서도 사용되기도 한다.

서버팜(server farm)

수많은 서버가 모여서 구성된 인프라 시스템을 말한다. 문맥에 따라서는 데이터센터와 같은 시설을 나타내는 의미로 사용되기도 한다.

스위칭 허브(Switching Hub)

현재 시장에 있는 거의 모든 「허브Hub」는 리피터 허브Repeater Hub가 아니라 브리지 기능을 지닌 스위칭 허브다. L2스위치 또는 그냥 스위치라고도 한다.

스케일 아웃(Scale-out)

서버를 여러 대 두고 분산함으로써 시스템 전체의 성능을 향상시키는 것. 예를 들면, 로드밸런서 하위의 웹 서버의 대수를 두 배로 늘리는 것.

용어 정리

스케일 업(Scale-up)
단일 서버의 성능을 높임으로써 시스템 전체의 성능을 향상시키는 것. 예를 들면, 서버의 메모리를 증설하거나 보다 고성능의 기종으로 교체하는 것.

스테이징 환경(Staging Environment)
실 서비스에 투입하기 전에 최종적인 동작을 확인하기 위한 환경을 말함.
➡ 「프로덕션 환경」 참조

장애극복(Failover)
다중화된 시스템에서 Active인 노드(서버나 네트워크 기기 등)가 정지했을 때 자동적으로 Backup 노드로 전환되는 것. 페일오버. 아울러, 자동이 아닌 수동으로 전환되는 것은 일반적으로 「스위치오버^{Switchover}」라고 한다.

전송량(Throughput)
네트워크와 같이 데이터통신 측면에서 사용할 경우, 단위시간당 데이터 전송량을 의미한다. 예를 들어 말하면, 「같은 자동차라도 F1 머신보다 버스가 승차가능인원이 많으므로 '전송량'이 크다」라고 할 수 있다.
➡ 「지연시간」 참조

지연시간(Latency)
네트워크와 같이 데이터통신 측면에서 사용할 경우, 데이터가 도달할 때까지의 시간을 의미한다. (➡ 「전송량^{Throughput}」 참조)
예를 들어 말하면, 「같은 자동차라도 버스보다 F1 머신이 속도가 빠르므로 지연시간이 작다」라고 할 수 있다.

콘텐츠(Contents)
웹서비스와 관련해서 사용할 경우, 브라우저와 같은 클라이언트로 반환하는 HTML이나 이미지 데이터를 의미한다. 특히, 정적 콘텐츠라고 하면 내용이 변화하지 않는 HTML이나 이미지 등을 가리키고, 동적 콘텐츠는 매 요청마다 내용이 다른 데이터를 가리킨다. 또한, 데이터 자체가 아니라 동적인 데이터를 출력하는 서버측 프로그램을 일컬어 「동적 콘텐츠」라고 하기도 한다.

패킷(Packet)
주로 IP(Internet Protocol)에서 데이터의 최소단위 묶음을 의미한다. IP패킷이라고도 한다.

페일백(Failback)
Active 노드가 정지한 후 장애극복된 상태에서 원래의 정상상태로 복귀하는 것.

프레임(Frame)
주로 이더넷에서 데이터의 최소단위 묶음을 의미한다. 이더넷 프레임이라고도 한다.

프로덕션 환경(Production Environment)
실제 서비스를 하고 있는 환경
➡ 「스테이징 환경」 참조

확장성(Scalability)
이용자나 규모가 증대됨에 따라 시스템을 확장해서 대응할 수 있는 능력의 정도를 나타낸다.

헬스체크(Health Check)
감시대상이 정상인 상태에 있는지 여부를 확인하는 것. 예를 들면, 웹 서버에 대해 ping이 가는지, TCP 80번 포트로 접속할 수 있는지, HTTP 응답이 있는지 등을 확인하는 것. 대부분의 경우 헬스체크에 실패하면 관리자에게 감시실패 경고가 전달되도록 하고 있다. 사활감시라고도 한다.

CHAPTER

01

서버/인프라 구축 입문

다중화/부하분산의 기본

- **1.1** 다중화의 기본
- **1.2** 웹 서버의 다중화 …… DNS 라운드로빈
- **1.3** 웹 서버의 다중화 …… IPVS로 로드밸런서 구성
- **1.4** 라우터 및 로드밸런서의 다중화

CHAPTER 01 ··· 서버/인프라 구축 입문_다중화/부하분산의 기본

1.1 다중화의 기본

다중화란

다중화^{Redundancy}란, 장애가 발생해도 예비 운용장비로 시스템의 기능을 계속할 수 있도록 하는 것을 말한다. 예를 들면, 공장이나 병원 등에서는 정전에 대비해서 자가발전장치를 갖추고 있고, 공공 교통기관에서는 만일에 대비해서 여러 브레이크 계통을 갖추고 있는 것을 말한다.

웹서비스를 제공하는 네트워크나 서비스 시스템도 가용성을 확보하기 위해서 다중화하는 것은 새삼스러운 일이 아니다. 이 절에서는 시스템을 다중화하기 위해서 최소한으로 알아두어야 할 것을 설명한 후에 간단한 예를 소개한다.

다중화의 본질

시스템의 다중화란 다음의 단계를 실천하는 것이다.

1. 장애를 상정한다.
2. 장애에 대비해서 예비 운용장비를 준비한다.
3. 장애가 발생했을 때 예비 운용장비로 교체할 수 있는 운용체제를 정비한다.

각 단계를 따라가면서 작업의 흐름을 간단하게 살펴보자.

❶ 장애를 상정한다.

다중화의 첫걸음은 장애를 상정하는 것에서 시작한다. 그 예로 그림 1.1.1과 같이 간단한 구성에서 생각해보자.

우선은, 그림 1.1.1의 시스템에서 발생할 수 있는 장애를 상정해보자.

- 라우터 장애로 서비스가 정지한다.
- 서버 장애로 서비스가 정지한다.

그림 1.1.1에서는 어떤 장비에 장애가 발생하더라도 서비스가 정지해버린다.

❷ 예비 운용장비를 준비한다.

다음으로 장애에 대비해서 예비 운용장비를 도입한다. 그림 1.1.1에 예비 운용장비를 추가한 것이 그림 1.1.2다. 여기서는 아직 예비 라우터와 서버가 네트워크에 연결되어 있지 않다.

❸ 운용체제의 정비 …… 장애발생시 예비 운용장비로 교체한다.

이제 운용체제를 정비한다. 운용체제 정비는 상기 ❶, ❷단계의 어디에 어떻게 장애가 발생할지, 어떤 장비로 어떻게 구성할지에 따라 다양한 대응을 생각해야 한다.

그러면, 먼저 ❶단계에서 상정한 라우터 장애와 웹 서버 장애를 예로 운용체제 정비의 기본과 다중화에서의 기본 용어들을 설명하겠다.

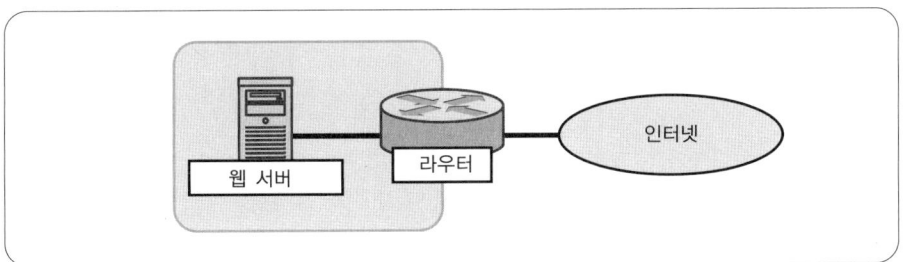

그림 1.1.1 가장 간단한 서버 시스템

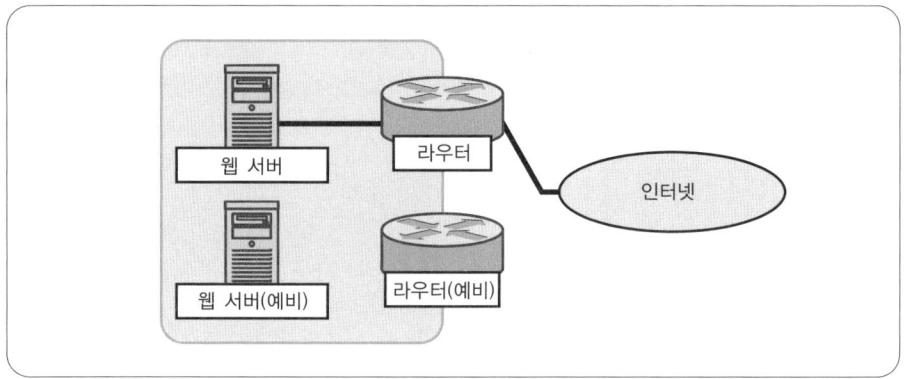

그림 1.1.2 예비 운용장비 도입

라우터 장애시의 대응

그림 1.1.1과 같은 상태에서는 라우터에 장애가 발생하면 서비스가 멈춰버리지만, 그림 1.1.2에서 예비 운용장비를 도입함에 따라 라우터 장애가 생기더라도 그림 1.1.3과 같이 회선을 변경해서 연결하기만 하면 간단히 복구할 수 있게 된다.

Cold Standby

그림 1.1.2 ➡ 그림 1.1.3의 예와 같이, 예비 운용장비는 보통 사용하지 않고 현재 운용장비에 장애가 발생하면 예비 운용장비를 연결하는 운용체제를 「Cold Standby」라고 한다.

여기서 주의해야 할 점은 현재 운용장비와 예비 운용장비의 설정은 동일하게 해두어야 한다는 점이다. 다중화된 시스템에서는 「현재 운용장비와 예비 운용장비의 구성을 항상 같은 상태로 해두는 것이 정석」이다.

라우터와 같은 네트워크 장비라면 운용 중에 빈번히 설정을 변경할 일도 없고, 저장해두어야 할 데이터도 그다지 많지 않으므로 Cold Standby로의 운용은 현실적인 선택방법 중 하나다.

1.1 다중화의 기본

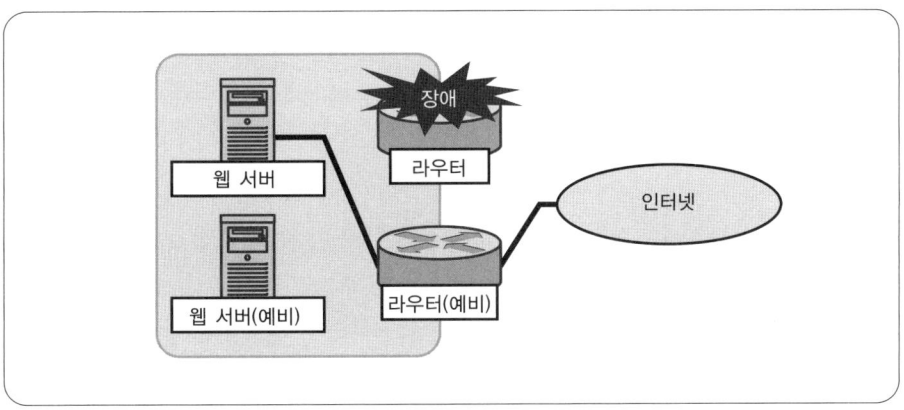

그림 1.1.3 라우터 장애가 발생한 경우의 대응

웹 서버 장애시의 대응

다음으로 웹 서버 장애가 발생했을 때의 대응을 생각해본다. 웹 서버 장애시의 대응으로는 라우터의 경우와 마찬가지로, 그림 1.1.4와 같이 예비 운용장비로 교체하는 방법을 생각해볼 수 있으나, 여기에는 문제가 있다.

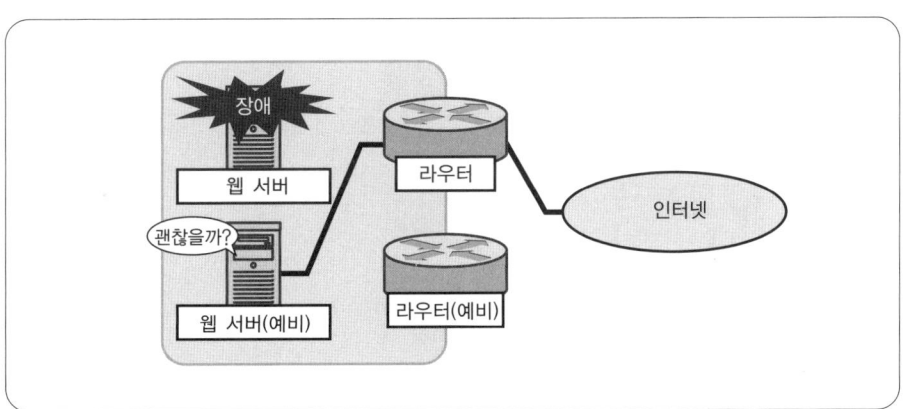

그림 1.1.4 서버 장애시의 대응

Hot Standby

앞서 말한 대로 다중화된 시스템에서는 「현재 운용장비와 예비 운용장비의 구성을 항상 같은 상태로 해두는 것이 정석」이다.

웹 서버의 경우, 사이트의 내용은 매일 갱신될 것이고 애플리케이션이나 운영체제의 버전업 등도 빼놓을 수 없을 것이다. 이렇게 다양한 갱신작업을 보통 중지되어 있는 예비 운용장비에 계속 수행하는 것은 실제로 매우 곤란하다. 만일의 경우에 예비 운용장비를 기동했을 때 컨텐츠의 내용이 오래됐거나 애플리케이션의 버전이 이전 버전이라면 큰 문제가 될 수 있다.

따라서, 웹 서버의 예비 운용장비는 항상 전원을 켜두고 네트워크에 연결해두는 것이 좋을 것이다. 그리하여 현재 운용장비의 내용을 갱신할 때에는 예비 운용장비에도 동일하게 갱신될 수 있도록 운용한다(그림 1.1.5).

이와 같이, 두 대의 서버를 항상 가동시켜 두고 늘 같은 상태로 유지해두는 운용형태를 「Hot Standby」라고 한다. Cold Standby의 경우는 물리적으로 회선연결을 변경하거나 전원을 투입해야 하기 때문에 장애시의 다운타임이 길어지기 쉽지만, Hot Standby라면 즉시 교체하는 것이 가능하다.

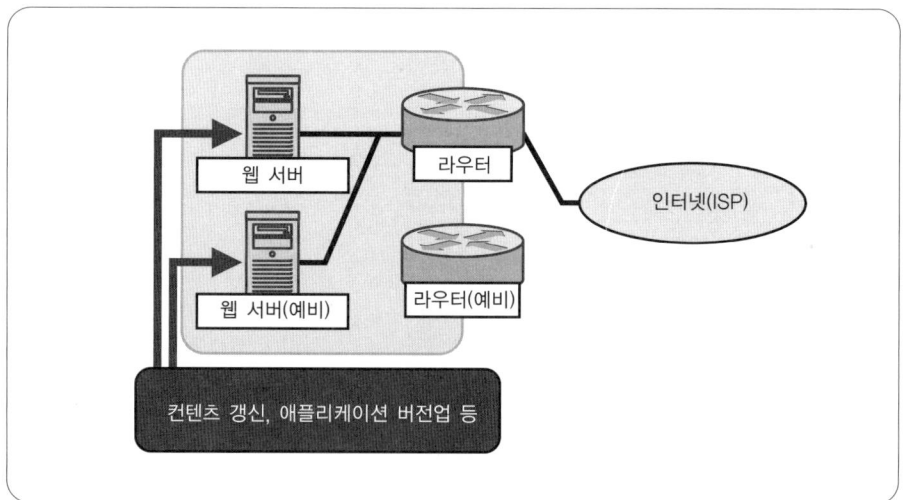

그림 1.1.5 Hot Standby 구성의 운용

장애극복

현재 운용장비에 장애가 발생했을 때 자동적으로 예비 운용장비로 처리를 인계하는 것을 장애극복Failover이라고 한다.

서버를 장애극복하기 위해서는 「가상 IP주소Virtual IP Address」(이하 VIP)와 「IP주소 인계引継」를 이용한다.

VIP

그림 1.1.6은 VIP를 이용한 Active/Backup 구성의 예다. 현재 운용장비인 Web1에는 자신의 IP주소와는 별개로 「VIP」(10.0.0.1)을 할당해두고 웹서비스는 「VIP」로 제공하도록 한다.

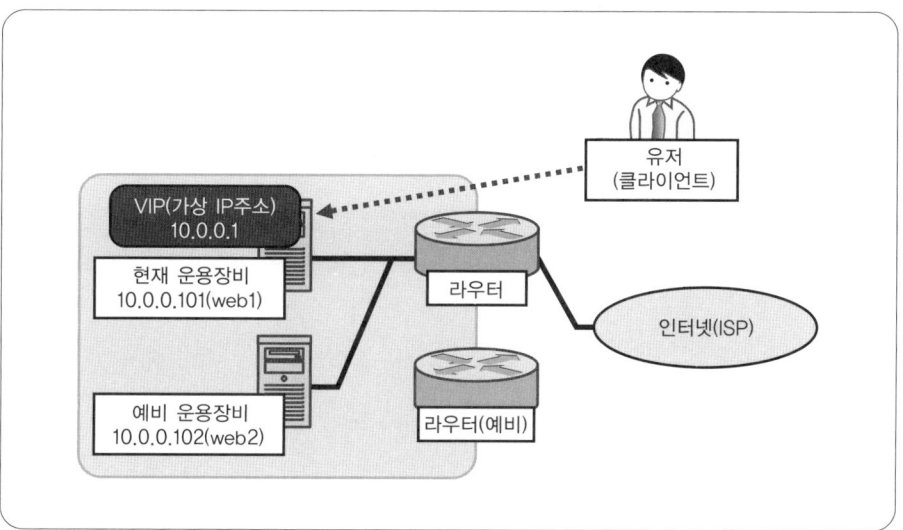

그림 1.1.6 VIP를 이용한 Active/Backup 구성

IP주소 인계

현재 운용장비에 장애가 발생했을 때에는 그림 1.1.7과 같이 예비 운용장비가 VIP를 인계한다. 이에 따라 사용자는 예비 운용장비인 Web2로 접속하게 된다.

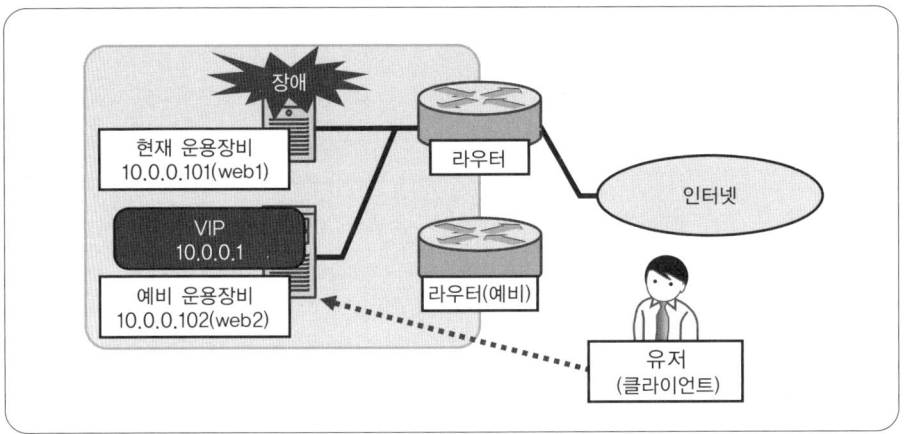

그림 1.1.7 IP주소 인계

장애검출 ······ 헬스체크

정상적으로 장애극복하기 위해서는 현재 운용장비에서 장애가 발생하고 있음을 검출하는 방법이 필요하다. 이 방법을 헬스체크$^{Health\ Check}$라고 한다. 헬스체크에는 다양한 종류가 있어서 용도에 따라 적절한 것을 선택해야 한다. 주로 이용되는 것은 다음과 같다.

- ICMP 감시 (Layer 3)

    ICMP 감시는 ICMP[주1]의 echo 요청을 보내서 응답이 돌아오는지를 체크한다. 가장 간단하고

[주1] Internet Control Message Protocol. 이상발생시에 에러와 에러정보를 통지하는 프로토콜.

가벼운 헬스체크지만, 웹서비스가 다운된 경우(아파치가 중지한 경우 등)은 감지할 수 없다.

- **포트 감시 (Layer 4)**
포트 감시는 TCP로 접속을 시험해서 접속할 수 있는지 여부를 체크한다. 웹서비스가 다운된 것은 감지할 수 있지만, 과부하 상태로 응답할 수 없다거나 에러를 반환하는 것은 감지할 수 없다.

- **서비스 감시 (Layer 7)**
실제로 HTTP 요청 등을 보내서 정상적인 응답이 돌아오는지를 체크한다. 대부분의 이상을 감지할 수 있지만 경우에 따라서는 서버에 부하를 유발할 수도 있다.

웹 서버의 헬스체크

이 장의 첫머리에 그림 1.1.1의 구성에서 발생할 수 있는 장애를 두 가지 상정했다. 그 중에 하나인 「서버 장애에 의한 서비스 중지」를 정상적으로 검출하기 위해서는 상기의 헬스체크 방법 중에 「서비스 감시」를 이용한다. 서비스 감시를 이용하는 이유는 서버의 전원이 켜져 있어서 ICMP 응답이 돌아오더라도 웹서비스(아파치 등)가 정상적으로 동작하고 있다고는 할 수 없기 때문이다. 웹 서버의 장애를 검출하기 위해서는 실제로 HTTP로 요청을 보내서 응답이 있는지를 확인하는 것이 가장 확실한 방법이다.

라우터의 헬스체크

「라우터 장애에 의한 서비스 정지」를 검출하기 위해서는 「ICMP 감시」를 이용할 수 있다. 다만, 라우터에 대해 ICMP 감시를 하는 것은 아니다. 여기서 확인하고자 하는 것은 「라우터가 확실히 패킷을 전송할 수 있는가」이므로 인터넷상의 호스트에서 웹 서버에 대해 감시하는 것이 좋을 것이다. 요컨대, 웹 서버가 인터넷과 통신할 수 있는 상태인지를 확인할 수 있으면 된다.

* * *

웹 서버, 라우터에 한하지 않고 헬스체크를 할 때에는 「무엇을 확인하고자 하는가」를 명확히 하는 것이 가장 중요하다.

Active/Backup 구성 만들기

그러면 실제로 셸스크립트를 이용해서 앞에 나온 그림 1.1.6의 구성을 만들어보자. Web1과 Web2에는 자신의 IP주소만을 할당해두자. 리스트 1.1.1은 VIP에 대해 1초마다 ping 검사를 수행해서 실패하면 서버에 VIP를 할당하는 스크립트다.

우선 Web1에 리스트 1.1.1의 스크립트를 실행하기 바란다. 그러면 「fail over!」라는 문자열을 출력하고 종료한다. 이로써 Web1에 VIP가 할당되었다. 다음으로 Web2에 리스트 1.1.1을 실행하기 바란다. 그러면 이번에는 「health ok!」라는 문자열이 1초마다 계속 표시된다.

여기서 클라이언트에서 VIP에 대해 ping 감시를 하면서 Web1을 shutdown해본다. Web1을 shutdown하면 Web2에서 실행 중인 스크립트의 헬스체크가 실패하면서 VIP를 인계한다.

클라이언트의 ping 감시는 그림 1.1.8의 결과대로 Web1을 shutdown한 후 3초 정도 만에 IP주소가 인계되는 모습을 확인할 수 있다.

리스트 1.1.1 failover.sh

```
#!/bin/sh
VIP="10.0.0.1"
DEV="eth0"

healthcheck() {
  ping -c 1 -w 1 $VIP >/dev/null
  return $?
}

ip_takeover() {
  MAC=`ip link show $DEV | egrep -o '([0-9a-f]{2}:){5}[0-9a-f]{2}' | head -n 1 | tr -d :`
  ip addr add $VIP/24 dev $DEV
  send_arp $VIP $MAC 255.255.255.255 ffffffffffff ①
}

while healthcheck; do
```

```
    echo "health ok!"
    sleep 1
done
echo "fail over!"
ip_takeover
```

※ Debian/GNU Linux 4.0, bash 3.1에서 동작확인

그림 1.1.8 장애극복의 동작확인

```
~$ ping 10.0.0.1
PING 10.0.0.1 (10.0.0.1) 56(84) bytes of data.
64 bytes from 10.0.0.1: icmp_seq=1 ttl=64 time=2.46 ms
64 bytes from 10.0.0.1: icmp_seq=2 ttl=64 time=1.86 ms
64 bytes from 10.0.0.1: icmp_seq=3 ttl=64 time=5.06 ms
64 bytes from 10.0.0.1: icmp_seq=4 ttl=64 time=2.64 ms
64 bytes from 10.0.0.1: icmp_seq=5 ttl=64 time=0.453 ms
64 bytes from 10.0.0.1: icmp_seq=6 ttl=64 time=3.73 ms
64 bytes from 10.0.0.1: icmp_seq=7 ttl=64 time=3.91 ms
64 bytes from 10.0.0.1: icmp_seq=8 ttl=64 time=0.418 ms    ←Web1을 shutdown
64 bytes from 10.0.0.1: icmp_seq=11 ttl=64 time=3.20 ms    ←Web2로의 인계 완료
64 bytes from 10.0.0.1: icmp_seq=12 ttl=64 time=1.69 ms
64 bytes from 10.0.0.1: icmp_seq=13 ttl=64 time=1.48 ms
```

IP주소를 인계하는 원리

「IP주소 인계」란 단순히 「IP주소를 바꿔서 설정하는 것뿐」만이 아니다. 시험 삼아 두 대의 서버에 같은 IP주소를 할당하고 다른 머신에서 ping을 계속 날리면서 LAN케이블을 차례로 빼고 꽂아본다. 그러면 아무리 케이블을 바꿔 꽂아도 어느 한 서버에만 ping이 전송됨을 확인할 수 있다.

LAN Ethernet의 세계에서는 IP주소가 아닌 NIC Network Interface Card에 고정적으로 할당되어 있는 MAC주소 Media Access Control Address를 사용해서 통신한다. 다른 서버에 패킷을 보낼 때에는 MAC주소를 얻기 위해 ARP Address Resolution Protocol라는 프로토콜을 이용한다.

ARP는 IP주소를 지정해서 MAC주소를 조회하기 위한 프로토콜이다. 그러나 통신할 때마다 조회를 하는 것은 효율이 좋지 않으므로, 한번 얻은 MAC주소는 ARP 테이블에 저장해서 일정시간 캐싱한다. 따라서, 다른 서버에 같은 IP주소가 할당되더라도 ARP테이블이 갱신될 때까지는 그 서버와 통신할 수 없다. 즉, IP주소를 인계하기 위해서는 다른 서버의 ARP테이블을 갱신해주어야만 한다.

그 방법으로 gratuitous ARP^{GARP}가 있다. 통상의 ARP 요청은 「이 IP주소에 대응하는 MAC주소를 알려주기 바람」과 같이 질의하기 위한 것이지만, gratuitous ARP는 「내 IP주소와 MAC주소는 이것이다」라고 다른 서버에 통지하기 위한 것이다. 리스트 1.1.1(failover.sh)에서는 ①에서 send_arp 명령을 사용해서 gratuitous ARP를 전송하고 있다.

서버를 효과적으로 활용하자 ······ 부하분산

이상과 같은 Active/Backup 구성에서는 현재 운용장비만 접속을 처리하고 있고 예비 운용장비는 얌전히 대기하고 있지만, 잘 생각해보면 아까운 상황이다. 두 대의 서버를 이용해 서비스를 제공하는 것이 가능하다면 사이트 전체의 처리성능은 배가 될 것이기 때문이다.

여러 대의 서버에 처리를 분산시켜 사이트 전체의 확장성^{scalability}을 향상시키는 방법을 부하분산^{Load Balance}(로드밸런스)이라고 한다. 웹 서버를 부하분산 구성으로 하면 앞으로 접속수가 늘어나서 서버의 처리가 따라가지 못하더라도 서버를 증설함으로써 대응할 수 있게 된다. 고성능인 서버를 구입해서 교체할 필요가 없으므로 낡은 서버가 남아돌거나 쓸모없게 될 일이 없게 된다.

이어서 1.2절, 1.3절에서는 웹 서버를 부하분산하는 구체적인 구축사례를 소개하도록 한다.

1.2 웹 서버의 다중화 DNS 라운드로빈

DNS 라운드로빈

DNS 라운드로빈(DNS Round Robin)이란, DNS를 이용해서 하나의 서비스에 여러 대의 서버를 분산시키는 방법이다. 그림 1.2.1은 DNS 라운드로빈의 동작을 나타낸 것으로, www.example.jp에 접속하고자 하는 유저(A와 B)를 가정하고 있다. 이 두 사람은 각각 DNS서버에 www.example.jp의 IP주소를 질의한다. 그러면 DNS서버는 「x.x.x.1」, 「x.x.x.2」라는 서로 다른 IP주소를 반환한다. 그 결과, A는 x.x.x.1로, B는 x.x.x.2로 접속한다.

DNS서버는 동일한 이름으로 여러 레코드를 등록시키면 질의할 때마다 다른 결과를 반환한다. 이 동작을 이용함으로써 여러 대의 서버에 처리를 분산시킬 수가 있다. 비교적 간단히 부하분산할 수 있는 DNS 라운드로빈이지만, 다음과 같은 문제가 있다.

- **서버의 수만큼 글로벌 주소가 필요**

  수많은 서버로 부하분산하기 위해서는 IP주소를 많이 얻을 수 있는 서비스(회선)를 이용할 필요가 있다.

- **균등하게 분산되는 것은 아님**

  이는 모바일 사이트 등에서 문제가 되는 경우가 있다. 휴대전화로부터의 접속은 캐리어 게이트웨이라고 하는 프록시 서버를 경유한다. 프록시 서버에서는 이름변환 결과가 일정시간 동안 캐싱되므로 같은 프록시 서버를 경유하는 접속은 항상 같은 서버로 전달된다. 따라서, 균등하게 접속이 분산되지 않고 특정 서버에만 처리가 집중할 가능성이 있다. 또한 PC용 웹브라우저도 DNS 질의 결과를 캐싱하기 때문에 균등하게 부하분산되지는 않는다. DNS 레코드의 TTL(Time To Live)을 짧게 설정함으로써 어느 정도 개선할 수는 있지만, 반드시

TTL에 따라 캐시를 해제하는 것은 아니므로 주의할 필요가 있다.

- **서버가 다운돼도 감지하지 못함**

    DNS서버는 웹 서버의 부하나 접속수 등의 상황에 따라 질의결과를 제어할 수가 없다. 웹 서버의 부하가 높아서 응답이 느려지거나 접속수가 꽉 차서 접속을 처리할 수 없는 상황인지를 전혀 감지할 수 없다. 즉, 서버가 어떤 원인으로 다운되더라도 이를 검출하지 못 하고 계속 부하분산을 한다. 이로 인해 다운된 서버로 분산된 유저는 에러 페이지를 접하게 된다. DNS 라운드로빈은 어디까지나 부하분산하기 위한 방법이지 다중화하는 방법은 아니므로 다른 소프트웨어와 조합해서 헬스체크나 장애극복을 마련할 필요가 있다.

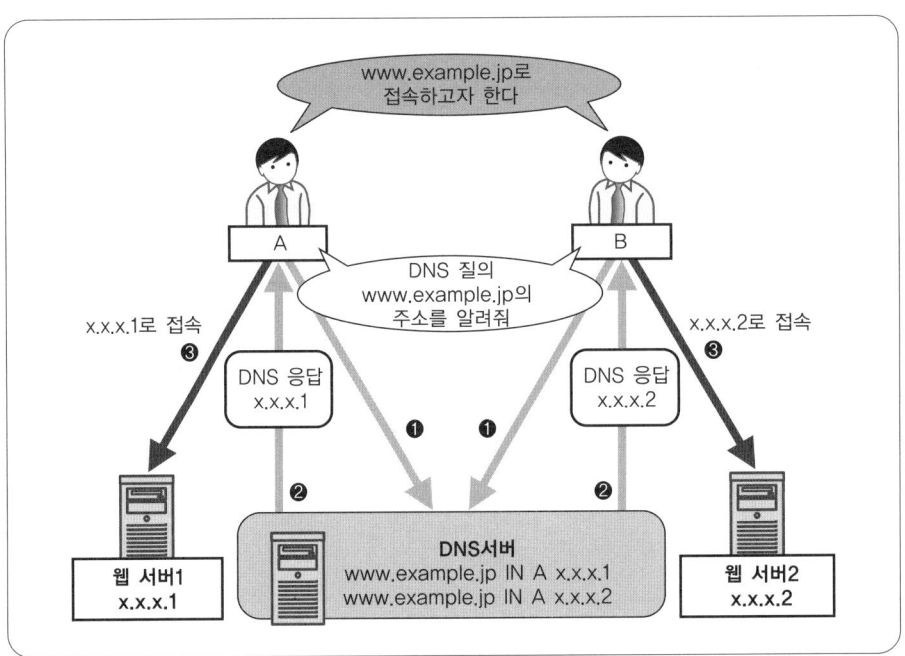

그림 1.2.1 DNS 라운드로빈

DNS 라운드로빈의 다중화 구성 예

그림 1.2.2의 구성은 두 대의 웹 서버의 양쪽에 VIP(가상주소)를 부여해서 다중화

하는 예다. Web1이 정지하면 VIP1이 Web2로 인계되어 모든 접속을 Web2가 처리하게 된다. 반대로 Web2가 정지하면 이번엔 VIP2가 Web1에 인계되어 모든 접속을 Web1이 처리하게 된다. 웹 서버끼리 협조해서 정상인 서버만 VIP를 유지하는 구조다.

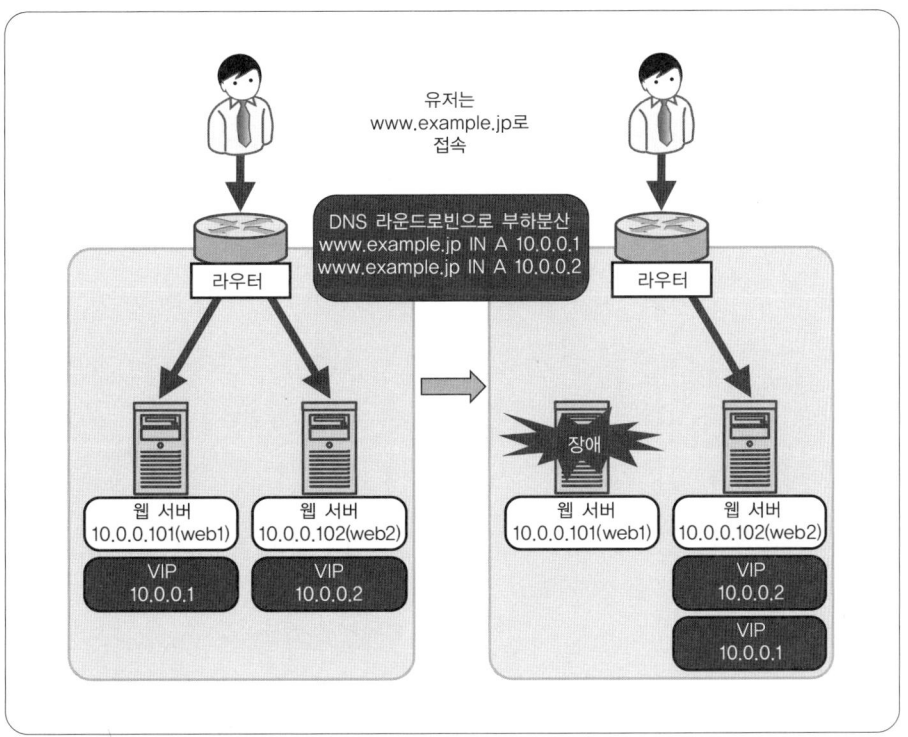

그림 1.2.2 DNS 라운드로빈의 다중화 구성 예

이 구성을 앞서 소개한 리스트 1.1.1(failover.sh)로 구축하려고 하면 다음과 같은 점이 문제가 된다.

- Web1과 Web2에서 VIP 설정값을 변경해야만 한다.
    → 동일한 스크립트를 사용할 수 없다.
- ICMP 감시이므로 웹서비스(아파치 등)가 정지해도 장애극복할 수 없다.

CHAPTER 01 ··· 서버/인프라 구축 입문_다중화/부하분산의 기본

리스트 1.2.1 failover2.sh

```sh
#!/bin/sh
DEV="eth0"
VIP="10.0.0.1 10.0.0.2"

healthcheck() {
  for i in $VIP;do
    if [ -z "`ip addr show $DEV | grep $i`" ]; then
    if [ "200" -ne "`curl -s -I 'http://$i/' | head -n 1 | cut -f 2
 -d ' '`" ]; then
        CIP="$i"
        return 1
      fi
    fi
  done
  return 0
}

ip_takeover() {
  MAC=`ip link show $DEV | egrep -o '([0-9a-f]{2}:){5}[0-9a-f]{2}' | head -n 1 | tr -d :`
  ip addr add $CIP/24 dev $DEV
  send_arp $CIP $MAC 255.255.255.255 ffffffffffff
}

while healthcheck; do
  echo "health ok!"
  sleep 1
done
echo "fail over!"
ip_takeover
```

그래서 리스트 1.1.1을 리스트 1.2.1과 같이 수정한다.

이로써 양쪽 서버에서 동일한 내용의 스크립트를 사용할 수 있게 되었다. 또한 ping이 아닌 curl[주2]을 이용해서 헬스체크함으로써 웹서비스가 정지해도 장애극복

주2 명령줄 방식의 HTTP 클라이언트 소프트웨어
URL : http://curl.haxx.se/

할 수 있게 되었다. 그러나, 아직 다음 문제가 남아있다.

- 웹서비스가 정지해도 VIP를 해제하지 않으므로 IP주소가 중복된다.
- 한 번이라도 장애극복되면 스크립트가 멈춰버린다.

이 점을 고려해서 리스트 1.2.2와 같이 변경한다.

리스트 1.2.2 failover3.sh

```sh
#!/bin/sh
DEV="eth0"
VIP="10.0.0.1 10.0.0.2"

ip_add() {
  MAC=`ip link show $DEV | egrep -o '([0-9a-f]{2}:){5}[0-9a-f]{2}' | head -n 1 | tr -d :`
  ip addr add $1/24 dev $DEV
  send_arp $1 $MAC 255.255.255.255 ffffffffffff
}

ip_del() {
  ip addr del $1/24 dev $DEV
}

healthcheck() {
  for I in $VIP;do
    if [ "200" -ne "`curl -s -I 'http://$i/' | head -n 1 | cut -f 2 -d ' '`" ]; then
      if [ -z "`ip addr show $DEV | grep $i`" ]; then
        ip_add $i
      else
        ip_del $i
      fi
    fi
  done
}

while true; do healthcheck;sleep 1;done
```

리스트 1.2.2에서는 VIP에 대해 헬스체크가 실패할 경우, 그것이 자신에게 할당되어 있는 주소라면 자신의 웹서비스에 이상이 있다라고 간주해서 VIP를 해제하도록 되어 있다. 그리고 자신에게 할당되어 있지 않은 주소라면 상대편 웹서비스에 이상이 발생했다라고 간주해서 자신이 VIP를 인계하도록 되어 있다. 또한 VIP가 변경되어도 스크립트가 정지하지 않도록 하는 기능도 추가했다.

보다 편하게 시스템 확장하기 ······ 로드밸런서

이제 어느 한 서버의 웹서비스에 이상이 발생해도 확실하게 장애극복할 수 있게 되었다. DNS 라운드로빈을 이용해서 부하분산하면서 다중화를 하기 위해서는 그만큼의 연구와 노력이 필요하고 서버 대수가 늘어나서 시스템이 복잡해짐에 따라 난이도는 올라간다. 리스트 1.2.2의 스크립트도 서버가 3대가 되면 다음과 같은 문제가 발생한다.

- 한 서버가 다운되었을 때 어떤 서버가 VIP를 인계할지 미정
- 장애극복하는 타이밍에 따라서는 두 대의 서버가 같은 IP주소를 지닐 가능성이 있음
- 한번 정지한 서버를 복귀시키기가 곤란

스크립트를 정비하거나 다른 소프트웨어와 조합하는 등의 방법으로 이러한 문제를 해결할 수도 있지만, 보다 편하게 시스템을 확장할 수 있게 되면 좋을 것이다. 가능하면 웹 서버상에 특별한 소프트웨어를 실행시키지 않아도 되는 구성으로 만들고자 한다. 다음 절에서 소개하는 로드밸런서Load Balancer(부하분산기)를 도입함으로써 이러한 문제를 해소할 수 있다.

1.3 웹 서버의 다중화 IPVS를 이용한 로드밸런서

DNS 라운드로빈과 로드밸런서의 차이

로드밸런서Load Balancer(부하분산기)는 하나의 IP주소에 대해 요청을 복수의 서버로 분산할 수 있다. DNS 라운드로빈에서는 웹 서버마다 다른 글로벌 주소를 할당할 필요가 있었지만, 로드밸런서를 이용하면 글로벌 주소를 절약할 수 있다. 또한, DNS 라운드로빈에서는 웹 서버측면에서 연구해서 다중화 구성을 했지만, 로드밸런서에서는 그럴 필요가 없다.

- **로드밸런서의 동작**
  로드밸런서는 서비스용 글로벌 주소를 가진 가상적인 서버(이하 가상서버)로서 동작한다. 그리하여 클라이언트로부터 전송되어 온 요청을 실제 웹 서버(이하 리얼서버)로 중계함으로써 마치 자신이 웹 서버인 것처럼 작동한다.

- **로드밸런서의 기능**
  로드밸런서는 여러 대의 리얼서버 중에 한 대를 선택해서 처리를 중계한다. 이 때, 헬스체크가 실패하는 서버는 선택되지 않고 반드시 헬스체크가 성공한 서버를 선택한다. 따라서, 특정 서버 한 대가 정지해 있더라도 정상적으로 가동하고 있는 서버가 있는 한 서비스가 정지하지 않는다.

- **로드밸런서의 도입장벽**
  「로드밸런서 = 고가의 장비」라는 이미지나 「제대로 운용할 수 있을까 걱정」과 같은 불안감이 도입장벽이 된다.

세 번째에서 언급한 도입장벽에 대해서는 확실히 어플라이언스 제품은 비교적 고가로 월 유지보수 비용도 들어간다. 또한 운용 중에 문제가 발생한 경우는 개발사의 지원이 필요하고 경우에 따라서는 펌웨어 업데이트 등도 해야 하므로 유지보수 계약을 끊어 운용비용을 줄일 수도 없다. 어느 정도 수익이 확보될 때까지 로드밸런서 도입을 단행하지 못하는 경우가 많을 것이다. 그러나 어플라이언스 제품을 이용하지 않고 OSS(OpenSource Software)로 구축해서 스스로 운영해가는 선택방법도 있다. 이후에는 본격적으로 로드밸런서를 스스로 구축, 운용하는 것을 목표로 해서 설명하겠다.

IPVS ······ 리눅스로 로드밸런서 구성

리눅스는 특별한 소프트웨어를 설치하지 않아도 라우터(네트워크 장비)로서 이용할 수가 있다. 또한, 방화벽으로서도 충분히 실제 운용 가능한 패킷필터링 기능 등 매우 강력한 네트워크 기능을 많이 내장하고 있다. IPVS(IP Virtual Server)라는 부하분산 기능을 제공하는 모듈도 포함하고 있다.

로드밸런서의 종류와 IPVS의 기능

로드밸런서의 종류에 대해 설명하고자 한다. 로드밸런서에는 크게 나눠서 L4스위치와 L7스위치 두 종류가 있다[주3]. L4스위치는 트랜스포트 계층까지의 정보를 분석하므로 IP주소나 포트번호에 따라 분산대상 서버를 지정할 수가 있다. L7스위치는 애플리케이션 계층까지의 정보를 분석하므로 클라이언트로부터 요청된 URL에 따라 분산대상 서버를 지정할 수가 있다.

IPVS에 내장되어 있는 것은 「L4스위치에 해당하는 기능」이다. L7스위치로는 이용할 수 없다.

주3 L4와 L7이라는 것은 OSI 참조모델의 Layer 4(트랜스포트 계층)와 Layer 7(애플리케이션 계층)을 가리킨다.

한편, 이 책의 설명에서는 로드밸런서로서 기본적으로 L4스위치를 상정하고 있다[주4]. 또한 일반적으로 단순히 로드밸런서라고 하면 「L4스위치」를 가리키는 경우가 많다고 생각해도 좋을 것이다.

스케줄링 알고리즘

리얼서버에 처리를 분산할 때, 모든 서버로 균등하게 분산하면 스펙이 다른 서버가 혼재하는 환경에서는 부하가 치우칠 우려가 있다. IPVS에서는 몇 가지 「스케줄링 알고리즘Scheduling Algorithm」이 갖춰져 있으므로 필요에 따라 환경에 맞는 알고리즘을 선택할 수 있다. 표 1.3.1은 주요 알고리즘 일람이다.

표 1.3.1 주요 스케줄링 알고리즘

명칭	동작
rr(round-robin)	(아무 생각없이) 리얼서버를 처음부터 차례로 선택해간다. 모든 서버로 균등하게 처리가 분산된다.
wrr(weighted round-robin)	rr과 같지만 가중치를 가미해서 분산비율을 변경한다. 가중치가 큰 서버일수록 빈번하게 선택되므로 처리능력이 높은 서버는 가중치를 높게 설정하는 것이 좋다.
lc(least-connection)	접속수가 가장 적은 서버를 선택한다. 대부분의 경우는 이로써 충분하다. 어떤 알고리즘을 사용하면 좋을지 모를 경우에 사용해도 좋다.
wlc(weighted least-connection)	lc와 같지만 가중치를 가미한다. 구체적으로는 「(접속수+1)/가중치」가 최소가 되는 서버를 선택하므로 고성능 서버는 가중치를 크게 하는 것이 좋다.

[주4] 리버스 프록시를 이용하면 L7스위치가 하는 역할을 일부 실현하는 것도 가능하다. 리버스 프록시에 관해 자세한 것은 2.1절을 참조하기 바란다.

표 1.3.1 (계속)

명칭	동작
sed(shortest expected delay)	가장 응답속도가 빠른 서버를 선택한다. 그렇다고 해도 서버에 패킷을 날려 응답시간을 계측하는 것은 아니다. 상태가 ESTABLISHED인 접속수(이하 active 접속수)가 가장 적은 서버를 선택하는 것일 뿐이다. wlc와 거의 동일하게 동작하지만 wlc에서는 ESTABLISHED 이외의 상태(TIME_WAIT이나 FIN_WAIT 등)인 접속수를 더하는 점이 다르다.
nq(never queue)	sed와 동일한 알고리즘이지만 active 접속수가 0인 서버를 최우선으로 선택한다.

리얼서버에는 각각에 「가중치Weight」라는 수치 파라미터를 지정할 수 있다. 알고리즘에 따라서는 이 값이 클수록 처리능력이 높은 서버로 해석해서 분산비율을 조절해주기도 한다. 표 1.3.1의 동작란은 각 알고리즘이 어떤 식으로 리얼서버를 선택하는지에 대해 설명한다.

IPVS에는 표 1.3.1 이외에도 알고리즘이 내장되어 있다. IPVS를 투과 프록시나 캐시서버 등과 병용해서 성능을 향상시키기 위해 만들어진 것으로, 이번 용도에서는 이용하지 않지만 그러한 알고리즘을 간단히 표 1.3.2에 정리해보았다.

표 1.3.2 그 밖의 스케줄링 알고리즘

명칭	동작
sh(source hashing)	소스 IP주소로부터 해시값을 계산해서 분산대상 리얼서버를 선택한다.
dh(destination hashing)	목적지 IP주소로부터 해시값을 계산해서 분산대상 리얼서버를 선택한다.
lblc (locality-based least-connection)	접속수가 「가중치」로 지정한 값을 넘기 전까지는 동일한 서버를 선택한다. 접속수가 「가중치」로 지정한 값을 넘어선 경우는 다른 서버를 선택한다. 모든 서버의 접속수가 「가중치」로 지정한 값을 넘고 있을 경우, 마지막에 선택된 서버가 계속 선택된다.
lblcr(locality-based least-connection with replication)	lblc와 거의 같지만 모든 서버의 접속수가 「가중치」로 지정한 값을 넘고 있을 경우는 접속수가 가장 적은 서버가 선택된다.

IPVS 사용하기

IPVS의 기능은 다음 소프트웨어를 통해 이용할 수 있다.

- ipvsadm URL http://www.linuxvirtualserver.org/software/ipvs.htm
- keepalived URL http://www.keepalived.org/

ipvsadm

ipvsadm은 IPVS를 개발한 곳에서 제공하고 있는 명령줄 툴이다[주5]. 가상서버를 정의하고 리얼서버를 할당할 수 있을 뿐 아니라 설정내용이나 접속상황을 확인할 수도 있다. 또한, 전송률 등의 통계정보를 출력할 수도 있다.

keepalived

keepalived는 C언어로 작성된 데몬이다. 설정파일 /etc/keepalived/keepalived.conf 의 내용에 따라 IPVS의 가상서버를 구축한다. 나아가 리얼서버를 헬스체크해서 다운된 서버를 자동적으로 부하분산에서 제외하는 기능이나, 모든 리얼서버가 다운된 경우에 「현재 접속이 많습니다」와 같은 메시지를 내보내는 기능 sorry_server 이 있다.

2008년 4월 현재, 최신버전[역주1]인 keepalived-1.1.15에서는 다음과 같은 헬스체크를 지원하고 있다.

- HTTP_GET : HTTP로 GET요청을 보내서 응답을 확인한다.
- SSL_GET : HTTPS로 GET요청을 보내서 응답을 확인한다.
- TCP_CHECK : TCP로 접속할 수 있는지 여부를 확인한다.
- SMTP_CHECK : SMTP로 HELO명령을 보내서 응답을 확인한다.
- MISC_CHECK : 외부 명령을 실행해서 종료코드를 확인한다.

주5 Netfilter모듈에 대한 iptables명령과 같은 관계다.
역주1 2009년 4월 현재, 최신버전은 keepalived-1.1.16이다.

로드밸런서 구축하기

그러면 실제로 keepalived를 이용해서 그림 1.3.1의 시스템을 구축해보자. 여기서 10.0.0.1은 서비스용 글로벌 주소라고 하자. 클라이언트에서 http://10.0.0.1/로 접속하면 Web1과 Web2로 부하분산하는 구성이 된다. 그 밖의 세세한 설정내용은 다음과 같다.

- 스케줄링 알고리즘 : rr round-robin
- 헬스체크 종류 : HTTP_GET
- 헬스체크 페이지 : http://health/health.html
- 헬스체크 성공조건 : 상태코드가 200으로 응답될 것
- 헬스체크 타임아웃 : 5초

이상의 구성을 keepalived의 설정파일에 기술한 것이 리스트 1.3.1이다.

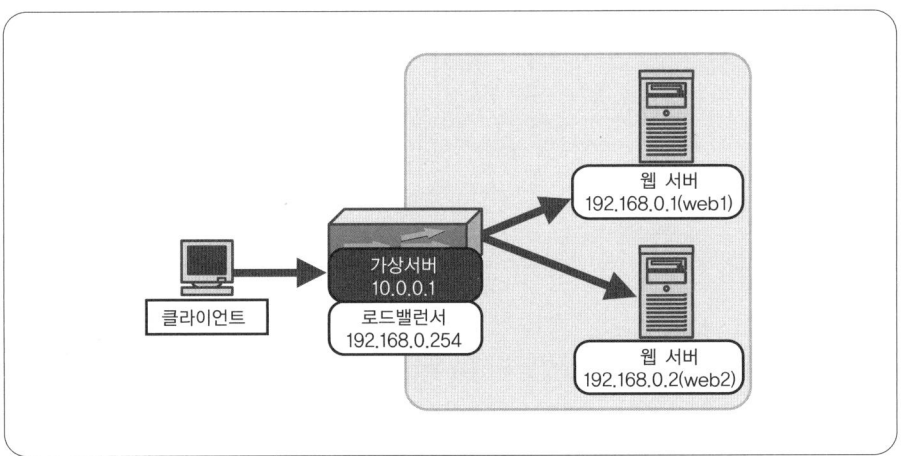

그림 1.3.1 로드밸런서로 부하분산

웹 서버 설정

keepalived를 실행하기 전에 웹 서버의 설정을 확인한다. 필요한 작업은 다음 세 가지다.

- 디폴트 게이트웨이를 192.168.0.254로 설정한다.
- 헬스체크 페이지를 설치한다.
- 작동확인용 페이지를 설치한다.

이 구성에서는, 클라이언트로부터의 요청과 리얼서버의 응답은 로드밸런서를 경유해야 한다. 이를 위해, 각 웹 서버의 디폴트 게이트웨이에는 로드밸런서의 IP주소를 설정해둔다.

또한, keepalived는 리얼서버에 대해 헬스체크를 한다. 여기서는 http://health/health.html에 접속해서 상태코드가 200으로 반환되는지 여부를 체크한다. 이를 위해 각 웹 서버에는 미리 헬스체크용 페이지를 설치해둘 필요가 있다.

그리고 작동 확인용 페이지를 준비한다. 작동을 확인할 때 어느 서버로 분산되는지를 파악하기 쉽도록 내용이 다른 index.html을 설치하면 좋을 것이다. 여기서는 호스트명(Web1, Web2)을 기술한 index.html을 설치한다.

keepalived 실행

리스트 1.3.1을 /etc/keepalived/keepalived.conf에 기술한 후 keepalived를 실행하면 IPVS의 가상서버가 구축된다. 그림 1.3.2와 같이 ipvsadm 명령으로 확인할 수 있다. 그림 1.3.2는 10.0.0.1:80으로의 접속을 192.168.0.1:80과 192.168.0.2:80으로 분산하고 있음을 나타내고 있다.

리스트 1.3.1 keepalived 설정

```
virtual_server_group example {
  10.0.0.1 80
}
```

```
virtual_server group example {
  lvs_sched   rr
  lvs_method  NAT
  protocol    TCP
  virtualhost health
  real_server 192.168.0.1 80 {
    weight 1
    HTTP_GET {
      url {
        path /health.html
        status_code 200
      }
      connect_port    80
      connect_timeout 5
    }
  }
  real_server 192.168.0.2 80 {
    weight 1
    HTTP_GET {
      url {
        path /health.html
        status_code 200
      }
      connect_port    80
      connect_timeout 5
    }
  }
}
```

그림 1.3.2 가상서버 확인

```
# ipvsadm -Ln
IP Virtual Server version 1.2.1 (size=1048576)
Prot LocalAddress:Port Scheduler Flags
  -> RemoteAddress:Port         Forward  Weight  ActiveConn  InActConn
TCP  10.0.0.1:80 rr
  -> 192.168.0.1:80             Masq     1       0           0
  -> 192.168.0.2:80             Masq     1       0           0
```

1.3 웹 서버의 다중화 IPVS를 이용한 로드밸런서

부하분산 확인

클라이언트에서 http://10.0.0.1/로 접속하면 그림 1.3.3과 같은 결과가 얻어진다. 접속할 때마다 Web1과 Web2로 번갈아가며 접속되어, 부하분산되는 모습을 확인할 수 있다.

그림 1.3.3 부하분산 확인

```
$ curl 'http://10.0.0.1/'
Web1

$ curl 'http://10.0.0.1/'
Web2

$ curl 'http://10.0.0.1/'
Web1

$ curl 'http://10.0.0.1/'
Web2
```

다중구성 확인

다음으로 Web2를 shutdown한 후 다시 접속해보자. 그러면 그림 1.3.4와 같이 반드시 Web1로 접속되게 된다. Web2가 정지되어 있어도 에러가 발생하지 않고 정상적으로 접속할 수 있음을 확인할 수 있다.

그림 1.3.4 다중구성 확인

```
$ curl 'http://10.0.0.1/'
Web1

$ curl 'http://10.0.0.1/'
Web1

$ curl 'http://10.0.0.1/'
Web1
```

```
$ curl 'http://10.0.0.1/'
Web1
```

L4스위치와 L7스위치

앞서 조금 다루었지만, 로드밸런서에는 L4스위치와 L7스위치가 있다. 둘 다 부하분산을 하는 것은 틀림없지만 처리내용은 크게 다르다. L4스위치는 TCP헤더 등의 프로토콜 헤더의 내용을 분석해서 분산시킬 곳을 결정하는데 반해, L7스위치는 애플리케이션 계층의 내부까지 분석해서 분산시킬 곳을 결정한다.

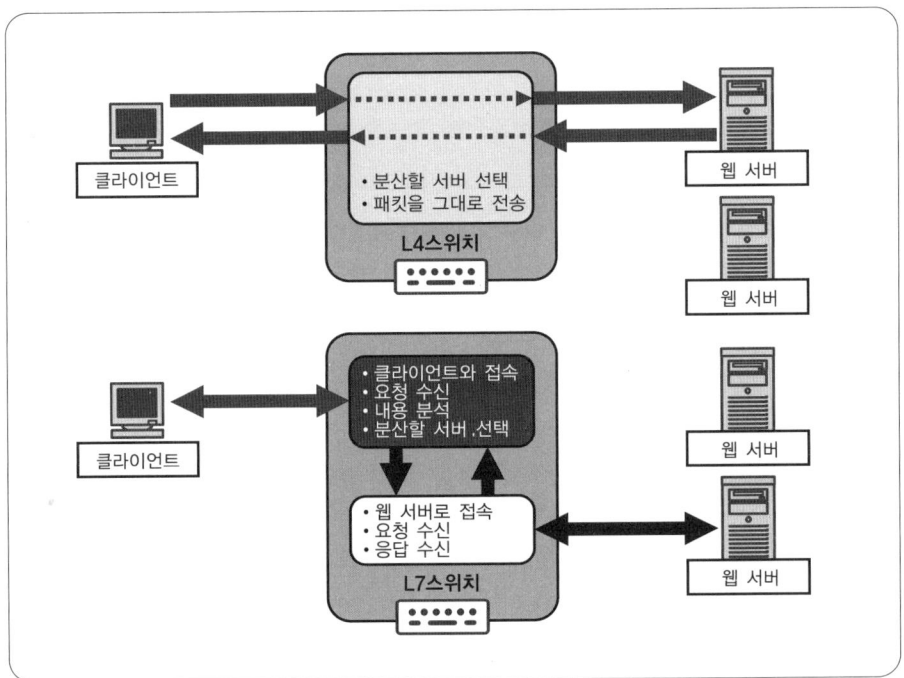

그림 1.3.5 L4스위치와 L7스위치의 차이

그림 1.3.5는 L4스위치와 L7스위치의 동작의 차이를 나타낸 것이다. L4스위치에서는 클라이언트(웹브라우저 등)가 통신하는 곳은 리얼서버지만, L7스위치에서는 로드밸런서와 클라이언트가 TCP세션을 전개한다. 즉, 하나의 접속에 대해 클라이언트⇔로드밸런서와 로드밸런서⇔리얼서버의 두 TCP세션이 전개된다.

L4스위치와 L7스위치의 특징을 단적으로 정리하면 다음과 같다.

- 유연한 설정을 하고자 하면 L7스위치
- 성능을 추구한다면 L4스위치

> **Columun   L7스위치와 유연한 설정**
>
> L7스위치는, http://example.jp/*.png와 같은 이미지 파일에 대한 요청을 이미지 전용 웹서버로 전송할 수 있다. 또한, http://example.jp/hoge?SESSIONID=xxxxxxxx와 같이, 세션ID를 포함하거나 요청에 대해 동일한 세션ID의 요청을 같은 서버로 할당할 수도 있다.
>
> 즉, 요청할 곳의 URL과 같이 애플리케이션 프로토콜의 내용을 리얼서버를 선택하기 위한 조건으로 이용할 수 있다. 그 반면, 로드밸런스가 해석할 수 없는 프로토콜은 부하분산할 수 없다. 예를 들면, SMTP를 부하분산할 때 「이 수신인의 메일은 이 서버로 날아간다」라는 처리도, 논리상으로는 L7스위치에서 가능하지만 로드밸런서가 SMTP를 지원하지 않으면 이용할 수 없다.
>
> 어떤 프로토콜을 어떤 규칙으로 분산할 것인지는 로드밸런서의 기능에 완전히 의존하기 때문에 「L7스위치이므로 반드시 될 것이다」라는 믿음은 절대 금지다. L7스위치를 선정할 때에는 하고자 하는 것을 확실히 할 수 있는지를 확인하는 것이 중요하다.

L4스위치의 NAT구성과 DSR구성

L4스위치는 성능면에서 우수하다고 소개했다. 그러면 성능을 포인트로 해서 L4스위치는 어떤 구성을 취할 수 있는지에 대해 생각해보자.

L4스위치는 그림 1.3.1에서 구축한 NAT(Network Address Translation) 구성으로 이용할 수도 있지만, 더 좋은 성능을 추구하기 위해 DSR(Direct Server Return)이라는 구성을 취할 수가 있다. DSR과 NAT의 차이는 그림 1.3.6에 나타냈다.

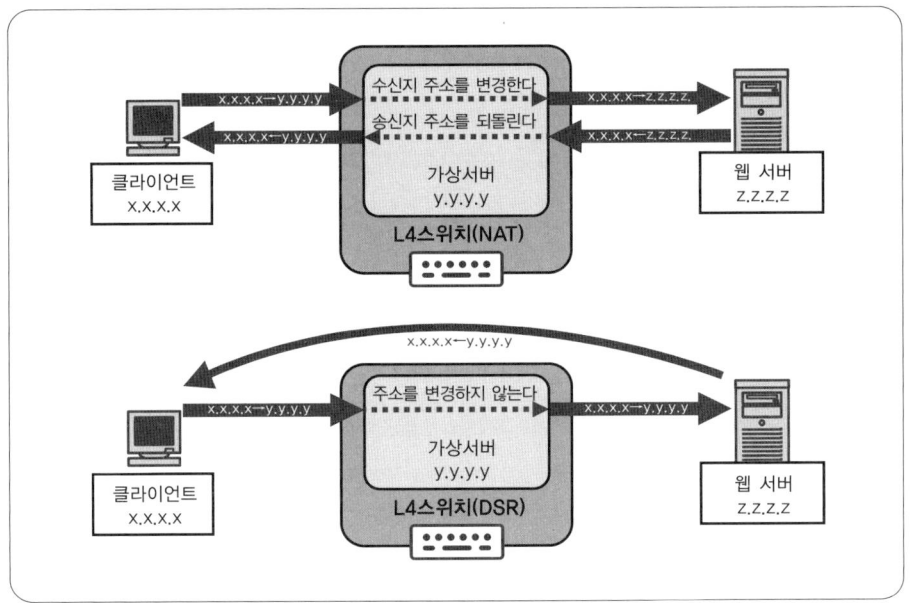

그림 1.3.6 DSR(아래)과 NAT(위)의 차이

    NAT구성의 경우, L4 스위치는 클라이언트로부터 도착한 패킷의 수신지 주소를 변경해서 리얼서버로 전송한다. 이를 위해 응답패킷을 받아서 IP주소를 원래대로 되돌릴 필요가 있다. DSR구성의 경우, IP주소는 변경되지 않는다. L4스위치는 클라이언트로부터 수신한 패킷을 그대로 리얼서버로 라우팅한다. 이 경우, 응답패킷에 대해 IP주소를 되돌릴 필요가 없으므로 리얼서버는 L4스위치를 경유하지 않고 응답할 수 있다.

    로드밸런서가 병목이 되는 것을 걱정하거나 높은 트래픽에 견디는 부하분산환경이 필요한 경우에는 DSR로 구성하기를 권한다. 덧붙여, keepalived로 DSR구성을 하려면 lvs_method에 「DR」이라고 지정한다(「DSR」이 아니다. 주의하기 바람).

    다만, DSR구성에서는 가상서버를 향한 패킷(글로벌 주소로의 패킷)이 리얼서버에 그대로 도달하므로 리얼서버가 글로벌 주소를 처리할 수 있어야 한다. 즉, NAT구성으로 동작하고 있는 시스템에 대해 로드밸런서의 설정만 DSR로 변경한다고 해도 부하분산은 할 수 없다.

1.3 웹 서버의 다중화 IPVS를 이용한 로드밸런서

가장 손쉬운 설정방법은 리얼서버의 루프백 인터페이스Loopback Interface에 가상서버의 IP주소를 할당하는 방법일 것이다. 그 밖에는 netfilter의 기능을 이용해서 가상서버를 향한 패킷을 리얼서버 자신을 향한 것처럼 목적지 주소를 변경하는 DNATDestination Network Address Translation(목적지 NAT)라는 방법도 있다.

동일 서브넷인 서버를 부하분산할 경우 주의사항

지금까지는 인터넷상에 공개할 웹 서버의 부하분산을 생각해봤다. 그러나, 로드밸런스의 용도는 이뿐만이 아니다. 예를 들면, 메일 매거진 등을 송신하는 시스템에서는 웹 서버에서 메일서버에 대해 대량으로 메일을 송신할 경우가 있다. 하지만 메일서버가 한 대뿐이라면 시간이 상당히 걸리므로, 로드밸런서를 이용해서 메일서버를 부하분산시키는 용도도 생각해볼 수 있다. 이와 같은 경우, 그림 1.3.7과 같은 구성을 생각해볼 수 있지만 주의해야 할 점이 있다.

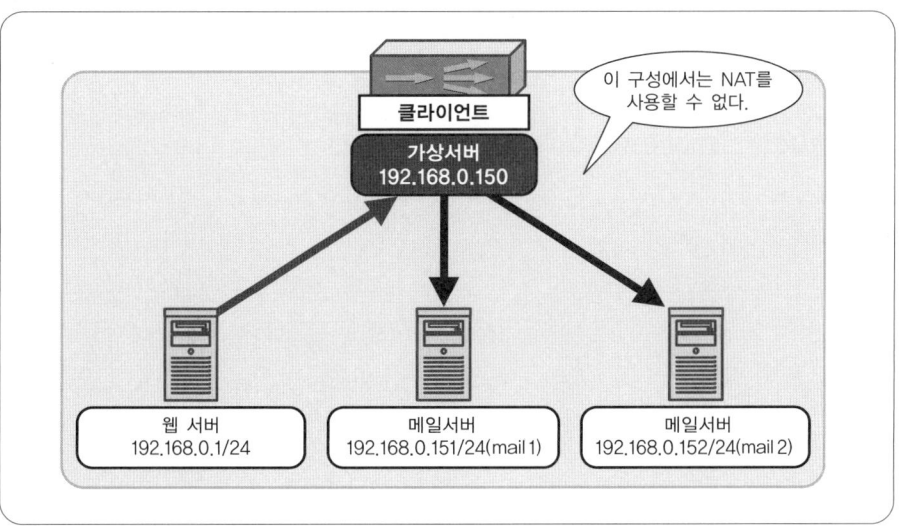

그림 1.3.7 동일 서브넷에서 부하분산

동일한 서브넷인 서버에 대해 부하분산하고자 할 경우는 NAT구성을 사용할 수 없다. NAT구성에서는 로드밸런서가 목적지 IP주소를 변경하기 때문에 메일서버가 받아들이는 패킷은 수신측 주소가 192.168.0.151, 송신측 주소가 192.168.0.1로 되어 있다. 따라서, 메일서버가 반환하는 응답패킷의 송신측은 192.168.0.151이 되고 수신측은 192.168.0.1이 된다. 여기서 수신측인 192.168.0.1은 동일 서브넷인 IP주소이므로 로드밸런서로 되돌아가지 않고 웹 서버로 직접 송신된다. 그 결과, NAT에 의해 변경된 IP주소를 원래대로 되돌릴 수가 없으므로 정상적으로 통신할 수 없게 된다.

이와 같은 경우는 앞서 소개한 DSR구성으로 하면 좋을 것이다. DSR의 경우, 로드밸런스는 IP주소를 변경하지 않으므로 메일서버가 직접 웹 서버에 응답을 반환해도 문제없다.

Columun 리눅스 기반 L7스위치

리눅스를 L7스위치로 이용할 수 있도록 하는 소프트웨어의 개발도 진행되고 있는 듯하다.

- UltraMonkey-L7 *URL* http://ultramonkey-l7.sourceforge.jp/
- Linux Layer7 Switching *URL* http://www.linux-l7sw.org/

UltraMonkey-L7은 2008년 1월에 버전 1.0.1-00이 릴리즈되었다[역주2]. Linux Layer7 Switching은 2007년 1월에 버전 0.1.20이 릴리즈되었다. 실용성은 아직 미지수지만, 앞으로의 전개가 매우 흥미로운 프로젝트다.

역주2 2009년 4월 현재, 최신버전은 2.1.1-00이다.

1.4 라우터 및 로드밸런서의 다중화

다중화란

앞절까지의 내용으로 웹 서버의 다중화는 가능하지만, 아직 로드밸런서가 다중화되지 않았다. 한 대밖에 없는 로드밸런서가 고장나면 서비스가 모두 정지해버린다. 고장에 대비해서 로드밸런서를 한 대 더 준비해서 콜드백업으로 운용할 수도 있겠지만, 사람의 손을 거쳐야만 복구될 수 있다는 점에서는 다른 방안을 마련했으면 하는 생각이 든다.

이 절에서는 라우터나 로드밸런서를 장애극복하는 방법을 소개한다.

다중화 프로토콜 VRRP

어플라이언스 제품인 라우터나 로드밸런서에는 다중화 기능을 갖춘 것이 다수 존재한다. 얼마 전까지 다중화의 구조는 제품에 따라 다양해서 벤더 독자적인 프로토콜이 이용되었다.

그러나 서로 다른 벤더 간의 호환운용이 불가능해서 불편하므로, Cisco사의 HSRP^{Hot Standby Routing Protocol}라는 프로토콜을 기반으로 해서 벤더에 의존하지 않는 다중화 프로토콜이 만들어졌다. 이것이 바로 VRRP^{Virtual Router Redundancy Protocol}다. VRRP의 사양은 RFC 3768[주6]에 정의되어 있고 많은 라우터나 로드밸런서에 채용되어 있다. 앞

절에서 소개한 keepalived로도 VRRP를 이용할 수 있으므로 로드밸런서를 한 대 추가로 구축해서 keepalived 설정을 추가하는 것만으로도 다중화할 수 있게 된다.

VRRP의 구조

우선, 라우터나 로드밸런서의 장애극복 원리는 1.1절에서 주로 웹 서버의 장애극복 절차로서 설명한 「헬스체크」, 「IP주소 인계」와 거의 동일하다. 마스터 노드가 정상적으로 가동 중인지 여부를 체크해서, 만일 정지되었다면 백업 노드가 VIP(가상주소)를 인계받아서 장애극복을 한다.

VRRP의 구축, 설정에 대해 설명하기 전에 VRRP 고유의 규칙이나 용어, VRRP의 동작을 정리해두자. VRRP를 이용하면서 파악해두어야 할 키워드는 「VRRP패킷」, 「가상 라우터 ID」, 「우선순위 Priority」, 「선점형 모드 Preemptive Mode」, 「가상 MAC주소」다.

VRRP패킷

헬스체크라고 하면, 감시대상인 장비에 대해 정기적으로 특정 요청을 보내서 그 응답을 확인한다라는 이미지를 떠올리겠지만, VRRP는 역으로 접근해서 마스터 노드의 가동을 감시하는 것이다. VRRP의 마스터 노드는 정기적으로 VRRP패킷을 멀티캐스팅 주소(224.0.0.18)로 계속해서 송신한다. VRRP패킷은, 마스터 노드가 정상작동 중임을 「광고」하는 메시지라는 의미로 「Advertisement」라고도 한다. 그림 1.4.1은 VRRP패킷의 형식이다. 그림 1.4.1에 나와 있듯이 VRRP패킷에는,

---

주6 URL http://www.ietf.org/rfc/rfc3768.txt

1.4 라우터 및 로드밸런서의 다중화

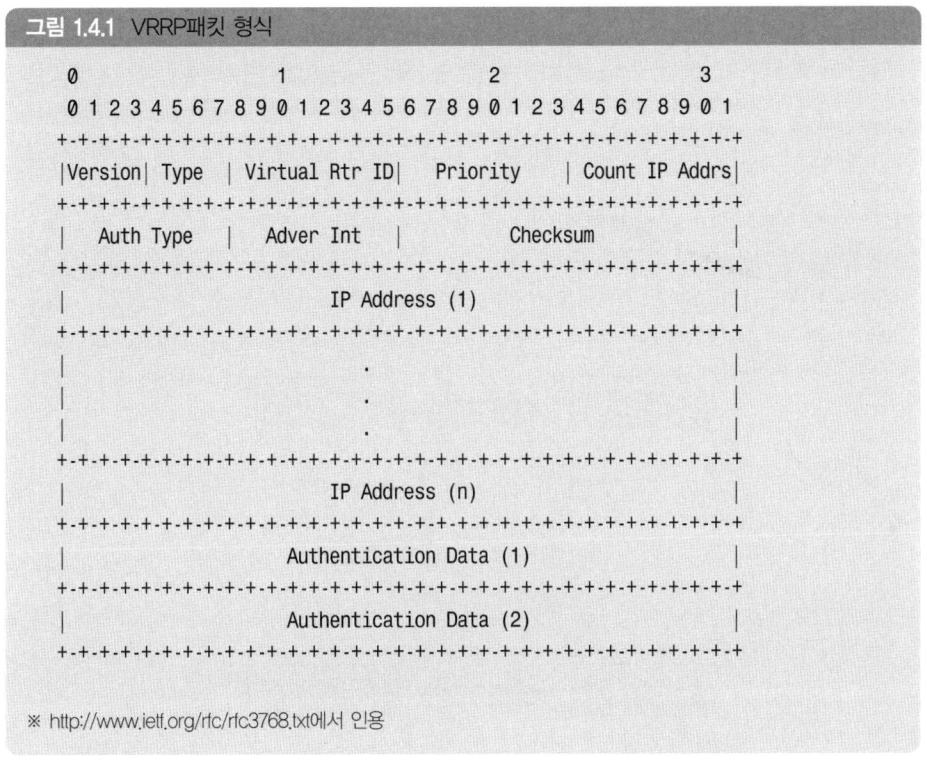

그림 1.4.1 VRRP패킷 형식

※ http://www.ietf.org/rfc/rfc3768.txt에서 인용

- IP Address (가상 IP주소, VIP를 가리킴)
- Virtual Rtr ID (가상 라우터 ID)
- Priority (우선순위)

등의 데이터가 저장되어 있다. 백업 노드는 VRRP패킷을 수신하는 동안은 대기 중이지만, 일정시간 VRRP패킷을 수신하지 못하면 마스터 노드가 다운된 것으로 판단해서 장애극복을 시작한다. VRRP에서는 백업 노드가 능동적으로 마스터 노드의 상태를 확인하는 동작은 하지 않는다.

가상 라우터 ID

VRRP패킷은 명확히 정해져 있는 멀티캐스팅 주소(224.0.0.18)로 송신된다. 이 주소는 변경할 수 없으므로, 그림 1.4.2와 같이 하나의 네트워크에 여러 종류의 로드밸런서를 설치한 경우, 모든 VRRP패킷이 동일한 주소로 송신된다. 이는 얼핏 보면 오작동을 일으킬 것으로 보이지만, VRRP에는 가상 라우터 ID라는 파라미터로 인스턴스를 구분할 수 있으므로 문제가 되지 않는다. 그림 1.4.2 내의 로드밸런서 A, B와 로드밸런서 C, D는 가상 라우터 ID값을 각기 다르게 사용한다면 문제없이 그림 1.4.2의 구성으로 운용할 수 있다.

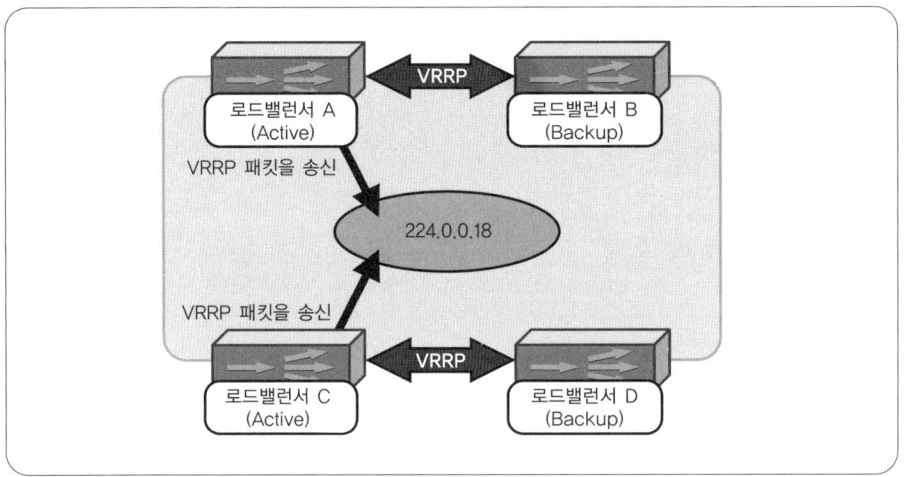

그림 1.4.2 동일 네트워크 상에 여러 로드밸런서를 설치한 경우

우선순위(Priority)

VRRP의 구성 예로 흔히 볼 수 있는 것은 Active/Backup 2대로 구성한 것이지만 구조적으로는 100대의 백업 노드를 가질 수도 있다. 이 때 우려되는 것은 백업 노드가 2대 이상 작동하고 있을 때 마스터 노드가 정지하면 어떤 백업 노드가 마스터 노드가 될 것인지 하는 점이다.

VRRP에는 우선순위Priority라는 값을 노드마다 설정한다. 각 노드는 VRRP패킷을 수신할 수 없게 되면 스스로 VRRP패킷을 송신하기 시작한다. VRRP패킷 내에는 우선순위가 저장되어 있으므로 자신보다도 높은 우선순위를 갖는 노드가 있는지 여부를 바로 알 수 있다. 그리고 자신보다 높은 우선순위를 갖는 노드를 발견한 시점에서 마스터 노드로 승격되기를 단념한다. 간단한 구조지만 이 덕분에 우선순위를 높게 설정한 노드부터 차례로 마스터 노드가 될 수 있다.

선점형 모드(Preemptive Mode)

VRRP의 디폴트 설정에는 기존의 마스터 노드보다도 높은 우선순위를 갖는 노드가 기동하면 장애극복이 일어난다. 즉, 우선순위가 높은 노드가 항상 마스터 노드가 된다. 이 동작은 선점형 모드 Preemptive Mode라는 설정에 따라 변경할 수가 있다. 선점형 모드를 무효화하면 이미 마스터 노드가 가동 중일 경우 자신의 우선순위가 높더라도 장애극복을 하지 않는다.

어떤 모드로 운용할지는 상황에 따라 다르다. 예를 들면, 마스터 노드의 상태가 악화되서 빈번하게 재기동을 반복하는 상황이 염려된다면 선점형 모드를 무효화하는 편이 좋을 것이다. 반대로, 오작동을 방지할 목적으로 「양쪽 노드가 작동하고 있는 경우는 반드시 특정 노드가 마스터가 되기를 바라는 경우」라면 선점형 노드는 유효하게 두는 편이 좋을 것이다.

가상 MAC주소

VRRP에는 가상 IP주소와는 별개로 가상 MAC주소가 정의되어 있다. 장애극복 시에는 IP주소뿐 아니라 MAC주소도 함께 인계되도록 설계되어 있다. MAC주소를 인계하지 않고 IP주소만 인계할 경우, 통신 상대가 되는 모든 장비의 ARP테이블을 변경해주어야 할 필요가 있다. 이 방법으로는 1.1절에서도 소개한 gratuitous ARP라는 ARP 요청을 이용하는 것이 일반적이지만, 이더넷의 구조상 모든 장비에 정상적으로 ARP 요청이 도달하리란 보장은 없다. 만일 ARP테이블을 갱신할 수 없었던 장비가 있다면 그 장비와의 통신은 ARP 캐시가 갱신되기까지 중단될 것이다.

따라서, VRRP에서는 MAC주소를 인계함으로써 통신 상대가 ARP엔트리를 갱신할 필요성을 배제하고 있다. RFC 3768에 따르면 마스터 상태가 되기 직전에는

gratuitous ARP를 송신하게 되어 있지만, 이는 통신 상대의 ARP테이블을 갱신하기 위한 목적이 아니라 L2 스위치의 MAC주소 학습상태를 갱신하는 게 목적이다.

keepalived의 구조상의 문제

keepalived의 VRRP는 가상 MAC주소를 사용하지 않는다. 즉, RFC 3768에 맞게 구현되어 있지는 않다. 리눅스에서는 MAC주소 변경은 가능하지만 여러 개의 MAC주소를 갖지 않으므로, keepalived에서는 가상 MAC주소를 이용하지 않도록 구현되어 있다. 따라서, 장애극복시에 ARP엔트리가 갱신되지 않는 장비가 있을 경우, ARP 캐시가 clear되기까지는 통신되지 않을 위험성이 있다.

gratuitous ARP(GARP)의 지연 송신

이 문제를 해결하기 위해 keepalived에는 「garp_master_delay」라는 설정항목이 있다. keepalived는 마스터 상태로 변경된 직후에 gratuitous ARP를 송신하지만, 그 순간에는 네트워크 상태가 안정되지 않은 경우가 많아서 일시적으로 트래픽이 집중되거나 통신이 안 되는 상태가 될 가능성이 있다. keepalived는 통신 상대의 ARP엔트리를 확실히 갱신시키기 위해 수 초 정도 기다린 후에 다시 gratuitous ARP를 송신하도록 구현되어 있다. 이 대기시간을 garp_master_delay로 설정할 수 있으며 디폴트값은 5초로 되어 있다.

예를 들면, STP^{Spanning Tree Protocol}[주7]를 사용해서 네트워크를 구축하고 L2 스위치가 다운되면 로드밸런서가 장애극복하도록 구성된 시스템이 있다고 하자. 이 경우, L2 스위치가 다운된 순간에 STP의 컨버전스^{Convergence}(수렴)가 실행되므로 수 초에서 수십 초 정도 통신할 수 없는 경우가 있다. 그동안 송신된 gratuitous ARP는 다른 노

[주7] 루프가 없는 트리 구성을 갖는 프로토콜. IEEE 802.1D에 규정되어 있다.

드에 전송되지 않으므로 garp_master_delay를 설정해서 컨버전스 완료 후에 gratuitous ARP가 송신되도록 조정한다. 이와 같이, keepalived의 VRRP 구현은 RFC 3768에 정의되어 있는 내용과 다른 부분이 있으므로, 이용할 때에는 실제 네트워크 환경에서 정상적으로 장애극복할 수 있는지를 검증할 필요가 있다.

keepalived 다중화

그러면, keepalived를 이용해서 그림 1.4.3과 같은 시스템을 구축해보자. 그림 1.4.3 내의 lv1과 lv2는 리눅스에 keepalived를 설치한 로드밸런서다.

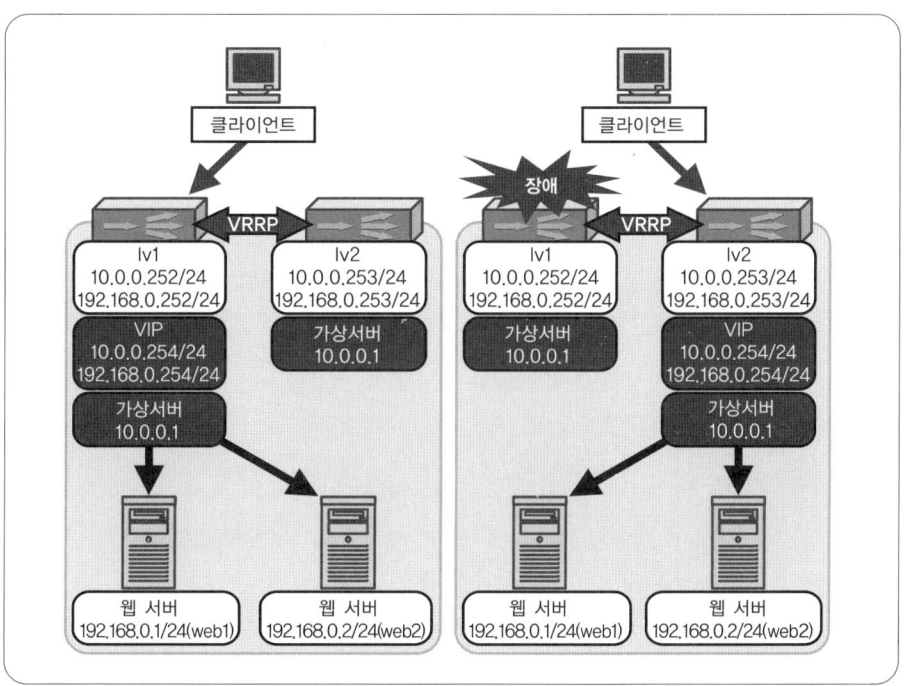

그림 1.4.3 로드밸런서의 다중화

lv1과 lv2의 keepalived.conf는 리스트 1.4.1과 같이 되어 있다[주8]. 각 파라미터의 의미는 표 1.4.1과 같다.

리스트 1.4.1 VRRP의 설정① (lv1의 예)

```
vrrp_instance VI {
  state MASTER
  interface eth0
  garp_master_delay 5
  virtual_router_id 200
  priority 101    ←lv2는 100으로 변경할 것
  advert_int 1
  authentication {
      auth_type PASS
      auth_pass HIMITSU
  }
  virtual_ipaddress {
      10.0.0.254/24    dev eth0
      192.168.0.254/24 dev eth1
  }
}
```

표 1.4.1 파라미터의 의미

파라미터	설명
state MASTER	keepalived 기동시에 MASTER로서 기동할지 BACKUP으로 기동할지를 지정한다.
interface eth0	VRRP패킷을 송신하거나 수신할 인터페이스를 지정한다.
garp_master_delay 5	마스터 상태로 변경된 후에 gratuitous ARP를 재송신하기까지 대기 시간을 초단위로 지정한다.
virtual_router_id 100	가상 라우터 ID. VRRP 인스턴스마다 고유한 값을 지정한다. 지정할 수 있는 범위는 0부터 255다.
priority 101	VRRP의 우선순위값. 마스터를 선출할 때 이 값이 큰 것이 우선한다.

[주8] 리스트 1.4.1에는 IPVS(부하분산) 설정을 생략하고 있다. 앞절의 리스트 1.3.1에 추가해서 적도록 한다.

advert_int 1	VRRP패킷 (advertisement) 송신 간격. 초단위로 지정한다. 디폴트 값은 1초다.
virtual_ipaddress	VIP(가상주소). 형식은 다음과 같고 여러 개 지정할 수도 있다. ⟨IPADDR⟩/⟨MASK⟩ dev ⟨STRING⟩

VIP 확인

lv1과 lv2에서 keepalived를 기동하면 lv1에 VIP(10.0.0.254와 192.168.0.254)가 할당되지만, ifconfig명령으로는 확인할 수 없다. 그림 1.4.4와 같이 ip명령으로 확인한다.

그림 1.4.4 VIP 확인

```
lv1:~# ip addr show eth0
2: eth0: <BROADCAST,MULTICAST,UP> mtu 1500 qdisc pfifo_fast qlen 1000
  link/ether xx:xx:xx:xx:xx:xx brd ff:ff:ff:ff:ff:ff
  inet 10.0.0.252/24 brd 10.0.0.255 scope global eth0
  inet 10.0.0.254/24 scope global eth0

lv1:~# ip addr show eth1
3: eth1: <BROADCAST,MULTICAST,UP> mtu 1500 qdisc pfifo_fast qlen 1000
  link/ether xx:xx:xx:xx:xx:xx brd ff:ff:ff:ff:ff:ff
  inet 192.168.0.252/24 brd 192.168.0.255 scope global eth1
  inet 192.168.0.254/24 scope global eth1
```

VRRP의 동작 확인

장애극복의 동작 확인결과를 다음과 같이 정리해보자.

① lv1을 shutdown한다. ➡ lv2=Master ○

② lv1을 기동한다. ➡ lv1=Master, lv2=Backup ○

③ lv1의 eth0 LAN케이블을 뺀다. ➡ lv1=Backup, lv2=Master ○

④ lv1의 eth0 LAN케이블을 꽂는다. ➡ lv1=Master, lv2=Backup ○

⑤ lv1의 eth1 LAN케이블을 뺀다. ➡ lv1=Master, lv2=Backup ✕

이를 보면 ⑤의 eth1 케이블을 뺐을 때의 동작이 이상해 보일 것이다. 원래는 lv1의 eth1이 link down되었을 때는 lv1=Backup, lv2=Master되어야 할 것이다.

VRRP 인스턴스 분리

이상의 설정에서는 VRRP패킷은 eth0으로만 전송되므로 eth1의 LAN케이블을 빼더라도 이상 작동을 검출할 수 없다. 여러 인터페이스에서 장애를 검출하고자 할 경우에는 리스트 1.4.2와 같이 인터페이스마다 VRRP 인스턴스를 정의할 필요가 있다. 여기서 주의해야 할 것은 「virtual_router_id」 파라미터다. vrrp_instance 블록을 copy & paste하다보면 수정하는 걸 잊어버리기 쉽지만, VRRP 인스턴스는 virtual_rotuer_id에 따라 나뉘어지므로, 인스턴스마다 고유한 값을 지정하기 바란다.

리스트 1.4.2 VRRP의 설정② (lv1의 예)

```
vrrp_sync_group VG {
  group {
    VE
    VI
  }
}
vrrp_instance VE {
  state MASTER
  interface eth0
  garp_master_delay 5
  virtual_router_id 200    ←VRRP 인스턴스마다 고유한 값
  priority 101    ←lv2는 100으로 변경할 것
  advert_int 1
  authentication {
    auth_type PASS
    auth_pass HIMITSU
  }
  virtual_ipaddress {
    10.0.0.254/24    dev eth0
  }
}
```

```
}
vrrp_instance VI {
  state MASTER
  interface eth1
  garp_master_delay 5
  virtual_router_id 201    ←VRRP 인스턴스마다 고유한 값
  priority 101    ←lv2는 100으로 변경할 것
  advert_int 1
  authentication {
    auth_type PASS
    auth_pass HIMITSU
  }
  virtual_ipaddress {
    192.168.0.254/24 dev eth1
  }
}
```

VRRP 인스턴스 동기화

vrrp_sync_group이라는 블록은 여러 VRRP 인스턴스에서 상태를 동기화시키기 위한 설정이다. 외부 인스턴스[VE]가 Backup이 될 경우, 그와 연동해서 내부 인스턴스[VI]도 Backup이 된다. 이에 따라, lv1에서 eth0과 eth1 중 어떤 케이블이 끊기더라도 확실히 장애극복할 수 있게 되었다.

keepalived 응용

이번 절에서는 keepalived의 VRRP 기능으로 장애극복하는 방법에 대해 설명했다. keepalived는 응용하기에 따라 다양한 곳에 이용할 수 있다. 예를 들면, 1.1절의 그림 1.1.6의 구성도 keepalived를 이용하면 보다 간단하고 안전하게 구축할 수 있을 것이다. keepalived는 --vrrp라는 옵션을 덧붙임으로써 VRRP 기능만을 독립

적으로 이용할 수 있으므로, SMTP서버 등의 간단한 곳에서부터 다중화해 보면 동작을 이해하기 쉬울 것이다.

CHAPTER

02

한 단계 높은
서버/인프라 구축

다중화, 부하분산, 고성능 추구

2.1 리버스 프록시 도입 …… 아파치 모듈
2.2 캐시서버 도입 …… Squid, memcached
2.3 MySQL 리플리케이션 …… 단시간에 장애복구하기
2.4 MySQL 슬레이브 + 내부 로드밸런서 활용 예
2.5 고속, 경량의 스토리지 서버 선택

CHAPTER 02 ••• 한 단계 높은 서버/인프라 구축 _다중화, 부하분산, 고성능 추구

2.1 리버스 프록시 도입 _아파치 모듈

리버스 프록시 입문

1장에서의 로드밸런서 도입으로 웹 서버의 부하분산은 가능해졌지만, IPVS(LVS)와 같은 로드밸런서는 L4 레벨에서 패킷을 전송하기만 한다. 웹 서버가 클라이언트 애플리케이션으로부터의 요청에 직접 응답하는 구성이라는 점은 변함이 없다.

여기서 로드밸런서와 웹 서버 사이에 리버스 프록시Reverse Proxy라고 하는 역할의 서버를 넣음으로써 보다 유연하게 부하를 분산할 수 있게 된다. 리버스 프록시는 아파치에 mod_proxy나 mod_proxy_balancer를 내장함으로써 구축할 수 있다. 아파치 이외에도 lighttpd나 Squid(이후에 모두 설명) 등으로도 이용 가능하다.

리버스 프록시는 클라이언트로부터의 요청을 받아서(필요하다면 주위에서 처리한 후) 적절한 웹 서버로 요청을 전송한다. 웹 서버는 요청을 받아서 평소처럼 처리를 하지만, 응답은 클라이언트로 보내지 않고 리버스 프록시로 반환한다. 요청을 받은 리버스 프록시는 그 응답을 클라이언트로 반환한다.

그림 2.1.1과 같이 클라이언트와 웹 서버 사이에 놓여서 요청을 대리로 처리하는 것이 리버스 프록시의 역할이다. 통상 프록시 서버는 LAN ➡ WAN의 요청을 대리로 수행하지만, 리버스 프록시는 WAN ➡ LAN의 요청을 대리한다. 이로 인해 「리버스Reverse」라는 이름이 되었다.

리버스 프록시를 이용하면 클라이언트로부터의 요청이 웹 서버로 전달되는 도중의 처리에 끼어들어서 다양한 전후 처리를 시행할 수가 있게 된다. 이것이 리버스 프록시 도입의 장점이다. 보다 구체적인 이점/기능에는 다음을 들 수 있다.

- HTTP 요청의 내용에 따라 시스템의 동작 제어(L7 스위치가 하는 역할과 비슷하다)
- 시스템 전체의 메모리 사용효율 향상
- 웹 서버가 응답하는 데이터의 버퍼링 역할
- 아파치 모듈을 이용한 처리의 제어

다음 절부터 이 내용들에 대해 설명할 것이다.

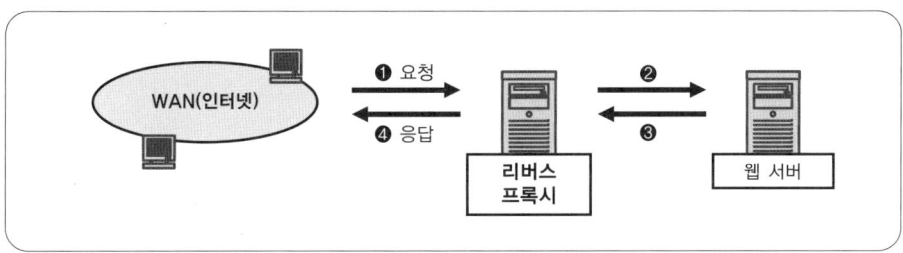

그림 2.1.1 리버스 프록시

HTTP 요청 내용에 따른 시스템의 동작 제어

　IPVS는 L4이므로 클라이언트로부터 요구된 HTTP 요청의 내용에 따라 처리를 분배하는 일은 할 수 없다. 여기에 리버스 프록시가 있으면, 예를 들어 HTTP 요청 내에서 URL을 보고,

- 클라이언트로부터 요구된 URL이 /images/logo.jpg이면 이미지용 웹 서버로
- 클라이언트로부터 요구된 URL이 /news이면 동적 컨텐츠를 생성하는 웹 서버로

최종적인 처리를 각기 다른 서버에 분배하는 제어가 가능하다(그림 2.1.2).

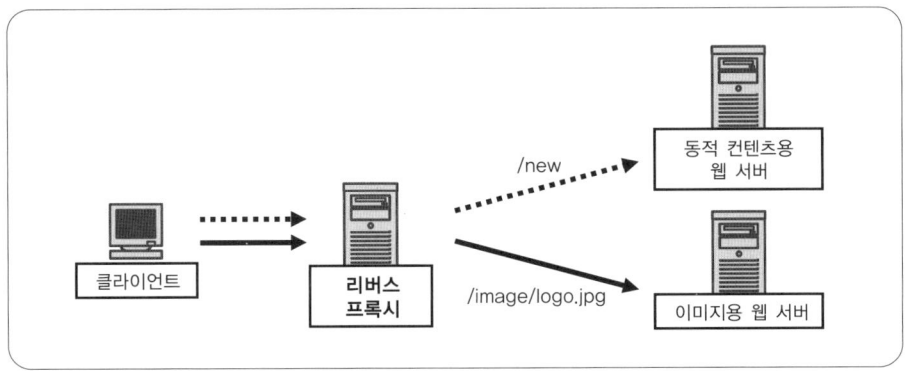

그림 2.1.2 리버스 프록시에 의한 분배

아파치로 리버스 프록시를 구축할 경우, 이러한 분배는 mod_rewrite의 RewriteRule 기능을 이용하게 된다. mod_rewrite로 제어할 수 있다면 거의 무엇이든 가능하다고도 할 수 있다. 예를 들면, 다음과 같은 처리가 가능하다.

- 클라이언트의 IP주소를 보고 특정 IP주소만 서버로의 접속을 허가한다.
- 클라이언트의 User-Agent를 보고 임의의 User-Agent로부터의 요청을 특별한 웹 서버로 접속되도록 유도한다.
- /hoge/foo/bar라는 URL을 /hoge?foo=bar라는 URL로 변경해서 웹 서버로 요청한다.

각각의 예가 어떤 경우에 유효한지 좀 더 생각해보자.

IP주소를 이용한 제어

예를 들어 IP주소에 따른 제어는 악의가 있는 호스트로부터의 요청을 차단할 목적에도 이용할수 있다. 또한, 관리자 전용 페이지가 포함된 사이트에서 IP주소와 URL에 의한 제어를 조합해서 관리자 전용 페이지에는 특정 IP주소에서만 접속 가능하도록 제한할 수도 있다.

User-Agent에 의한 제어

User-Agent에 의한 제어는 Googlebot이나 Yahoo! Slurp 등의 검색엔진 로봇에의 대응에 이용할 수 있다.

예를 들면, 사용자에 대해서는 캐싱하기가 어려운 동적인 페이지(사용자에 맞게 사용자명이 표시되는 페이지 등)가 있다고 하자. 로봇에게는 사용자명을 표시할 필요가 없을 경우, 그 페이지를 캐싱할 수가 있다. 여기서 User-Agent를 보고 로봇의 User-Agent인 경우는 캐시서버를 경유해서 웹 서버로 접속되도록 제어하는 일이 가능하다.

URL 다시쓰기

요즘에는 사이트 전체의 계층구조를 쉽게 알 수 있게 하려는 등의 이유로 사용자에게 웹사이트의 URL을 깔끔하게 보이고자 할 경우도 있다. 「쿨한 URL」[주1]를 실현하려면 본래 웹 애플리케이션 측에서 처리를 해야 하지만, 레거시 시스템을 반드시 이용해야 하는 경우가 있다. 그럴 때에는 리버스 프록시로 요청 URL을 분해해서 레거시 시스템이 이해할 수 있는 URL로 변경해서 웹 서버로 전송하는 것도 하나의 방법이다.

시스템 전체의 메모리 사용효율 향상

동적 컨텐츠를 반환하는 웹 서버(AP서버라고도 함)에는 통상 애플리케이션이 이용하는 프로그램을 메모리에 상주시킴으로써, 애플리케이션 기동시의 오버헤드를

주1 예를 들면, http://b.hatena.ne.jp/bookmark.cgi?user=naoya&tag1=perl&tag2=2=cpan이라는 URL보다도 http://b.hatena.ne.jp/naoya/perl/cpan이라고 하는 편이 쉽고 깔끔하다. 자세한 것은 다음을 참조하기 바란다.
URL http://www.w3.org/Provider/Style/URI.html

회피할 수 있게 설계되어 있다. 예를 들면, 자바^{Java}로 작성된 프로그램은 기동할 때 상당한 시간이 소요되지만, 한번 메모리에 상주되면 이후는 기동시간을 줄여서 동작시킬 수 있다. mod_perl이나 mod_php로 펄^{perl}이나 PHP를 웹 서버에 내장해서 이용하면 애플리케이션의 처리가 고속화되는 것도 같은 원리다. 또한 FastCGI도 거의 마찬가지 원리로 애플리케이션을 고속화시킨다.

AP서버는 이런 상황에서 대량의 메모리를 필요로 한다. 정적 컨텐츠만을 반환하는 웹 서버에 비해 동적 컨텐츠를 반환하는 AP서버에서는 수 배에서 수십 배의 메모리를 소비하는 것도 드물지 않다.

통상 AP서버는 클라이언트의 하나의 요청에 대해 하나의 프로세스 또는 하나의 쓰레드를 할당해서 처리하는 방식을 취하고 있다. 각각의 프로세스/쓰레드는 다른 프로세스/쓰레드와는 독립적으로 동작한다. 이로 인해 애플리케이션 개발자는 리소스 경합을 신경쓰지 않고 프로그램을 개발할 수 있으므로, 애플리케이션 설계가 쉽고 편해진다는 장점을 얻을 수 있다.

그러나 AP서버가 하나의 요청에 대해 하나의 프로세스/쓰레드로 응답할 경우, 이미지나 자바스크립트^{JavaScript}, CSS와 같은 정적 컨텐츠를 반환하는, 즉 파일에 쓰인 내용을 그대로 반환하기만 하면 될 경우도 동일한 방식으로 반환하게 된다.

예 : 동적 페이지에서의 요청의 상세

예를 들면, 동적으로 생성된 하나의 HTML 페이지 내에 이미지가 30개 정도 사용되고 있는 경우를 생각해보자. 가령, Hatena의 메인페이지[주2]와 같은 페이지다. 이 페이지는 동적으로 생성되고 있다.

이 페이지에 대한 요청은 첫 요청 한 번만 동적 컨텐츠를 요구하게 된다. 첫 요청으로 HTML이 동적으로 생성되고 이 HTML은 클라이언트인 브라우저에 의해 다운로드된다. 다음으로 브라우저는 HTML을 해석해서 필요한 이미지 파일이나 스크

주2 URL http://www.hatena.ne.jp/

립트 파일을 서버에 요청한다. 결과적으로 동적 요청 1회 + 정적 요청 30회가 된다.

모두 AP서버에서 응답할 경우

위 1 + 30회의 요청을 모두 AP서버에서 응답할 경우, 전체적으로는 정적 컨텐츠를 반환하는 게 주된 일이지만 단 1회 동적 요청을 처리할 뿐임에도 나머지 30회의 정적인 요청에 대해 응답할 때에도 대량으로 메모리를 소비하게 된다. 이는 이미지든 동적 컨텐츠든 똑같이 하나의 요청에 대해 하나의 프로세스/쓰레드로 응답할 필요가 있기 때문이다(그림 2.1.3).

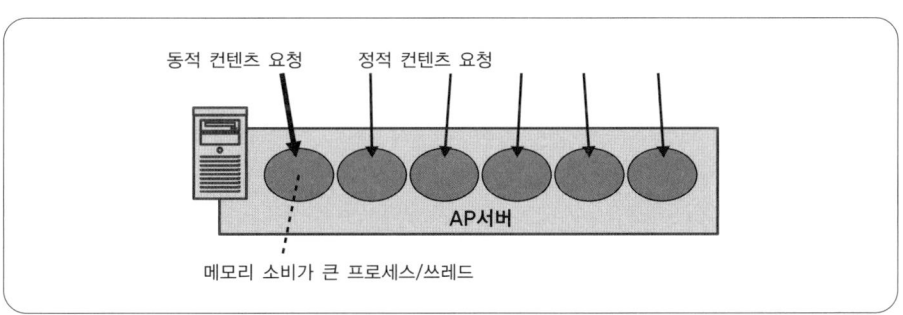

그림 2.1.3 모두 AP서버에서 응답할 경우

서버를 분할할 경우

그러면 정적인 파일을 반환하는 웹 서버와 동적 컨텐츠를 생성하는 AP서버를 각기 다른 서버로 나눠보자(그림 2.1.4). 이렇게 하면 정적 컨텐츠는 메모리 소비량이 적은 웹 서버가 응답하고 동적 컨텐츠만 애플리케이션으로 응답하는 형태의 구성이 가능해진다. 시스템 전체를 보면 메모리 사용효율이 높아져 동시에 처리할 수 있는 요청수가 향상된다.

서버를 2대로 분할하는 것이 좋다고 할 때, 어떻게 정적 컨텐츠, 동적 컨텐츠에 대한 요청을 각각의 서버로 할당할 수 있을까? 바로 이 때문에 리버스 프록시가 필요한 것이다.

CHAPTER 02 ··· 한 단계 높은 서버/인프라 구축_다중화, 부하분산, 고성능 추구

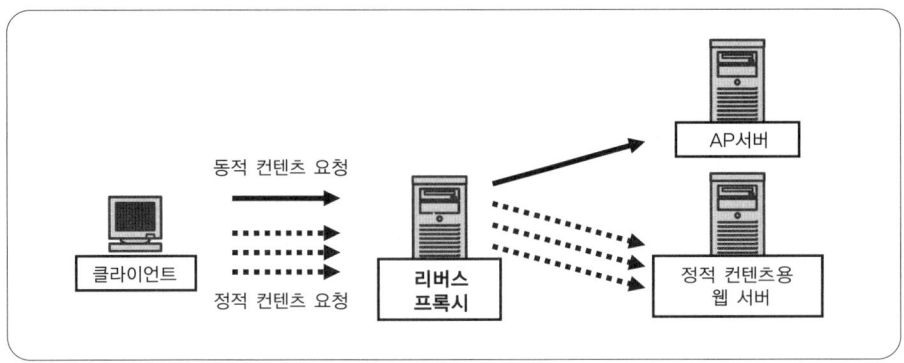

그림 2.1.4 서버를 둘로 분할한 경우

- 요청된 URL이 /images 이하이거나 CSS와 같이 정적 컨텐츠를 대비한 경로 이하인 경우는 웹 서버로
- 그 밖의 URL인 경우는 동적 컨텐츠 요구이므로 AP서버로

이와 같이 URL의 내용을 보고 요청을 할당할 곳을 변경한다. 리버스 프록시의 이 같은 동작은 L7 스위치에 상당하는 처리를 수행하는 것으로 볼 수 있다.

이 때, 리버스 프록시 자신도 웹 서버라는 특징을 살려서(정적 컨텐츠를 반환하기 위해 웹 서버를 별도로 준비하는 것이 아니라) 정적 컨텐츠는 리버스 프록시 자신이 반환하는 형태의 구성이 일반적이다(그림 2.1.5).

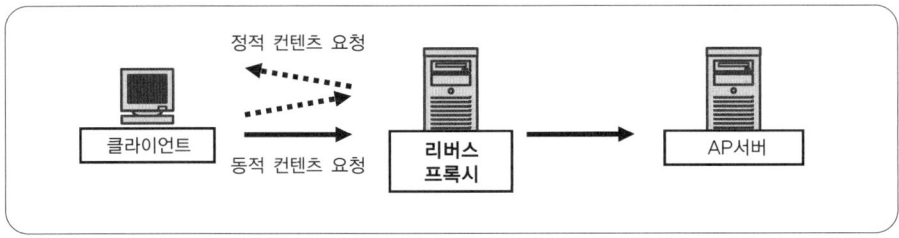

그림 2.1.5 일반적인 구성

웹 서버가 응답하는 데이터의 버퍼링의 역할

리버스 프록시는 AP서버의 바로 앞에 위치해서 AP서버의 버퍼로서의 역할을 수행한다는 점도 중요하다. 특히 HTTP의 Keep-Alive기능을 이용하고자 할 경우에 이 점에서 리버스 프록시의 존재가 중요해지게 되었다.

HTTP의 Keep-Alive

HTTP에는 Keep-Alive라는 사양이 있다. 특정 클라이언트가 한 번에 다수의 컨텐츠를 동일한 웹 서버로부터 얻고자 할 경우(예를 들면, 앞서 본 30개의 이미지가 이용되고 있는 HTML페이지가 좋은 예다), 다수의 HTTP요청마다 서버와 접속하고 끊고를 반복하는 것은 비효율적이다. 최초 요청시에 연결된 서버와의 접속을 해당 요청이 종료한 후에도 접속을 끊지 않고 유지한 채로 이어지는 요청에 해당 접속을 계속 사용함으로써, 하나의 접속으로 다수의 요청을 처리할 수 있다.

이를 실현하는 것이 Keep-Alive다. 서버측이 「Keep-Alive OK」라는 지시를 HTTP헤더로 브라우저에 알리면, 브라우저는 서버와의 접속을 계속 유지해서 Keep-Alive 사양을 따라 하나의 접속으로 여러 파일을 다운로드한다. 실제, Keep-Ailve가 OFF인 서버보다 Keep-Alive가 유효한 서버로부터 파일을 다운로드하는 것이 체감속도면에서도 빠르게 느껴진다.

Keep-Alive는 한번 연결된 접속을 당분간 유지하는 특성상, 웹 서버에 다소 부하를 야기한다. 구체적으로는 특정 클라이언트로부터 요청을 받은 프로세스/쓰레드는 그 시점으로부터 일정 시간 동안 해당 클라이언트로의 응답을 위해서 점유되는 것을 들 수 있다[주3].

주3 lighttpd와 같은 이벤트 모델을 채용하고 있는 웹 서버는 해당되지 않는다.

예 : 메모리 소비와 Keep-Alive의 ON/OFF

메모리 소비 관점에서 이 상황을 생각해보자. 하나의 프로세스당 메모리 소비량이 많은 AP서버에서는 하나의 호스트 내에 실행될 수 있는 최대 프로세스 수는 많아야 50 ~ 100개 정도다. 이 때 리버스 프록시 없이 Keep-Alive를 유효화한 경우 50 ~ 100개의 프로세스 중 다수가 Keep-Alive의 접속 유지를 위해 소비된다(그림 2.1.6).

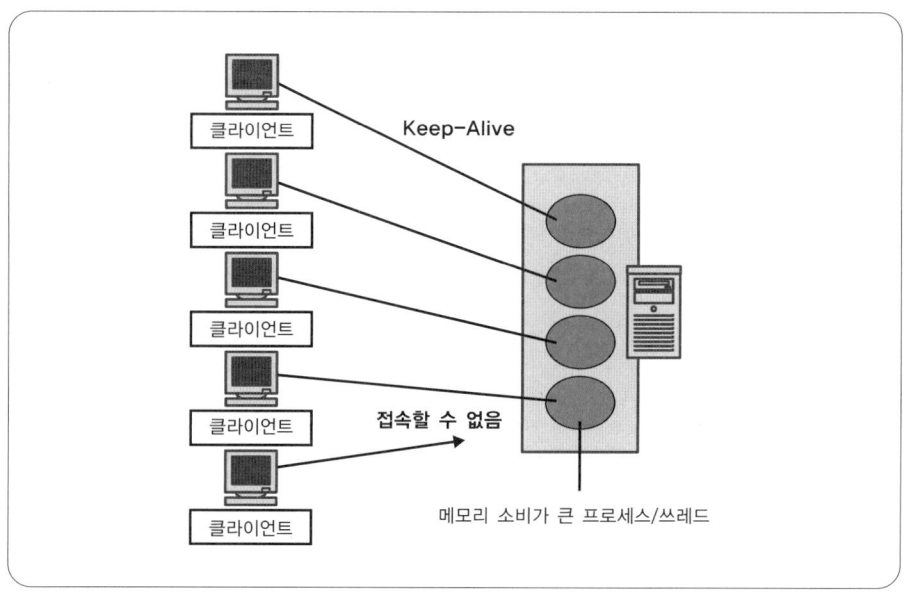

그림 2.1.6 프로세스가 Keep-Alive인 접속 유지를 위해 소비됨

그렇다면 Keep-Alive를 OFF로 한다면 어떨까? 이 경우는 클라이언트에서 볼 때의 체감속도가 저하된다. 이는 원하는 결과가 아니다.

여기에 리버스 프록시를 도입한 경우를 생각해보자. 일반적으로 리버스 프록시 역할을 하는 웹 서버는 프로세스당 메모리 소비량이 그다지 많지 않으므로 하나의 호스트 내에 1,000 ~ 10,000 프로세스를 실행할 수도 있다. 이 경우에는 일부 프로세스가 Keep-Alive 연결을 유지하기 위해 소비된다고 해도 문제가 되지 않는다.

그리고 클라이언트와 리버스 프록시 사이에만 「Keep-Alive ON」으로 하고, 리버스 프록시와 백엔드인 AP서버 사이는 「Keep-Alive OFF」로 한다(그림 2.1.7).

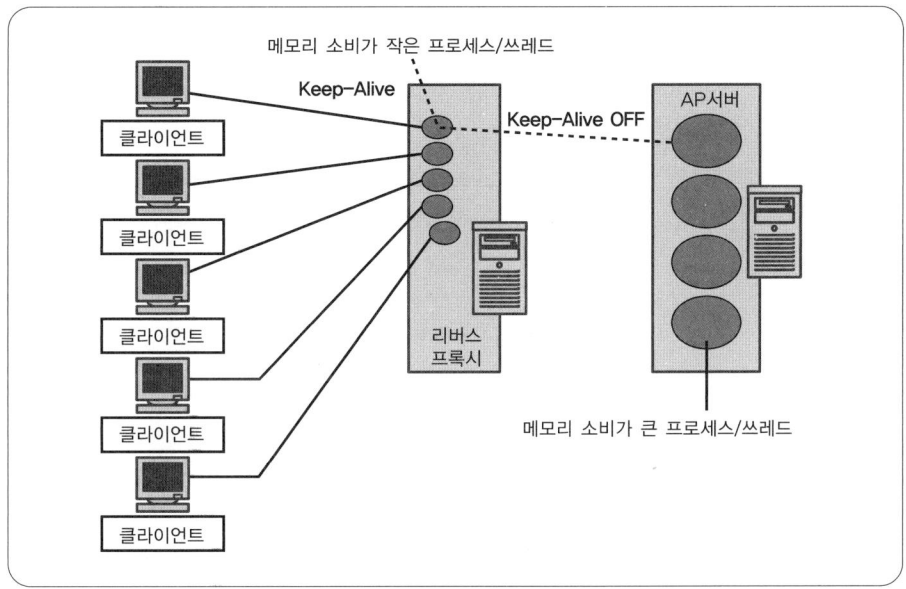

그림 2.1.7 Keep-Alive의 ON/OFF

이렇게 하면 AP서버 측은 프로세스 수가 적더라도 하나의 요청이 종료되면 곧바로 그 후에 다른 요청에 응답할 수 있다. 전체적으로 동시에 다룰 수 있는 클라이언트의 수는 많아지고 또한 전송량도 향상된다. 클라이언트와의 접속 유지를 리버스 프록시가 담당하고 메모리 소비량이 많은 AP서버에서는 그 책무를 지지 않아도 되는, 두 마리 토끼를 잡는 시스템을 구축할 수가 있는 것이다.

아파치 모듈을 이용한 처리의 제어

리버스 프록시로 아파치를 선택한 경우, 해당 리버스 프록시에 아파치 모듈을 내장해서 HTTP 요청의 전처리/후처리로 임의의 프로그램을 실행시킬 수가 있다.

예를 들면, 아파치 2.2에서 소스에 기본 포함되어 있는 mod_deflate는 컨텐츠를 gzip 압축하는 아파치 모듈이다. 이를 리버스 프록시에 내장함으로써 백엔드인 AP서버로부터 수신한 HTTP 응답을 클라이언트에 압축해서 보낼 수가 있다(그림 2.1.8). 마찬가지로 mod_ssl을 이용하면 AP서버로부터의 응답을 SSL로 암호화할 수가 있다.

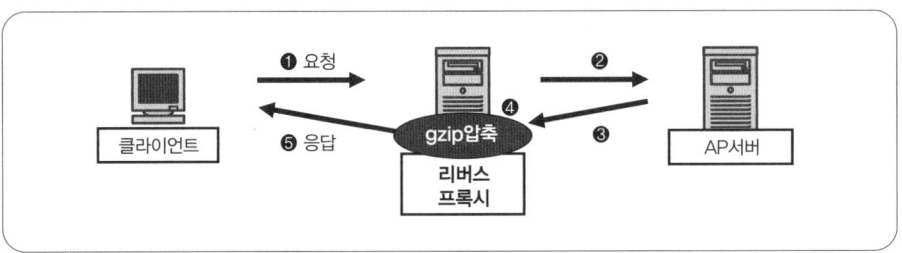

그림 2.1.8 mod_deflate를 내장한 경우

또한, mod_dosdetector[주4]는 아파치 2.2용 Dos공격 대책용 모듈로, 특정 클라이언트로부터 과도한 접속이 있을 경우 일시적으로 차단하는 등의 기능을 하는 모듈이다. 이를 리버스 프록시에 내장함으로써 백엔드인 AP서버가 과도한 접속으로 인해 과부하가 발생하는 것을 막을 수 있다.

아파치 이외에도 lighttpd 등, 써드파티 제품 모듈/플러그인을 내장할 수 있는 웹서버가 몇 종류 있으며, 이를 리버스 프록시로 이용하면 유사한 이점을 얻을 수 있다.

주4 URL http://sourceforge.net/projects/moddosdetector/

리버스 프록시 도입 결정

이와 같이 동적 컨텐츠를 송신하는 AP서버를 이용할 경우, 리버스 프록시의 유무에 따라 시스템의 유연성이 크게 차이가 날 수 있다. 예를 들어, 물리적인 호스트가 한 대밖에 없는 경우에도 동일 호스트 내에 리버스 프록시와 AP서버를 실행해서「정적 컨텐츠 송신 역할과 백엔드인 AP서버」라는 역할 분담을 분명히 함으로써 서버 리소스의 이용효율을 높일 수 있다.

리버스 프록시를 도입하지 않아야 할 이유는 어디서도 찾을 수가 없는 것이다.

리버스 프록시의 도입

지금부터는 아파치를 이용한 리버스 프록시 구축방법과 각종 설정 예에 대해 설명하도록 한다.

아파치 2.2 사용

리버스 프록시를 구축하기에는 안정버전인 아파치 2.2를 이용하면 좋을 것이다[주5]. 또한 리버스 프록시는 가능하면 다수의 클라이언트를 동시에 처리하는 것이 바람직하므로, 하나의 클라이언트에 대해 하나의 프로세스를 할당하는 prefork 모델보다는 하나의 클라이언트를 하나의 쓰레드로 처리하는「worker 모델」이 더 효율적이다.

worker로 아파치를 기동

Red Hat Enterprise Linux 5나 CentOS 5에는 표준 패키지로 아파치 2.2가 포함

주5 이 절에서는 CentOS 4.4, 아파치 2.2.4를 사용했다.

되어 있으므로 이를 설치하면 된다. 이 Red Hat에 패키지로 포함된 아파치는 prefork/worker(멀티 프로세스 모델/멀티 프로세스 + 멀티 쓰레드 복합 모델) 중에 사용할 모델은 기동할 때 선택할 수가 있다. /etc/sysconfig/httpd에서,

HTTPD=/usr/sbin/httpd.worker

라고 하면, httpd를 worker 모델로 기동할 수가 있다.

httpd.conf 설정

아파치를 리버스 프록시로서 작동시키기 위한 최소한의 설정을 나타낸다. 한편, 아파치는 DSO^{Dynamic Shared Object} 가능하도록 컴파일된 것을 사용한다.

최대 프로세스/쓰레드 수 설정

우선은 worker 프로세스, 쓰레드 수에 관한 설정이다.

```
StartServers          2
MaxClients            150
MinSpareThreads       25
MaxSpareThreads       75
THreadsPerChild       25
MaxRequestsPerChild   0
```

디폴트로는 httpd.conf의 Global Directive에 위와 같이 설정되어 있지만, 이는 상당히 줄여서 나타낸 설정이다. 리버스 프록시는 부하가 높을 때에도 백엔드인 AP 서버의 방패 역할을 해주어야 하므로, 좀 더 리소스를 사용해서 처리 가능한 동시접속수를 늘릴 수 있도록 설정하는 편이 좋을 것이다.

위 설정 중에도 중요한 지표는 MaxClients와 ThreadsPerChild다. worker 모델의 경우, 아파치는 여러 자식 프로세스를 실행시키고 각각의 프로세스 내에 여러 쓰레드를 생성해서, 결국 「프로세스 수 × 프로세스 당 쓰레드 수」만큼의 요청을 동시에 처리할 수 있게 된다.

2.1 리버스 프록시 도입 아파치 모듈

여기서 프로세스 당 쓰레드 수를 제어하는 것이 바로 ThreadsPerChild다. 자식 프로세스의 최대값은,

```
 MaxClients
-----------------
 ThreadsPerChild
```

로 결정된다. MaxClients는 동시에 처리할 수 있는 클라이언트의 총수가 된다. 따라서 앞에서 본 설정의 경우는 다음과 같은 설정이 된다.

- **최대 프로세스 수** : 6
- **프로세스 당 최대 쓰레드 수** : 25
- **동시에 처리할 수 있는 클라이언트 수** : 6 × 25 = 150

메모리를 2GB~4GB 정도 탑재하고 있는 서버라면, 동시접속수는 1,000~10,000 정도를 처리하는 것도 가능하다. 예를 들어,

- **최대 프로세스 수** : 32
- **프로세스 당 최대 쓰레드 수** : 128
- **동시에 처리할 수 있는 클라이언트 수** : 32 × 128 = 4096

위와 같이 설정할 경우에는 다음과 같이 하면 된다.

```
StartServers        2
ServerLimit         32    ←신규
ThreadLimit         128   ←신규
MaxClients          4096  ←변경
MinSpareThreads     25
MaxSpareThreads     75
ThreadsPerChild     128   ←변경
MaxRequestsPerChild 0
```

신규로 ServerLimit와 ThreadLimit을 설정했다. ServerLimit/ThreadLimit은 MaxClients나 ThreadsPerChild와 병행해서 프로세스/쓰레드의 최대 생성수를 결정하는 또 다른 설정항목이다. ServerLimit는 디폴트로 16, ThreadLimit는 64로

되어 있으므로 그 이상의 프로세스/쓰레드 수를 설정할 경우에는 이 두 항목을 명시적으로 지정할 필요가 있다.

ServerLimit/ThreadLimit와 메모리의 관계

그런데 MaxClients나 ThreadsPerChild가 프로세스/쓰레드 수의 상한선을 결정하는 것임에도 불구하고 비슷한 파라미터로서 ServerLimit/ThreadLimit 항목이 존재한다는 점에 의구심이 들 것이다. MaxClients나 ThreadsPerChild는 서버의 동적인 리소스 소비에 관련된 설정항목으로, 이 값이 높든 낮든 서버가 최소한으로 소비하는 리소스 소비량에는 영향을 미치지 않는다. 한편으로, ServerLimit/ThreadLimit은 아파치가 확보하는 공유 메모리의 크기에 영향을 준다. 이 값에 필요 이상으로 높은 값을 설정하면 그만큼 아파치는 쓸데없이 공유 메모리를 소모하게 되는 것이다. 따라서, 설정하고자 하는 프로세스/쓰레드 수의 상한선이 내장된 값인 ServerLimit 16, ThreadLimit 64를 초과할 경우에만 그 값에 맞게 설정된다.

한편, 프로세스/쓰레드당 메모리 사용량은 내장된 모듈의 종류 등에 의존한다. 또한, OS가 아파치에 메모리를 얼마나 할당할지는 환경에 따라 다르므로 설정값을 단언할 수는 없다. 위 설정은 어디까지나 참고만 하길 바란다. 실제로 사용 중인 환경하에서 어느 정도로 상한선을 정해야 좋을지는 프로세스/쓰레드 당 메모리 사용량을 고려해서 산정해야 한다. 자세한 것은 4장에서 설명할 것이다.

특정 웹 서버상에서의 최대 프로세스/쓰레드 수는 리소스가 상한선에 이르렀을 때 스왑이 발생하지 않을 정도, 즉,

- OS나 웹 서버 이외의 소프트웨어가 항시 이용하는 메모리량
- 웹 서버의 프로세스/쓰레드 수가 최대수에 이르렀을 때 서버가 소비하는 합계 메모리량

위 두 가지를 합해서 탑재된 물리적 메모리의 범위 내에 들 정도로 튜닝하는 것이 적합하다. 프로세스/쓰레드 당 메모리 사용량의 판별방법에 대해서도 4장에서 자세히 설명할 것이다.

Keep-Alive 설정

앞서 설명한대로 리버스 프록시에서는 Keep-Alive를 ON, AP서버에서는 Keep-Alive를 OFF로 하는 것이 정석이다. 아파치에서 Keep-Alive를 유효하게 하려면 Global Directive에서 다음과 같이 설정한다.

```
KeepAlive On
MaxKeepAliveRequests 100
KeepAliveTimeout 5
```

위 설정의 내용은 다음과 같다.

- Keep-Alive를 유효하게
- Keep-Alive 상태로 처리할 수 있는 최대 요청수는 100건
- Keep-Alive 타임아웃(클라이언트와 접속을 계속 유지하는 시간)은 5초

KeepAliveTimeout은 디폴트로는 15초로 되어 있지만, 통상 웹사이트에서 클라이언트로의 응답은 5초 이내로 이루어진다. 이 값을 크게 하면 그만큼 프로세스/쓰레드가 Keep-Alive를 위해 점유하는 시간이 길어지므로, 서버의 리소스 소비량이 커진다. 디폴트인 15초보다도 작은 값을 설정해도 문제는 없을 것이다.

필요한 모듈 로드

다음으로 설정해야 하는 것은 필요한 모듈을 로드하는 것이다. 리버스 프록시를 구축하기 위해 최소한으로 필요한 모듈은 다음과 같다.

- mod_rewrite
- mod_proxy
- mod_proxy_http

이와 함께 공개 디렉토리의 앨리어스를 정의할 수 있는 「mod_alias」도 유효하게 해두면 편리하다.

```
LoadModule alias_module modules/mod_alias.so
LoadModule rewrite_module modules/mod_rewrite.so
LoadModule proxy_module modules/mod_proxy.so
LoadModule proxy_http_module modules/mod_proxy_http.so
```

이러한 모듈을 로드함에 따라 RewriteRule이나 RewriteRule 내에서 Proxy, Alias 등의 Directive를 사용할 수 있게 된다.

한편, 패키지로 설치된 아파치의 httpd.conf에서는 디폴트로 다수의 모듈이 내장되어 있지만, 필요없는 모듈을 내장하면 그만큼 아파치의 메모리 사용량이 늘어나게 되므로 이용하지 않는 모듈은 최대한 제거해서 가급적 메모리를 절약하는 편이 좋을 것이다.

RewriteRule 설정

ServerRoot나 로그 등의 설정을 마쳤다면[주6], 끝으로 RewriteRule 설정을 한다. 이것이 바로 리버스 프록시 구축시의 핵심이다.

다음과 같은 설정에 대해 생각해보도록 하자.

- /images는 이미지를 전송하는 경로로, 이 URL은 리버스 프록시에서 직접 전송. 한편, 모든 이미지는 리버스 프록시와 동일한 호스트 내의 /path/to/images/ 아래에 두기로 한다.
- /css, /js도 마찬가지
- 그 밖의 URL은 동적 컨텐츠 전송. AP서버 192.168.0.100으로 요청을 프록시한다.

설정은 리스트 2.1.1과 같다.

RewriteRule의 내용에 주목하기 바란다. RewriteRule은 요청된 URL에 패턴매치를 수행해서 매치되면 해당 URL에 임의의 처리를 할 수 있는 Directive다. RewriteRule에서는 정규표현을 이용할 수 있다. 리스트 2.1.1의 ①은 다음과 같은 설정을 의미한다.

[주6] 아파치의 기본적인 설정에 대해서는 아파치 매뉴얼을 참고하기 바란다.

2.1 리버스 프록시 도입 아파치 모듈

/images/, /css/, /js/ 중 하나에 URL이 매치될 경우, 별다른 처리 없이([L]은 RewriteRule의 패턴매치를 여기서 마친다는 의미), 디폴트 컨텐츠 핸들러로 컨텐츠를 반환한다.

디폴트 컨텐츠 핸들러는 정적인 파일을 반환하는, URL의 경로에 따라 파일을 찾아서 클라이언트로 반환하는, 아파치의 일반적인 동작을 수행한다.

예를 들어, 클라이언트로부터의 요청이 /images/profile/naoya.png인 경우, 이 설정에 의해 로컬의 /path/to/images/profile/naoya.png가 클라이언트로 반환된다.

이어서, 리스트 2.1.1의 ②는 다음과 같은 내용의 설정이 된다.

모든 URL에 요청을 192.168.0.100으로 프록시한다.

리스트 2.1.1 RewriteRule 설정

```
Listen 80
<VirtualHost *:80>
  ServerName naoya.hatena.ne.jp

  Alias /images/  "/path/to/images/"
  Alias /css/     "/path/to/css/"
  Alias /js/      "/path/to/js/"

  RewriteEngine on
  RewriteRule ^/(images|css|js)/ - [L]     ←①
  RewriteRule ^/(.*)$ http://192.168.0.100/$1 [P,L]   ←②
</VirtualHost>
```

이로써 설정은 완료되었다. 리버스 프록시가 바인드한 포트로 브라우저를 통해 접속하면 실제 AP서버로부터 응답해오는 것처럼 192.168.0.100이 반환하는 컨텐츠가 표시될 것이다.

진보된 RewriteRule의 설정 예

보다 진보된 RewriteRule의 설정 예를 살펴보도록 하자.

특정 호스트로부터 요청 금지

예를 들면, 특정 IP주소로부터의 요청에 대해 접근금지를 뜻하는 상태코드 403을 반환할 경우는, 리스트 2.1.2와 같이 설정한다.

AP서버로 프록시하기 전에 조건판정을 하는 RewriteCond Directive로 REMOTE_ADDR을 보고 특정 주소인 경우에는 403을 반환[주7]하고 종료한다.

리스트 2.1.2 설정 예 1

```
RewriteEngine on

# 192.168.0.200으로부터의 요청에 대해 403을 반환하고 종료
RewriteCond %{REMOTE_ADDR} ^192\.168\.0\.200$
RewriteCond .* - [F,L]

# 리버스 프록시 설정
RewriteRule ^/(images|css|js)/ - [L]
RewriteRule ^/(.*)$ http://192.168.0.100/$1 [P,L]
```

로봇으로부터의 요청에 대해 캐시서버 경유

가령, Squid로 구축한 HTTP 캐시서버가 192.168.0.150에 위치해 있다고 하자. 로봇으로부터의 요청, 즉 특정 User-Agent로부터의 요청만 캐싱된 내용을 반환하고자 할 경우는 리스트 2.1.3과 같이 설정한다.

mod_setenvif를 사용해서 User-Agent 문자열로부터 로봇인지 판정해서 로봇

주7 RewriteRule의 플래그인 [F,L]을 사용한다.

으로 판정된 경우에는 캐시서버로 프록시한다.

이와 같이, 아파치의 mod_rewrite는 다른 모듈과 조합해서 유연한 설정이 가능하다는 점이 장점이다. RewriteRule로 작성할 수 있는 조건으로 적합한 경우라면 얼마든지 다른 서버로 요청을 프록시할 수 있다.

리스트 2.1.3 설정 예 2

```
# SetEnvIf Directive를 유효하게 하기 위해 mod_setenvif를 로드
LoadModule setenvif_module modules/mod_setenvif.so

# User-Agent에 "Yahoo! Slurp" 혹은 "Googlebot"이
# 포함된 경우 환경변수 IsRobot을 참으로 설정
SetEnvIf User-Agent "Yahoo! Slurp" IsRobot
SetEnvIf User-Agent "Googlebot" IsRobot

RewriteEngine on

# 환경변수 IsRobot이 참인 경우 캐시서버로 프록시
RewriteCond %{ENV:IsRobot} .+
RewriteCond ^/(.*)$ http://192.168.0.150/$1 [P,L]

# 그 밖에는 통상적으로 프록시
RewriteRule ^/(images|css|js)/ - [L]
RewriteRule ^/(.*)$ http://192.168.0.100/$1 [P,L]
```

mod_proxy_balancer로 여러 호스트로 분산하기

그렇다면 백엔드인 AP서버가 여러 대인 경우 어떻게 구성할지에 대한 의문이 생기게 된다. 여기에는 몇 가지 방법을 생각해볼 수가 있다.

① 리버스 프록시와 AP서버는 항상 일대일로 갖춘다. 하나의 프록시로부터 하나의 AP서버로 요청을 전송한다.

② mod_proxy_balancer를 이용해서 하나의 리버스 프록시로부터 여러 AP서버로 분산한다 (그림 2.1.9).
③ 리버스 프록시와 AP서버 사이에 LVS를 넣는다.

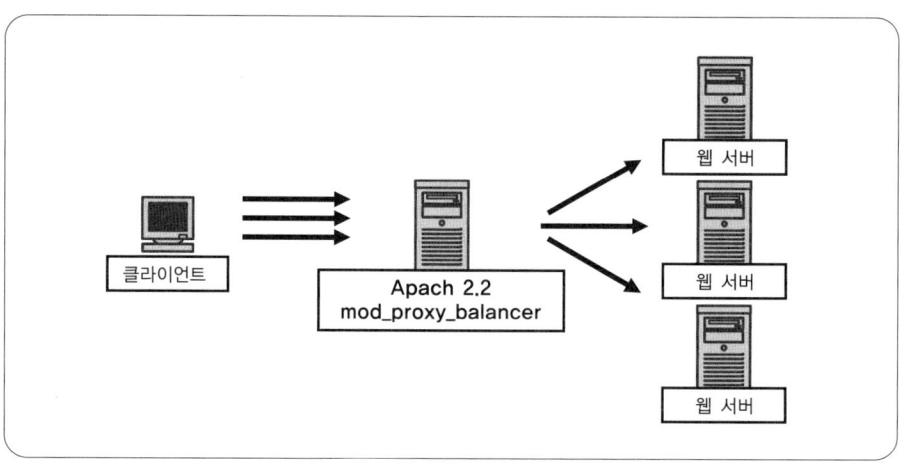

그림 2.1.9 mod_proxy_balancer 이용

이 중에 ①은 그다지 현명한 선택이라 할 수 없다. 리버스 프록시에서는 기본적으로 AP서버보다도 리소스 소비량이 적고, 게다가 리소스 소비량이 적더라도 맡겨진 일을 잘 수행할 것으로 기대된다. 일반적인 시스템이라면 리버스 프록시는 다중화를 고려해서 2대만 있으면 충분하다. 한편, 부하 상황에 따라서는 백엔드인 AP서버는 2대만으로는 충분치 않은 경우도 많다. 예를 들면, Hatena 북마크[주8]는 집필하고 있는 시점(2008년 2월)에서 리버스 프록시 2대에 대해 AP서버가 11대로 구성되어 있다.

리버스 프록시와 AP서버는 리소스 소비가 불균형적이므로 일대일 구성으로는 리버스 프록시측의 리소스가 쓸데없이 남아돌게 된다.

②의 아파치 mod_proxy_balancer는 리버스 프록시를 수행함에 있어서 프록시될 호스트가 여러 대 있는 경우라도 각 호스트로 요청을 분산해서 할당할 수 있도록

주8 URL http://b.hatena.ne.jp/

처리해주는 모듈이다. 또한, 프록시될 호스트가 특정 이유로 응답할 수 없는 경우 장애극복을 해서 분산할 호스트 목록에서 해당 호스트를 분리하고, 해당 호스트가 요청 가능해졌을 때 페일백FailBack하는 기능도 지니고 있다. 이를 이용하는 것도 하나의 방법이다.

또 하나의 방법으로, 리버스 프록시와 AP서버 사이에 LVS + keepalived를 넣는 것이 ③이다. 이것이 가장 확실한 방법이라 할 수 있다. 필자가 개인적으로 이용해 본 느낌으로는, mod_proxy_balancer의 장애극복 기능은 LVS의 그것에 비해 신뢰성은 그다지 높지는 않다고 생각한다. 또한, LVS + keepalived는 mod_proxy_balancer에 비해 부하분산 로직을 조정하기 쉽고 명령줄에서 수행하기 때문에 관리하기도 편리하다.

다만, LVS + keepalived는 준비하기에 약간 수고스럽고 추가적인 서버가 필요하다. 간편하게 부하분산을 수행하고자 할 경우를 고려해서 「mod_proxy_balancer」를 이용하는 방법을 설명하도록 한다.

mod_proxy_balancer 이용 예

mod_proxy_balancer를 이용한 리버스 프록시 구축은 간단하다.

- mod_proxy_balancer를 로드한다[주9].
- BalancerMember Directive로 분산할 호스트 목록을 정의한다.
- RewriteRule로 리버스 프록시를 설정한다. 이 때 balancer:// scheme을 이용한다.

AP서버가 3대, 192.168.0.100~102까지 있다고 하자. 이 경우 httpd.conf 설정은, 예를 들면 리스트 2.1.4와 같이 된다.

리스트 2.1.4의 ①에 주목하기 바란다. 앞서의 예에서는 http://192.168.0.100/$1 과 AP서버의 URL을 직접 기술했었지만, 이번에는 「balancer://」라는 scheme의 URL을 사용하고 있다. balancer://backend라고 기술하면, 요청마다 위에 정의되

[주9] mod_proxy_balancer는 아파치 2.2에 표준으로 내장되어 있다.

어 있는 BalancerMember 중 한 대가 선택되어 전개된다. 어떤 서버가 전개될지는 BalancerMember에 정의되어 있는 loadfactor값에 의존한다. loadfactor값이 클수록 할당될 확률이 커진다. 리스트 2.1.4와 같이 loadfactor를 모두 동일한 값으로 설정하면 거의 균일하게 요청이 분산되게 된다.

mod_proxy_balancer에는 loadfactor 이외에도 몇몇 파라미터가 있다. 사이트 구성에 맞게 적절하게 설정을 추가하면 좋을 것이다.

리스트 2.1.4 mod_proxy_balancer에 의한 리버스 프록시 구축 설정 예

```
# mod_proxy_balancer 로드
LoadModule proxy_balancer_module modules/mod_proxy_balancer.so

# 프록시될 호스트 목록 정의
<Proxy balancer://backend>
  BalancerMember http://192.168.0.100 loadfactor=10
  BalancerMember http://192.168.0.101 loadfactor=10
  BalancerMember http://192.168.0.102 loadfactor=10
</Proxy>

Listen 80
<VirtualHost *:80>
  ServerName naoya.hatena.ne.jp

  Alias /images/  "/path/to/images/"
  Alias /css/     "/path/to/css/"
  Alias /js/      "/path/to/js/"

  # 리버스 프록시 설정
  RewriteEngine on
  RewriteRule ^/(images|css|js)/ - [L]
  RewriteRule ^/(.*)$ balancer://backend/$1 [P,L]   ←①
</VirtualHost>
```

2.2 캐시서버 도입 Squid, memcached

캐시서버 도입

2.1절에서는 리버스 프록시에 대해 설명했다. 이어서, 이 장에서는 캐시서버에 관해서 논해보도록 한다.

HTTP와 캐시

네트워크 서비스로 이용하는 프로토콜 중에서도 HTTP는 특히 「느슨한」 프로토콜로, state-less하다[주10]. state-less한 프로토콜로 주고 받은 문서는 상태를 갖지 않으므로 캐싱하기 쉽다는 특징이 있다. 따라서 HTTP에는 프로토콜 레벨에서 캐시 기능이 내장되어 있다.

예를 들면, 인터넷 익스플로러(IE, Internet Explorer)나 파이어폭스(FireFox) 등의 많은 웹브라우저는 한 번 수신한 문서를 필요 이상으로 요청하지 않도록 로컬에 그 내용을 캐싱해서, 두번 째 이후의 접속에서는 캐시를 이용하도록 되어 있다. 또한 브라우저는 원격지의 문서가 갱신되었는지 여부를 조사하기 위해 HTTP 헤더로 서버와 임의의

주10 state-less한 프로토콜에 관해서는 다음에 설명이 있다.
- URL http://yohei-y.blogspot.com/2007/10/blog-post.html
- 「WEB+DB PRESS」(Vol 42)의 연재 「REST 레시피」, 「제5회 : REST의 state-less성과 HTTP 메소드의 기본성질」 (야마모토 요헤이 저)

문서의 갱신일시를 주고 받을 수 있게 되어 있다.

Live HTTP Headers로 알아보는 캐시의 효과

파이어폭스의 Live HTTP Headers[주11]를 사용하면 HTTP 헤더를 주고받는 상황을 볼 수가 있다. 시험삼아 이미지 파일을 주고받는 상황을 확인해보도록 하자. 다음은 브라우저로부터 웹 서버로 송신되는 HTTP 요청 헤더다.

```
GET /images/top/h1.gif HTTP/1.1
Host: www.hatena.ne.jp
Keep-Alive: 300
Connection: keep-alive
If-Modified-Since: Web, 19 Dec 2007 15:31:43 GMT
```

If-Modified-Since 헤더에 날짜가 기술되어 있다. 이는 이 브라우저가 이전에 해당 문서를 수신했을 때의 날짜다. 이 요청에 대한 서버(아파치)의 응답은 다음과 같이 HTTP 응답코드 304(Not Modified)다.

```
HTTP/1.x 304 Not Modified
Date: Wed, 27 Feb 2008 06:43:31 GMT
Server: Apache
```

웹 서버인 아파치는,

- 클라이언트로부터 송신된 If-Modified-Since의 갱신일시 수신
- 로컬 문서의 날짜 비교
- 클라이언트가 저장한 문서는 갱신되지 않았다고 판단

위와 같은 처리를 수행하고 문서 자체의 데이터는 전송하지 않는다. 「문서 자체를 반환하지 않더라도 현재 갖고 있는 문서를 사용하면 이미지를 나타낼 수 있다」라는 의미를 담아서 응답코드 304(Not Modified)를 반환한다. 이와 같은 송수신에 의해,

---

[주11] URL https://addons.mozilla.org/ja/firefox/addon/3829

- 클라이언트는 네트워크로부터 이미지 데이터를 다운로드하지 않아도 된다.
- 서버는 문서를 클라이언트로 전송하지 않아도 된다.

이것이 HTTP 프로토콜 캐시의 효과다.

Squid 캐시서버

　클라이언트와 서버 사이에 HTTP 캐시를 사용할 수 있다면, 서버와 서버 간에도 HTTP 캐시를 사용할 수 있으리라 쉽게 생각해볼 수 있을 것이다. 호스트와 호스트 간의 관계가 어떤 것이든 간에 양측의 송수신에 HTTP 프로토콜이 사용된다면 그 내용은 캐싱할 수 있다.

　Squid[주12]는 HTTP, HTTPS, FTP 등에서 이용되는 오픈소스 캐시서버다. Squid를 이용하면 임의의 웹 시스템에 HTTP 캐시 기능을 내장할 수 있다. Squid를 HTTP로 통신하는 양단 사이에 위치시키면 해당 송수신을 캐싱할 수 있다.

　Squid는 많은 경우 클라이언트가 서버의 문서를 다운로드한 것을 캐싱할 목적으로 이용된다. 예를 들면, 대학이나 기업의 LAN 게이트웨이 바로 앞에 Squid를 장착하고 사무실 내의 각 PC는 Squid를 경유해서 인터넷상의 사이트로 접속하도록 하는 방법이다. 이른바 프록시 서버다(그림 2.2.1).

　이 경우 특정 클라이언트가 다운로드한 문서를 Squid가 캐싱한 후, 또 다른 클라이언트가 같은 문서를 수신하려 할 때 이 캐시가 유효하게 된다. 누군가 한 번 수신한 문서는 이후에 캐시에서 반환되므로 원래 사이트에 여러 번 접속할 필요가 없다. 따라서 네트워크 대역이 절약되고 LAN으로부터 직접 데이터가 전송되므로 클라이언트는 보다 고속으로 문서를 참조할 수 있다.

주12　URL http://www.squid-cache.org

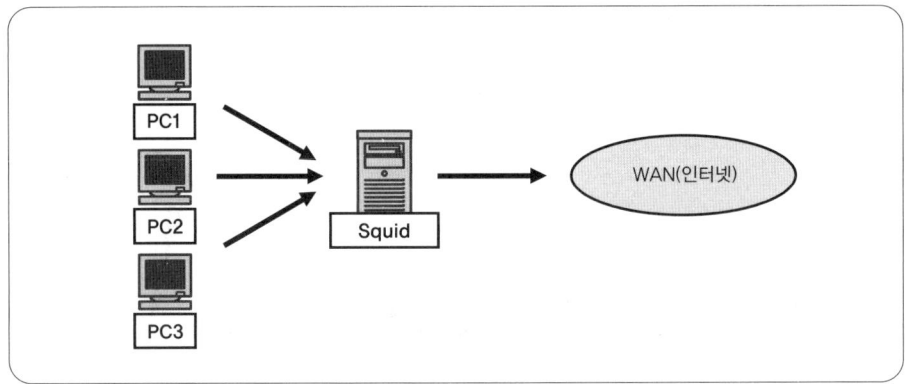

그림 2.2.1 Squid(프록시 서버)

Squid를 이용한 리버스 프록시

Squid는 리버스 프록시로서 이용할 수 있다. 2.1절에서는 아파치를 리버스 프록시로 설정했지만, Squid도 마찬가지로 설정해서 리버스 프록시화할 수 있다. 서버의 부하분산이라는 관점에서 보면 이것이 Squid의 주된 이용 형태다.

Squid를 리버스 프록시로 작동시키면 서버 측의 문서를 서버 시스템 측에서 Squid로 캐싱할 수 있다(그림 2.2.2).

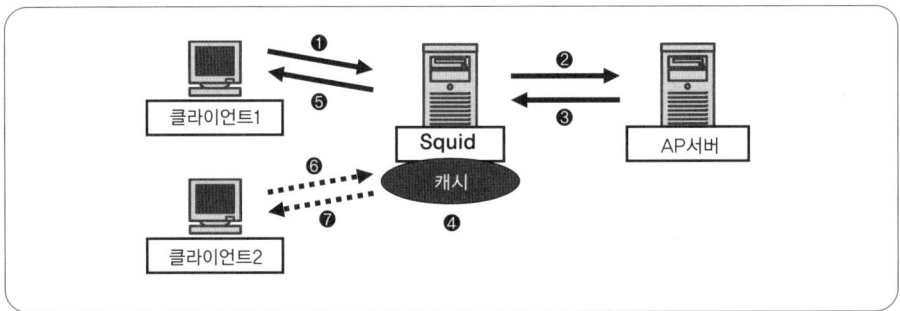

그림 2.2.2 Squid(리버스 프록시)

- Squid는 클라이언트로부터 HTTP 요청이 있으면 해당 문서를 백엔드 서버로 질의한다.

- 서버로부터 수신한 문서는 Squid가 자신의 로컬 영역에 캐싱한다.
- 다른 클라이언트로부터 요청이 있으면 Squid는 캐시의 유효성을 확인해서 캐시가 유효하면 클라이언트로 캐시를 반환한다.
- 예를 들면, 단시간 내에 10,000 클라이언트로부터 동일한 문서로 접속이 있을 경우, 백엔드 서버에는(캐시가 유효한 이상) 처음 하나의 요청만 도달하고 그 밖의 9,999 요청은 Squid로부터 캐시가 반환된다.

Squid가 내부에 갖는 캐시용 스토리지는 매우 고속으로, 그리고 대규모의 접속을 적은 리소스로 반환할 수 있게 설계되어 있다. 많은 경우 백엔드 서버로 질의를 수행하기보다도 Squid에서 캐시를 반환하는 게 더 빠르다. 또한 부하도 낮출 수 있다.

Squid는 단지 HTTP의 내용을 캐싱하는 것뿐만 아니라 다른 Squid와 네트워크 너머로 캐시를 공유할 수도 있다. 이 기능을 이용하면 캐시를 반환하는 Squid서버의 부하가 높을 경우에는 다른 Squid를 늘리는 것만으로 대응할 수 있게 된다. 다중화도 마찬가지다.

Squid는 무엇을 캐싱하는가

Squid는 HTTP 프로토콜의 캐시기능을 전제로 한 캐시서버다. 따라서, HTML 파일이나 CSS, 자바스크립트 및 이미지 등의 정적인 문서는 상당히 좋은 효율로 캐싱할 수 있게 되어 있다. 원본 문서가 갱신되면 오래된 캐시를 버리고 캐시를 갱신하도록 하는 동작도 가능하게 되어 있다.

동적인 문서는 어떨까? Squid의 캐시 제어구조는 매우 유연해서, 예를 들어 특정 동적인 페이지를 30분간만 캐싱하는 등의 제어도 가능하도록 되어 있다.

HTTP 프로토콜을 기반으로 캐싱한다는 것은 URL을 키로 문서를 캐싱한다는 뜻이기도 하다. 하나의 URL이 주어진 문서는 기본적으로 캐싱할 수 있다.

문제는 동적인 문서 중에서도 상태를 갖는 문서다. 웹 애플리케이션에서는 페이지의 헤더에 각 사용자의 계정명을 표시하는 것과 같은 경우가 자주 있다. 통상, 이런 경우의 처리는 쿠키Cookie에 의한 세션관리를 통해 실현된다. 그 결과, 같은 URL이라도 사용자에 따라 다른 출력이 된다.

이런 종류의 문서 전체를 부주의하게 캐싱하게 되면 「A님, 어서오세요」라는 표시가 캐싱되어 동일한 URL로 B가 접속한 경우에도 A의 캐시가 사용되어 B에게 「A님, 어서오세요」라는 문서를 반환하게 된다. 이것이 바로 캐시와 관련된 대표적인 문제인 것이다(그림 2.2.3).

그림 2.2.3 캐시해서는 안 되는 부분

이와 같이 사용자마다 내용이 변하는 페이지의 캐시는 URL을 키로 문서 전체를 캐싱하는 HTTP 프로토콜 레벨의 캐시로는 어려울 것이다. 애초에 HTTP에서는 state-less로 문서를 송수신함을 전제로 하였으나 이제 일반적으로 수행하는 쿠키에 의한 세션관리는 state-less한 프로토콜상에 「상태」, 즉 stateful한 통신을 하려고 시도한다. 이는 프로토콜이 전제로 하고 있는 요건을 넘어서고 있으므로 해당 프로토콜이 상정하고 있는 캐시 기능에서는 모순이 발생하는 것이다.

부하를 경감하기 위해 캐시를 이용하고자 해도 HTTP 프로토콜 레벨의 캐시에서는 대응하기 어려운 경우는, 애플리케이션 프로그램 내부에서, 예를 들면 DB^{Database} 레코드의 객체 등을 객체 단위로 캐싱함으로써 대응한다. 즉, 캐시의 단위 크기를 보다 세분화해서 대응하게 되는 것이다. 단위 크기가 작아지므로 당연히 Squid와 같이 보다 큰 단위 크기를 대상으로 한 캐시서버가 아니라, 해당 단위 크기에 알맞은 캐시 서버를 선택하게 되는 것이다. 이후에 설명하는 「memcached」가 한 예이다.

정리하면, 「Squid가 유효한 것은 페이지 전체를 캐싱할 수 있는 경우」가 된다.

Squid 설정 예

Squid를 리버스 프록시로 이용할 때의 설정 예를 간단히 소개하겠다.

Squid를 리버스 프록시로 이용할 경우, 구성은 다양하게 생각해볼 수 있지만 여기서는 아파치로 구축한 리버스 프록시와 백엔드인 AP서버 사이에 넣는 구성을 예로 들어보자(그림 2.2.4). 원본 컨텐츠를 지닌 백엔드 AP서버까지 아파치 ➡ Squid의 두 리버스 프록시를 경유하게 되는 구성이다. 또한, 분산과 다중화를 위해 두 대의 Squid를 준비해서 캐시를 공유시킨다.

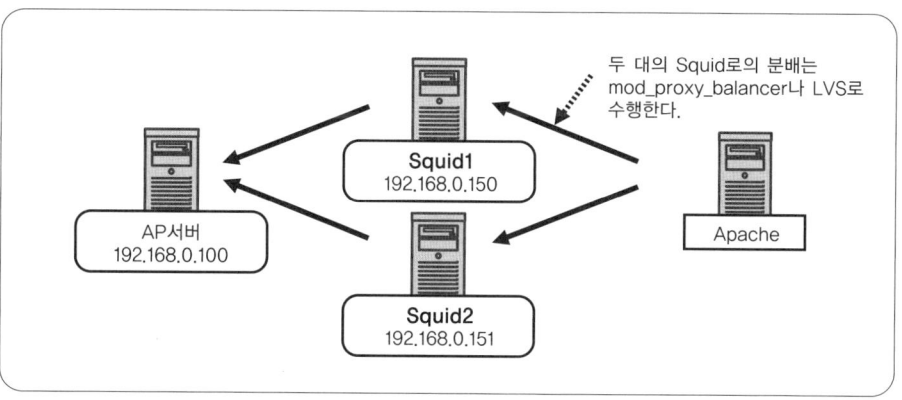

그림 2.2.4 Squid를 리버스 프록시로 이용하는 예

리스트 2.2.1은 백엔드 서버로부터 반환되는 컨텐츠를 정적/동적에 관계없이 30분간 캐싱하는 설정이다. Squid의 설정파일인 squid.conf에 리스트 2.2.1과 같이 기술한다.

```
cache_dir coss /var/squid/coss 8000 block-size=512 max-size=524288    ←캐시 스토리지
refresh_pattern . 30 20% 3600    ←30분간 컨텐츠를 캐시※2                   스토리지로는
                                                                        coss를 이용※1

client_persistent_connections off
                                                ←Keep-Alive에 의한 접속유지를 무효화※3
server_persistent_connections off

icp_query_timeout 2000    ←형제와의 캐시 존재확인시 타임아웃을 2000ms로 설정
```

※ 1 coss는 Squid의 캐시 스토리지의 일종. 현재 이용할 수 있는 스토리지 중에서는 가장 고속 스토리지다. 자세한 것은 Squid 매뉴얼 참조.
※ 2 Squid의 캐시는 refresh_pattern으로 제어한다. refresh_pattern에 관한 설명은 지면 관계로 생략한다. squid.conf에 자세한 설명이 있다.
※ 3 Keep-Alive 무효화에 대해서는 2.1절 참조

memcached에 의한 캐시

Squid의 장점은 HTTP 프로토콜 레벨에서 문서를 캐싱한다는 점이다. HTTP 프로토콜은 state-less하고 scalable한 프로토콜이므로, Squid도 마찬가지로 scalable해서 애플리케이션의 구성 등에는 거의 의존하지 않는다.

한편, 앞에서 다루었듯이 HTTP 레벨의 캐시로는 적절하지 않은 경우도 많다. 웹 애플리케이션의 세계에서는 애플리케이션 내부에서 이용하는 데이터의 단위 크기로 캐시를 관리하는 캐시서버를 사용할 수도 있다. memcached[주13]가 그 일례다.

memcached는 C언어로 작성된 고속 네트워크에 알맞은 분산 캐시서버로, 스토리지로는 OS의 메모리를 이용한다. 서버에 memcached를 실행하고 전용 클라이언트 라이브러리를 이용해서 서버와 통신하면서 프로그래밍 언어가 규정하는 객체를 읽어오고 저장할 수 있다. 클라이언트 라이브러리는 각종 언어로 된 것들이 다수 공

주13 URL http://www.danga.com/memcached/

2.2 캐시서버 도입 Squid, memcached

개되어 있는데, C언어, C++, 자바Java, 펄Perl, 루비Ruby, PHP, 파이썬Python 등 주요 언어는 거의 지원하고 있다.

memcached는 프로그램 내부에서 이용하는 것이다. 프로그램 내에서 특정 데이터를 파일로 캐싱하거나 로컬 메모리상에 캐싱하는 경우가 자주 있는데, 이를 네트워크상의 서버에 캐싱하면 좋으리라고 자주 생각했을 것이다. memcached가 제공하는 것이 그런 종류의 솔루션이다.

여기서는 상세한 내용에 대한 언급은 피하고 이용방안에 대한 개념을 떠올리기 위해 간단한 펄 스크립트 샘플을 소개하도록 한다. 리스트 2.2.2는 배열 객체를 캐시서버에 저장하고 읽어내는 정도의 간단한 프로그램이다.

리스트 2.2.2 memcached 이용 예

```perl
#!/usr/bin/env perl
use string;
use warnings;

use Cache::Memcached;

## 192.168.0.1:11211로 작동하고 있는 memcached를 캐시서버로 한다.
my $memcached = Cache::Memcached->new({ servers => [ '192.168.0.1:11211' ] });

my $object = [ 1, 2, 4, 16, 256 ];

## 객체를 키 'object1'으로 저장
$memcached->set( 'object1' => $object );

## 객체를 캐시로부터 읽어들임
my $cached = $memcached->get('object1');

printf "%d\n", $cached->[4];
```

리스트 2.2.2의 실행결과는 다음과 같다.

```
% perl memd.pl
256
```

캐시로부터 추출한 배열 객체로 액세스하고 있지만 문제없이 이전의 상태로 복원할 수 있다는 것을 확인할 수 있다.

memcached는 (key, value) 쌍이라면 그 대상이 언어에 의존한 객체든 무엇이든 저장할 수 있다(serialized되어 저장된다). 키만 알고 있으면 다른 프로그램에서도 해당 캐시를 얻을 수 있다.

memcached에는 (클라이언트 라이브러리의 내부구현에도 의존하지만) 장애를 극복하려는 성질이 있다. 특정 호스트에서 동작하고 있는 memcached가 다운되면 클라이언트 라이브러리가 이를 감지해서 캐시서버로서 이 서버를 이용하지 않도록 회피하는 등의 연구가 시행되고 있다.

2.3 MySQL 리플리케이션 단시간에 장애복구하기

DB서버가 멈춘다면?

많은 경우 DB^Database 에는 사용자 정보를 비롯한 서비스 운용에 필수불가결한 데이터를 저장하고 있을 것이다. 따라서, DB서버가 다운되거나 장애가 발생하면 서비스 정지에 직결되는 장애가 될 가능성이 매우 높아서 큰 문제로 이어진다.

이 절에서는 DB서버가 정지해버릴 경우에 어떻게 하면 빨리 DB서비스를 복구할 수 있는지, 그 방법을 생각해보고자 한다.

DB서버가 정지할 경우

DB서버의 서비스가 정지해버리는 원인으로는 다양한 것들이 있다. 예를 들면, 다음과 같은 원인을 들 수 있다.

- DB서버의 프로세스(mysqld)가 비정상 종료함
- 디스크가 가득 참
- 디스크가 고장 남
- 서버 전원이 고장 남

mysqld가 비정상 종료해버릴 경우는 mysqld를 다시 실행하면 복구할 수 있다. 디스크가 가득 찬 경우는 불필요한 데이터나 파일을 삭제하거나 디스크 용량을 늘리면 복구할 수 있다.

한편, 디스크나 전원 등 하드웨어가 고장 난 경우는 복구하기까지 꽤 시간이 소요되기 쉽다. 그 이유는 고장 난 부품의 교환을 DB서버가 설치된 장소까지 이동해오는 시간과 교환작업 자체에 시간이 걸리기 때문이고, 디스크 고장의 경우는 거기에 데이터 복구작업이 기다리고 있기 때문이다.

단시간에 복구하는 방법

그렇다면 이와 같이 하드웨어가 고장 난 경우라도 단시간에 DB서비스를 복구하기 위해서는 어떤 방법을 생각해볼 수 있을까?

만일 완전히 동일한 DB서버가 두 대 있다면 한 서버가 하드웨어 고장으로 사용할 수 없게 되더라도 다른 한 서버를 대신해서 교체할 수 있을 것이다. 이 때, 동일한 서버를 두 대 준비하는 것은 하드웨어나 소프트웨어 구성, 설정에 관해서는 비교적 간단히 할 수 있지만, 단시간에 복구하는 것을 목표로 함에 있어서 문제가 되는 것은 「DB데이터」다.

그래서 등장한 것이 리플리케이션Replication이라는 방법이다(그림 2.3.1). 일반적으로 리플리케이션이란, 데이터를 실시간으로 다른 곳으로 복제하는 것을 말한다. 복제를 LAN이나 인터넷 등의 네트워크를 경유해서 수행하면 물리적으로 다른 서버 간에 데이터를 동일하게 유지할 수 있다. 즉, 데이터 백업을 물리적으로 다른 서버에 실시간으로 실행한다는 의미다.

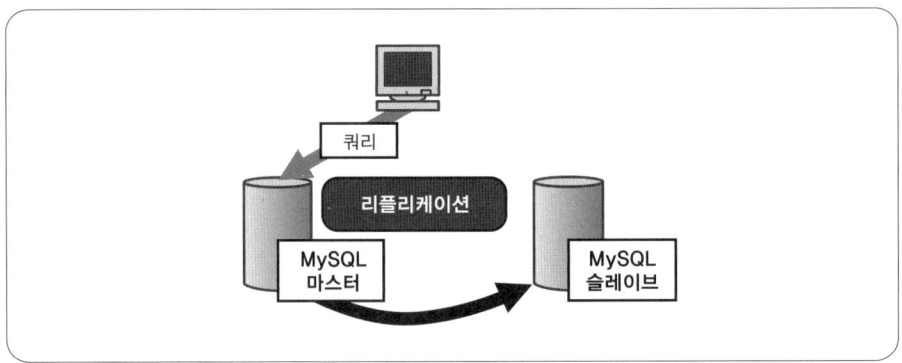

그림 2.3.1 리플리케이션

정리하면, DB서버를 두 대 준비해서 데이터를 리플리케이션하면 한 서버가 고장 나더라도 단시간에 DB서비스를 재개할 수 있게 된다[주14]. 이제부터는 「MySQL 리플리케이션」에 대해 그 특징과 리플리케이션 구성을 만드는 절차를 소개하고자 한다.

MySQL 리플리케이션 기능의 특징과 주의점

우선 MySQL 리플리케이션의 특징이나 경향을 살펴보도록 한다. 이 절에서 사용하는 MySQL 버전은 5.0.45다.

싱글 마스터, 멀티 슬레이브

마스터Master란, 클라이언트로부터 갱신과 참조 두 가지 쿼리를 받아들이는 서버이고, 슬레이브Slave는 클라이언트로부터 갱신 쿼리는 받아들이지 않으면서 데이터 갱신은 마스터와 연계를 통해서만 수행하는 역할을 하는 서버를 말한다.

MySQL 리플리케이션 기능으로 지원되고 있는 것은, 한 대의 마스터와 여러 슬레이브로 이루어진 구성(싱글 마스터, 멀티 슬레이브)이다.

여러 대의 마스터가 존재해서 서로가 서로의 데이터를 리플리케이션하는 멀티 마스터라고 하는 구성은 가능하지 않다[주15]. 한편, 슬레이브는 여러 대 존재할 수 있으므로 SELECT문 등의 참조 쿼리를 여러 슬레이브로 분산해서 성능 향상을 꾀할 수 있도록 구성할 수도 있다. 이에 관해서는 2.4절에서 자세하게 소개하도록 한다.

[주14] 그래도 가능한 한 서버는 고장 나지 않는 편이 좋으므로, RAID를 도입하는 등 서버 한 대의 견고성 향상도 함께 수행하면 보다 안정된 운용을 할 수 있다. 여담이지만, Write Cache를 탑재한 하드웨어 RAID를 사용하면 쓰기 성능 향상도 기대할 수 있으므로 일석이조다. 다만, 제품에 따라서는 BBU(Battery Backup Unit)도 탑재해야 Write Cache가 유효하게 되므로 주의하도록 하자.

[주15] 단, 갱신될 테이블이나 레코드 공간을 분리하는 등의 연구가 진행된다면, 멀티 마스터 구성으로 운용하는 것은 가능하다.

비동기 데이터 복사

MySQL에서 지원하고 있는 것은 「비동기 데이터 리플리케이션」이다.

비동기란, 마스터에 수행한 갱신 처리가 동시에 슬레이브로 반영되지는 않는다 (반영되기까지 시간차가 있다)는 의미다.

비동기가 아닌 동기 리플리케이션을 지원하고 있는 RDBMS도 있지만, 비동기나 동기 각각 일장일단이 있으므로 어느 쪽은 우수하고 다른 쪽은 열등하다고 할 수는 없다.

리플리케이션된 데이터의 내용

MySQL 리플리케이션은 「SQL문 단위」로 수행된다. 예를 들어 특정 UPDATE 문이 하나 있다고 할 때, 이 쿼리가 1건 갱신하는 UPDATE문이건 100만 건 갱신하는 UPDATE문이건 간에 마스터에서 슬레이브로 전달되는 것은 하나의 UPDATE 문이다.

이 방식은 마스터와 슬레이브 간의 송수신이 적다는 장점이 있지만, 반면 실행할 때까지 결과를 알 수 없는 쿼리를 리플리케이트하면 마스터와 백업에서 저장하는 데이터가 달라질 가능성이 있다는 위험성도 있다.

예를 들면, 데이터를 갱신하는 쿼리에서 ORDER BY절을 동반하지 않는 LIMIT 절이 있을 경우, LIMIT절에 의해 선택된 행은 마스터와 슬레이브 간에 다를 가능성이 있다. 따라서 이럴 경우, 마스터와 슬레이브 간에 다른 행이 갱신되는 결과를 낳게 된다. 이 문제의 치명적인 점은 데이터의 불일치를 알아내기 어렵다는 점이다. 운좋게 UNIQUE 등의 제약조건에 위반되면 리플리케이션이 에러로 정지해서 이상을 알아낼 수도 있지만, 그렇지 않는 한 아무도 모르게 조용히 데이터 불일치가 발생해버릴 가능성이 있다.

SQL문 단위의 리플리케이션은 그 밖에도 몇몇 잠재적인 문제를 내포하고 있지만, 이 문제에 특효약은 없으며 문제가 있는 쿼리가 발생하지 않도록 할 수밖에 없다.

다만 MySQL 5.1.5 이후에서는 「행 단위 리플리케이션 기능」을 사용함으로써 이 문제를 해결할 수 있다. 행 단위 리플리케이션에서는 마스터에서 실제로 갱신된 행의 데이터가 리플리케이션되므로 앞서 본 LIMIT절과 같이 실행할 때까지 결과를 알 수 없는 문제로부터는 벗어날 수 있게 된다.

나아가 MySQL 5.1.8에서는 「혼재 모드」라는 것이 추가되었다. 이는 평소에는 SQL문 단위로 리플리케이션을 하지만 경우에 따라서 행 단위 리플리케이션을 수행하는 모드다.

리플리케이션의 원리

다음과 같은 점을 통해서 리플리케이션의 원리에 대해 설명하도록 한다.

- I/O 쓰레드와 SQL 쓰레드
- 바이너리 로그와 릴레이 로그
- 포지션 정보

슬레이브의 I/O 쓰레드와 SQL 쓰레드

슬레이브에서는 리플리케이션을 위해 두 개의 쓰레드가 동작하고 있다. 바로 「I/O 쓰레드」와 「SQL 쓰레드」다.

I/O 쓰레드는 마스터에서 얻은 데이터(갱신 로그)를 「릴레이 로그」라고 하는 파일에 단지 기록하기만 한다. 한편, SQL 쓰레드는 릴레이 로그를 읽어서 오로지 실행만 한다.

이처럼 두 개의 쓰레드로 나뉘어 있는 이유는 리플리케이션의 지연을 줄이기 위해서다. 만일, I/O와 SQL 쓰레드의 일을 하나의 쓰레드에서 수행할 경우, 처리에 시간이 소요되는 SQL이 있다면 그 시간 동안 SQL문 처리에 매달려야 하므로 마스터로부터의 데이터 복제를 할 수 없게 된다. 이와 같은 사태를 피하기 위해 두 개의 쓰레드로 역할을 분담한 것이다.

바이너리 로그와 릴레이 로그

마스터에는 「바이너리 로그」, 슬레이브에는 「릴레이 로그」라고 하는 파일이 생성된다.

바이너리 로그에는 데이터를 갱신하는 처리만이 기록되고 데이터를 참조하는 쿼리는 기록되지 않는다. 또한, 바이너리 로그는 리플리케이션 외에도 풀백업에서 갱신된 내용만 보관하고자 할 경우에도 사용된다. 바이너리 로그는 텍스트 형식이 아니므로 직접 에디터로 열어볼 수는 없지만, mysqlbinlog 명령을 이용해 텍스트 형식으로 변환할 수 있다.

릴레이 로그란, 슬레이브의 I/O 쓰레드가 마스터로부터 갱신 로그(갱신 관련 쿼리를 기록한 데이터)를 수신해서 슬레이브 측에 저장한 것이다. 따라서, 그 내용은 바이너리 로그와 동일하다. 다만, 바이너리 로그와 달리 필요없어지면 SQL 쓰레드에 의해 자동적으로 삭제되므로 수동으로 삭제할 필요는 없다.

포지션 정보

슬레이브는 리플리케이션 완료한 위치정보를 알고 있다. 그러므로 슬레이브의 mysqld를 일단 종료하고 잠시 후에 다시 기동하더라도 종료한 시점부터 데이터 리플리케이션을 재개할 수 있다.

이렇게 마스터 호스트명, 로그 파일명, 로그 파일 내에서 처리한 포인트 정보를 「포지션 정보」라 한다. 이 포지션 정보는 「master.info」라는 텍스트 형식의 파일로 관리되고 있으며, SHOW SLAVE STATUS라는 SQL문으로 확인할 수 있다.

리플리케이션 구성을 만들기까지

그러면, 리플리케이션의 구성을 만드는 절차를 따라가며 설명하겠다.

리플리케이션의 조건

MySQL에서 리플리케이션 구성을 만들려면 다음과 같은 전제조건이 있다.

- **마스터는 여러 슬레이브를 가질 수 있다.**
  한 대의 마스터 아래에는 여러 대의 슬레이브를 위치시킬 수 있다.
- **슬레이브는 마스터를 단 하나만 가질 수 있다.**
  슬레이브는 여러 대의 마스터와 리플리케이트할 수 없다. 다만, 슬레이브는 다른 서버의 마스터가 될 수는 있다.
- **모든 마스터, 슬레이브에는 일련의 server-id를 지정해야 한다.**
  server-id는 리플리케이션 구성 내에서 서버를 식별하기 위한 것으로, 서로 다른 값을 지정할 필요가 있다.
- **마스터는 바이너리 로그를 출력해야 한다.**
  갱신과 관련된 쿼리를 슬레이브로 전달하기 위해 마스터에서는 바이너리 로그를 유효하게 할 필요가 있다.

my.cnf

MySQL의 설정파일 「my.cnf」에서 리플리케이션을 위해 필요한 설정항목은 리스트 2.3.1과 같다.

server-id는 DB서버마다 개별 값으로 지정할 필요가 있다. 1~4294967295까지의 정수값을 지정할 수 있다. 리스트 2.3.1의 ①에서는 1을 지정하고 있으므로, 이를 마스터의 my.cnf로 한 경우, 슬레이브의 server-id는 1이 아닌 값(2 등)으로 설정해야 한다.

리스트 2.3.1의 ②log-bin과 ③log-bin-index는 바이너리 로그를 유효화하고 바이너리 로그 파일명과 인덱스 파일명을 지정한다. ④relay-log와 ⑤relay-log-index도 마찬가지로 릴레이 로그를 유효화하고 해당 파일명을 지정한다.

끝으로 ⑥log-slave-updates는 슬레이브에서도 바이너리 로그를 출력하도록 지시하기 위한 설정이다. 이 지정이 없으면 슬레이브는 바이너리 로그를 출력하지 않는다. 그러나, MySQL 리플리케이션에서 마스터는 바이너리 로그를 반드시 출력해야 하므로 슬레이브를 마스터로 승격시키는 단계를 부드럽게 진행하기 위해, 슬레이브에서도 미리 바이너리 로그를 출력하도록 해두는 편이 좋을 것이다.

그러면, 리스트 2.3.1의 my.cnf를 사용해서 마스터가 되는 서버에서 mysqld를 실행해보자.

리스트 2.3.1 my.cnf

```
[mysqld]
server-id       = 1           ←①
log-bin         = mysql-bin   ←②
log-bin-index   = mysql-bin   ←③
relay-log       = relay-bin   ←④
relay-log-index = relay-bin   ←⑤
log-slave-updates             ←⑥
```

리플리케이션용 사용자 생성

슬레이브가 마스터에 접속하기 위한 사용자를 마스터에 생성한다. 최소한 부여되어야 할 것은 REPLICATION SLAVE 권한뿐이다. 이 사용자는 리플리케이션 전용으로 다른 권한은 부여해서는 안 된다.

예를 들면, 사용자명 「repl」, 패스워드 「qa55wd」, 192.168.31.0/24의 네트워크에 슬레이브가 존재할 경우는 다음과 같이 마스터에서 실행한다.

```
mysql> GRANT REPLICATION SLAVE ON *.* TO repl@'192.168.31.0/ 255.255.255.0' IDENTIFIED BY 'qa55wd';
```

리플리케이션 시작시에 필요한 데이터

슬레이브를 새로 추가한 경우나 고장 난 슬레이브를 대체해서 투입할 경우 슬레이브의 초기 데이터는, 마스터의 풀덤프만이 아니라 해당 풀덤프가 마스터의 바이너리 로그에서 어느 시점의 것인지 하는 포지션 정보도 필요하다. 따라서, mysqldump 등으로 뽑은 데이터의 풀덤프만으로는 슬레이브를 구축할 수 없다.

편의상, 풀덤프 + 포지션 정보 묶음을 여기서는 「스냅샷Snapshot」이라고 하자.

그러면 스냅샷을 얻기 위해서는 만일 마스터의 mysqld를 정지할 수 있다면 우선 mysqld를 정지한 후 MyISAM이나 InnoDB의 데이터 파일이 있는 MySQL 데이터 디렉토리를 그대로 tar 등으로 복사[주16]하거나, LVM Logical Volume Manager를 사용하고 있다면 해당 스냅샷 기능을 이용하는 편이 손쉬운 방법이다. tar를 사용할 경우는 --exclude 옵션으로 불필요한 파일(바이너리 로그 등)을 복사 대상에서 제외해서 최대한 단시간에 복사를 마칠 수 있도록 한다.

이 때, 주의해야 할 것은 「포지션 정보를 메모」하는 것을 잊지 않는 것이다.

mysqld를 정지한 경우는 그 때의 마스터의 바이너리 파일의 이름을 메모해둔다. 예를 들면, 파일명이 「mysql-bin.000002」인 경우는 mysqld를 실행시에 바이너리 로그는 다음 번호의 로그파일로 변경되므로, 포지션 정보는 「mysql-bin.000003의 최초」[주17]가 된다.

mysqld를 정지할 수 없을 경우에는 갱신 관련된 쿼리를 막아놓은 상태로 만든 다음에 풀덤프를 하고, SHOW MASTER STATUS의 결과를 메모해두면 된다.

또한, 얻어낸 스냅샷은 디스크가 허락하는 한 보존해두는 편이 좋다. 그 이유는, 스냅샷과 얻어낸 시점으로부터 마스터의 바이너리 로그가 있다면 아무리 오래된 것이라 해도 그것을 기반으로 슬레이브를 만들 수 있으므로, 나중에 슬레이브를 신규로 추가할 경우나 고장 난 장비를 복구할 경우에 도움이 되기 때문이다.

리플리케이션 시작

그러면 스냅샷을 기반으로 슬레이브를 만들어보자. 만일 슬레이브에 mysqld가 실행 중이라면 중지한 후 앞서 설명한 과정에서 얻은 스냅샷을 MySQL 데이터

[주16] GNU tar에서는 -z 옵션으로 동시에 gzip 압축을 할 수 있으나 데이터 크기가 크면 압축처리하는 데 시간이 많이 소요되므로, 정지시간을 줄이고자 한다면 압축하지 않고 tar만으로 복사할 것을 권한다.
[주17] 바이너리 로그의 첫 포지션은 0이 아니라 「4」이므로 주의하기 바란다.

디렉토리와 바꿔 넣을 수 있도록 복원한다. 이것으로 마스터와 슬레이브가 동일한 데이터를 갖는 상태가 되었다.

이제 바로 슬레이브의 mysqld를 실행하고 싶겠지만 그 전에 마스터와 슬레이브의 my.cnf를 비교해보자.

마스터, 슬레이브의 my.cnf 비교

확인해야 할 포인트는 「server-id」다. 마스터와 슬레이브 간에 server-id만은 다른 값으로 설정해야 한다. 그리고나서 InnoDB를 사용하고 있는 경우에는 innodb_data_file_path에 지정되어 있는 데이터 파일의 이름, 개수, 크기가 마스터와 슬레이브 간에 동일하도록 설정할 필요가 있다.

정리하면, 마스터와 슬레이브의 my.cnf는 server-id만 다르도록 설정하면 OK가 된다.

슬레이브의 동작 시작과 확인

확인이 끝났으면 슬레이브에서 mysqld를 실행한다. 실행하는 것만으로는 아직 슬레이브로서 동작하지 않으므로, 슬레이브에서 다음과 같이 실행한다.

```
CHANGE MASTER TO      ←①마스터와의 관계를 표시
  MASTER_HOST     = 'my5-1',
  MASTER_USER     = 'repl',
  MASTER_PASSWORD = 'qa55wd',
  MASTER_LOG_FILE = 'mysql-bin.000003',
  MASTER_LOG_POS  = 4;

SLAVE START;      ←②리플리케이션 시작
```

①CHANGE MASTER TO의 「MASTER_LOG_FILE」과 「MASTER_LOG_POS」에는 스냅샷을 얻었을 때의 위치정보를 지정한다.

리플리케이션이 제대로 시작되었는지 여부를 확인하려면 슬레이브에서 SHOW

SLAVE STATUS를 실행해서 그 결과인 「Slave_IO_Running」과 「Slave_SQL_Running」이 둘 다 Yes로 되어 있으면 OK다. 만일, 특정 에러가 있을 경우는 「Last_Error」나 MySQL의 에러로그 파일에 에러 내용이 표시될 것이므로, 문제를 제거한 후에 다시 SLAVE START를 실행한다.

리플리케이션 상황 확인

끝으로 리플리케이션의 상황을 확인하는 방법을 소개한다. 이는 리플리케이션이 제대로 작동하지 않을 경우에 원인을 규명하거나, 리플리케이션의 상태를 감시하는 데 도움이 된다.

마스터의 상황 확인

먼저, 마스터의 상황을 확인하기 위한 SQL문이다.

SHOW MASTER STATUS

SHOW MASTER STATUS는 마스터의 바이너리 로그 상황을 확인할 때 사용한다. 실행하면 그림 2.3.2와 같이 출력된다. 항목의 내용은 표 2.3.1과 같다.

그림 2.3.2 SHOW MASTER STATUS 실행 예

```
mysql> SHOW MASTER STATUS\G
*************************** 1. row ***************************
            File: mysql-bin.000006
        Position: 98
    Binlog_Do_DB:
Binlog_Ignore_DB:
```

표 2.3.1 SHOW MASTER STATUS의 항목

항목명	내용
File	사용중인 바이너리 로그의 파일명
Position	사용중인 바이너리 로그의 위치정보
Binlog_Do_DB	바이너리 로그에 기록하도록 지정되어 있는 DB명
Binlog_Ignore_DB	바이너리 로그에 기록하지 않도록 지정되어 있는 DB명

SHOW MASTER LOGS

SHOW MASTER LOGS는 오래된 로그를 포함해서 현재 마스터에 존재하는 모든 바이너리 로그의 파일명을 출력한다. 실행결과는 그림 2.3.3과 같다.

그림 2.3.3 SHOW MASTER LOGS 실행 예

```
mysql> SHOW MASTER LOGS;
+------------------+-----------+
| Log_name         | File_size |
+------------------+-----------+
| mysql-bin.000001 |       117 |
| mysql-bin.000002 |       463 |
| mysql-bin.000003 |       343 |
| mysql-bin.000004 |       242 |
| mysql-bin.000005 |       117 |
| mysql-bin.000006 |        98 |
+------------------+-----------+
```

바이너리 로그는 계속해서 늘어나므로 정기적으로 삭제해야 한다. 그러나, 함부로 삭제하면 리플리케이션이 멈춰버리게 되므로 뒤에 설명하는 SHOW SLAVE STATUS로 처리가 끝난 바이너리 로그의 파일명을 확인한 후에 삭제하도록 한다. 슬레이브가 여러 대 있을 경우는, 안전하게 삭제할 수 있는 것은 모든 슬레이브에서 처리가 끝난 바이너리 로그라는 점에 주의하기 바란다. 또한, 삭제시에는 파일시스템상의 파일을 직접 삭제하는 것이 아니고, 마스터에서 PURGE MASTER LOGS 문을 실행해서 삭제한다.

예를 들어 다음과 같이 실행하면,

PURGE MASTER LOGS TO 'mysql-bin.000003';

mysql-bin.000003은 남고 이보다 오래된 mysql-bin.000002와 000001이 삭제된다. RESET MASTER문으로도 바이너리 로그를 삭제할 수 있지만, 이 쿼리를 실행하면 모든 바이너리 로그가 마스터에서 삭제되므로 리플리케이션이 중지해버린다. 리플리케이션을 운용하는 중에는 RESET MASTER가 아니라 PURGE MASTER LOGS를 사용해서 바이너리 로그를 삭제하도록 한다.

슬레이브의 상황 확인

다음은 슬레이브의 상황을 확인하기 위한 SQL문이다.

SHOW SLAVE STATUS

SHOW SLAVE STATUS로는 그림 2.3.4와 같이 슬레이브의 다양한 정보를 확인할 수 있다. 항목의 내용은 표 2.3.2와 같다. SHOW SLAVE STATUS의 내용은 MySQL 버전에 따라 자주 바뀌므로, 최신 정보는 MySQL AB의 레퍼런스 매뉴얼을 참조하기 바란다.

그림 2.3.4 SHOW SLAVE LOGS 실행 예

```
mysql> SHOW SLAVE STATUS\G
*************************** 1. row ***************************
             Slave_IO_State: Waiting for master to send event
                Master_Host: my5-1
                Master_User: repl
                Master_Port: 3306
              Connect_Retry: 60
            Master_Log_File: mysql-bin.000006
        Read_Master_Log_Pos: 98
             Relay_Log_File: relay-bin.000116
              Relay_Log_Pos: 235
      Relay_Master_Log_File: mysql-bin.000006
           Slave_IO_Running: Yes
          Slave_SQL_Running: Yes
```

```
              Replicate_Do_DB:
          Replicate_Ignore_DB:
           Replicate_Do_Table:
       Replicate_Ignore_Table:
      Replicate_Wild_Do_Table:
  Replicate_Wild_Ignore_Table:
                   Last_Errno: 0
                   Last_Error:
                 Skip_Counter: 0
          Exec_Master_Log_Pos: 98
              Relay_Log_Space: 235
              Until_Condition: None
               Until_Log_File:
                Until_Log_Pos: 0
            Master_SSL_Allowed: No
            Master_SSL_CA_File:
            Master_SSL_CA_Path:
               Master_SSL_Cert:
             Master_SSL_Cipher:
                Master_SSL_Key:
         Seconds_Behind_Master: 0
```

항목이 많은데, 몇 가지 주의할 사항이 있다.

로그 파일명과 위치정보 항목이 몇 가지 있다. Master_Log_File에는 Read_Master_Log_Pos가 대응하고, Relay_Log_File에는 Relay_Log_Pos가, Relay_Master_Log_File에는 Exec_Master_Log_Pos가 대응한다.

I/O 쓰레드가 정상 작동한다면 Slave_IO_Running이 「Yes」로, SQL 쓰레드가 정상 작동하고 있다면 Slave_SQL_Running이 「Yes」가 된다. 둘 중 하나가 「Yes」가 아닐 경우는 리플리케이션이 「중지해 있는」 상태가 되므로, 슬레이브의 동작을 감시할 경우에는 이 항목을 확인하면 좋을 것이다.

Last_Error에는 에러 로그 파일에 기록되는 에러 메시지도 표시되므로, Last_Errno가 정상을 나타내는 「0」이라도, Last_Error에는 에러 메시지가 표시되어 있는 경우도 있을 수 있다. 슬레이브의 상태를 감시할 때는 하나만 볼 게 아니라 Last_Errno와 Last_Error 둘 다 확인하도록 한다.

표 2.3.2 SHOW SLAVE STATUS의 항목(일부)

항목명	내용
Master_Host	마스터 호스트명
Master_User	마스터로 접속할 때 사용하는 사용자명
Master_Port	마스터 포트번호
Connect_Retry	마스터와 접속할 수 없을 경우에, 슬레이브가 재접속을 시도하는 횟수
Master_Log_File	슬레이브의 I/O 쓰레드가 현재 처리중인 마스터의 바이너리 로그 파일명
Read_Master_Log_Pos	I/O 쓰레드가 읽어들인 마스터의 바이너리 로그 위치
Relay_Log_File	슬레이브의 SQL 쓰레드가 현재 처리중인 슬레이브의 릴레이 로그 파일명
Relay_Log_Pos	SQL 쓰레드가 실행 완료한 슬레이브의 릴레이 로그 위치
Relay_Master_Log_File	SQL 쓰레드가 마지막에 실행한 쿼리가 기록되어 있는 마스터의 바이너리 로그 파일명
Slave_IO_Running	I/O 쓰레드가 실행 중인지
Slave_SQL_Running	SQL 쓰레드가 실행 중인지
Replicate_Do_DB	리플리케이트하도록 지정되어 있는 DB명
Replicate_Ignore_DB	리플리케이트하지 않도록 지정되어 있는 DB명
Last_Errno	마지막으로 실행한 쿼리의 에러 번호. 「0」이면 성공
Last_Error	마지막으로 실행한 쿼리의 에러 메시지 등. 널 문자는 에러가 없음을 나타낸다.
Skip_Counter	마지막으로 SQL_SLAVE_SKIP_COUNTER를 사용했을 때의 값. 사용하지 않았으면 「0」이 된다.
Exec_Master_Log_Pos	SQL 쓰레드가 마지막에 실행한 쿼리의, 마스터의 바이너리 로그에서의 위치
Relay_Log_Space	존재하는 릴레이 로그 파일의 크기. 단위는 바이트
Seconds_Behind_Master	I/O 쓰레드에 대해 SQL 쓰레드의 처리가 얼마나 늦어지고 있는지를 나타낸다. 단위는 초. 마스터와 슬레이브 간의 네트워크가 충분히 빠른 상황에서는 마스터에 대해 슬레이브가 지연되는 정도의 지표가 된다.

2.4 MySQL 슬레이브 + 내부 로드밸런서 활용 예

MySQL 슬레이브 활용방법

　MySQL 리플리케이션 구성에서 슬레이브는 실시간 백업을 위해서라고 생각하면 매우 중요한 역할을 하고 있는 것이지만, 좀 더 활용했으면 하는 생각이 드는 기능이다. 이번 절에서는 MySQL 슬레이브를 활용하는 방법에 대해 생각해보자.

슬레이브 참조

　우선 언뜻 떠오르는, 또한 실제로 자주 사용되고 있는 것은 데이터 조작 쿼리 (INSERT, UPDATE, DELETE)는 마스터로, 데이터 조회 쿼리(SELECT)는 슬레이브로 서버를 나눠서 사용함으로써 부하를 분산하는 활용방법이다.

　게다가 스케일 아웃scale out하려면 여러 대의 슬레이브를 배치하는 방법이 있다. MySQL 리플리케이션에서 마스터는 비록 한 대이지만 슬레이브는 몇 대라도 상관없다. 따라서, 슬레이브를 여러 대를 놓고 데이터 조회 쿼리를 여러 슬레이브로 분산시키는 것이다.

여러 슬레이브에 분산하는 방법

　여러 대의 슬레이브일 경우에 문제가 되는 것은 쿼리를 분산시키는 방법이다. 여

2.4 MySQL 슬레이브 + 내부 로드밸런서 활용 예

기서는 두 가지 방법에 대해 고찰해보고자 한다.

① 애플리케이션으로 분산하기

첫 번째는 웹 애플리케이션측에서 분산처리를 하는 방법이다. 다음과 같이 구현하면 애플리케이션으로 분산할 수가 있다.

- 슬레이브군의 호스트명 목록을 얻는다.
- 분산할 슬레이브 서버를 결정하는 로직을 구현한다.
- 슬레이브의 헬스체크를 수행하고, 다운된 슬레이브에는 분산되지 않도록 하는 처리를 구현한다.

최근에는 O/R mapper를 사용해서 DB에 접속하는 경우가 많을 것으로 생각되므로, O/R mapper 계층에 이와 같은 분산처리를 구현하는 것이 괜찮은 작전이 될 수 있을 것이다.

② 내부 로드밸런서로 분산하기

두 번째 안은 로드밸런서를 사용하는 방법이다. 로드밸런서라고 하면 외부의 클라이언트와 웹 서버 간(즉, 서버팜의 출입구)에 위치하는 것으로 생각하기 쉽지만, 이는 리눅스로 로드밸런서를 구축하는 것이므로 서버팜 내부에도 놓을 수 있다는 것이 두 번째 방안이다.

애플리케이션으로 분산하는 것과 비교한 이점을 살펴보자.

- **애플리케이션은 슬레이브의 대수를 신경쓰지 않아도 된다.**
  슬레이브의 대수 증감은 로드밸런서로 흡수할 수 있으므로, AP서버에서 개별적으로 슬레이브의 목록을 관리할 필요가 없게 된다.
- **애플리케이션은 슬레이브의 상태를 신경쓰지 않아도 된다.**
  헬스체크와 분산 그룹에서 제외, 복귀는 로드밸런서에서 수행하므로 애플리케이션에서의 헬스체크나 분산 처리는 필요 없게 된다.
- **보다 균일한 분산을 할 수 있게 된다.**
  「가장 연결수가 적은 슬레이브로 분산하라」와 같은 분산방법을 취할 수 있으므로, 보다 균등하게 부하를 분산할 수가 있다. 애플리케이션으로 분산할 경우는 타 프로세스 혹은 타 AP서버의 연결수를 세기가 용이하지 않으므로 균등하게 분산하기가 곤란하다.

이와 같이 애플리케이션측의 처리가 줄어듦과 함께 애플리케이션은 슬레이브군의 상태를 알지 않아도 되는 이점도 있다. 예를 들면, 새로운 슬레이브를 추가할 경우, 애플리케이션측의 작업은 전혀 필요치 않고 로드밸런서 하위 부분의 작업으로 완결할 수가 있다.

그러므로 이번 절에서는 내부 로드밸런서 방안에 대해 탐구해보고자 한다.

슬레이브 참조를 로드밸런서 경유로 수행하는 방법

그렇다면 내부 로드밸런서를 경유한 슬레이브 참조에 대해 설명하겠다.

개략도

그림 2.4.1이 이와 관계된 부분의 구성도다.

- AP : 쿼리를 보내는 웹 애블리케이션
- db100 : MySQL DB서버. 리플리케이션의 마스터
- db101, db102 : MySQL DB서버. 리플리케이션의 슬레이브
- db100-s : 슬레이브군을 통솔하는 가상 슬레이브의 이름
- ll1, ll2 : 내부 로드밸런서. ll1과 ll2 사이에 VRRP에 의한 Active/Backup 구성으로 하며, 해당 VIP는 lls(192.168.31.230)으로 한다.

MySQL은 리플리케이션 구성을 하고, 마스터(db100)와 슬레이브가 두 대 (db101, db102)가 있다고 하자. 클라이언트가 되는 AP는 데이터 조작 쿼리(Insert, Update, Delete)는 마스터에, 데이터 조회 쿼리는 슬레이브에 질의한다. 슬레이브에 대해서는 직접 접속하는 게 아니라 내부 로드밸런서(lls)를 경유해서 접속한다. 내부 로드밸런서 lls는 슬레이브군의 헬스체크에 따라 적절한 슬레이브로 요청을 할당한다.

사용하는 MySQL 버전은 5.0.45, keepalived는 1.1.15다.

2.4 MySQL 슬레이브 + 내부 로드밸런서 활용 예

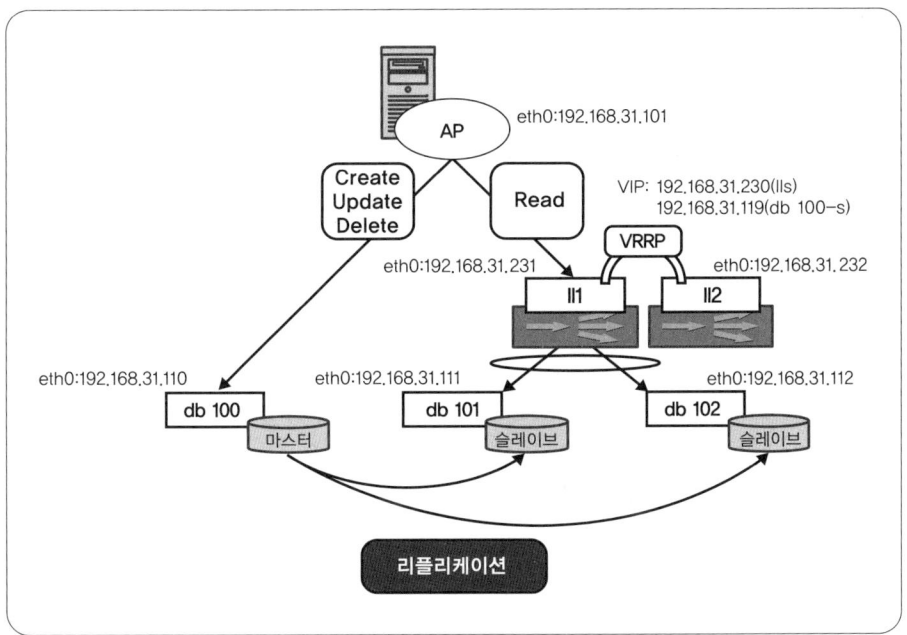

그림 2.4.1 내부 로드밸런서 경유 슬레이브 참조

내부 로드밸런서의 설정

lls(ll1과 ll2)의 keepalived.conf는 리스트 2.4.1과 같다.

먼저 「basic」의 섹션을 보자. 이 섹션에서는 lls가 로드밸런서로서 동작하기 위한 기본적인 설정을 한다. 주의해야 할 것은 리스트 2.4.1의 ①virtual_router_id로 지정하는 VRID^{Virtual Router ID}(VRRP 라우터 그룹 식별자)다.

VRRP에서는 VRID가 같은 노드(라우터)의 그룹으로 가상 라우터를 구성한다. 따라서, 동일한 네트워크 세그먼트에서는 가상 라우터 그룹마다 다른 VRID를 붙여야 한다. 만일 외부 로드밸런서와 같이 이미 가상 라우터 그룹이 존재하고 있는 경우는 virtual_router_id가 중복되지 않도록 해야 한다. 참고로, tcpdump를 사용하면 VRRP 패킷을 엿볼 수 있으므로, 그림 2.4.2와 같이 해서 실제로 사용되고 있는 VRID를 관찰할 수 있다.

basic 섹션에서 살펴봤으면 하는 곳이 하나 더 있다. 리스트 2.4.1의 ②virtual_

ipaddress다. 여기서는 내부 로드밸런서 자신의 가상 라우터 주소(192.168.31.230) 와 함께, 가상 슬레이브(db100-s)용 IP주소(192.168.31.119)도 설정하고 있다.

리스트 2.4.1 lls의 keepalived.conf

```
### basic section
vrrp_instance VI {
  state BACKUP
  interface eth0
  garp_master_delay 5
  virtual_router_id 230    ←①
  priority 100
  advert_int 1
  authentication {
    auth_type PASS
    auth_pass himitsu
  }
  virtual_ipaddress {
    192.168.31.230/24 dev eth0
    192.168.31.119/24 dev eth0     ←②
  }
}
### MySQL slave section
virtual_server_group MYSQL100 {
  192.168.31.119 3306
}
virtual_server group MYSQL100 {
  delay_loop    3
  lvs_sched     rr
  lvs_method    DR    ←③
  protocol      TCP

  real_server  192.168.31.111 3306 {
    weight 1
    inhibit_on_failure
    TCP_CHECK {
      connect_port 3306
      connect_timeout 3
    }
  }
```

```
    real_server  192.168.31.112 3306 {
      weight 1
      inhibit_on_failure
      TCP_CHECK {
        connect_port 3306
        connect_timeout 3
      }
    }
  }
}
```

그림 2.4.2 tcpdump로 VRRP 패킷 엿보기

```
lls# tcpdump -n proto \\vrrp
00:59:42.164341 IP 192.168.31.231 > 224.0.0.18: VRRPv2, Advertisement, vrid 230,
prio 100, authtype simple, intvl 1s, length 24
```

이어서 「MySQL slave」 섹션으로, 특별히 다른 점은 없다. virtual_server_group으로 가상 슬레이브용 IP주소와 포트 번호를 지정하고, 이어서 virtual_server로 리얼서버(슬레이브)를 지정한다. 이 예에서는 리얼서버 헬스체크는 TCP_CHECK로 TCP의 3306번 포트가 열렸는지 여부에 따라 수행된다. 보다 엄밀하게 감시를 수행한다면, 실제로 쿼리를 질의해서 의도한 결과가 얻어졌는지 여부를 확인하는 스크립트를 MISC_CHECK으로 지정하는 것이 좋을 것이다.

MySQL 슬레이브의 설정

내부 로드밸런서에서 보면 리얼서버가 되는, MySQL 슬레이브 서버에도 약간 설정이 필요하다.

MySQL 서비스에 대해서는 거의 설정할 것이 없지만, 앞서 본 리스트 2.4.1의 ③과 같이 「DSR」로 분산하도록 설정했으므로[주18], 가상 슬레이브의 IP주소별 패킷을

주18 DSR 구성으로 하려면 lvs_method에 「DR」로 저장한다. 「DSR」이 아니다(1.3절 참조).

받아들이도록 해야 한다. 구체적으로는 슬레이브 각각(db101, db102)에서 다음 명령을 실행한다.

```
iptables -t nat -A PREROUTING -d 192.168.31.119 -j REDIRECT
```

슬레이브 참조인 로드밸런서 체험

이상으로 설정은 끝났다. 그러면, 로드밸런서를 직접 체험해보도록 하자. 여기서는 확인용으로, 분산대상이 되는 슬레이브 db101과 db102의 server_id[19]는 호스트명과 일치하게 101과 102로 해둔다. 이 server_id를 조회하는 쿼리를 가상 슬레이브(db100-s)에 대해 실행해서 정확히 분산되는지 확인해보자(그림 2.4.3).

그림 2.4.3 슬레이브 참조인 로드밸런서를 체험하고 있는 모습

```
w101$ check_lb_slave() {
> echo 'SHOW VARIABLES LIKE "server_id"' | mysql -s -hdb100-s
> }
w101$ check_lb_slave
server_id       101
w101$ check_lb_slave
server_id       102
w101$ check_lb_slave
server_id       101
```

동일한 서버(db100-s)에 쿼리를 실행하고 있음에도 불구하고, 결과인 server_id 값이 다르다는 점에서 제대로 로드밸런스되고 있음을 확인할 수 있다.

---

[19] my.cnf에 지정하는 MySQL 매개변수다. 리플리케이션할 때, 서버를 식별하기 위해 사용한다. 2.3절에서 설명하고 있다.

2.4 MySQL 슬레이브 + 내부 로드밸런서 활용 예

내부 로드밸런서의 주의점 …… 분산방법은 DSR로 하라

MySQL 슬레이브 참조뿐만 아니라 외부 로드밸런스에는 없는 내부 로드밸런서 특유의 주의사항이 있다. 이는 「분산방법은 NAT(lvs_method NAT)가 아닌 DSR(lvs_method DR)로 하는 것」이다.

왜냐하면 NAT로 한 경우, 클라이언트에서 보면 패킷을 보낸 것과는 다른 상대로부터 응답 패킷을 수신하는 것처럼 보이므로, 반환되는 패킷을 수신하여 처리할 수 없기 때문이다.

좀 더 자세히 설명하면, 우선 클라이언트가 VIP를 목적지 주소로 하는 요청 패킷을 송신한다. NAT의 경우, 이를 받아들인 로드밸런서는 목적지 주소를 리얼서버의 IP주소로 수정해서 리얼서버에 전송한다. 리얼서버는 패킷을 수신해서 응답을 반환하지만, 응답 패킷의 출발지 주소는 자신(리얼서버)의 주소가 된다. 이 응답 패킷이 로드밸런서를 경유하면 그 때 출발지 주소가 VIP로 변경되므로 문제는 일어나지 않지만, 리얼서버와 클라이언트가 같은 네트워크에 존재할 때는, 로드밸런서를 도입할 필요없이 직접 클라이언트로 패킷이 전송되어, 결과적으로 VIP 앞으로 전송된 패킷의 응답이 VIP와는 다른 곳(리얼서버의 IP주소)으로부터 반환되어 오는 것처럼 보이는 것이다.

정확히 감이 잡히지 않겠지만, 이 패킷의 흐름은 틀림없이 DSR이다. 따라서, 분산방법을 DSR로 하면 아무 문제없이 응답 패킷을 제대로 수신할 수 있다. 좀 더 궁리해본다면 NAT에서도 모든 일을 처리할 수 있지만, DSR이 로드밸런서 부하가 경감되는 일도 있으므로 내부 로드밸런서의 경우는 고생해서 NAT구성으로 할 필요는 없다.

2.5 고속, 경량의 스토리지 서버 선택

스토리지 서버의 필요성

대용량 컨텐츠(동영상이나 음성 등)를 전송하는 서비스에서는 컨텐츠 파일을 저장할 위치가 가장 중요한 과제가 되는 경우가 있다. 특히 부하분산 환경에서는 여러 대의 웹 서버에 동일한 파일을 저장해야 하지만, 파일의 수나 크기가 방대해지면 다음과 같은 문제에 직면하게 된다.

- 모든 웹 서버로 배치(deploy)시키는 데에는 시간이 걸린다.
- 모든 웹 서버에 대용량의 하드디스크를 탑재해야 한다.
- 모든 웹 서버의 파일이 정합성整合性을 갖는지 검증하기가 곤란하다.
- 웹 서버를 신규로 도입하기가 곤란하다(파일 복사에 시간이 걸린다).

모든 데이터를 MySQL과 같은 DB서버에 저장할 수 있다면 좋겠지만, 운용상 편의나 유지보수 등을 고려한 결과「파일로 처리한다」는 결론에 이를 경우도 많이 있다. 이와 같은 경우, 대용량의 스토리지 서버에 파일을 저장하고 각 웹 서버는 NFS 마운트해서 파일을 읽어내는 구성이 일반적이다.

그러나 시스템을 관리하는 사람 측면에서는「가능하면 스토리지 서버를 이용하고 싶지 않다」는 것이 속마음이다. 그 이유는 다음과 같다.

- 스토리지 서버에 장애가 발생하면 피해가 광범위하게 미친다.
- 만일 데이터가 소실되면 복구하는 데 엄청난 시간과 노력이 소요된다.
- 스토리지 서버는 병목이 되기 쉽다.

2.5 고속, 경량의 스토리지 서버 선택

- 상용 제품은 비싸다.

스토리지 서버는 병목이 되기 쉽고 단일장애점도 될 수 있기 때문에, 문제가 발생했을 때의 상황을 가정하면 할수록 도입에 대해 신중해지게 되는 것이다. 실제로 스토리지 서버에 문제가 발생하면 어떤 일이 일어나는지를 좀 더 자세히 생각해보자.

스토리지 서버는 단일장애점이 되기 쉽다

웹 서버가 스토리지 서버를 NFS 마운트해서 이용하고 있을 경우, 스토리지 서버가 특정 원인에 의해 정지하면 엄청난 사태에 빠진다. man nfs로부터 인용해서 소개한다.

- soft   NFS 파일 작업에서 주 타임아웃이 걸리면 호출한 프로그램에 I/O에러를 보고한다. 기본값은 끊임없이 파일 작업을 재시도하는 것이다.
- hard   NFS 파일 작업에서 주 타임아웃이 걸리면 콘솔상에 "server not responding"이라고 출력하고 끊임없이 재시도한다. 이것이 기본값이다.
- intr   NFS 파일 작업에서 주 타임아웃이 걸리고 NFS 접속이 hard 마운트된 상태라면 시그널에 의해 파일 작업을 중지하도록 허용하고, 중단된 경우에는 호출한 프로그램에 EINTR를 반환한다. 기본값은 파일 작업을 인터럽트하지 않는 것이다.

…… man nfs에서 인용

즉, 스토리지 서버가 정지하고 있는 동안 웹 서버는 NFS로 파일 작업을 끊임없이 계속 재시도한다. 그 결과, 웹 서버는 파일 작업 대기 프로세스로 가득 차서 다른 페이지도 조회할 수 없는 상태(서비스 정지)에 빠져버리게 된다. 또한 파일 작업을 중지할 수 없는(intr이 지정되지 않은) 상황하에서는 아파치를 재실행하는 것조차 뜻대로 되지 않는 상황이 된다.

마운트 옵션으로 soft와 intr을 지정함으로써 어느 정도 개선은 할 수 있지만, NFS는 운영체제의 기능(파일시스템)으로서 구현되어 있으므로 웹 애플리케이션에서 타임아웃 시간을 조정한다거나 파일 작업을 중단할 수는 없다. 따라서, 파일 작업이 타임아웃되기를 기다리는 동안 웹 서버의 프로세스가 가득 차게 되면 서비스는 정지해버린다.

스토리지 서버는 병목이 되기 쉽다

스토리지 서버는 단일장애점이 되기 쉬울 뿐만 아니라 병목도 되기 쉽다는 문제가 있다. 웹 서버는 10대, 20대로 확장할 수 있지만, NFS서버는 확장할 수 없다. 이로 인해 여기서 병목이 돼버리면 이를 개선하기는 상당히 곤란하다. 그림 2.5.1과 같이 NFS서버를 증설해서 디렉토리를 나눠서 처리하는 방법도 생각해볼 수 있지만, 사실 이것만으로는 해결할 수 없는 경우가 많다. 왜냐하면, 접근이 집중되는 컨텐츠라는 것은 최근에 갱신된 새로운 것이나 특정 프로모션의 효과에 의한 것이 많기 때문이다. 즉, 접속이 집중되고 있는 상황에는 대다수의 사용자가 동일한 데이터를 요청하고 있으므로, 디렉토리별로 NFS서버를 분할했다고 해도 결국은 동일한 NFS서버에 대해 접속이 집중하게 된다.

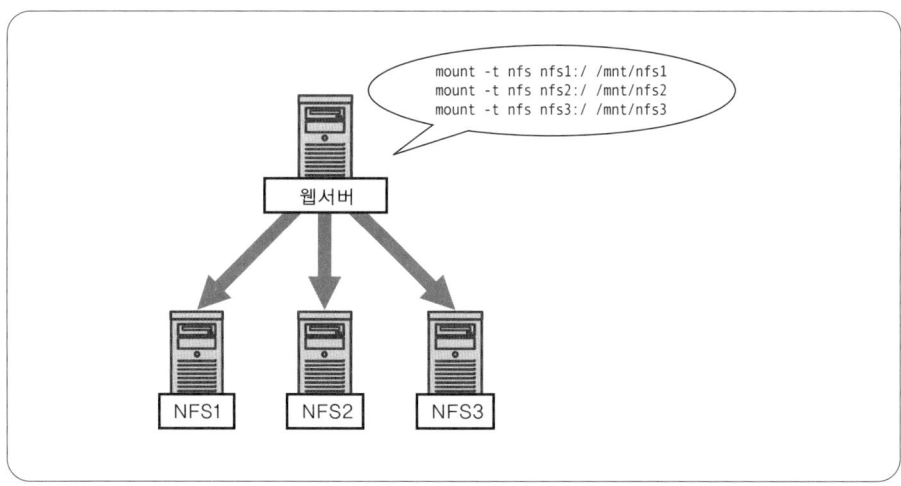

그림 2.5.1 NFS서버를 증설한 예

그러나 부하 문제만을 고려한다면 그림 2.5.2와 같이 웹 서버마다 마운트할 NFS 서버를 나누면 대응은 가능하다. 다만, 이와 같이 구성하면 여러 NFS서버에서 파일의 정합성을 유지해야 한다는 문제가 남는다. 컨텐츠를 배치할 때는 모든 NFS서버에 동일한 파일을 전송해야만 한다. 파일의 개수가 수천 개 또는 수만 개 정도의 규모가 되면, 모든 서버의 내용이 동일한지 여부를 체크하기는 매우 어려워진다.

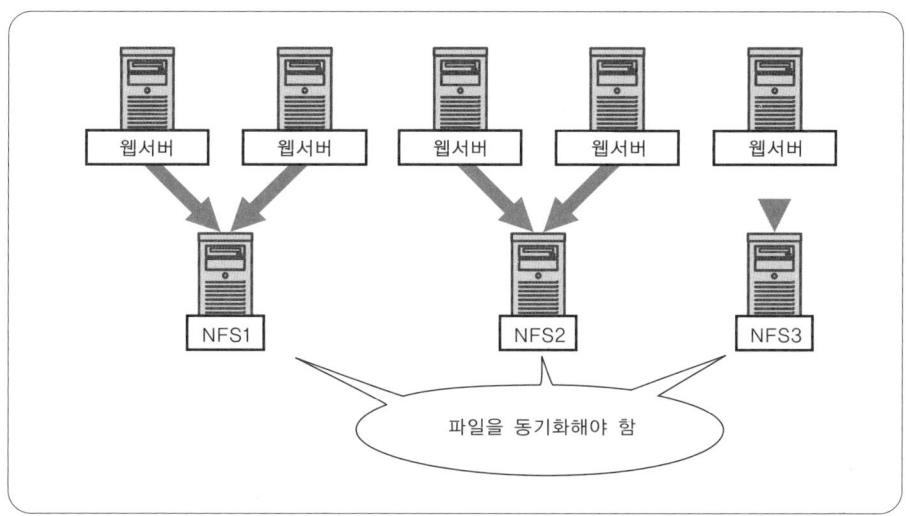

그림 2.5.2 NFS서버를 분산한 예

이상적인 스토리지 서버

내용을 정리해보면, 결국 이상적인 스토리지 서버는 다음과 같은 요구사항을 만족하는 것이다.

- 대량으로 접속되어 오더라도 병목이 되지 않을 정도로 빨라야 함
- 여러 대의 서버에 파일을 동기화하는 것을 피해야 함
- 단일장애점이 되지 않아야 함
- 가능하면 오픈소스로 실현하고자 함

CHAPTER 02 ··· 한 단계 높은 서버/인프라 구축_다중화, 부하분산, 고성능 추구

부하를 줄이는 연구

많은 웹사이트에서 스토리지 서버에 요구하는 것은 「읽기 속도」와 「디스크 용량」일 것이다. 사실 의외로 「쓰기」에 대한 성능은 요구되지 않는다.

고속 쓰기가 요구되는 데이터는 「세션 정보」나 「개인 정보」 등이 대부분을 차지하고 있다. 세션 정보는 일시적인 데이터이므로 memcached 등의 메모리 기반 캐시서버를 사용하면 되고, 개인 정보는 DB에 저장하면 되는 데이터다. 즉, 스토리지 서버는 동영상이나 이미지 등 비교적 크기가 큰 데이터를 가능한 한 많이 저장할 수 있고, 필요한 것을 고속으로 읽어낼 수 있으면 되는 것이다.

여기서 「이 정도는 웹 서버로도 충분하지 않을까」라는 생각이 떠오르지 않는가? 스토리지 서버라고 해도 NFS를 반드시 이용해야만 하는 것은 아니다. 또한, 웹 애플리케이션에서 자주 이용되는 플랫폼, 예를 들면, 자바나 PHP 등에서는 웹 서버 상의 파일을 일반 파일과 동일하게 다룰 수 있으므로, HTTP 경유로 파일을 다루는 것에 대해 저항을 느끼는 개발자도 적을 것이다.

HTTP를 스토리지 프로토콜로 이용하기

위에서 살펴본 바에 따르면, 스토리지 서버상에서 작고 가벼운 웹 서버를 작동시키는 것만으로 성능 문제는 해결할 수 있다고 한다. 그리하여 그림 2.5.3과 같은 시스템을 구축했다. 그림 2.5.3의 「WS」라는 서버가 스토리지 서버다. 파일 쓰기에는 NFS를 사용하지만, 모든 서버에서 마운트할 필요는 없다. 파일을 업로드하는 서버만 마운트되어 있으면 충분하다. 그림 2.5.3의 「마스터 서버」가 이에 해당한다. 다른 서버(웹 서버)는 NFS를 이용하지 않는다. WS에서 HTTP를 경유하여 파일을 취득한다.

2.5 고속, 경량의 스토리지 서버 선택

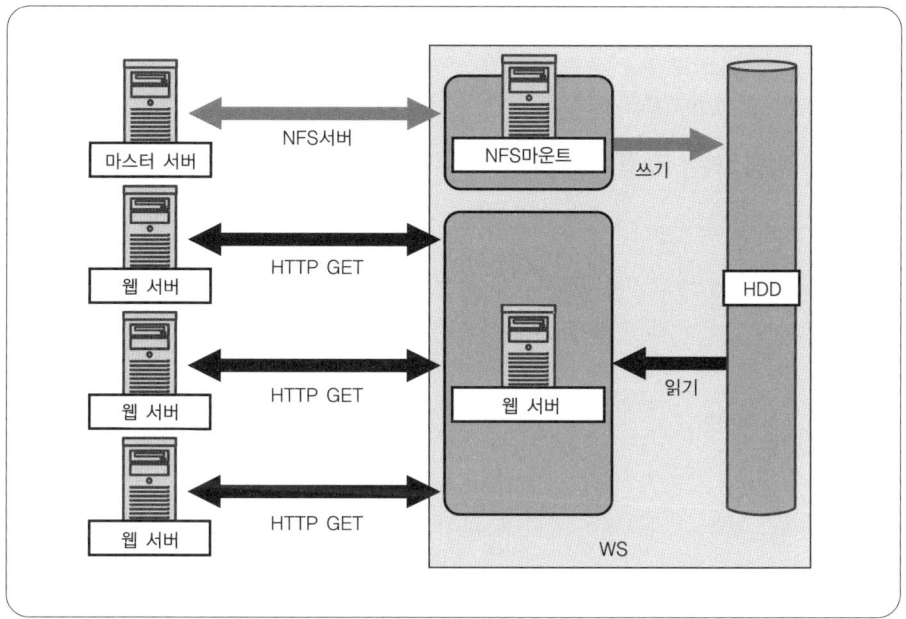

그림 2.5.3 NFS와 HTTP를 조합한 스토리지 서버

경량 웹 서버 선택

WS에서 사용할 웹 서버는 가능한 한 작고 가볍고 빠른 것이 좋을 것이다. 아파치 정도의 고기능이 아니어도 된다. CGI나 SSI와 같은 동적 페이지 생성 기능은 불필요하며 얼마나 고속으로 정적인 파일을 전송할 수 있는지가 중요하다. 필자의 환경에서는 thttpd[주20]을 이용해 HTTP를 지원함으로써 성능을 향상시킬 수 있었다.

앞에서도 일부 언급했지만, 접속이 집중될 때라는 것은 「수많은 사용자가 동일한 데이터를 요청하고 있을 때」이므로, 동일한 데이터를 반복해서 읽어내는 형태의 접속 패턴이 된다. 이러한 데이터는 거의가 스토리지 서버의 메모리에 캐싱된다. thttpd는 메모리에 캐싱되어 있는 데이터를 오로지 전송하기만 하면 되므로 스토리

주20 URL http://www.acme.com/software/thttpd/

지 서버의 디스크 I/O에는 거의 부하가 걸리지 않는다. 따라서, 스토리지 서버가 병목이 될 가능성은 없다.

HTTP를 이용하는 이점

NFS에 비하면 HTTP는 서버와 클라이언트의 결합이 느슨하다고 할 수 있다. 웹 서버가 NFS 마운트하고 있을 경우, NFS 서버가 정지하면 파일시스템 레벨에서 처리를 정지해버리기 때문에 아파치를 재실행하는 것도 뜻대로 되지 않는 상황에 빠지게 된다.

그러나, HTTP라면 웹 애플리케이션 측에서 자유롭게 타임아웃을 설정할 수 있으므로 스토리지 서버의 이상을 검출해서 간단하게 에러 메시지를 반환할 수 있게 된다. 따라서, 스토리지 서버의 장애에 의해 사이트가 모두 정지해버릴 위험성을 다소 피할 수 있다.

남은 과제

지금까지 「대량 접속에도 병목되지 않을 정도로 빠른 스토리지 서버」를 완성했다. 남은 문제는 「단일장애점이 되지 않게 하기」와 「여러 대의 서버에 파일을 동기화시키지 않기」라는 두 가지다. 이러한 문제(너무 멋대로인가?)는 서로 상반되는 것이다. 단일장애점이 되지 않게 하려면 서버를 늘려야 하지만, 이와 함께 여러 대의 서버에 파일을 동기화하지 않으려면 보다 고도의 방법이 필요하다.

이렇듯 모순된 요건을 해결할 방법에 관해서는 이후의 3.2절에서 생각해보도록 하자.

2.5 고속, 경량의 스토리지 서버 선택

Columun 소규모 경량 웹 서버의 선택

스토리지 서버로 이용할 웹 서버로는 다음과 같은 소프트웨어를 검증했다.

- khttpd (그림 A)
  - URL http://www.fenrus.demon.nl/
- thttpd (그림 B)
  - URL http://www.acme.com/software/thttpd/
- lighttpd (그림 C)
  - URL http://www.lighttpd.net/

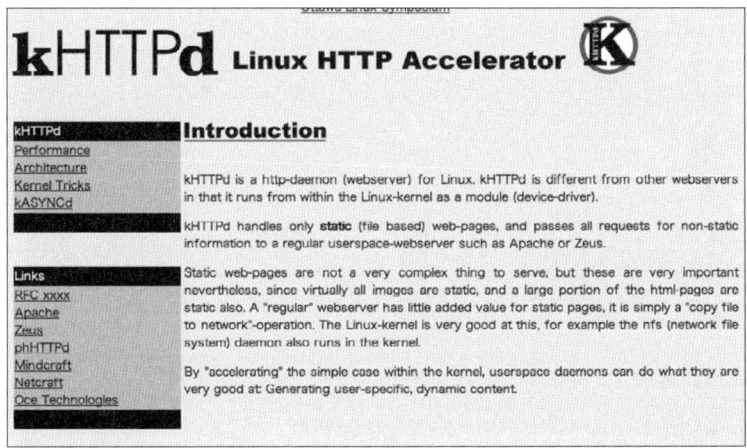

그림 A khttpd

먼저, khttpd는 리눅스의 커널 모듈로 구현된 웹 서버다. 역시나 커널공간에서 동작함으로써 다른 것을 압도할 정도의 성능을 나타냈다. 그러나, 동작이 불안정해서 커널에 따라서는 hang-up할 경우도 있어서, 차기 버전에서 개선되리라 기대했지만 커널 2.5 도중에 소스 트리에서 제외되었고, 2.6에서는 흔적도 없어져버렸기 때문에 이용을 단념했다. 그 발상은 매우 흥미롭지만 커널공간에서 애플리케이션 프로토콜을 처리하는 데에는 다양한 문제가 있었던 듯하다.

thttpd와 lighttpd는 모두 「작고 빠르고 가벼움」을 목표로 한 웹 서버 소프트웨어다. 둘 중 어느 것을 사용할지는 매우 고민스러웠다. 필자가 검증해본 시점(2004년 무렵이던가)에서는 성능면에서 거의 차이가 없었다. 당시부터 lighttpd쪽이 기능은 풍부했지만 「thttpd쪽이 심플하고 다루기가 재미있다」는 이유로 필자는 thttpd를 선택했다.

CHAPTER 02 ··· 한 단계 높은 서버/인프라 구축_ 다중화, 부하분산, 고성능 추구

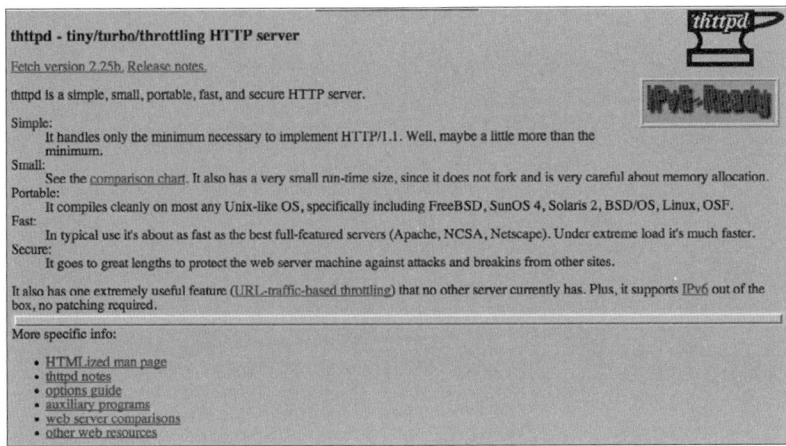

그림 B thttpd

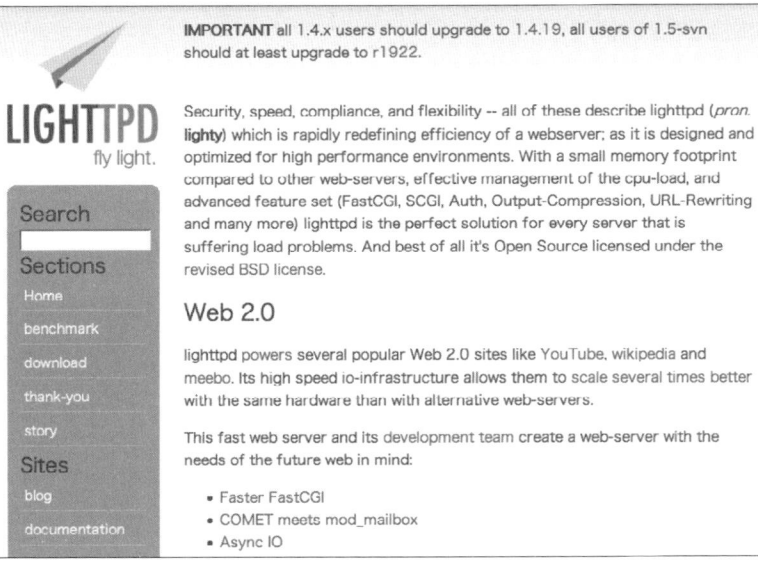

그림 C lighttpd

CHAPTER

03

무중단 인프라를 향한 새로운 연구

DNS서버, 스토리지 서버, 네트워크

- 3.1 DNS서버의 다중화
- 3.2 스토리지 서버의 다중화 …… DRBD로 미러링 구성
- 3.3 네트워크의 다중화 …… Bonding 드라이버, RSTP
- 3.4 VLAN 도입 …… 유연한 네트워크 구성

CHAPTER 03 ···　무중단 인프라를 향한 새로운 연구_DNS서버, 스토리지 서버, 네트워크

3.1 DNS서버의 다중화

DNS서버 다중화의 중요성

DNS서버의 장애는 좀처럼 발생하지 않지만, 일단 발생하면 원인이 판명되기까지 시간이 걸린다는 문제가 있다. 멈추지 않는 인프라를 지향하려면 DNS서버의 다중화 대책은 중요하다. 이번 절에서는 다음과 같은 점을 차례로 살펴보면서 DNS서버의 다중화에 대해 생각해본다.

- 주소변환resolve 라이브러리를 이용한 다중화와 성능저하의 위험성
- 서버팜server farm에서의 DNS 다중화
  → VRRP를 이용한 구성
  → DNS서버의 부하분산

주소변환 라이브러리를 이용한 다중화와 문제점

DNS를 다중화하려면 그림 3.1.1과 같이 /etc/resolv.conf에 여러 DNS서버를 지정하는 방법이 가장 손쉽다. 다양한 애플리케이션이 주소변환을 위해 이용하고 있는 주소변환 라이브러리는 /etc/resolv.conf를 참조해서 질의할 DNS서버를 얻는다. man resolv.conf에는 다음과 같이 설명되어 있다. DNS서버를 여러 개 지정할 수 있다는 점이 핵심이다.

3.1 DNS서버의 다중화

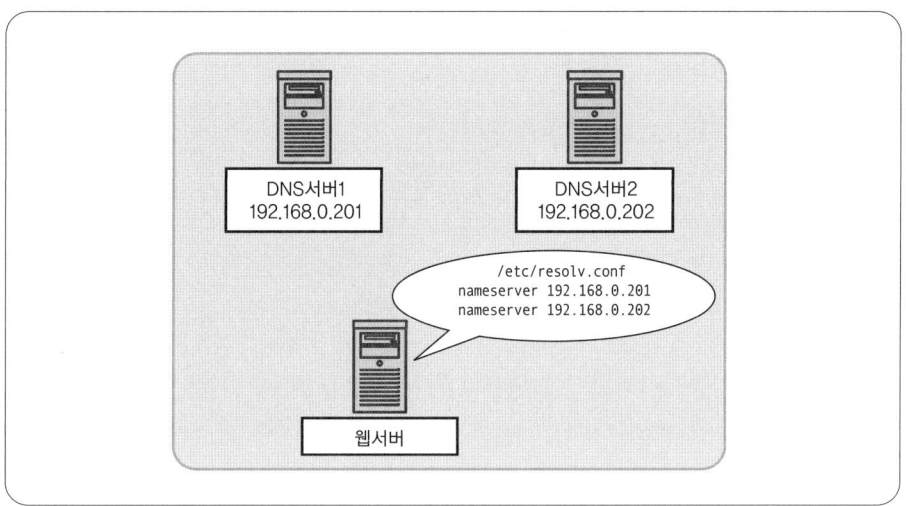

그림 3.1.1 DNS 서버 2대 구성

nameserver 네임서버의 IP주소

리졸버^{resolver}가 질의할 네임서버의(도트 표기의) 인터넷 주소. 이 키워드 하나당 한 대씩, MAXNS대(현재 상태로는 3대, ⟨resolv.h⟩를 참조)까지의 네임서버를 나열할 수 있다. 여러 대의 서버가 지정된 경우, 주소변환 라이브러리는 나열된 순으로 질의를 수행한다. nameserver 엔트리가 없을 경우, 디폴트로는 로컬머신상의 네임서버가 사용된다. 여기서 사용되는 알고리즘은 다음과 같은 것이다. 먼저 네임서버에 질의해본다. 이 질의가 타임아웃된 경우, 다음 네임서버에 질의해본다. 이 동작을 네임서버가 없을 때까지 반복한다. 그럼에도 응답이 없는 경우는 최대 재시도 횟수에 이를 때까지 모든 네임서버에 질의를 반복한다.

…… man resolv.conf에서 인용

주소변환 라이브러리의 문제점

DNS서버를 여러 개 지정해둠으로써 하나의 DNS서버가 다운되더라도 주소변환할 수 있는 구성이 된다.

그러나 「질의가 타임아웃된 경우, 다음 네임서버에 질의해본다」라는 동작에는 다소 문제가 있다. 최초에 지정되어 있는 DNS서버가 다운되면 타임아웃(디폴트는 5초)을 대기한 후에 다음 서버로 질의를 한다. 이 「대기시간」은 서버팜에서 심각한

성능저하를 야기하는 요인이 된다. 알기 쉬운 예로 메일서버의 동작으로 설명한다.

성능저하의 위험성 …… 메일서버의 예

메일서버가 메일을 송신할 때에는 다음과 같이 DNS질의를 2회 수행한다.

① 목적지 주소의 도메인 파트에 대해 MX레코드 질의를 한다.
② MX의 결과로부터 A레코드를 질의해서 송신 서버의 IP주소를 얻는다.

예를 들어, 1시간에 1000통의 메일을 전송해야 하는 메일서버가 있다고 하자. 이 경우에 최소한 3초에 1통씩 메일을 전송할 수 있어야 한다. /etc/resolv.conf에 지정되어 있는 DNS서버 중 하나가 정지하면 DNS질의 1회에 5초의 타임아웃이 발생하게 된다. 그렇게 되면 1통의 메일을 송신하는 데 10초가 걸리므로 1시간에 처리할 수 있는 메일의 수는 단순계산으로도 360통 정도가 되어 요구하는 성능의 절반 이하만 처리할 수 있게 된다.

이 예는 다소 극단적이지만, 말하자면 아무리 높은 스펙의 서버를 도입했더라도 1대의 DNS서버 장애로 인해 성능저하를 야기할 위험성이 있다는 것이다.

영향력이 큰 DNS 장애

「성능은 저하되지만 에러는 발생하지 않는」 상황은 장애의 발견을 늦추는 요인이 된다. 상기 예의 경우, 메일서버의 전송 성능이 현저히 저하되고 있음에도 불구하고 전송 자체는 완료되므로 시스템은 정지되지 않는다. 메일서버의 관리자가 성능저하를 알아채고 원인을 조사하려고 메일서버의 설정을 아무리 재점검해도 이상을 발견하지 못할 것이다.

DNS서버 장애는 영향을 미치는 범위가 크지만 장애가 발생한 장소를 찾아내려면 시간이 오래 걸릴 경우가 많다는 데 주의할 필요가 있다.

서버팜에서의 DNS 다중화

앞서 말한 주소변환 라이브러리(DNS클라이언트)가 DNS서버의 이상을 검출하려면 타임아웃을 기다리는 것 외에는 방법이 없다. 따라서, 주소변환 라이브러리를 이용한 다중화를 서버에서는 이용하지 않는 편이 좋을 것이다.

서버팜에서 DNS를 다중화할 경우는 DNS서버 측에 무정지할 수 있는 대책을 마련하도록 한다. 지금부터 VRRP(1.4절 참조)를 이용한 구성과 로드밸런서를 이용한 구성을 소개한다.

VRRP를 이용한 구성

그림 3.1.2는 VRRP로 DNS서버를 다중화한 구성이다. 그림 3.1.2 내의 웹 서버나 메일서버에는 /etc/resolv.conf에 VIP(192.168.0.200)만 설정한다. 그 다음에 두 대의 DNS서버 중에 하나가 VIP를 갖도록 함으로써 다중화한다.

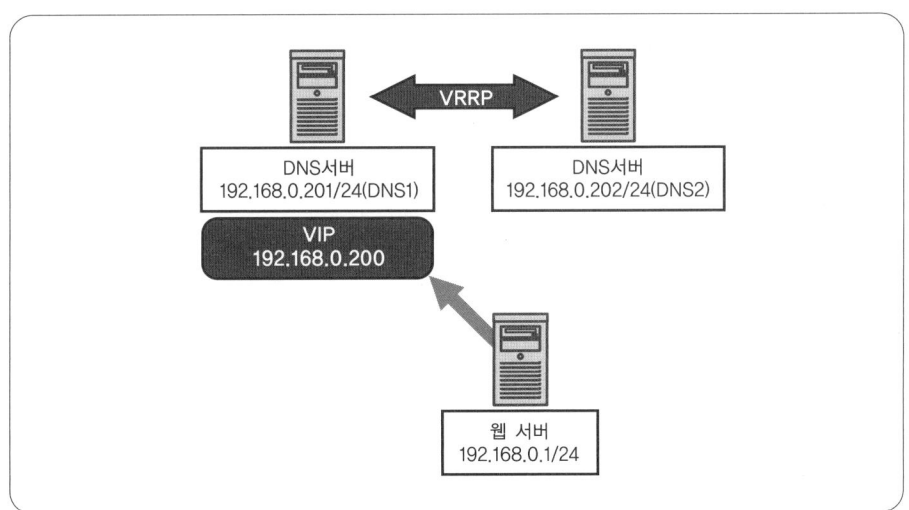

그림 3.1.2 VRRP를 이용한 다중화

그림 3.1.2의 구성은 1장에서 소개한 「keepalived」를 이용해서 구축할 수 있다. 각 DNS서버에는 미리 keepalived를 설치해둔다. 그리고 나서 keepalived.conf를 리스트 3.1.1과 같이 해서 실행하면, 둘 중 하나(먼저 실행한 쪽)이 Active서버가 되면서 VIP(192.168.0.200)가 할당된다. 두 서버가 실행 중인 상태에서 Active서버를 셧다운하면 정상적으로 장애극복하는 것을 확인할 수 있다.

이 상태에서는 Active서버의 keepalived가 정지하면 장애극복하지만, DNS서비스[주1]가 정지하더라도 장애극복하지 않는다. 그러므로 리스트 3.1.2와 같은 헬스체크 스크립트를 실행한다. 리스트 3.1.2의 스크립트는 5초마다 dig명령을 사용해서 자기 자신에게 DNS질의를 해서 dig명령이 비정상 종료하면 keepalived를 정지시킨다. 이에 따라 DNS서버를 이용할 수 없게 된 경우에도 장애극복하게 된다.

리스트 3.1.1 DNS서버의 keepalived.conf

```
vrrp_instance DNS {
  state BACKUP
  interface eth0
  garp_master_delay 5
  virtual_router_id 200
  priority 100
  nopreempt
  advert_int 1
  authentication {
    auth_type PASS
    auth_pass HIMITSUDESU
  }
  virtual_address {
    192.168.0.200/24 dev eth0
  }
}
```

주1 BIND(Berkeley Internet Name Domain, URL http://www.isc.org/products/BIND/)나 tinydns(URL http://cr.yp.to/djbdns/tinydns.html) 등

리스트 3.1.2 dns-check.sh

```
#!/bin/sh
while true; do
  /usr/bin/dig +time=001 +tries=3 @127.0.0.1 localhost.localnet
  if [ "0" -ne "$?" ]; then
    /etc/inint.d/keepalived stop
    exit
  fi
  sleep 5
done
```

DNS서버의 부하분산

Active/Backup 구성에서는 두 대의 DNS서버 중에 한 대만 작업을 수행한다. 여기서는 다른 한 대의 서버 리소스도 활용하고자 하므로 부하분산을 해서 그림 3.1.3과 같은 Active/Active 구성을 한다.

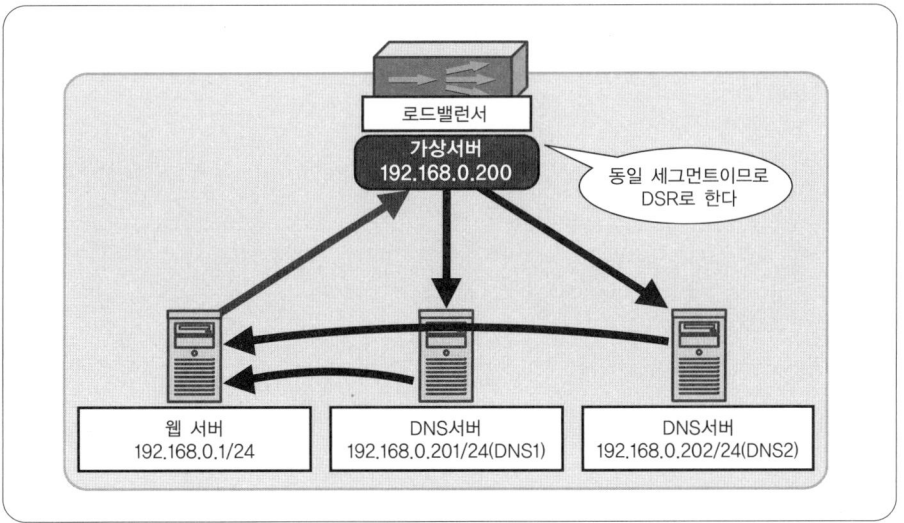

그림 3.1.3 DNS서버의 부하분산 구성(Active/Active 구성)

Active/Backup 구성에 비해 다른 점은 로드밸런서를 이용하는 점이다. Active/Backup 구성에서는 DNS서버에 keepalived를 설치해서 VIP를 할당하지만, Active/Active 구성에서는 로드밸런서가 VIP를 갖는다. 웹 서버의 설정은 변경할 필요가 없다. 이전과 마찬가지로 VIP를 /etc/resolv.conf에 설정해두면 된다. 또한, 동일 서브넷 상에서 부하분산할 경우는 NAT구성을 할 수 없으므로 DSR로 구성할 필요가 있다. 따라서, 각 DNS서버에서는 VIP를 향하는 패킷을 처리할 수 있도록 루프백lookback 인터페이스에 VIP(192.168.0.200/32)를 할당하거나, iptables를 사용해 리다이렉트하는 등의 처리가 필요하다.

로드밸런서는 리눅스에서「IPVS」와「keepalived」를 사용해서 구축한다. 이 구성의 keepalived.conf가 리스트 3.1.3이다. keepalived에서는 DNS 헬스체크 기능이 지원되지 않으므로 MISC_CHECK를 사용해서 dig명령을 실행해서 헬스체크하도록 한다.

리스트 3.1.3 로드밸런서의 keepalived.conf

```
virtual_server_group DNS {
  192.168.0.200 53
}
virtual_server group DNS {
  delay_loop 5
  lvs_sched   rr
  lvs_method DR
  protocol   UDP
  real_server 192.168.0.201 53 {
    weight 1
    MISC_CHECK {
      misc_path "/usr/bin/dig +time=001 +tries=3 @192.168.0.201
                 localhost.localnet"
      misc_timeout 5
    }
  }
  real_server 192.168.0.202 53 {
    weight 1
    MISC_CHECK {
      misc_path "/usr/bin/dig +time=001 +tries=3 @192.168.0.202
```

```
            localhost.localnet"
    misc_timeout 5
  }
 }
}
```

정리

DNS서버는 눈에 띄지 않는 곳에서 중요한 일을 많이 수행하고 있다. 또한, DNS 서버용 소프트웨어는 안정되어 있는 것이 많아서 좀처럼 정지하지 않는다. 이 때문에 DNS서버 장애를 그다지 가정하지 않는 것일지도 모른다.

그러나 DNS서버 장애는 원인이 판명되기까지 시간과 노력이 소요되는 경우가 많으므로, 만약의 경우에 불필요한 수고를 하지 않도록 확실한 대책을 취해두는 것이 좋다.

3.2 스토리지 서버의 다중화 DRBD로 미러링 구성

스토리지 서버의 장애 대책

스토리지 서버에는 대량의 파일이 저장된다. 따라서, 하드디스크 고장에 의해 데이터가 손실되면 복구가 매우 어렵다. 복구작업은 백업을 리커버리^{recovery}하는 것이 일반적인 방법이지만, 모든 파일을 리커버리하기에는 대단히 많은 시간이 소요된다. 또한, 스토리지 서버의 장애는 영향을 미치는 범위가 광범위할 경우가 많으므로 RAID를 이용해서 하드디스크 고장에 의해 데이터가 손실되지 않도록 구성하는 것이 일반적이다.

한편, 고장 나는 것은 하드디스크만이 아니다. 만일 RAID 컨트롤러가 고장 난 경우, 운이 좋다면 예비 RAID 컨트롤러와 교환하는 것만으로 복구할 수도 있겠지만, 고장 난 순간에 하드디스크에 예기치 않은 데이터를 덮어써서 데이터가 손실될 위험성이 있다.

디스크에 비하면 고장빈도는 극히 낮지만, 이와 같은 장애에도 데이터를 보호하기 위해서는 스토리지 서버를 두 대 준비해서 다중화하는 것을 생각해볼 수 있다.

스토리지 서버의 동기화 문제

스토리지 서버를 다중화하려면 두 대의 서버에 데이터를 계속해서 동기화할 필요

3.2 스토리지 서버의 다중화 DRBD로 미러링 구성

가 있다. 그 방법으로 최초에 생각한 것이 「데이터를 업로드할 때에는 반드시 양쪽 서버에 업로드한다」라는 운용 방안이다. 그러나, 계속해서 데이터의 정합성을 취하는 것은 의외로 어려운 것이다. 업로드 프로그램의 상태가 좋지 않아서 파일이 한쪽 서버에만 전송될 수도 있고, 작업 실수로 인해 한쪽 서버의 데이터만 갱신해버릴 수도 있을 것이다.

파일 개수가 적어서 데이터 양이 적다면 간단한 스크립트를 이용해 기계적으로 정합성을 체크할 수는 있을 것이다. 그러나, 파일 개수가 수백 만개, 수천 만개 이상 있고 데이터 크기가 수백GB^{Gigabyte}에 달하는 데이터를 체크하기는 곤란하다. 정합성 체크를 할 수 없는 상황에서 운용 방안에 계속 의존해서 동기화를 수행하는 것은 신뢰성 면에서 큰 불안요소를 남기게 된다.

DRBD

두 대의 서버에 대해 파일 단위로 디스크를 동기화하거나 정합성을 체크하면 파일 개수가 많아질수록 디렉토리 검색이나 비교에 시간이 오래 걸린다. 또한, 그런 경우에는 하드디스크에 과도한 부하가 걸리므로 서버 전체의 성능이 크게 저하된다. DRBD$^{Distributed\ Replicated\ Block\ Device}$[주2]라는 소프트웨어를 이용하면 이 문제를 해결할 수 있다.

DRBD 사이트에서 인용해서 소개하도록 한다.

> DRBD는 HA$^{High\ Availability}$, 고가용성 클러스터를 구성할 때 유용한 블록 디바이스를 제공한다. 가능하면 전용 네트워크를 사용해서 두 대의 컴퓨터의 블록 디바이스 간에 데이터를 미러링한다. 네트워크를 이용한 RAID 1이라 생각하면 알기 쉬울 것이다.
>
> ...... http://www.drbd.jp/에서 인용

주2 URL http://www.drbd.org/
URL http://www.drbd.jp/ (일본어)

DRBD의 구성

DRBD는 그림 3.2.1과 같은 구조로 마스터 서버와 백업 서버가 있으며, 다음의 두 가지로 구성되어 있다.

- 커널모듈 (디바이스 드라이버)
- 유저랜드(userland[역주1]) 툴 (제어 프로그램)

파일 단위로 데이터를 전송하는 것이 아니라 블록 디바이스에 대해 변경사항을 실시간으로 전송한다. 파일을 생성, 변경할 때 DRBD나 백업 서버의 존재를 의식할 필요는 없다.

DRBD의 미러링은 Active/Backup 구성이다. Active측의 블록 디바이스에 대해서는 읽고 쓰기가 가능하지만, Backup측의 블록 디바이스에는 접근할 수 없다. 다만, 버전 8.0.0이후에서는 OCFS Oracle Cluster File System 나 GFS Global File System 등의 클러스터 파일시스템과의 조합에 의해 Active/Active 구성이 지원된다. 2008년 5월 현재 최신 버전은 8.2.5[역주2]이지만, 필자의 환경에는 0.7계열로 운용하고 있다. 이는 최초에 도입한 시점의 최신 버전이 0.7계열이었기 때문이다.

이제부터 소개할 구성은 필자의 시스템에서 가동해본 적이 있는 DRBD 0.7계열로 구축한 것이지만, 8.2계열에서 변경된 기능이나 설정에 대해서도 수시로 보충하면서 설명해가겠다. 한편, DRBD 0.7계열은 2008년 10월에 유지보수가 종료될 예정이다[역주3]. 앞으로 도입하고자 생각한다면 최신 버전을 이용하기 바란다.

역주1 유닉스 계열 운영체제에서 커널 외부에 있는 애플리케이션 영역(application space)
역주2 2009년 4월 현재, 최신버전은 8.3.0이다.
역주3 2009년 4월 현재, 더 이상 지원되고 있지 않다.

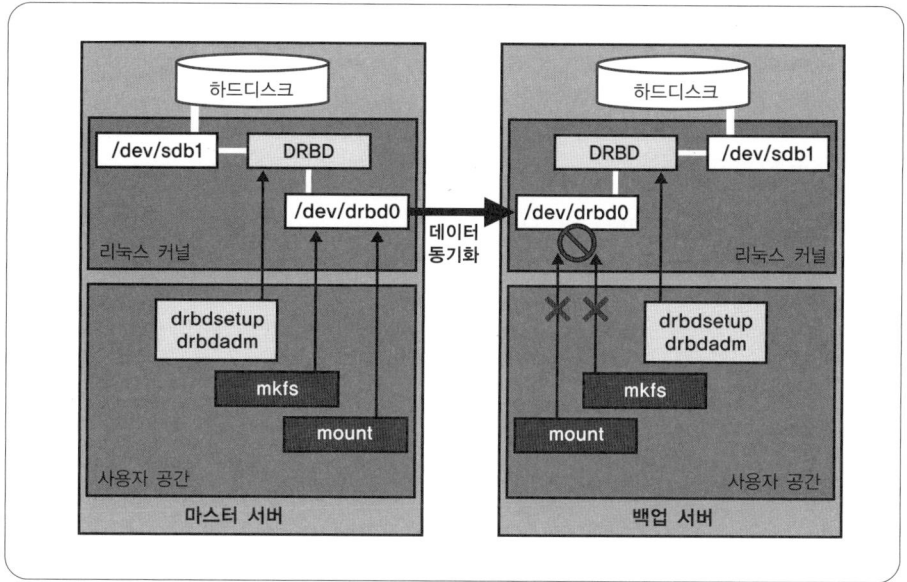

그림 3.2.1 DRBD의 구성

DRBD의 설정과 실행

리스트 3.2.1은 DRBD의 동작에 최소한으로 필요한 설정이다. 이것을 /etc/drbd.conf라는 파일명으로 마스터와 백업 양쪽 서버에 작성한다.

리스트 3.2.1은 간단하지만 최소한으로 필요한 설정은 이것뿐이다. 각 항목의 의미는 표 3.2.1과 같다.

리스트 3.2.1 drbd.conf
```
resource r0 {
  protocol A;
  on ws1 {
    device      /dev/drbd0;
    disk        /dev/sdb1;
```

```
    address    192.168.0.201:7789;
    meta-disk  internal;
  }
  on ws2 {
    device     /dev/drbd0;
    disk       /dev/sdb1;
    address    192.168.0.202:7789
    meta-disk  internal;
  }
}
```

표 3.2.1 drbd.conf의 설정항목

항목	설명
resource	리소스를 정의하는 블록. 여기서는 「r0」라는 이름의 리소스를 정의하고 있다.
protocol	데이터 전송 프로토콜을 지정한다. 지정할 수 있는 값은 A, B, C 세 가지로, 각각 다음과 같은 특징이 있다. • protocol A : 로컬 디스크에 쓰기가 끝나고 TCP 버퍼에 데이터를 송신한 시점에서 쓰기작업 완료로 한다(성능을 중시하는 비동기 전송). • protocol B : 로컬 디스크에 쓰기가 끝나고 원격 호스트로 데이터가 도달한 시점에서 쓰기작업 완료로 한다(A와 C의 중간). • protocol C : 원격 호스트의 디스크에도 쓰기가 완료된 시점에서 쓰기작업 완료로 한다(신뢰성을 중시하는 동기 전송).
on	호스트마다 리소스를 정의하는 블록. 여기서 지정하고 있는 ws1과 ws2는 호스트명이다. uname −n의 결과와 일치하는지 여부로 자기 자신의 설정인지를 판단한다.
device	DRBD의 논리 블록 디바이스를 지정한다. 여기서 지정한 블록 디바이스에 대해 mkfs나 mount를 수행한다.
disk	미러링하고자 하는 물리 디바이스를 지정한다. 블록 디바이스이면 어떤 것이든 지정할 수 있지만, 루프백 디바이스를 지정하면 백업하게 되므로 주의할 필요가 있다.
address	데이터를 동기화하기 위해 수신 대기할 IP주소와 포트번호를 지정한다. 포트번호는 리소스마다 고유해야 한다.
meta-disk	메타 데이터를 저장할 디바이스를 지정한다. internal을 지정한 경우, disk에서 지정한 블록 디바이스 중 128MB를 메타 데이터용으로 확보한다. 8.2계열에서는 블록 디바이스의 크기에 따라 메타 데이터 크기가 달라진다.

마스터 서버에서 DRBD 실행하기

그러면 DRBD를 실행해보자. 우선은 마스터 서버상에서 다음과 같이 작업한다. 그림 3.2.2는 실제 실행하는 상황을 나타낸다.

그림 3.2.2 DRBD의 동작

```
ws1:~# /etc/init.d/drbd start
Starting DRBD resources:    [ d0 s0 n0 ].
..........
****************************************************************
 DRBD's startup script waits for the peer node(s) to appear.
 - In case this node was already a degraded cluster before the
   reboot the timeout is 0 seconds. [degr-wfc-timeout]
 - If the peer was available before the reboot the timeout will
   expire after 0 seconds. [wfc-timeout]
   (These values are for resource 'r0'; 0 sec -> wait forever)
 To abort waiting enter 'yes' [  5]:yes

ws1:~# drbdadm -- --do-what-I-say primary all    0.7계열
ws1:~# drbdadm -- -o primary all                 8.2계열
ws1:~# mkfs /dev/drbd0
mke2fs 1.40-WIP (14-Nov-2006)
<중략>
This filesystem will be automatically checked every 38 mounts or
180 days, whichever comes first.  Use tune2fs -c or -i to override.
ws1:~# mount /dev/drbd0 /mnt/drbd0/
```

① DRBD를 실행한다.

② primary 상태로 한다.

③ /dev/drbd0에 파일시스템을 만든다.

④ /dev/drbd0을 /mnt/drbd0으로 마운트한다.

DRBD를 실행하면 우선은 미러링 대상에 접속을 시도한다. 그러나, 최초 셋업할 때는 대상이 없기 때문에 「To abort waiting enter 'yes'」라는 메시지가 나오며 타임아웃 대기상태가 되므로 「yes」라고 입력하고 중단한다. 또한, 실행 직후의 DRBD

는「secondary 상태」로 되어 있다. 이는 primary 상태인 DRBD로부터 데이터가 들어올 때까지 대기하고 있는 상태로, 이 상태에서는 블록 디바이스에 대해 읽고 쓰기를 할 수 없다.

파일시스템을 만들고 마운트하기 위해서는 drbdadm명령으로「primary 상태」로 전환할 필요가 있다. primary 상태로 전환하려면 drbdadm의 primary명령을 사용하지만, 지금과 같이 초기 구축시에 한해서는, 0.7계열에서는 -do-what-I-say 옵션, 8.2계열에서는 -o 옵션을 붙여야 한다. primary 상태로 전환되면 /dev/drbd0를 /dev/sdb1과 동일하게 다룰 수 있게 된다.

백업 서버에서 DRBD 실행하기

마찬가지로 백업 서버에서 DRBD를 실행한다. 그러면 마스터 서버로부터 백업 서버로 동기화가 시작된다. 이 상황은 그림 3.2.3과 같이 확인할 수 있다. 동기화가 끝나면 셋업 완료된다. 마스터 서버의 /mnt/drbd0/에 파일을 만들어서 데이터를 쓰면 백업 서버에도 그대로 전송된다.

그림 3.2.3 DRBD의 동기화 확인

```
ws2:~# /etc/init.d/drbd start
Starting DRBD resources:    [ d0 s0 n0 ].
ws2:~# cat /proc/drbdop
version: 0.7.25 (api:79/proto:74)
GIT-hash: 3a9c7c136a9af8df921b3628129dafbe212ace9f build by root@ws2,
2007-12-31 22:20:38
 0: cs:SyncTarget st:Secondary/Secondary ld:Inconsistent
    ns:0 nr:528 dw:528 dr:0 al:0 bm:0 lo:0 pe:0 ua:0 ap:0
        [>...................] sync'ed:  0.7% (666832/667360)K
        finish: 0:27:47 speed: 264 (264) K/sec
```

DRBD의 장애극복

DRBD는 마스터 서버에 문제가 발생하더라도 백업 서버가 자동적으로 마스터 서버가 되지는 않는다. 따라서, keepalived를 이용해서 장애극복할 수 있도록 한다.

수동으로 전환하기

자동으로 장애극복하기 전에 우선은 수동으로 전환해보자. 장애극복하기 위해서는 마스터 서버의 DRBD를 secondary 상태로 한다. 그러나 블록 디바이스가 마운트되어 있으면 실패하므로 NFS 서버를 정지해서 언마운트해둔다. 이 작업을 셸스크립트로 만든 것이 리스트 3.2.2다. 이를 /usr/local/sbin/drbd-backup으로 양쪽 서버에 저장한다.

리스트 3.2.2 drbd-backup

```
#!/bin/sh
/etc/init.d/nfs-kernel-server stop
umount /mnt/drbd0
drbdadm secondary all
```

백업 서버를 마스터 서버로 할 경우는 DRBD를 primary 상태로 하고 블록 디바이스를 마운트해서 NFS서버를 실행한다. 이를 스크립트로 만든 것이 리스트 3.2.3이다. 이를 /usr/local/sbin/drbd-master로 양쪽 서버에 저장한다.

리스트 3.2.3 drbd-master

```
#!/bin/sh
drbdadm primary all
mount /dev/drbd0 /mnt/drbd0
/etc/init.d/nfs-kernel-server start
```

데이터가 동기화되어 있음을 확인하기 쉽게 하기 위해 마스터 서버의 /mnt/

drbd0/에 적당한 파일을 만들어둔다. 다음으로 마스터 서버에서 drbd-backup명령을 실행해서 양쪽 서버를 secondary 상태로 한다. 그리고 나서 백업 서버에서 drbd-master명령을 실행하면 primary 상태로 천이되면서 /dev/drbd0이 /mnt/drbd0/에 마운트된다.

거기에는 좀 전에 마스터 서버에 임의로 생성해둔 파일이 있을 것이다. 마스터 서버에 장애가 발생했을 때, 이러한 일련의 작업이 자동적으로 실행되도록 하면 장애극복을 할 수 있다. 계속해서 keepalived의 VRRP기능과 조합해서 NFS서버를 다중화하는 방법을 소개한다.

keepalived 설정

그림 3.2.4는 NFS서버를 VRRP로 다중화한 예다. 리스트 3.2.4는 이 구성에 사용된 keepalived 설정을 보여준다. VIP는 192.168.0.200으로, NFS클라이언트는 192.168.0.200:/mnt/drbd0/을 NFS 마운트하고 있다. 서버가 장애극복해도 NFS클라이언트는 다시 마운트할 필요가 없다.

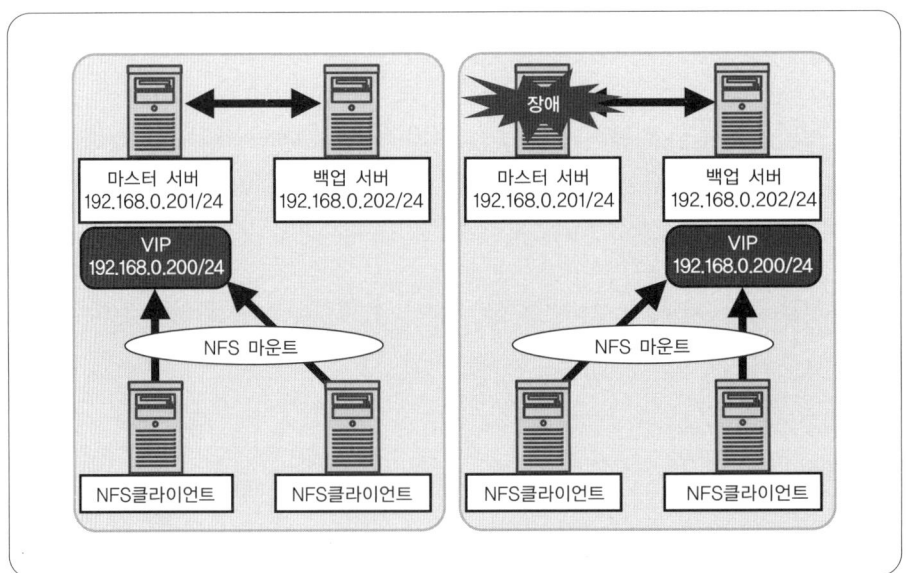

그림 3.2.4 NFS서버 다중화

3.2 스토리지 서버의 다중화 DRBD로 미러링 구성

여기서 처음 등장한 파라미터를 표 3.2.2에 정리해두었다.

표 3.2.2 keepalived.conf의 설정항목(새로 등장한 항목)

항목	설명
nopreempt	VRRP의 preemptive mode를 무효화한다. preemptive mode에 대한 자세한 내용은 1장을 참조(불필요한 장애극복을 피하기 위해 지정한다)
notify_master	VRRP가 마스터 상태가 됐을 때 실행하고자 하는 명령을 지정한다.
notify_backup	VRRP가 백업 상태가 됐을 때 실행하고자 하는 명령을 지정한다.
notify_fault	네트워크 인터페이스가 링크 다운되었을 때 실행하고자 하는 명령을 지정한다.

notify_master와 notify_backup으로 앞서 만든 리스트 3.2.2, 리스트 3.2.3을 지정함으로써 장애극복을 할 때 DRBD의 상태를 변경할 수 있도록 하고 있다. 이 설정에 의해 백업 서버가 마스터 서버로 전환될 때 drbd-master가 실행되어 장애극복된다.

그러나 keepalived가 종료할 때에는 notify_master나 notify_backup의 스크립트는 실행되지 않는다. 이로 인해 마스터 서버의 keepalived가 정지하면 마스터 서버의 DRBD가 primary 상태인 채로 장애극복하게 되므로, 백업 서버의 drbd-master는 에러가 된다. 따라서, keepalived가 종료했을 때는 반드시 drbd-backup 스크립트를 실행하도록 해야 한다.

리스트 3.2.4 keepalived.conf (DRBD용)

```
vrrp_instance DRBD {
  state BACKUP
  interface eth0
  garp_master_delay 5
  virtual_router_id 200
  priority 100
  nopreempt
  advert_int 1
  authentication {
    auth_type PASS
    auth_pass HIMITSU
```

```
    }
    virtual_ipaddress {
       192.168.0.200/24 dev eth0
    }
    notify_master  "/usr/local/sbin/drbd-master"
    notify_backup  "/usr/local/sbin/drbd-backup"
    notify_fault   "/usr/local/sbin/drbd-backup"
}
```

keepalived를 daemontools로 제어하기

이 문제를 해결하기 위해 keepalived 실행 스크립트를 리스트 3.2.5와 같이 작성한다. 다만, 이는 /etc/init.d/keepalived가 아니라 daemontools에서 이용하는 run 스크립트다. 자세한 것은 5.4절에서 설명하겠지만, daemontools에서는 이러한 스크립트로 데몬의 실행을 제어한다. 여기서는 keepalived의 종료를 wait로 계속 대기하고 wait를 빠져나가면 drbd-backup 스크립트를 실행하도록 되어 있다. supervise로부터 전달된 시그널은 trap명령을 경유해서 keepalived에 건네지므로, keepalived를 daemontools로 직접 제어하는 것과 동일한 작업으로 운용할 수 있다. 이 방법에 의해 keepalived가 특정 이유로 정지하더라도 반드시 drbd-backup 스크립트가 실행된다.

리스트 3.2.5 keepalived의 실행 스크립트

```
#!/bin/sh
[ -f /var/run/vrrp.pid ] && exit
exec 2>&1
trap 'kill -TERM $PID' TERM
trap 'kill -HUP  $PID' HUP
trap 'kill -INT  $PID' INT
/usr/local/sbin/keepalived -n -S 1 --vrrp &
PID=$!
wait $PID
/usr/local/sbin/drbd-backup
```

NFS서버를 장애극복할 때 주의점

DRBD에서 미러링할 디바이스를 NFS로 공유하기 위해서는 마스터 서버에서 NFS서버를 실행해야 한다. 그러나 NFS서버의 다중화는 웹 서버나 메일서버의 다중화와는 또 다른 문제가 있으므로 주의가 필요하다. 장애극복으로 새롭게 마스터가 된 NFS서버는 아무 클라이언트에서도 마운트되어 있지 않다. 그러나 NFS클라이언트는 서버가 전환되었음을 알지 못하므로, 이미 마운트되었다고 보고 파일에 접근한다. 그 결과, NFS서버에서는 「마운트되지 않은 클라이언트로부터 파일 접근 요청이 왔다」고 판단해서 접근을 거부하게 된다. 이를 해결하려면 다음과 같은 방법을 사용한다.

- **/var/lib/nfs/를 동기화한다.**
  NFS서버의 접속정보는 /var/lib/nfs/ 하위에 저장된다. DRBD로 이 볼륨을 미러링함으로써 장애극복을 해도 접속정보를 인계할 수 있다. 다만, 배포판에 따라서는 NFS서버의 실행 스크립트 내에 exportfs명령으로 접속정보를 초기화하는 경우가 있다. 이런 경우는 접속정보를 초기화하지 않는 실행 스크립트를 별도로 작성해서 장애극복할 때는 해당 스크립트로 NFS서버를 실행하도록 하는 방법이 필요하다.

- **nfsd 파일시스템을 이용한다.**
  nfsd 파일시스템은 NFS서버를 다중화하기 위해 만들어진 리눅스 고유의 기능이다. mount -t nfsd nfsd /proc/fs/nfsd를 한 상태로 실행된 NFS서버는 /var/lib/nfs/ 디렉토리를 이용하지 않게 된다. 게다가 생면부지의 NFS클라이언트로부터 접속요청이 있을 경우라도 이미 마운트되어 있는 듯이 처리를 수행한다. 커널 2.6계열의 리눅스를 사용하고 있을 경우는 이 방법을 이용하는 것이 더 편리하다.

백업의 필요성

DRBD로 디스크를 미러링하고 있더라도 100% 안전이 보장되는 것은 아니다. 예를 들면, 누군가가 실수로 삭제해버린 파일은 원래대로 되돌릴 수가 없다. DRBD의 이점인 미러링은 작업 실수로 파일을 삭제하더라도 즉시 백업에 반영해버리는 약점도 된다. 따라서, 매일은 아니더라도 다소 시간이 걸려도 괜찮으므로 최악의 사태에 대비해서 백업은 반드시 해두도록 한다.

3.3 네트워크의 다중화 Bonding 드라이버, RSTP

L1, L2 구성요소의 다중화

1장, 2장 그리고 3장의 이전 절까지는 모두 OSI 참조계층에서 말하는 Layer 3(L3 = IP 계층)부터 Layer 7(L7 = 애플리케이션 계층)을 다중화하는 얘기였다. 그렇지만, 이보다도 그 아래의 물리적인 네트워크(L1 = 물리계층)나 이더넷 레벨의 통신(L2 = 데이터링크 계층)이 고장 나면, 상위계층에 있는 것이 정상이라고 해도 전체적으로는 장애가 나게 된다.

이 절에서는 L1과 L2의 구성요소가 고장 나더라도 시스템이 정지하지 않도록 이들을 다중화하는 방법에 대해 언급한다. L1/L2를 다중화해두면 고장을 회피하는 것뿐 아니라 시스템을 유지보수할 때도 보다 대담한 일을 할 수 있게 된다[주3].

장애발생 포인트

L1/L2의 구성요소 중에 고장 날 수 있는 것으로는 다음과 같은 것을 생각해볼 수 있다.

[주3] 예를 들면, 필자가 관리하는 환경에서는 모든 스위치와 로드밸런서 및 라우터를 무정지로 대체하는 험난한 작업을 수행한 적도 있다.

① LAN 케이블
② NIC(네트워크 카드)
③ 네트워크 스위치의 포트
④ 네트워크 스위치

LAN 케이블 장애에는 단선이나 커넥터의 접속불량 등이 있다. NIC 고장에는, 필자가 경험한 바로는 링크 업과 다운을 반복하는 문제가 있다. NIC와 마찬가지로 스위치의 특정 포트만 고장 날 경우가 있다. 또한 스위치 고장으로는 스위치가 통째로 고장 나는 경우도 있다. 고장과는 조금 의미가 다르지만, 실수로 스위치의 전원을 내려버리는 경우도 있다.

그러면 이러한 고장요소를 다시 한번 살펴보면, ①~③은 서버와 스위치 간 접속에 장애가 발생하는 것으로 정리해볼 수 있다. 여기서는 이것을 「링크 장애」라고 하기로 한다.

또한 스위치끼리 연결하는 스위치 간 접속에도 ①, ③과 같은 고장은 발생할 수 있다. 이를 「스위치 간 접속 장애」라고 하기로 한다.

④ 네트워크 스위치의 고장은 「스위치 장애」라고 하기로 한다.

지금부터 이러한 장애를 회피하기 위해서 어떻게 하면 좋을지를 각각 설명하도록 한다.

링크의 다중화와 Bonding 드라이버

링크 장애를 회피하기 위해서는 서버와 스위치 사이의 접속을 다중화한다. 즉, 서버에 NIC를 여러 개 준비하고 LAN 케이블도 같은 수만큼 연결한다. 그러나, 단순히 여러 NIC를 준비하는 것만으로는, 이를 이용해 통신하기 위해 각각의 NIC에 대해 각기 다른 IP주소를 할당하게 되는 처지에 놓이게 된다. 그렇게 하면 네트워크에 접속된 각 머신은 통신할 때마다 통신 상대의 어떤 NIC가 사용되는지를 진단해서 그 결과에 따라 송신할 주소를 전환해야 한다. 이는 불가능하다고는 할 수 없지만 매우 불편한 일이다. 이를 해결하기 위한 구조로 리눅스에는 Bonding 드라이버가 마련되어 있다.

Bonding 드라이버

Bonding 드라이버[주4]는 리눅스에 갖춰져 있는 네트워크 드라이버 중 하나다. Bonding 드라이버는 여러 물리적인 네트워크 카드(물리 NIC)를 모아서 하나의 논리적인 네트워크 카드(논리 NIC)로 다룰 수 있도록 한다.

이 논리 NIC는 주소를 부여할 NIC로서는 물론이고, 리눅스 커널의 IP 엘리어스 기능이나 VLAN(Virtual LAN) 기능, 브리지 기능 등의 대상 NIC로서도 지정할 수 있다. 논리 NIC를 통한 통신은 Bonding 드라이버의 설정에 따라 하위의 물리 NIC에 할당된다. 또한 하위의 물리 NIC에 장애여부를 체크해서 장애가 있으면 해당 물리 NIC는 사용하지 않도록 한다.

Bonding 드라이버가 여러 개 존재하는 물리 NIC 중에서 통신에 사용할 것을 선택하는 방법은 몇 가지 중에 선택할 수 있다. 선택할 수 있는 모드는 표 3.3.1에 나타냈다[주5]. 모든 모드에서 특정 물리 NIC가 고장 나면 해당 NIC는 사용하지 않도록 되어 있다.

Bonding 드라이버의 또 하나 중요한 파라미터로, 물리 NIC의 고장을 검출하는 방법이 있다. 이것은 MII(Media Independent Interface) 감시와 ARP(Address Resolution Protocol) 감시, 두 종류 중에 선택할 수 있다.

MII 감시는 물리 NIC가 링크 다운(Link Down) 되면 고장 난 것으로 간주하는 것이다. 이것은 저비용에 단시간에 고장여부를 체크할 수 있지만, 반면 NIC가 링크 업(Link Up)

[주4] Bonding 드라이버에 관해서는 리눅스 커널 부속 문서가 1차적인 정보가 된다. kernel.org 등에서 배포 패키지를 입수해서 그 중에 linux-2.6.X.X/Documentation/networking/bonding.txt를 참고하기 바란다. 또한, 다음의 정보자료도 참고가 될 것이다.
• 「bonding 기능 소개와 전망」 URL http://osdn.jp/event/kernel2005/pdf/nec.pdf

[주5] 이러한 모드 중에는 active-backup이 가장 이상이 없고 사용하기 쉽다. 필자가 관리하는 환경에서도 active-backup을 사용하고 있다.

3.3 네트워크의 다중화 Bonding 드라이버, RSTP

임에도 통신할 수 없는 상황에는 대응할 수 없다[주6].

ARP 감시에서는 ARP 요청을 지정된 머신에 대해 송신해서 응답이 오는지를 시험해서 판정한다. 실제로 통신해서 확인하므로 고장을 간과할 가능성은 낮은 반면, 확실하게 응답을 보내는 대상에 대해 ARP 요청을 송신하지 않으면 잘못된 진단으로 이어지게 된다. 잘못된 진단을 할 가능성을 낮추기 위해 Bonding 드라이버에서는 ARP를 보내는 장비로 여러 대(최대 16)의 주소를 등록할 수 있다.

표 3.3.1 Bonding 드라이버의 동작모드*

모드	동작
balance-rr	송신할 패킷마다 사용할 물리 NIC를 전환한다(라운드로빈).
active-backup	첫 번째 물리 NIC가 사용가능한 동안에는 그 NIC만 사용한다. 해당 NIC가 고장 나면 다음 NIC를 사용한다.
balance-xor	송신처와 목적지 MAC주소를 XOR해서 사용할 물리 NIC를 결정한다.
broadcast	송신 패킷을 복사해서 모든 물리 NIC에 대해 동일한 패킷이 전송된다.
802.3ad	IEEE 802.3ad 프로토콜을 사용해서 스위치와의 사이에서 동적으로 aggregation을 작성한다.
balance-tlb	물리 NIC 중에 가장 부하가 낮은 물리 NIC를 선택해서 송신한다. 수신은 특정 물리 NIC를 사용해 수신한다.
balance-alb	송수신 모두 부하가 낮은 물리 NIC를 사용한다.

* 리눅스 커널 2.6.24에 포함된 bonding.txt에서.

스위치의 다중화

Bonding 드라이버를 사용해서 여러 개의 물리 NIC를 묶어서 다중화해도 각각 접속하고 있는 곳이 동일한 스위치라면 스위치 장애에 대응할 수 없다. 스위치 장애를 회피하기 위해서는 스위치도 여러 대 준비해서 Bonding 드라이버 하위의 물리

[주6] 필자가 관리하는 환경에서는 실제로 그러한 장애가 발생했다. 그 이후 ARP 감시를 사용하고 있다.

NIC를 각기 다른 스위치에 접속한다. 스위치와 링크를 이중화한 구성을 그림 3.3.1 의 ⓐ에 나타냈다[주7].

각 서버 머신에서는 각각 하나씩 다른 스위치에 링크가 연결되어 있다. 이러한 링크는 Bonding 드라이버의 하위에 있다. 게다가 두 대의 스위치 사이에는 스위치 간 접속 LS1-2를 준비한다. LS1-2는 링크 장애시에 활약한다.

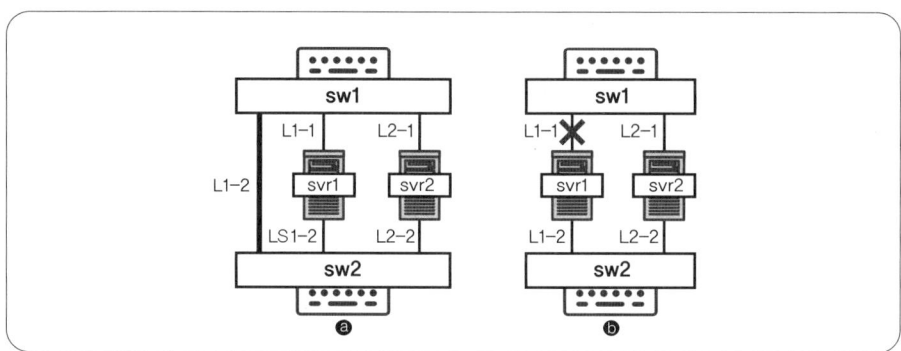

그림 3.3.1 스위치와 링크를 이중화할 때 구성

링크 장애시의 동작

스위치 간 접속 LS1-2가 없으면 링크 장애시에 svr1과 svr2 사이의 통신은 어떻게 될지 svr1의 L1-1이 장애가 난 경우를 예로 들어보자(그림 3.3.1의 ⓑ). svr1에서 svr2로의 패킷은 L1-1을 사용할 수 없으므로 L1-2로 전송된다. 따라서, 문제없다.

그러나 반대로 svr2에서 svr1을 향하는 패킷은 L2-1에서 전송될 경우와 L2-2로 전송될 경우가 있다. L2-2로 전송된 경우는 좀 전과 같이 sw2를 경유하는 경로가 사용되지만, L2-1로 전송된 패킷은 L1-1을 사용할 수 없으므로 svr1로 도달할 수 없다. 이 패킷을 sw2로 전송하기 위해서 스위치 간 접속 LS1-2가 필요한 것이다.

[주7] 이 구성을 취할 경우, 선택할 수 있는 Bonding 드라이버의 모드는 active-backup, balance-tlb, balance-alb가 된다. balance-rr과 balance-xor은 스위치에 따라서는 혼란을 일으켜 통신이 중단될 수가 있다.

3.3 네트워크의 다중화 Bonding 드라이버, RSTP

스위치 장애시의 동작

LS1-2를 마련함으로써 링크 장애시에도 svr1과 svr2는 통신할 수 있음을 확인했다. 그러면, 스위치 고장일 경우는 어떻게 될까? sw1에 장애가 난 경우를 생각해보자.

sw1에 장애가 발생하면 링크 장애시와 마찬가지로 Bonding 드라이버가 sw1로의 링크는 사용할 수 없다고 판단한다. 링크 장애시와 다른 점은 모든 서버상에서 동시에 해당 판단이 이루어진다는 것이다. 그 결과, 모든 서버는 sw1에 접속된 링크를 사용하지 않고 sw2로의 링크를 사용하게 되므로 통신은 정상적으로 수행된다.

스위치 간 접속 장애시의 동작

마지막으로 스위치 간 접속 장애인 경우다. 스위치 간 접속은 Bonding 드라이버의 모드에 따라서는 링크 장애시 이외에도 사용된다[주8]. 따라서, 여기에 장애가 발생하면 통신이 끊길 수가 있다. 스위치 간 접속 LS1-2의 장애 대책으로는 서버와 스위치 사이의 접속과 마찬가지로, 여러 접속을 준비해서 묶음으로써 다중화하는 것이다.

서버와 스위치 사이의 접속을 묶는 데에는 Bonding 드라이버를 사용했으나, 스위치 간 접속을 묶을 방법으로는 스위치 제작업체의 독자적인 규격을 사용하는 방법과 IEEE에서 규격화된 802.3ad[주9]를 사용하는 방법이 있다. 이는 일반적으로 「포트 트렁킹Port Trunking」 또는 「링크 집합Link Aggregation」이라고 한다.

주8 예를 들면, balance-tlb나 balance-alb모드인 경우는 항상 사용하며, active-backup모드의 경우도 모든 서버에서 active측의 물리 NIC가 접속되는 스위치가 같지 않다면, 스위치 간 접속이 필요하게 된다.

주9 URL http://www.ieee802.org/3/ad/

스위치의 증설

앞서 본 그림 3.3.1의 구성에서는 전체에서 사용할 수 있는 스위치의 포트 개수는 실질적으로 스위치 한 대분이 된다. 서버 대수가 늘어나서 스위치 포트 개수가 모자라게 되면 확장할 수밖에 없다. 확장 방법은 기존의 스위치를 보다 많은 포트를 갖는 스위치로 대체하거나, 스위치를 증설하는 것이다. 대체할 경우는 이전과 상황은 변하지 않지만, 증설할 경우는 구성이 변하므로 다중화를 유지하려면 필요한 조건이 늘어난다. 그림 3.3.1의 구성에 스위치를 증설해서 cascade연결한 경우의 구성을 그림 3.3.2에 나타냈다. LS1-3과 LS2-4의 cascade연결은 LS1-2와 마찬가지로 링크 집합을 사용해서 다중화해 둔다.

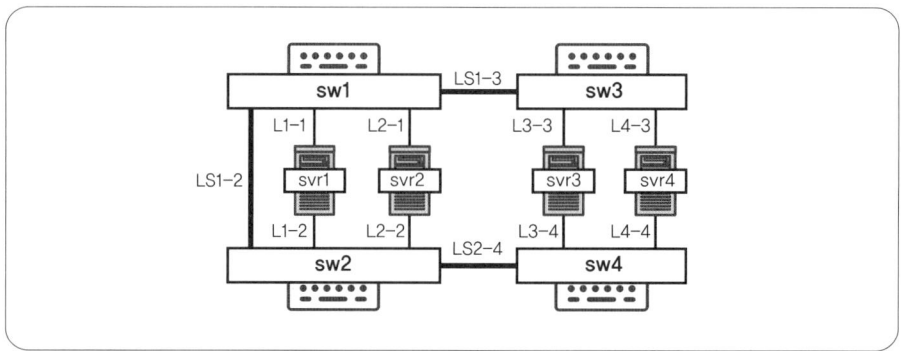

그림 3.3.2 스위치를 증설해서 cascade연결한 구성

그림 3.3.2의 구성을 취할 경우, Bonding 드라이버의 물리 NIC 감시방법은 ARP 감시로 해야 한다. MII 감시로는 sw1 혹은 sw2에 장애가 발생한 경우에 svr3이나 svr4의 통신이 중단돼버린다. 문제가 되는 상황을 설명하면 다음과 같다.

예를 들어 sw1에 장애가 난 경우, sw4는 sw2와 연결되어 있지만 sw3은 고립된다. 그러면 svr3이 svr1과 통신하려고 패킷을 sw3으로 송신해도 sw3에서 svr1에 도달할 경로가 없어서 통신할 수 없다. 이를 피하기 위해서는 sw1에 장애가 난 경우에 sw1에 연결되어 있는 svr1이나 svr2뿐만 아니라 svr3과 svr4도 sw3으로의 링크를 장애로 다루도록 한다. 이것은 svr3과 svr4에 있어서 물리 NIC의 장애 검출방법으로 ARP 감시를 선택해서 감시대상으로 svr1과 svr2를 지정하면 실현할 수 있다. 이 경우 sw1에 장애가 나면 L3-3이나 L4-3에서 ARP 요청을 전송해도 응답이 오지 않으므로 이 링크들은 장애가 난 것으로 처리할 수 있게 된다.

보다 나은 다중화 지향

그림 3.3.2에서는 sw3과 sw4 사이에 스위치 간 접속이 없으므로 sw1이나 sw2에 장애 발생시 sw3과 sw4가 고립되는 것이 문제였다. 이 대책으로 그림 3.3.3과 같이 sw3과 sw4 사이에 LS1-2와 마찬가지로 스위치 간 접속 LS3-4를 설치해서 우회로를 설정해두면, Bonding 드라이버의 ARP 감시에 의존하지 않고도 통신이 멈출 일은 없을 듯하다. 그렇지만, 이와 같이 단순히 우회로를 설정하는 것만으로는 문제가 발생하게 된다.

그림 3.3.3을 보면 sw1~sw4가 모두 상호 연결돼 있어 루프가 형성되어 있음을 알 수 있다. 이더넷에서는 이와 같은 루프가 생기면 브로드캐스트 스톰 Broadcast Storm[주10]이 발생해버린다.

만일 정상적일 는 sw3과 sw4는 LS3-4를 무시하고 sw1이나 LS1-3에 장애가 발생한 경우에만 LS3-4를 사용하도록 되어 있다면, 브로드캐스트 스톰은 발생하지 않고 우회경로를 확보할 수 있다. 이를 실현하는 것으로는 STP Spanning Tree Protocol이 있다. 다음 절에서는 STP의 진보된 버전인 RSTP에 대해 설명하겠다.

[주10] 브로드캐스트 스톰(Broadcast Storm)이란 브로드캐스트 패킷이 루프가 생긴 네트워크 내부를 무한히 계속해서 돌아다니는 상태를 말한다. 브로드캐스트 패킷을 수신한 스위치는 수신한 포트 이외의 모든 포트로 전송하지만, 자신이 전송한 패킷이 되돌아와도 이를 파기하지 않고 재전송한다. 이 때문에 네트워크 내에는 브로드캐스트 패킷이 계속 증가해서 대역을 잠식하거나, 경우에 따라서는 스위치가 패킷을 처리하지 못하고 다운된다.

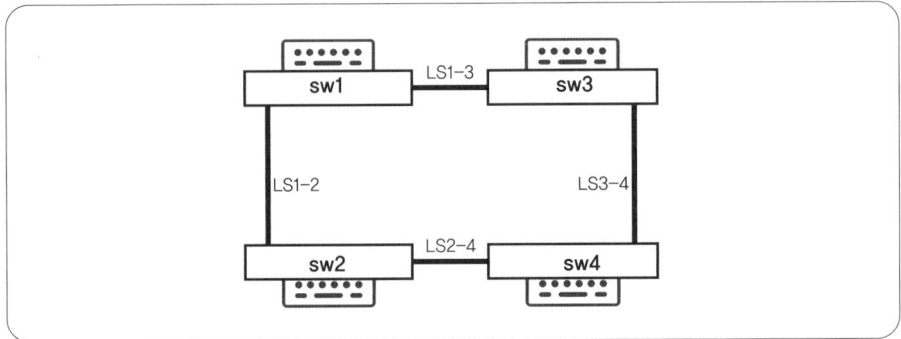

그림 3.3.3 SW3과 SW4를 연결해서 우회로를 설정한 예

RSTP

RSTP Rapid Spanning Tree Protocol 주11는 각 스위치가 협조해서 네트워크상에 생긴 루프를 검출하고, 다중화된 연결을 자동적으로 차단하기 위한 데이터링크 계층의 프로토콜이다. 어떤 연결을 차단할지는 각 스위치에 설정된 우선순위나 스위치 간 접속의 링크 속도 등을 기반으로 결정된다.

RSTP에서는 스위치 상호 간에 BPDU Bridge Protocol Data Unit 패킷을 교환함으로써 우선순위 정보 등의 교환과 장애 검출을 수행한다. BPDU 패킷이 끊기거나 스위치 간 접속이 다운되면 스위치는 장애가 발생한 것으로 판단해서 대체경로를 찾아서 이용한다.

그러면 RSTP의 동작에 대해 간단히 살펴보자.

주11 RSTP는 앞서 IEEE 802.1D로 규격화된 STP를 고속화한 것이다. STP는 루프를 검출해서 절단하기까지 최대 50초 정도의 시간이 필요하지만, RSTP에서는 수 초만에 마칠 수 있도록 개선되었다. RSTP는 최초 IEEE 802.1w로 규격화되었지만 현재의 IEEE 802.1D-2004에서는 STP가 폐지되고 대신 RSTP가 들어가 있다.

브리지의 우선순위와 루트 브리지

RSTP가 동작하는 각 브리지주12에서는 상호 간에 BPDU를 교환함으로써 어느 것이 상위 브리지인지를 결정한다. 연결된 모든 브리지 중에 가장 상위 브리지가 「루트 브리지」가 된다. 브리지는 상대로부터 수신한 BPDU에 기록된 값과 자기 자신이 갖는 값을 다음과 같은 순서로 비교해서 우선순위를 결정한다.

① 루트 브리지라고 인식되고 있는 브리지의 브리지ID
② 루트 브리지로의 경로 비용
③ 브리지의 브리지ID
④ 상대 브리지가 BPDU를 송신한 포트의 포트ID
⑤ 상대 브리지로부터 BPDU를 수신한 포트의 포트ID

브리지ID란 8바이트 값으로 그 중 상위 2바이트는 각 브리지에 사용자가 설정한 우선순위 값이다. 하위 6바이트는 해당 브리지의 MAC주소가 사용된다. 브리지ID가 더 작은 쪽이 우선도가 높게 된다.

루트 브리지로의 경로 비용은 루트 브리지로 도달하는 데 경유하는 각 연결에 설정된 경로 비용을 합산한 것이다. 각 연결의 경로 비용은 해당 연결의 링크 속도에 따라 결정되는 값이다. 이것도 작을수록 우선도가 높게 된다.

결국, 루트 브리지로 선택되는 것은 가장 작은 우선순위 값이 설정된 것이 된다.

RSTP에서 포트의 역할

RSTP에서는 모든 브리지의 초기화 과정에서 브리지의 각 포트에 대해 각각 RSTP상의 역할을 결정한다. 그 역할은 5가지가 있다.

주12 브리지란, 스위칭 허브와 의미상 같은 것을 가리킨다. RSTP의 규격에서는 「브리지」라는 용어로 사용되고 있으므로 여기서도 이를 따랐다.

- 루트 포트(Root Port)

  브리지의 각 포트 중에 가장 상위 브리지에 연결되어 있는 포트. RSTP의 초기화가 끝나면 모든 브리지가 인식하는 루트 브리지는 동일하게 되므로 루트 포트 = 루트 브리지로의 최단경로가 된다.

- 지정 포트(Designated Port)

  하위 브리지가 연결되어 있는 포트. 연결 상대인 브리지의 포트는 루트 포트가 대체 포트가 된다.

- 대체 포트(Alternate Port)

  루트 포트 이외에 상위 브리지에 연결되어 있는 포트. 이 포트에서는 BPDU 이외의 패킷을 차단한다. 루트 포트가 특정 이유로 사용할 수 없게 되면 대체 포트가 사용된다.

- 백업 포트(Backup Port)

  다른 포트(=지정 포트)로부터 자기자신이 보낸 BPDU를 수신한 포트. RSTP가 설정된 브리지는 수신한 BPDU를 전송하지 않으므로 자신이 보낸 BPDU를 수신한다는 것은 RSTP가 설정되지 않은 스위치가 연결되어 있는 루프를 형성하고 있다고 판단할 수 있다. 이 포트에서는 BPDU 이외의 패킷을 차단한다.

- Disabled Port

  BPDU를 수신하지 않는 포트. 예를 들면, 단말이 접속되어 있는 포트가 이에 해당한다.

RSTP의 동작

여기서는 RSTP의 동작을 개략적으로 설명한다. 자세한 것은 참고자료를 보기 바란다[주13].

RSTP(그림 3.3.4)는 루프가 형성된 네트워크에서 그 일부를 논리적으로 절단(패킷을 차단)함으로써 루프를 해소한다. 이를 위해 RSTP는 루트 브리지를 뿌리로 한 「트

[주13] RSTP에 관한 상세한 사항에 관해서는, IEEE 802-1D-2004의 사양서에 다음 주소로 접속할 수 있다.
   URL http://standards.ieee.org/getieee802/802.1.html
   RSTP의 동작에 관해서는 다음 자료도 참고가 된다.
   URL http://www.cisco.com/japanese/warp/public/3/jp/service/tac/473/146-j.shtml (시스코 시스템즈 사)
   URL http://www.soi.wide.ad.jp/class/20040031/slides/23/39.html (WIDE의 강의자료)

리구조」를 생성한다. 트리구조에서 상위 노드로의 연결(=루트 포트)은 반드시 하나로 한정된다. 루트 포트 이외에 상위 브리지에 연결되어 있는 포트는 보통은 사용하지 않고, 루트 포트가 사용할 수 없게 됐을 때를 대신해서 마크해둔다(대체 포트). 상위로의 연결을 항상 하나로 유지하고 그 밖에는 사용하지 않게 함으로써 루프를 논리적으로 해소한다.

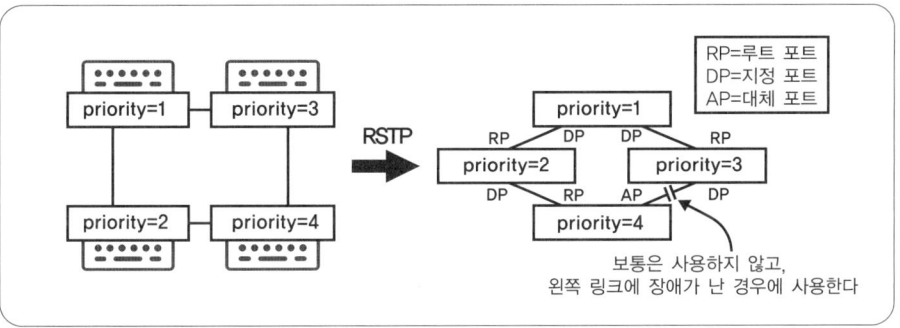

그림 3.3.4 RSTP의 동작

대체 포트가 없는 브리지에서는 루트 포트가 사용할 수 없게 됐을 경우, 하위 브리지와 BPDU를 교환해서 역할을 교대하게 된다. 왜냐하면, 루트 포트를 사용할 수 없게 되면 루트 브리지로의 경로 비용이 무한대가 되어, 그 결과 하위 브리지쪽이 우선순위가 높아지기 때문이다.

정리

리눅스의 Bonding 드라이버를 사용하면 서버와 스위치 간의 접속을 다중화함과 동시에 스위치의 다중화도 할 수 있다. 설치할 서버가 늘어나 스위치를 증설하더라도 적절한 구성과 설정을 하면 Bonding 드라이버를 사용해서 다중성을 확보할 수 있다. 다만 이 방법에서는 네트워크에 연결된 모든 머신이 Bonding 드라이버를 사용함을 전제로 한다.

한편, RSTP를 사용하면 스위치의 다중화를 Bonding 드라이버에 의존하지 않고 실현할 수 있다. 스위치를 다중화하기 위해 모든 머신이 Bonding 드라이버를 사용해야만 한다는 구속은 장래에 시스템 확장의 자유도를 떨어뜨린다. 연결할 서버가 늘어나 스위치를 증설하게 되면, 이를 계기로 RSTP를 지원한 장비의 도입도 검토해보기 바란다.

3.4 VLAN 도입 유연한 네트워크 구성

서버팜에서 유연성이 높은 네트워크

먼저, 서버팜에서 유연성이 높은 네트워크란 무엇인지에 대해 생각해보자. 구체적인 조건을 들어보면 다음과 같다.

- 신규 서버를 용이하게 추가하고자 함
- 서버에 장애가 났을 때 곧바로 대체장비로 이행하고자 함
- 특정 서버를 별도의 역할을 하는 서버로 분리하고자 함

위와 같은 요건에 부합하여 작업상에 무리가 없어야 유연성이 높은 네트워크라 할 수 있다. 반대로 네트워크 구성이 문제점이 되어 상기의 작업을 용이하게 할 수 없다면 그 네트워크는 유연성이 낮다고 할 수 있다.

물리적으로 대응할 수도 있겠지만, 상기의 조건을 만족시킨다고 하기는 어려울 것이다. 예를 들어, 서버가 바로 옆에 있다면 케이블을 갈아 끼우거나 서버를 이동하는 것은 큰 문제가 되지 않지만, 웹 서비스를 제공하는 수많은 서버는 데이터 센터에 위치해 있기 때문에, 데이터 센터에 사람을 배치할 수 없는 경우는 그때마다 현장에 가야 할 필요가 생긴다. 또한, 물리적으로 케이블을 갈아 끼워서 조치하다 보면 어느새 랙 내부가 케이블로 뒤얽히는 상태가 되어 풀어내는 것조차 곤란하게 될 수도 있다.

네트워크의 구성변경에서 발생되는 물리적 작업 중에는, 인텔리전트한 스위치가 지니고 있는 VLAN(Virtual LAN) 기능을 이용하면 물리적 작업을 동반하지 않고 처리할

수 있는 것도 많이 있다. 이번 절에서는 서버팜에 있어서 네트워크의 유연성을 높이는 방법 중 하나로 VLAN을 사용한 경우의 네트워크 구성이나 서버팜에서 VLAN을 이용하는 방안에 대해 살펴보도록 한다. 아울러, 로드밸런서만 하드웨어 구성이 특수해지지 않도록 하는 방책으로 VLAN을 이용하는 방법에 대해서도 생각해보자.

VLAN 도입이 가져오는 이점

서버팜에서 VLAN을 이용할 경우 몇 가지 이점이 있다. 여기서는 크게 두 가지 이점으로 다음과 같은 점에 대해 생각해보자.

- 한 대의 스위치로 여러 세그먼트를 관리할 수 있다.
    - ➡ 스위치를 효율적으로 활용할 수 있다.

    VLAN을 이용하면 한 대의 스위치로 여러 세그먼트를 관리할 수 있다. 따라서, VLAN을 사용하지 않는 경우보다 스위치를 효율적으로 활용할 수 있다.
- 설정만으로 포트를 지나는 데이터를 제어할 수 있다.
    - ➡ 서버 추가/변경, 장애시 대체장비에 의한 복구가 용이해진다.

물리적으로 LAN케이블을 갈아 끼우지 않고 VLAN 설정만으로 LAN케이블이 연결되어 있는 포트를 지나는 데이터를 제어할 수 있다. 따라서, 특정 세그먼트에 연결되어 있는 서버에 장애가 발생하더라도 대체장비에 LAN케이블만 연결되어 있으면 용이하게 복구시킬 수 있다.

각각에 대해 운용 상황을 가정해서 자세히 살펴보도록 한다.

스위치의 유효 이점

그림 3.4.1과 같은 일반적인 웹 시스템의 경우, WAN측 세그먼트와 내부 세그먼트가 있다.

3.4 VLAN 도입 유연한 네트워크 구성

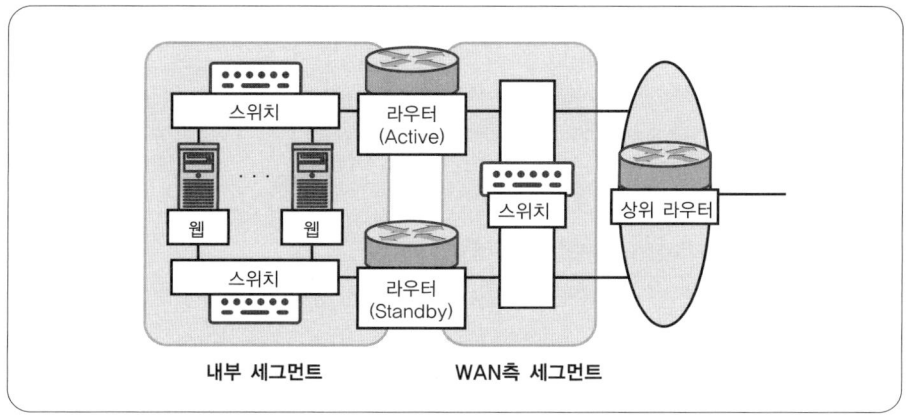

그림 3.4.1 일반적인 웹 시스템

 WAN측 세그먼트에 대해 생각해보면, 예를 들어 스위치 이외의 장비를 다중화하고 있는, 최대한 포트를 소비하고 있는 구성이라고 해도 스위치의 포트는 최대 4포트(상위회선 2개, 라우터 2대)밖에 사용하지 않는다. 포트수가 적어도 8포트인 스위치를 이용하고 있다고 해도 4포트는 쓸모없게 된다고 할 수 있다.
 또한, 서비스가 순조롭게 확대되고 있는 중에 웹 서버를 추가하는 경우도 있을 것이다. 만일, 내부 세그먼트의 스위치에 잔여 포트가 없다면 한 대나 두 대의 웹 서버를 추가함에 따라 스위치까지도 추가할 필요가 생긴다. 이럴 때, 여유 포트가 있는 WAN측 세그먼트의 스위치의 잔여 포트를 내부 세그먼트의 스위치에 있는 잔여 포트인 것처럼 사용할 수 있다면, 새로 스위치를 추가할 필요는 없을 것이다.
 당연히 그 상태로 외부 네트워크와 내부 네트워크를 같은 스위치에 연결해버리면, 외부 네트워크에서 내부 네트워크로 직접 접근할 우려가 있다. 따라서, 유연성뿐만 아니라 보안상으로도 안전하게 이용할 수 있어야 한다.
 상기와 같은 구성에서 VLAN을 이용하면 보안성을 확보하면서 각 스위치의 포트를 유연하게 활용할 수 있게 된다.

장애 발생한 서버의 복구 체제 …… 한 대의 대체장비를 활용하자

여기서 데이터 센터 내부의 서버에 장애가 발생한 경우를 상정해서 복구까지의 과정을 생각해보자. 단순히 데이터 센터에 복구용 대체장비를 준비해둔다고 하면, 다음과 같은 절차가 필요하게 된다.

① 장애가 난 서버의 환경을 대체장비에 셋업
② 대체장비를 장애가 난 서버 대신 바꾸어 연결

수고를 줄이고 복구까지의 시간을 단축하기 위해서 미리 셋업한 서버를 대체장비로 현장에 준비해두는 방법도 나쁘지는 않을 것이다. 그러나, 그렇게 되면 웹 서버, DB서버 등의 시스템의 각 역할마다 대체장비를 준비해야 할 필요가 있다. 각 역할을 하는 서버가 수백 대도 넘는 대규모의 시스템이 아닌 이상, 이와 같은 방법은 현실적인 선택방법이 아니다.

문제발생시 이외에 도움이 되지 않는 대체장비에 많은 비용을 들일 수 없으므로, 대체장비는 가능한 한 줄여야 한다. 또한, 게이트웨이나 로드밸런서를 포함하는 시스템 전체를 리눅스 기반으로 구성하고 있을 경우는, 대체장비 한 대로 서버뿐 아니라 게이트웨이나 로드밸런서를 대체하는 장비로 사용하는 것이 이상적이다.

한 대의 대체장비에 의한 복구와 VLAN 사용처

그러면, 위와 같이 한 대의 대체장비로 모든 시스템을 커버하는 구성을 할 경우, 복구에 관해 생각해보자. 먼저, 상기 ① 대체장비에 환경을 셋업하는 방법을 몇 가지 생각해볼 수 있다[주14].

- 대체장비에 각 역할을 지닌 여러 개의 하드디스크를 탑재시켜 기동 시에 교체한다.

[주14] 이러한 방법 외에도 취할 수 있는 다른 방법이 있을 수도 있으나, 어떤 방법도 네트워크만으로 해결되지 않고 주된 취지에서 벗어나기 때문에 아쉽지만 생략한다.

3.4 VLAN 도입 유연한 네트워크 구성

- 모든 서버를 동일한 시스템 구성으로 해서 기동 후에 필요한 서비스를 실행시키거나, IP주소를 부여함으로써 교체할 수 있도록 한다.
- 시스템을 구성하는 대부분의 서버를 네트워크 부트로 해서, 기동 시에 파라미터로 역할을 전환시킬 수 있다[주15].

다음으로, 상기 ② 대체장비를 효율적으로 교체 연결하는 것인데, 어떤 방법이 현실적일까? 대체장비에 여러 NIC를 탑재해서 모든 네트워크에 연결되도록 해두는 것도 불가능하지만은 않을 것이다. 그러나, 그럴 경우에 대체장비는 모든 세그먼트의 스위치에 연결되어 있어야 한다. 즉, 물리적으로 놓인 장소나 케이블 처리 등에 상당히 곤란하게 될 것이 눈에 선하다.

대처 방법으로는, 대체장비만을 특별하게 구성하지 않고 대체장비가 어떤 스위치의 어떤 포트에 연결되어 있더라도 장애가 난 장비를 대신할 수 있다면 더없이 좋을 것이다. 그런 이상적인 환경을 준비할 수 있다면 모든 것이 동일한, 평등한 구성으로 간주할 수 있으므로, 대체장비를 이용해서만이 아니라 경우에 따라서는 가동중인 서버를 긴급하게 다른 용도로 할당하는 것도 불가능하지는 않을 것이다.

케이블을 바꾸어 연결하는 작업은 스위치와 OS의 VLAN 기능을 활용해서 처리할 수 있다. VLAN을 활용함으로써 물리적인 제한이 완만해지므로 장애발생시뿐만 아니라 서버 추가도 용이해지고 보다 확장성 있는 시스템을 구성할 수 있게 되는 것이다.

위와 같은 사항을 실현할 수 있다면, 이 장의 첫머리에서 소개한 것과 같은 유연한 네트워크를 충족시키게 된다. 이후에는 이와 같은 용도를 상정하면서 VLAN에 대해 설명하도록 한다.

주15 네트워크 부트에 관한 자세한 것은 5.5절 참조

VLAN의 기본

VLAN이란 물리적인 구성이 아니라 네트워크 장비나 서버의 설정으로 「논리적」으로 네트워크를 분할해서 구성하는 기술이다. 구체적으로는, 브로드캐스팅 도메인 분할을 논리적으로 할 수 있게 된다는 것이다. VLAN을 이용하면 동일한 스위치에 여러 세그먼트의 단말을 접속해도 설정에 의해 논리적으로 브로드캐스팅 도메인을 분할할 수 있으므로, 그 결과로 적절한 포트에만 프레임이 포워딩되게 된다.

앞서, VLAN을 이용해 논리적으로 네트워크를 분할할 수 있다고 설명했다. 구체적으로, 통상 2대의 스위치에 연결된 서로 다른 네트워크를 1대의 스위치로 관리할 경우를 생각해보자. 예를 들면, 그림 3.4.2 ❶과 같이 각기 다른 세그먼트인 그룹1과 그룹2로 나뉜 시스템이 있을 경우, 통상 각각의 그룹별로 스위치를 준비한다. 그러나, VLAN을 사용해 적절히 설정하면 그림 3.4.2 ❷와 같이 1대의 스위치를 여러 그룹으로 분할할 수가 있다.

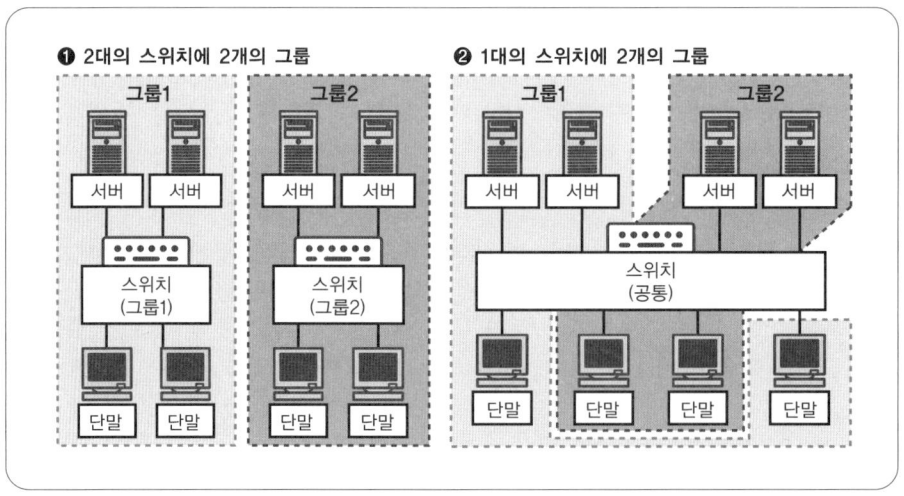

그림 3.4.2 네트워크의 물리적인 분할과 논리적인 분할

VLAN을 사용하지 않을 경우에도, 통상 1대의 스위치에 여러 세그먼트를 연결하

더라도 통신은 할 수 있다. 그러나, VLAN이 설정되어 있지 않은 상태의 스위치에서는 멀티캐스트/브로드캐스트 프레임이나 스위치가 아직 학습하지 않은 목적지 불명의 유니캐스트 프레임은 관계가 없는 세그먼트로도 전송(포워딩)된다.

이렇게 되면 본래 관계없는 세그먼트의 브로드캐스팅 프레임 등도 각 포트로 흘러가 쓸데없이 대역폭을 소비하게 된다. 또한, 경우에 따라서는 본래 통신해서는 안 되는 세그먼트에까지 통신할 수 있게 되어, 감청의 위험성도 생각할 수 있으므로 보안상으로도 바람직하지 않다.

VLAN의 종류

VLAN을 실현하는 데는 크게 나눠 2가지 방법이 있다.

하나는, 포트 단위로 수동으로 그룹을 할당하는 「정적 VLAN$^{Static\ VLAN}$」이다. 이 방법의 경우 포트에 연결할 단말의 그룹이 변할 때마다 스위치 설정을 수동으로 변경해야 한다.

다른 하나는, 연결할 장비에 따라 동적으로 그룹을 할당하는 「동적 VLAN$^{Dynamic\ VLAN}$」이다. 이 방법은 연결할 단말의 그룹이 변해도 규칙을 기반으로 그룹 할당이 동적으로 변하므로 스위치를 변경할 필요가 없다.

이러한 VLAN을 실현하는 기술에도 여러 가지가 있는데, 이용목적에 따라 적절하게 선택해서 사용할 수 있다. 실제로 최근 사내 LAN 등에서 활용되고 있는 VLAN에서는 사용자별 또는 MAC주소별 규칙을 기반으로 제어되는 VLAN기술을 이용하여 적절한 VLAN 그룹을 할당함에 따라 보안성을 확보하는 수단이 사용되기 시작하고 있다. 특히, 사내 LAN은 네트워크 이용자(=사원)의 이동 등으로 빈번하게 구성이 변경되는 환경이기 때문에, 동적으로 VLAN을 할당함으로써 이용자의 편리성과 시스템의 보안 향상을 동시에 충족시킬 수 있다는 생각으로 사용되고 있다.

그러나, 서버팜에서 이용할 경우에는 빈번하게 구성이 변경되지는 않으므로 이와 같은 편의성에 대해서는 고려할 필요가 없다. 만일, 빈번하게 구성을 변경해야 할 경우라면 전체 구성이나 운용면을 개선해야 할 것이다.

VLAN에는 위에서 언급한 것 외에도 제조업체 의존적인 특수한 것을 포함해 다양한 종류가 있지만, 이번 절에서는 서버팜에서 이용할 때 적절한 VLAN 지식으로 「포트 VLAN」과 「태그 VLAN」을 다루도록 한다.

포트 VLAN

포트 VLAN^{Port VLAN}이란 스위치의 포트마다 VLAN 식별자(이하, VLAN ID)를 할당하는 방법이다. 하나의 포트에 대해 하나의 VLAN ID를 부여하고, 그룹핑하고자 하는 포트에 대해서는 동일한 식별자를 부여한다. 그림 3.4.3에서는 포트 1, 5, 6이 VLAN1(VLAN ID 1이 할당된 그룹), 포트 2, 3, 4가 VLAN2(VLAN ID 2가 할당된 그룹)가 된다. 이 경우, 당연히 동일한 VLAN 간에는 통신할 수 있고, VLAN1-VLAN2 간에는 통신할 수 없다.

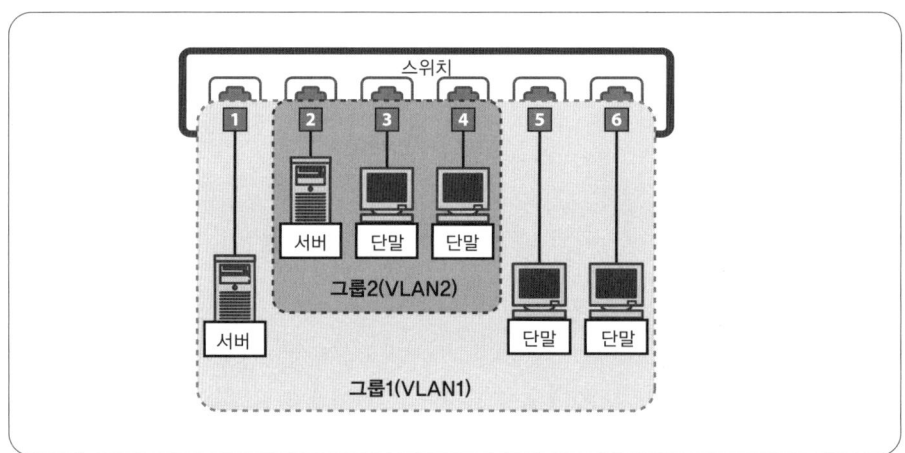

그림 3.4.3 포트 VLAN

포트 VLAN을 이용할 때 이점은 해당 스위치에 연결할 단말측에는 특별한 설정을 할 필요가 없다는 점과 포트마다 VLAN을 설정하는 것만으로 1대의 스위치 내에 설정을 마칠 수 있어서 비교적 간단하게 구성할 수 있다는 점이다. 그러나 포트 VLAN을 이용할 때의 결점으로는 여러 대의 스위치 간에 그룹핑을 할 수 없다는 점을 들 수 있다. 포트 VLAN에서 여러 스위치에 걸친 그룹핑이 불가능한 것은 아니지만, 그럴 경우 구성이 복잡해지거나 스위치 간 트래픽에 관계없이 여러 포트가 소비되기 때문에 권하지 않는다. 따라서, 포트 VLAN만으로 구성할 경우 대량으로 데이터를 주고받는 서버는 동일한 스위치에 연결해서 제어하는 등의 고려가 필요하다.

태그 VLAN

태그 VLAN[Tagged VLAN]이란, VLAN ID를 포함한 VLAN 식별정보(이하, VLAN 태그)를 이더넷 프레임에 삽입해서 각 VLAN 그룹을 식별하는 방법이다. VLAN 태그는 단말이나 스위치로부터 이더넷 프레임이 전송될 때 삽입되도록 되어 있다. VLAN 그룹의 관리는 포트 단위로 그룹핑을 하는 포트 VLAN과는 달리, 프레임 단위의 그룹핑이 된다.

그리하여, 그림 3.4.4와 같이 여러 대의 스위치에 걸친 VLAN 그룹을 물리적으로는 간단하게 구성할 수 있다.

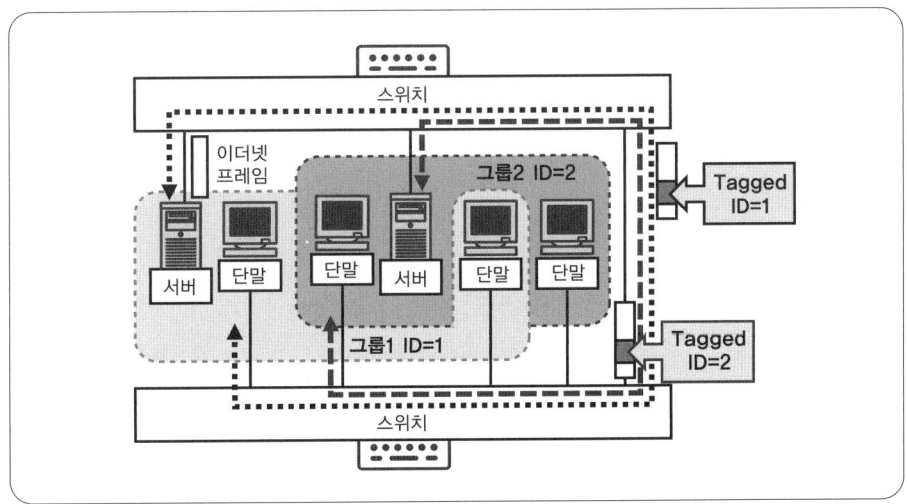

그림 3.4.4 태그 VLAN

지금까지 설명을 보면, 포트 VLAN보다 태그 VLAN이 더 좋게 생각될지도 모른다. 하지만, 사실은 VLAN 태그가 포함된 이더넷 프레임은 통상적인 이더넷 프레임과 비교해서 VLAN 태그가 포함되는 만큼 헤더 정보 등이 다르다. 이는, VLAN 태그를 이해할 수 없는 단말이나, 마찬가지로 VLAN 태그를 이해할 수 없는 네트워크 장비에서 보면 비정상적인 프레임으로 간주해버린다는 것을 의미한다. 즉, 그러한 장비에 VLAN 태그가 붙은 이더넷 프레임이 전송되면, 설령 유효한 프레임이더라도 경우에 따라서는 파기돼버릴 수 있는 것이다. 그러므로, VLAN 태그가 붙은 이더넷 프레임이 흐르는 단말이나 네트워크 장비는 모두 VLAN 태그를 인식할 수 있어야 한다.

서버팜에서 활용

그러면, 앞서 말한 「장애가 발생한 서버의 복구 체제 – 1대의 대체장비를 활용」 항에서 소개한 서버 장애시의 대응을 전제로 해서 각 VLAN기술을 사용할 경우의 구성을 검토해보자. 이번에는, 로드밸런서도 포함해서 시스템 전체를 리눅스 기반 서버로 구성하는 경우를 생각해본다.

VLAN을 사용하지 않을 경우의 구성

우선, VLAN을 사용하지 않을 경우를 생각해보자. 그림 3.4.5와 같이 완벽하게 모두 다중화된 구성에서는 다음과 같은 점이 문제가 될 수 있음을 알 수 있다.

- WAN측 스위치는 각각 4포트만 이용(남은 포트는 쓸모없음)
- 준비되어 있는 대체장비가 WAN측 스위치에 연결되어 있지 않다는 물리적인 문제로 로드밸런서의 대체장비로 사용할 수 없음
- 로드밸런서만 하드웨어 구성이 특수함(NIC가 4개 필요)

3.4 VLAN 도입 유연한 네트워크 구성

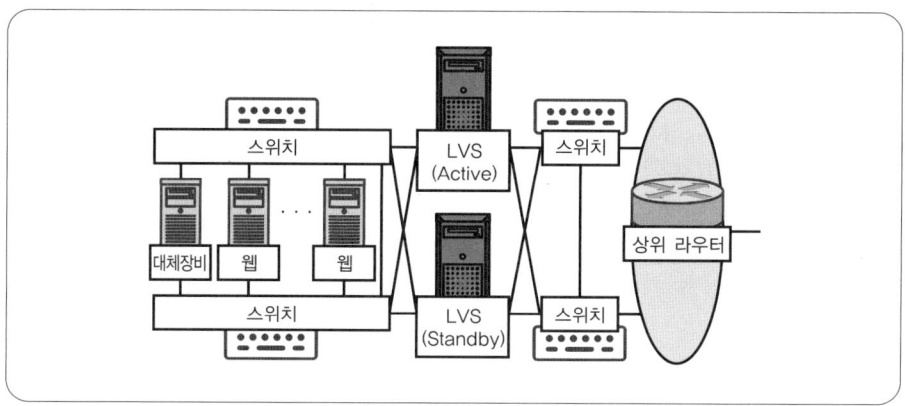

그림 3.4.5 모두 다중화된 구성

이를 개선할 방법으로, 그림 3.4.6과 같이 모두 동일한 스위치에 연결하는 구성을 생각해보자.

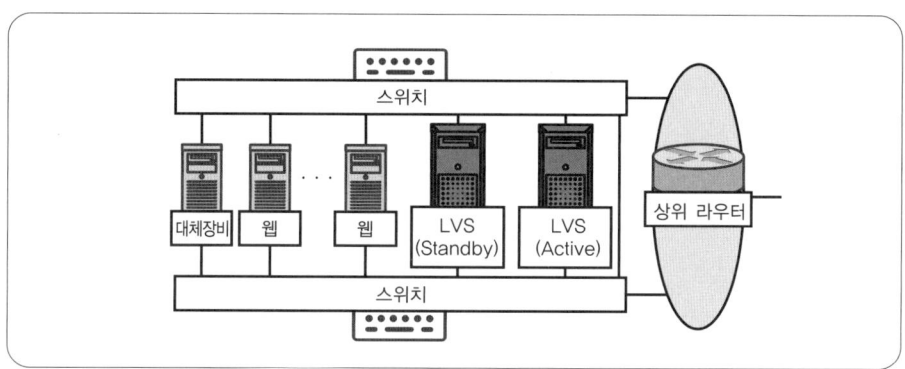

그림 3.4.6 동일한 스위치에 모두 연결한 구성

그러나, 이 방법에는 중대한 결점이 있다. 앞서 말했듯이 멀티캐스트/브로드캐스트 프레임은 모든 포트로 포워딩된다. 즉, 이 구성의 경우 웹 서버의 세그먼트에서 발생한 멀티캐스트/브로드캐스트 프레임이 WAN측 세그먼트에 있는 상위 라우터에도 흘러 들어간다. 또한, 역으로 WAN측 세그먼트로부터도 마찬가지로 흘러 들

155

어오게 된다. 즉, 이 개선방법은 취할 수 없을 뿐 아니라, 그림 3.4.5의 구성에서 나타난 상기 문제를 그대로 포함할 수밖에 없다.

포트 VLAN을 이용한 구성

그렇다면, 포트 VLAN을 이용한 경우는 어떨까.

포트 VLAN을 이용할 경우, 그림 3.4.7과 같은 구성을 생각해볼 수 있다. 하나의 스위치 내에 VLAN 그룹을 2개(VLAN ID 1, VLAN ID 2)를 생성해서 각각 WAN측 세그먼트용, 내부 세그먼트용으로 사용한다. 이렇게 해서 스위치의 포트를 효율적으로 활용할 수 있게 되었다.

그러나, 대체장비가 연결되어 있는 포트의 VLAN 그룹을 변경하는 것만으로 WAN측 세그먼트로 전환할 수는 있지만, 로드밸런서는 NIC가 4개 있다는 특수한 하드웨어 구성을 가진다. 따라서, 로드밸런서에 장애가 났을 때를 고려해서 대체장비에도 4개의 NIC를 갖도록 구성해야 한다. 또한, 대체장비에 관한 것은 아니지만, 그림 3.4.8과 같이 여러 스위치로 구성할 경우는 스위치 간 연결도 포함해서 고려해야만 한다. 이런 문제로 인해 아쉽지만 VLAN만으로는 이상적인 구성이 될 수는 없다.

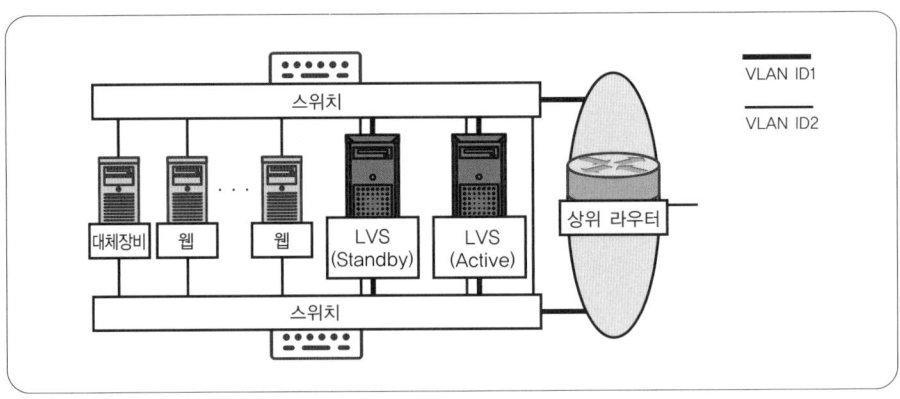

그림 3.4.7 포트 VLAN을 이용한 구성 예 ❶

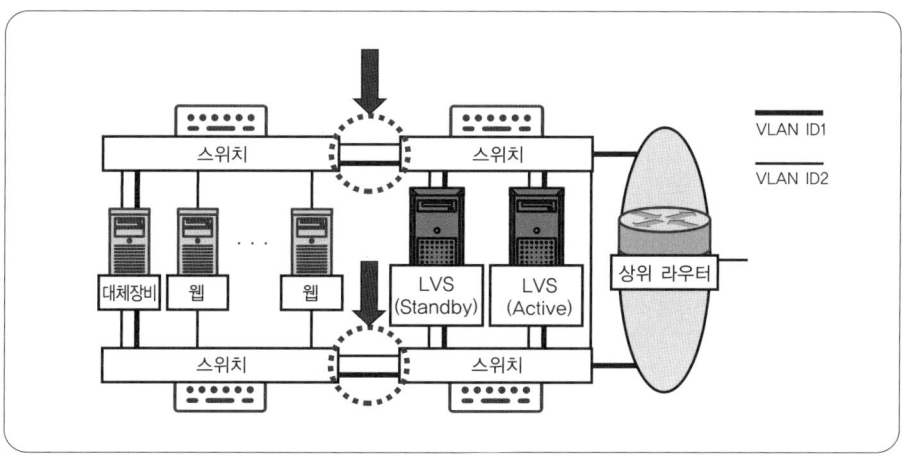

그림 3.4.8 포트 VLAN을 이용한 구성 예 ❷

태그 VLAN을 이용한 구성

드디어 가장 유력한 태그 VLAN을 이용할 경우를 생각해보자.

포트 VLAN을 이용한 구성에서 문제가 된 2가지를 개선하는 방안을 생각해보면, 그림 3.4.9와 같이 된다. 로드밸런서가 연결될 포트에 VLAN ID 1과 VLAN ID 2 두 가지 그룹을 처리할 수 있도록 설정함으로써, 로드밸런서의 NIC는 대체장비나 다른 서버와 마찬가지로 2개면 된다. 이렇게 구성함으로써 문제점은 모두 해결할 수 있다.

다만, 이 구성을 취하는 것은 들어오는 프레임에 VLAN 태그가 부여되어 있음을 전제로 한다. 앞서 말했듯이 VLAN 태크가 부여된 프레임은 VLAN 태그를 인식할 수 있는 단말이 아니면 처리되지 않고 파기될 가능성이 있게 된다. 그러나 사실은 이렇듯 연결할 수 있는 단말이 제한되는 태그 VLAN과 기본적으로 어떤 단말이라도 연결 가능한 포트 VLAN은 병행해서 사용할 수 있다. 즉, 포트에서 나가는 모든 프레임에 VLAN 태그를 덧붙일 필요는 없다. 포트 VLAN으로는 제어하기 어려운 포트, 즉 여러 VLAN을 처리해야만 하는 포트에서만 VLAN 태그를 부여하면 되는 것이다.

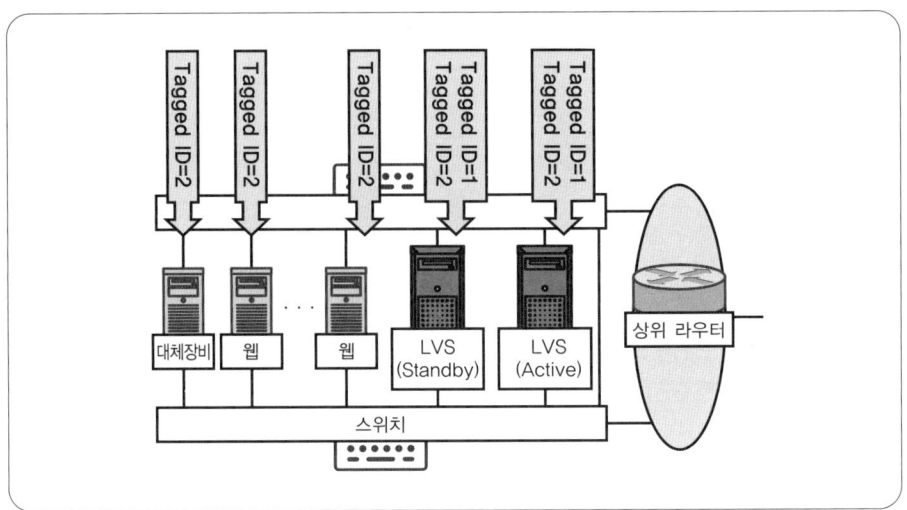

그림 3.4.9 태그 VLAN을 이용한 구성

이번과 같은 경우라면 상위 라우터에 연결할 포트를 VLAN ID 1인 포트 VLAN으로 할당하고, 남은 포트에는 VLAN ID 2로 포트 VLAN을 설정하도록 한다. 그런 다음, 여러 VLAN 그룹의 프레임을 전송할 필요가 있는 포트(로드밸런서의 포트)에는 VLAN ID 1에 대해 VLAN 태그를 「있음」으로 설정추가한다. 여기서는 로드밸런서 포트의 VLAN ID 1에 대해 VLAN 태그를 「있음」으로 했지만, 반대로 VLAN ID 2로 포트 VLAN을 설정하고 VLAN ID 2에 대해 VLAN 태그를 「있음」으로 해도 상관없다. 다만, 「가장 많이 사용되고 있는 VLAN을 항상 VLAN 태그없는=포트 VLAN으로 이용한다」라는 규칙을 세워두면 설계할 때나 구축 또는 운용할 때 혼란을 쉽게 피할 수 있을 것이다.

이에 따라, VLAN 태그를 처리할 수 있어야 하는 단말은 로드밸런서만 해당되게 되었다. 여기서 또다시 로드밸런서만 특별한 상황이 되었지만, 리눅스는 VLAN 태그를 처리할 수 있으므로 특별한 하드웨어를 준비할 필요는 없으며 설정만 하면 된다. 리눅스에서 VLAN 태그를 다룰 경우, 커널의 지원과 설정툴이 필요하다. 커널 지원은 구축할 때 「CONFIG_VLAN_8021Q=y」로 함으로써 VLAN 태그 기능을 유효하게 할 수 있다. 또한, 설정툴로는 vconfig라는 명령이 마련되어 있어 이 명령을 이용해서 VLAN 인터페이스를 작성하거나 삭제할 수 있게 된다.

이번 구성에서는 로드밸런서에서 vconfig를 실행해서 새롭게 VLAN ID 1인 eth0.1이라는 인터페이스를 생성하기만 하면 된다.

```
lvs01:~# aptitude install vlan
lvs01:~# vconfig add eth0 1
```

이것으로 VLAN을 이용하고자 할 경우나 포트 VLAN만을 이용한 경우의 문제를 모두 개선한 구성이 되었다.

태그 VLAN을 이용함으로써 이와 같이 물리적 구성이 간단해지고 보다 유연성 있는 시스템을 구축할 수 있는 것이다. 다만, 여기서 주의할 점이 있다. 태그 VLAN을 이용할 경우에는 논리적 구성이 복잡해지기 쉽다. 또한, 포트 VLAN과 달리 서버측의 설정을 추가할 필요도 있다. 따라서, 포트 VLAN을 기본으로 생각해서 구성하고 필요한 곳에서만 태그 VLAN을 설정하도록 한다.

열쇠는 물리적 구성의 단순화

지금까지의 설명으로 서버팜에서 VLAN을 이용할 때의 이점을 이해했는가?

실제로 VLAN을 도입하려고 생각할 때 중요한 것은, 어떤 VLAN 방식을 사용하더라도 최대한 단순한 구성을 지향하는 것이다. 애써 VLAN을 도입하더라도 구성이 복잡해지면 문제해결에 많은 시간이 걸리거나 오히려 문제를 일으켜서 아무 소득이 없게 된다.

또한, 논리적으로 구성할 수 있다고 해서 물리적인 구성을 소홀히 해서는 안 된다. 이 이유는, 여러 대의 스위치에 걸친 세그먼트가 의존하게 되면 해당 세그먼트의 데이터는 스위치 사이를 지나게 된다. 만일, 이와 같은 세그먼트가 여럿 있을 경우에 스위치 간 대역폭이 병목이 될 가능성은 제로인 것만은 아니다(그림 3.4.10). 이와 같은 상황이 되지 않기 위해서도, 초기 구축단계에서 물리적인 구성과 논리적인 구성을 확실히 검토해야 할 것이다. 경우에 따라서는 링크 집합 등 대역폭을 확보할 수 있는 기술도 함께 도입을 검토해둘 것을 권한다.

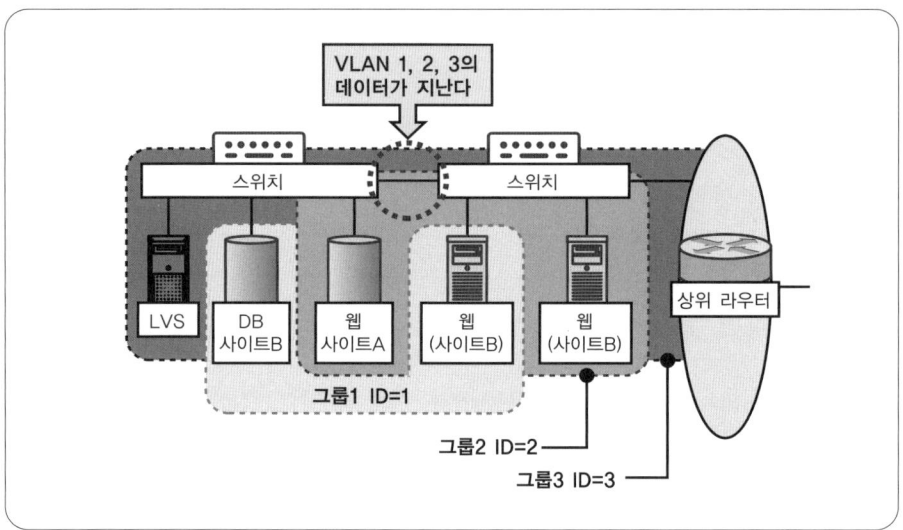

그림 3.4.10 스위치 간 대역이 병목이 될 가능성

CHAPTER

04

성능향상, 튜닝

리눅스 단일 호스트, 아파치, MySQL

- 4.1 리눅스 단일 호스트 부하의 진상규명
- 4.2 아파치 튜닝
- 4.3 MySQL 튜닝의 핵심

CHAPTER 04 ••• 성능향상, 튜닝_리눅스 단일 호스트, 아파치, MySQL

4.1 리눅스 단일 호스트 부하의 진상규명

단일 호스트의 성능 끌어내기

「부하분산」이라는 말에서 떠올릴 수 있는 것은 대개, 1~3장에서 보았듯이 여러 호스트로 처리를 분담시키는, 문자 그대로「분산」이다.

그러나 1대의 서버로도 처리할 수 있는 부하를 서버 10대 이상으로 분산한다면 본말이 전도된 것이다. 먼저 단일 서버의 성능을 충분히 끌어낸 다음에 여러 서버로 부하를 분산시켜야 의미를 갖는 것이다. 이 장에서는 이 문제, 즉 해당 네트워크를 구성하는「단일 호스트」에 초점을 맞춰서 설명하도록 한다.

성능, 부하란 무엇인가

단일 호스트의 성능을 충분히 끌어내기 위해서는「성능이란 무엇인가」를 알아야 할 필요가 있다. 그러므로 우선은 서버 리소스의 이용현황을 파악하기 위한 계측방법에 관해 설명한다. 계측방법을 설명함과 동시에 리눅스를 대상으로 OS의 동작원리에 대해서도 다루도록 한다. 부하를 안다라는 것은 OS의 상태를 안다는 것이다. OS가 어떻게 동작하는지를 모르면서 상태를 진단할 수는 없다.

리눅스의 커널 소스를 따라가다 보면「부하」라고 하는 것이 구체적으로 무엇인지를 알 수 있을 것이다. 계측으로 얻은 값은 계측방법을 모르고서는 고찰할 수 없다. 멀티태스킹의 동작원리는 프로세스의 상태와 부하의 관계를 밝혀준다. 웹 애플리케이션의 부하분산은 많은 경우에 「디스크 I/O를 분산하고 경감시키는」 작업이다. I/O가 OS에 의해 어떻게 처리되는지를 배워보도록 하자. OS는 I/O를 경감시키기 위해 캐시의 구조를 내포하고 있다. 캐시가 가장 효율적으로 동작할 수 있도록 시스템을 구성하는 것이 I/O분산의 요령이다.

OS의 동작원리와 부하 계측방법을 알게 되면 대처요법으로밖에 대응할 수 없던 다양한 문제를 근본부터 해결할 수 있게 될 것이다. OS의 어느 부분이 병목이 되어 시스템의 성능이 나지 않는 것인지를 밝혀낼 수 있게 되는 것이다. 병목을 규명하기 위한 기본 전략에 따라 구체적인 방법도 살펴보도록 하자.

단일 호스트라는 의미에서는, OS상에서 동작하는 미들웨어에도 관심을 가질 필요가 있다. OS가 이상적인 상태로 동작하기만 하면 이를 기반으로 동작하는 애플리케이션은 대개 문제없이 성능을 발휘할 수 있지만, 사소한 함정이나 서버 고유의 문제 등도 있다. OS 다음으로는 웹 + DB 애플리케이션의 심장부인 웹 서버와 DB서버 튜닝에 관해서 살펴보기로 하자.

한편, 이 장에서는 대상 OS가 리눅스 커널 2.6임을 전제로 설명해나간다. 다만, 최근의 멀티태스킹 OS는 대부분이 동일한 원리로 동작하고 있고, 다른 버전의 커널 혹은 여타 OS를 보더라도 이 장의 설명이 큰 틀을 벗어나지는 않을 것이다.

추측하지 말라, 계측하라

단일 호스트의 성능을 끌어내는 데에는 서버 리소스의 이용현황을 정확하게 파악할 필요가 있다. 즉, 부하가 어느 정도 걸리고 있는지를 조사할 필요가 있다. 그리고 이런 계측작업이야말로 단일 호스트의 부하를 줄이는 데 가장 중요한 작업이다.

프로그램의 세계에는 유명한 격언이 있다.

추측하지 말라, 계측하라.

부하분산의 세계도 예외 없이 이에 해당한다.

그렇다면, 부하계측. 이 또한 아파치나 MySQL이라는 애플리케이션을 먼저 의식하기 쉽지만, 대상이 되는 것은 주로 그 하위의 OS다. OS를 모르고서 부하분산을 논하지 말라. 부하를 알기 위해 필요한 정보는 거의 모두 OS, 바로 리눅스 커널이 지니고 있다.

리눅스에서는 ps, top, sar 등의 툴을 이용한다. 이러한 툴들은 리눅스 커널이 내부적으로 측정한 각종 통계정보를 보기 위한 명령줄 툴이다. 예를 들면, top을 실행하면 단말에 그림 4.1.1과 같은 출력내용이 표시된다.

그림 4.1.1 top의 출력 예

```
top - 19:50:21 up 150 days,  4:38,  1 user,  load average: 0.70, 0.66, 0.59
Tasks: 104 total,   2 running, 102 sleeping,   0 stopped,   0 zombie
Cpu(s): 21.8%us,  0.6%sy,  0.0%ni, 77.2%id,  0.0%wa,  0.1%hi,  0.3%si,  0.0%st
Mem:   4028676k total,  2331860k used,  1696816k free,   150476k buffers
Swap:  2048276k total,     9284k used,  2038992k free,   425064k cached

  PID USER      PR  NI  VIRT  RES  SHR S %CPU %MEM    TIME+  COMMAND
18481 apache    17   0  394m 154m 4228 R  100  3.9   1:23.50 httpd
19199 apache    16   0  390m 153m 4328 S   26  3.9   0:41.59 httpd
18474 apache    15   0  360m 122m 4364 S    4  3.1   1:12.26 httpd
18471 apache    15   0  371m 133m 4232 S    2  3.4   1:13.31 httpd
19325 apache    15   0  343m 105m 4340 S    2  2.7   0:35.10 httpd
    1 root      15   0 10304   80   48 S    0  0.0   4:23.65 init
    2 root      RT   0     0    0    0 S    0  0.0   2:40.25 migration/0
    3 root      34  19     0    0    0 S    0  0.0   0:00.38 ksoftirqd/0
<이하 생략>
```

top 명령은 특정 순간의 OS 상태의 스냅샷을 표시하는 툴이다. 표시된 출력내용은 시각의 경과에 따라 그 내용이 변경되므로 OS의 동향을 조망하고자 할 때 편리하다.

CPU사용률이나 메모리 사용현황 등, 다양한 값이 보고된다. 이러한 값들로부터 판단해서 부하가 어느 정도 걸리는지를 규명해가는 것이지만, 난처한 것은 보고되는 값이 여러 종류에 이른다. 대체 어떻게 값을 파악하면 좋을까? 그 지침을 얻기 위해서는 「부하란 무엇인가」를 알아야 할 필요가 있다.

4.1 리눅스 단일 호스트 부하의 진상규명

「부하란 무엇인가」에 대해 자세히 살펴보기 전에 전반적인 흐름을 정리할 겸해서 먼저 병목 규명의 기본적인 흐름을 설명한다.

병목 규명작업의 기본적인 흐름

병목을 규명하기 위한 작업을 크게 나누면 다음과 같다.

- Load Average 확인
- CPU, I/O 중 병목 원인 조사

아래에서 각각에 대한 기본적인 흐름을 설명한다.

Load Average 확인

우선, 부하 규명의 시작이 되는 지표로 top이나 uptime 등의 명령으로 Load Average를 확인한다. Load Average는 시스템 전체의 부하상황을 나타내는 지표다. 다만, Load Average만으로는 병목의 원인이 어딘지를 판단할 수 없다. Load Average 값을 시초로 해서 병목지점에 대한 조사를 시작한다.

Load Average는 낮은데 시스템의 전송량이 오르지 않을 경우도 가끔 있다. 이럴 경우는 소프트웨어의 설정이나 오류, 네트워크, 원격 호스트 측에 원인이 없는지 등을 살펴본다.

CPU, I/O 중 병목 원인 조사

Load Average가 높은 경우, 다음으로 CPU와 I/O 어느 쪽에 원인이 있는지를 조사한다. sar이나 vmstat로 시간 경과에 따라 CPU사용률이나 I/O대기율의 추이를 확인할 수 있으므로 이를 참고로 해서 규명한다. 확인 후 다음 단계로 나아간다.

CPU 부하가 높은 경우

CPU 부하가 높을 경우, 다음과 같은 흐름을 따라 조사해간다.

- 사용자 프로그램의 처리가 병목인지, 시스템 프로그램이 원인인지를 확인한다. top이나 sar로 확인한다.
- 또한 ps로 볼 수 있는 프로세스의 상태나 CPU 사용시간 등을 보면서 원인이 되고 있는 프로세스를 찾는다.
- 프로세스를 찾은 후 보다 상세하게 조사할 경우는, strace로 추적하거나 oprofile로 프로파일링을 해서 병목지점을 좁혀간다.

일반적으로 CPU에 부하가 걸리고 있는 것은 다음 상황 중 하나다.

- 디스크나 메모리 용량 등 그 밖의 부분에서는 병목이 되지 않는, 말하자면 이상적인 상태
- 프로그램이 폭주해서 CPU에 필요이상의 부하가 걸리는 경우

전자의 상태에다 시스템의 전송량에 문제가 있다면 서버 증설이나 프로그램의 로직이나 알고리즘을 개선해서 대응한다. 후자의 경우는 오류를 제거해서 프로그램이 폭주하지 않도록 대처한다.

I/O 부하가 높은 경우

I/O 부하가 높은 경우, 프로그램으로부터 입출력이 많아서 부하가 높거나, 스왑이 발생해서 디스크 액세스가 발생하고 있는 상황 중 하나일 경우가 대부분이다. sar이나 vmstat로 스왑의 발생상황을 확인해서 문제를 가려낸다.

확인한 결과 스왑이 발생하고 있을 경우는 다음과 같은 점을 실마리로 조사한다.

- 특정 프로세스가 극단적으로 메모리를 소비하고 있지 않은지를 ps로 확인할 수 있다.
- 프로그램의 오류로 메모리를 지나치게 사용하고 있는 경우에는 프로그램을 개선한다.
- 탑재된 메모리가 부족한 경우에는 메모리를 증설한다. 메모리를 증설할 수 없을 경우는 분산을 검토한다.

4.1 리눅스 단일 호스트 부하의 진상규명

스왑이 발생하지 않고 디스크로의 입출력이 빈번하게 발생하고 있는 상황은 캐시에 필요한 메모리가 부족한 경우를 생각해볼 수 있다. 해당 서버가 저장하고 있는 데이터 용량과 증설 가능한 메모리량을 비교해서 다음과 같이 나눠서 검토한다.

- 메모리 증설로 캐시영역을 확대시킬 수 있는 경우는 메모리를 증설한다.
- 메모리 증설로 대응할 수 없는 경우는 데이터 분산이나 캐시서버 도입 등을 검토한다. 물론, 프로그램을 개선해서 I/O빈도를 줄이는 것도 검토한다.

이상이 부하의 원인을 좁혀나가는 기본적인 전략이 되겠다. 이를 근거로 해서 「각 방법으로 병목을 밝혀낼 수 있는 이유」를 구체적으로 살펴보도록 하자.

부하란 무엇인가

그러면 부하란 무엇인가에 대해 다양한 관점에서 생각해보기로 한다.

두 종류의 부하

일반적으로 부하는 크게 나누어 2가지로 분류할 수 있다.

- CPU 부하
- I/O 부하

예를 들어 대규모의 과학계산을 수행하는 프로그램이 있는데, 이 프로그램은 디스크 입출력은 하지 않지만 처리가 완료될 때까지 상당한 시간을 요한다고 하자. 「계산을 한다」라는 것으로부터 생각할 수 있듯이 이 프로그램의 처리속도는 CPU의 계산속도에 의존하고 있다. 이것이 바로 CPU에 부하를 주는 프로그램이다. 「CPU 바운드한 프로그램」이라고도 한다.

한편, 디스크에 의존해서 대량의 데이터로부터 임의의 문서를 찾아내는 검색 프로그램이 있다고 하자. 이 검색 프로그램의 처리속도는 CPU가 아닌, 디스크의 읽기속도, 즉, 입출력Input/Output, I/O에 의존한다. 디스크가 빠르면 빠를수록 검색에 걸리는 시간은 짧아진다. I/O에 부하를 주는 종류의 프로그램이라고 해서 「I/O 바운드한 프로그램」이라고 한다.

일반적으로 AP서버는 DB로부터 얻은 데이터를 가공해서 클라이언트로 전달하는 처리를 수행한다. 그 과정에서 대규모 I/O를 발생시키는 일은 드물다. 따라서 많은 경우에 AP서버는 CPU 바운드한 서버라고 할 수 있다.

한편, 웹 애플리케이션을 구성하는 또 하나의 요소 시스템인 DB서버는 데이터를 디스크로부터 검색하는 것이 주된 일로, 특히 데이터가 대규모가 되면 될수록 CPU에서의 계산시간보다도 I/O에 대한 영향이 커지는 I/O 바운드한 서버. 같은 서버라도 부하의 종류가 다르면 그 특성은 크게 달라진다.

멀티태스킹 OS와 부하

윈도우나 리눅스 등 최근의 멀티태스킹 OS는 그 이름처럼 동시에 서로 다른 여러 태스크=처리를 실행할 수 있다. 그러나, 여러 태스크를 실행한다고 해도 실제로는 CPU나 디스크 등 유한한 하드웨어를 그 이상의 태스크에서 공유할 필요가 있다. 그래서 매우 짧은 시간간격으로 여러 태스크를 전환해가면서 처리를 함으로써 멀티태스킹을 실현하고 있다(그림 4.1.2).

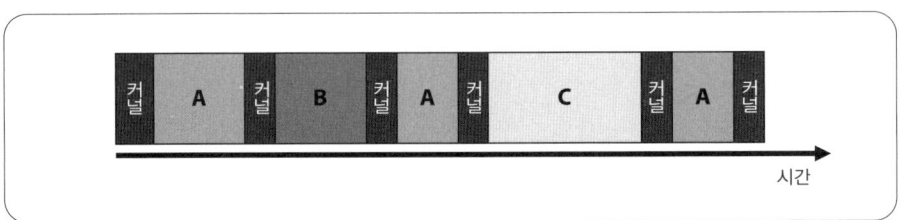

그림 4.1.2 멀티태스킹

실행할 태스크가 적은 상황에서 OS는 태스크에 대기를 발생하지 않고 전환을 할 수 있다. 그러나, 실행할 태스크가 늘어나면 특정 태스크 A가 CPU로 계산을 수행하고 있는 동안, 다음으로 계산을 수행하고자 하는 다른 태스크 B나 C는 CPU에 시간이 날 때까지 대기하게 된다. 이렇듯 「처리를 실행하려고 해도 대기한다」라는 대기상태는 프로그램의 실행지연으로 나타난다.

top의 출력내용에는 「load average」(평균 부하)라는 수치가 포함되어 있다.

```
load average : 0.70, 0.66, 0.59
```

Load Average는 왼쪽부터 차례로 1분, 5분, 15분 동안에 단위시간당 대기된 태스크의 수, 즉 평균적으로 어느 정도의 태스크가 대기상태로 있었는지를 보고하는 수치다. Load Average가 높은 상황은 그만큼 태스크의 실행에 대기가 발생하고 있다는 표시이므로, 「지연이 되는=부하가 높은」 상황이라고 할 수 있다.

그러나 Load Average는 어디까지나 대기 태스크 수만을 나타내는 수치이므로, 이를 보는 것만으로는 CPU 부하가 높은지, I/O 부하가 높은지는 판단할 수 없다. 최종적으로 서버 리소스 중 어디가 병목이 되고 있는지를 판단하려면 좀 더 자세하게 조사할 필요가 있다.

- 어떤 값을 보면 OS의 병목을 판단할 수 있을까? 각각의 값은 OS가 무엇을 출력한 값일까?
- Load Average가 나타내는 「대기 태스크」란 실제로 무엇을 기다리고 있는 태스크를 말할까?
- 가령, 병목임을 알았을 때 실제로 어떤 프로세스가 부하의 원인이 되고 있는 것일까?

위와 같은 사항을 조사할 필요가 생긴다.

부하의 정체 알기=커널의 동작 알기

결국 「부하」라는 것은 여러 태스크에 의한 서버 리소스 쟁탈의 결과로 생기는 대기시간을 한마디로 나타낸 말인 것이다. 그 정체를 알기 위해서는 「태스크가 대기되는 것은 어떤 경우인가」라는 OS의 거동, 즉 리눅스 커널의 동작을 이해할 필요가 있는 것이다.

태스크의 대기를 제어하는 것은 리눅스 커널 내에서도 「프로세스 스케쥴러$^{\text{Process Scheduler}}$」라는 프로그램이다. 프로세스 스케쥴러는 멀티태스킹의 제어에 있어서 실행할 태스크의 우선순위를 결정해서 태스크를 대기시키거나 재개하는 등 커널의 중추적인 일을 담당한다. 이러한 프로세스 스케줄러의 개요를 살펴보면 부하의 정체를 알 수 있을 것이다.

프로세스 스케줄링과 프로세스 상태

「프로세스Process」는 프로그램이 OS에 의해 실행되고 있을 때 그 실행단위가 되는 개념이다. 프로세스는 커널 내부에서의 실행단위를 나타내는 「태스크Task」와는 좁은 의미에서 구별되는 말이지만, 여기서는 거의 같은 것으로 생각해서 읽어나가도 지장이 없다.

예를 들어, ls 명령을 실행하면 ls의 바이너리 파일로부터 기계어 명령이 메모리로 전개되고 CPU가 메모리로부터 명령을 꺼내어Fetch 실행해간다. 명령을 실행하려면 ls 명령이 사용하는 각종 메모리 영역의 주소, 실행 중인 명령의 위치(프로그램 카운터Program Counter), ls 명령이 오픈한 파일의 목록 등 다양한 정보가 필요하게 된다. 이러한 정보는 뿔뿔이 흩어져 있는 것보다 실행 중인 프로그램마다 한 덩어리로 해서 처리하는 편이 더 나은 것은 분명하다. 프로세스란 이 「프로그램의 명령」과 「실행시에 필요한 정보」가 한 덩어리로 된 오브젝트를 말한다.

리눅스 커널은 프로세스마다 「프로세스 디스크립터Process Descriptor」라는 관리용 테이블을 생성한다. 이 프로세스 디스크립터에 각종 실행시 정보가 저장된다[주1].

리눅스 커널은 이 프로세스 디스크립터군을 우선도가 높은 순으로 재배열해서 그럴 듯하게 실행순으로 「프로세스=태스크」가 실행되도록 조정한다. 이 조정 역할을 하는 것이 「프로세스 스케줄러」다(그림 4.1.3).

스케줄러는 프로세스를 상태별로 나누어 관리한다. 예를 들면, 다음과 같은 형태다.

- CPU가 할당되기를 기다리는 상태
- 디스크 입출력이 완료하기를 기다리는 상태

[주1] 프로세스 디스크립터는, 리눅스 커널의 코드 내에서는 task_struct라는 구조체다. 커널 소스의 include/linux/sched.h에 그 정의가 있다. 관심이 있다면 확인해보는 것도 좋을 것이다.

프로세스 디스크립터에는 이 상태를 저장하는 영역(task_struct 구조체의 state 멤버)이 있다. 상태의 구별에는 표 4.1.1과 같은 것이 있다.

스케줄러는 각 프로세스의 실행상태를 관리하면서 필요에 따라 상태를 변경해서 태스크의 실행순서를 제어한다. 이것이 스케줄링이다.

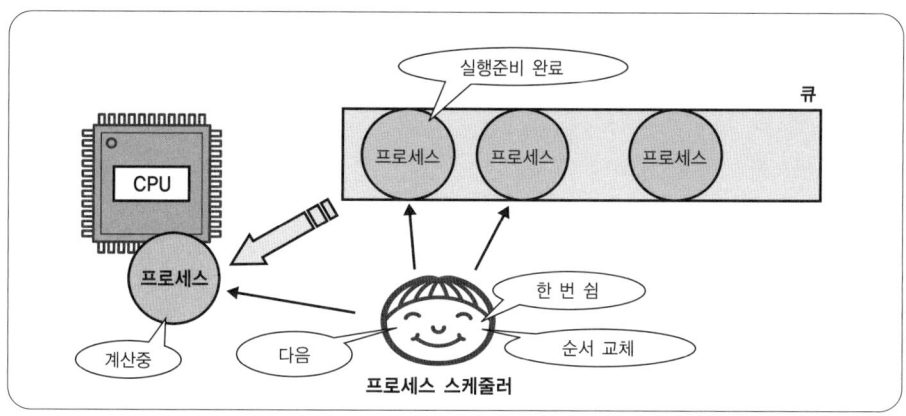

그림 4.1.3 프로세스 스케줄러

표 4.1.1 프로세스 디스크립터의 상태 구별

상태	설명
TASK_RUNNING	실행가능 상태. CPU에 시간이 나면 언제든지 실행이 가능한 상태
TASK_INTERRUPTIBLE	중단(interrupt)가능한 대기상태. 주로 복귀시간이 예측 불가능한 장시간의 대기상태. sleep이나 사용자로부터 입력대기 등
TASK_UNINTERRUPTIBLE	중단 불가능한 대기상태. 주로 단시간에 복귀할 경우의 대기상태. 디스크 입출력 대기
TASK_STOPPED	중지(suspend) 시그널을 받아서 실행 중단된 상태. 재개(resume)될 때까지 스케줄링되지 않음
TASK_ZOMBIE	좀비(zombie) 상태. 자식 프로세스가 exit해서 부모 프로세스로 반환될 때까지의 상태

프로세스 상태변화의 구체적인 예

좀 더 구체적으로 살펴보도록 하자. 3개의 프로세스 **A**, **B**, **C**를 동시에 실행한 경우를 생각해보자. 먼저 모든 프로세스가 생성된 직후에는 실행가능 상태, 즉 TASK_RUNNING 상태에서 시작한다. TASK_RUNNING은 그 이름과는 달리 「실행가능한 대기상태」로 「지금 실행 중」이 아님에 주의하기 바란다.

- 프로세스 **A** : TASK_RUNNING
- 프로세스 **B** : TASK_RUNNING
- 프로세스 **C** : TASK_RUNNING

TASK_RUNNING 상태인 세 프로세스는 곧바로 스케줄링의 대상이 된다. 이 때, 스케줄러가 프로세스 **A**에 CPU의 실행권한을 할당했다고 하자. 그러면 다음과 같이 된다.

- 프로세스 **A** : TASK_RUNNING이면서 실행 중
- 프로세스 **B** : TASK_RUNNING
- 프로세스 **C** : TASK_RUNNING

리눅스 커널 내부에서는 지금 실행 중인 프로세스와 실행가능한 대기상태를 구별하는 상태는 없다. 여기서는 이 상태를 편의상 「TASK_RUNNING이면서 실행 중」으로 한다.

CPU가 할당되었으므로 프로세스 **A**는 처리를 시작한다. **B**와 **C**는 **A**가 CPU를 비워주기를 기다린다.

A는 약간의 계산을 수행한 후, 디스크에서 데이터를 읽어들일 필요가 생겼다고 하자. **A**는 디스크에 읽기 요청을 하지만 요청한 데이터가 도달할 때까지는 작업이 계속 이어지지 않는다. 이 상황을 「**A**는 I/O대기로 블록되어 있다」라고 한다. **A**는 I/O완료까지 대기상태(TASK_UNINTERRUPTIBLE)가 되므로 CPU를 사용하지 않는다. 그러므로 스케줄러는 **B**와 **C**의 우선도를 계산한 결과를 보고 우선도가 높은 쪽에 CPU 실행권한을 부여한다.

여기서는 ❸보다도 ❷의 우선도가 높았다고 할 때, 다음과 같이 된다.

- **프로세스 ❷** : TASK_UNINTERRUPTIBLE
- **프로세스 ❸** : TASK_RUNNING이면서 실행 중
- **프로세스 ❹** : TASK_RUNNING

❸는 실행하고 얼마 지나지 않아 사용자로부터 키보드 입력을 기다릴 필요가 생긴다. ❸는 키보드 입력을 기다리며 블록된다. 그 결과 ❷와 ❸ 모두 입출력 대기가 되고 ❹가 실행된다. 이 때, ❷와 ❸는 동일한 대기상태지만, 디스크 입출력 대기와 키보드 입력대기는 다른 상태로 분류된다. 키보드 입력대기는 무기한에 장시간의 대기 이벤트 대기TASK_INTERRUPTIBLE이지만, 디스크 읽기는 단기간에 반드시 끝이 있는 이벤트 대기라는 것이 두 상태가 구별되는 이유다.

각 프로세스의 상태는 다음과 같이 된다.

- **프로세스 ❷** : TASK_UNINTERRUPTIBLE(디스크 입출력 대기/중단 불가능)
- **프로세스 ❸** : TASK_INTERRUPTIBLE(키보드 입력대기/중단 가능)
- **프로세스 ❹** : TASK_RUNNING이면서 실행 중

이번에는 프로세스 ❹를 실행 중에 디스크로부터 프로세스 ❷가 요청했던 데이터가 디바이스 버퍼에 도달했다고 하자. 하드웨어로부터 커널에 중단 신호가 와서 디스크 읽기가 완료됐음을 커널은 안다. 커널은 프로세스 ❷를 실행가능 상태로 되돌린다.

- **프로세스 ❷** : TASK_RUNNING
- **프로세스 ❸** : TASK_INTERRUPTIBLE
- **프로세스 ❹** : TASK_RUNNING이면서 실행 중

이 후, 프로세스 ❹가 특정 대기상태가 되면, 예를 들어, 다음과 같은 조건을 맞이하게 되는 것을 계기로

- CPU시간을 일정시간 이상 계속 사용함

- 태스크가 완료됨
- I/O대기로 들어감

스케줄러는 프로세스 ⓒ에서 프로세스 ⓐ로 실행 프로세스를 전환한다.

프로세스 상태변화 정리

위와 같은 프로세스의 상태변화를 그림으로 나타내면 그림 4.1.4와 같이 된다. 이처럼 프로세스에는 몇 가지 상태구분이 정의되어 있고, 프로세스는 각 상태를 옮겨가면서 필요한 계산을 수행하거나 I/O를 수행하는 것이다. 시스템 부하를 이해하는 데 이 프로세스의 상태변화는 큰 의미를 갖는다.

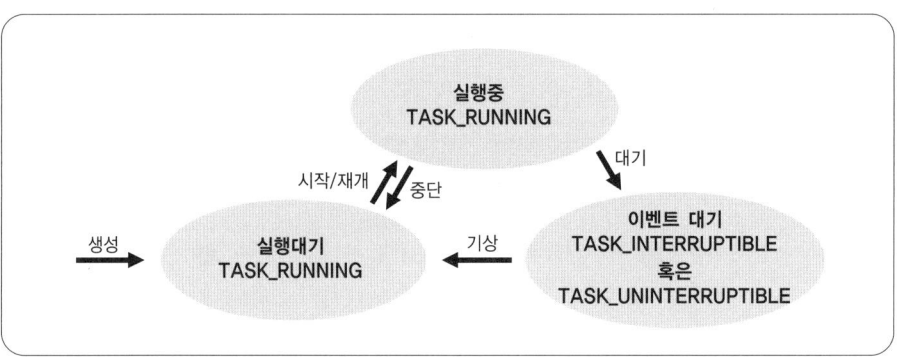

그림 4.1.4 프로세스의 상태변화

Load Average로 환산되는 대기상태

프로세스 ⓐ~ⓒ가 수행하는 상태변화에는 4가지 상태가 있다.

- TASK_RUNNING이면서 실행 중
- TASK_RUNNING
- TASK_INTERRUPTIBLE
- TASK_UNINTERRUPTIBLE

Load Average는 「대기 태스크의 평균수」를 나타내는 수치였다. 4가지 상태 중에 「TASK_RUNNING이면서 실행 중」 이외의 3가지는 대기상태다. 이 3가지 모두가 대기상태로서 Load Average에 계산되는 것일까?

결론부터 말하면 Load Average로 환산되는 것은 TASK_RUNNING과 TASK_UNINTERRUPTIBLE 2가지로, TASK_INTERRUPTIBLE은 환산되지 않는다. 즉,

- CPU를 사용하고자 해도 다른 프로세스가 CPU를 사용하고 있어서 기다리고 있는 프로세스
- 계속해서 처리하고자 해도 디스크 입출력이 끝날 때까지 기다려야만 하는 프로세스

이 2가지가 Load Average 수치가 되어 표현되는 것을 알 수 있다.

2가지 상태 모두 「실행하려는 처리가 있어도 기다려야 한다」는 점이 공통이다. 한편, 같은 대기지만 키보드 입력대기나 sleep에 의한 대기는 프로그램이 스스로 명시적으로 기다린다는 점이 다르므로 Load Average에는 포함되지 않는다. 원격 호스트로부터의 데이터 착신대기도 상대로부터 언제 데이터가 올지 불확실하므로 Load Average로는 환산되지 않는다.

Load Average란 시스템의 부하를 나타내는 지표이므로 결국은 상기 2가지가 부하의 원인이 되는 대기상태임을 알 수 있다.

Load Average가 보고하는 부하의 정체

하드웨어는 일정 주기로 CPU로 중단^{interrupt} 신호라고 하는 신호를 보낸다. 주기적으로 보내지는 신호라는 점에서 「타이머 인터럽트$^{Timer\ Interrupt}$」라고 한다. 예를 들면, CentOS 5에서의 중단 간격은 4ms(밀리초)가 되도록 설정되어 있다. 이 중단마다 CPU는 시간을 진행시키거나 실행 중인 프로세스가 CPU를 얼마나 사용했는지를 계산하는 등 시간에 관련된 처리를 수행한다. 이 때, 타이머 인터럽트마다 Load Average 값이 계산된다.

커널은 타이머 인터럽트가 발생했을 때 실행가능 상태인 태스크와 I/O대기인 태스크의 개수를 세어둔다. 그 값을 단위시간으로 나눈 것이 Load Average 값으로

보고된다.

* * *

여기까지 오면서 「Load Average가 보고하는 부하」의 정체가 분명해졌다. 즉, Load Average가 의미하는 부하는 처리를 실행하려고 해도 실행할 수 없어서 대기하고 있는 프로세스의 수를 말하며, 보다 구체적으로는 다음과 같음을 알 수 있다.

- CPU의 실행권한이 부여되기를 기다리고 있는 프로세스
- 디스크 I/O가 완료하기를 기다리고 있는 프로세스

이것은 분명히 직감과 일치한다. CPU에 부하가 걸릴 것 같은 처리, 예를 들면 동영상 인코딩 등을 수행하고 있는 도중에 다른 동종의 처리를 수행하고자 생각해도 결과가 되돌아오는 게 늦어지거나, 디스크에서 데이터를 대량으로 읽는 동안은 시스템의 반응이 둔해진다. 한편, 키보드 대기 중인 프로세스가 아무리 많더라도 그것을 원인으로 해서 시스템의 응답이 늦는 일은 없다.

Columun 프로세스 상태를 확인하는 툴 ······ ps

TASK_RUNNING이나 TASK_INTERRUPTIBLE은 커널이 내부적으로 다루는 상태를 구별한 것이지만, 사용자 프로세스에서도 이러한 상태를 참조할 수가 있다. ps나 top과 같은 명령은 상태정보를 정형화해서 출력한다. 다음은 ps명령의 출력내용이다.

```
% ps auxw | egrep "(STAT|httpd)"
USER       PID %CPU %MEM    VSZ    RSS TTY      STAT START   TIME COMMAND
root     10861  0.0  1.7 295256  69020 ?        Ss   Feb07   0:06 /usr/sbin/httpd
apache   18711  7.2  3.1 366744 125176 ?        R    00:13   1:14 /usr/sbin/httpd
apache   18827  8.1  3.8 396636 154696 ?        S    00:18   0:58 /usr/sbin/httpd
apache   18898  9.0  3.9 400188 158492 ?        S    00:22   0:42 /usr/sbin/httpd
```

STAT열에 주목하기 바란다. man ps에 따르면 「S」는 "Interruptible sleep", 즉 TASK_INTERRUPTIBLE에 해당하고, 「R」은 "Running or runnable(on runqueue)"[*1]이므로 TASK_RUNNING에 해당한다[*2]. 보통 무심코 출력되던 ps의 STAT항이 커널 내부에서의 프로세스 상태에 해당하고 있음을 알 수 있다.

- R(Run) : TASK_RUNNING
- S(Sleep) : TASK_INTERRUPTIBLE
- D(Disk Sleep) : TASK_UNINTERRUPTIBLE
- Z(Zombie) : TASK_ZOMBIE

4.1 리눅스 단일 호스트 부하의 진상규명

> 위와 같이 된다. 그 밖의 항에 대한 것은 ps의 매뉴얼을 참조하기 바란다.
>
> *1 runqueue는 실행큐, 실행가능 상태 프로세스가 나열된 커널 내부의 큐다.
> *2 한편, 「Ss」의 s는 세션리더를 나타낸다고 한다.

Load Average를 계산하는 커널 코드 확인

Load Average의 계산처리를 보다 구체적으로 이미지화할 수 있도록 커널 코드를 조금 엿보도록 하겠다. 여기서는 리눅스 커널 2.6.23의 코드를 참조한다.

Load Average를 계산하는 함수는 kernel/timer.c의 calc_load()다. 이 함수가 하드웨어의 타이머 인터럽트마다 호출된다. CentOS 5에서 타이머 인터럽트 주기는 4ms이므로, 거의 4ms마다 calc_load()가 호출되게 된다.

```c
unsigned long avenrun[3];
EXPORT_SYMBOL(avenrun);

static inline void calc_load(unsigned long ticks)
{
    unsigned long active_tasks; /* fixed-point */
    static int count = LOAD_FREQ;

    count -= ticks;
    if (unlikely(count < 0)) {
        active_tasks = count_active_tasks();
        do {
            CALC_LOAD(avenrun[0], EXP_1, active_tasks);
            CALC_LOAD(avenrun[1], EXP_5, active_tasks);
            CALC_LOAD(avenrun[2], EXP_15, active_tasks);
            count += LOAD_FREQ;
        } while (count < 0);
    }
}
```

calc_load() 내에서는 averun이라는 전역변수인 배열에 count_active_tasks() 함수의 결과를 저장하고 있음을 알 수 있다. count_active_tasks()라는 함수명에서 그 시점에 시스템 내에 존재하는「Active한 태스크(프로세스)의 수」를 세고 있음을 짐작할 수 있다. 이「Active한 태스크」란 무엇일까? 좀 더 처리과정을 따라가보면 kernel/sched.c의 nr_active() 함수에 다다른다.

```
unsigned long nr_active(void)
{
    unsigned long i, running = 0, uninterruptible = 0;

    for_each_online_cpu(i) {
        running += cpu_rq(i)->nr_running;

        uninterruptible += cpu_rq(i)->nr_uninterruptible;
    }

    if (unlikely((long)uninterruptible < 0))
        uninterruptible = 0;

    return running + uninterruptible;
}
```

for_each_online_cpu()는 CPU별로 계산할 때 사용되는 매크로다. 또한, cpu_rq()는 CPU에 엮여 있는 실행큐^{runqueue주2}를 얻는 매크로다. 즉, 여기서는 각 CPU의 실행큐를 차례로 확인하고 있음을 알 수 있다. 그리고 나서 실행큐로부터 다음 2가지 값을 추출해서 합산한 것을 반환하고 있다.

- cpu_rq(i) → nr_running
- cpu_rq(i) → nr_uninterruptible

이름에서도 상상할 수 있듯이 각각 실행큐 내의 TASK_RUNNING, TASK_UNINTERRUPTIBLE의 프로세스 수에 해당한다.

주2 대기상태에 있는 태스크 디스크립터를 저장하고 있는 큐

이 nr_active()에서 반환된 값은 앞서 본 calc_load() 함수로 넘겨져 1분, 5분, 15분 단위로 합산한 값이 averun 배열에 저장된다. averun 배열에 저장된 값이 바로 Load Average의 정체다.

사용자 프로세스로부터 proc 파일시스템의 /proc/loadavg로 읽기 요청이 오면 커널은 그 시점의 averun 배열의 값을 정형화해서 사용자 공간으로 전달한다. 출력을 확인해보자.

```
% cat /proc/loadavg
0.01 0.05 0.00 4/46 10511
```

top이나 uptime명령은 이 출력으로부터 Load Average를 얻어서 표시하고 있다. 이처럼 타이머 인터럽트마다 Load Average가 계산되어 대기상태에 있는 태스크 중에 TASK_RUNNING과 TASK_UNINTERRUPTIBLE 상태인 것을 합산한다는 것을 코드 레벨로 알 수 있었다.

CPU사용률과 IO대기율

Load Average의 구체적인 산출방법을 살펴보면, 그 값이 CPU 부하와 I/O 부하를 나타내고 있음을 알 수 있다. 반대로 말하면, 과부하로 시스템의 성능이 떨어지는 원인은 대부분의 경우 CPU나 I/O에 있음을 나타내고 있다. 따라서, Load Average를 보고 대응할 필요가 있다고 판단한 경우 다음 단계로 CPU와 I/O 중 어느 쪽에 원인이 있는지를 조사해야 한다.

sar로 CPU사용률, I/O대기율 확인

여기서 CPU사용률이나 I/O대기 비율(I/O대기율)이라는 지표가 생겨난다. 이러한 지표는 sar명령으로 확인하면 된다. sar^{System Activity Reporter}은 이름 그대로 시스템 상황 레포트를 열람하기 위한 도구로, sysstat 패키지에 포함되어 있다.

그림 4.1.5는 CPU 바운드한 시스템에서의 sar 실행결과다.

```
그림 4.1.5  sar의 실행 예(CPU 바운드한 시스템)
% sar
Linux 2.6.19.2-103.hatena.centos5 (jubuichi.hatena.ne.jp)        02/08/08

00:00:01        CPU      %user    %nice    %system  %iowait  %steal   %idle
00:10:01        all      59.84    0.00     1.54     0.00     0.00     38.62
00:20:02        all      48.72    0.00     1.48     0.00     0.00     49.80
00:30:01        all      54.91    0.00     1.45     0.00     0.00     43.64
00:40:01        all      66.39    0.00     1.51     0.02     0.00     32.09
Average:        all      57.47    0.00     1.49     0.01     0.00     41.03
```

상세한 사용법에 대해서는 뒤에 설명하지만, sar이 다른 도구보다도 뛰어난 점은 부하의 지표를 시간 경과에 따라 비교해서 열람할 수 있다는 점이다. 그림 4.1.5에서는 00:00~00:40 동안의 CPU사용률 추이를 확인할 수 있다. 「%user」는 사용자 모드에서의 CPU사용률이다. 「%system」은 시스템 모드에서의 CPU사용률이다. Load Average가 높고 이러한 CPU사용률 수치가 높다면 대기하고 있는 프로세스의 부하 원인은 CPU 리소스 부족이라고 판단할 수 있을 것이다.

CPU의 사용자 모드와 시스템 모드

CPU의 사용자 모드와 시스템 모드란 각각 다음과 같다.

- **사용자 모드** : 사용자 프로그램이 동작할 때의 CPU 모드, 즉 통상적인 애플리케이션이 동작하는 모드
- **시스템 모드** : 시스템 프로그램=커널이 동작할 때의 CPU 모드

동일한 CPU사용률이라도 사용자 애플리케이션이 CPU를 사용했는지 커널이 사용했는지에 따라 다른 지표로 다뤄지고 있다.

통상의 프로그램이 CPU에 부하를 줄 경우, 대개는 사용자 모드에서의 CPU사용

률이 높게 된다. 즉, 사용자 애플리케이션이 계산을 수행하고 있는 상태다. 한편, 예를 들어 대량의 프로세스나 쓰레드를 동작시키고 있는 경우, 즉 프로세스나 쓰레드의 전환 횟수가 많을 경우 혹은 시스템콜을 호출하는 빈도가 높을 경우 등은 시스템 모드에서의 사용률이 높을 것이다.

CPU시간의 차이를 이미지화하기 쉽도록 그림으로 나타낸 것이 그림 4.1.6이다.

멀티태스킹이라고 해도 커널이 짧은 시간에 프로세스를 전환하고 있을 뿐이라는 것을 이번 절의 첫머리에서 언급했다. 즉, 프로세스가 전환하는 타이밍에는 반드시 커널이 동작하게 되는 것이다. 또한, 시스템콜을 발생시키면 사용자 프로그램으로부터 커널로 실행상태가 변화한다.

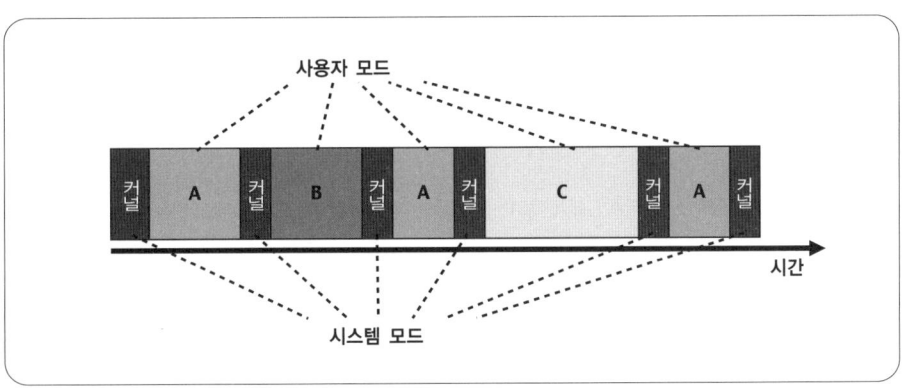

그림 4.1.6 CPU시간의 차이

I/O 바운드인 경우의 sar

다음으로 I/O 바운드인 서버에서의 sar 결과를 살펴보자(그림 4.1.7).

「%iowait」은 I/O대기율이다. Load Average가 높고 이 값이 높은 경우는 부하의 원인이 I/O에 있다고 판단할 수 있다.

CPU, I/O 중 어느 쪽에 원인이 있는지를 확인했으면 거기서부터 더욱 자세하게 조사해가기 위해서 다른 지표, 예를 들어 메모리 사용률이나 스왑 발생상황 등을 참조하도록 한다.

그림 4.1.7 sar의 실행 예(I/O 바운드인 서버)

```
Linux 2.6.18-8.1.8.el5 (takehira.hatena.ne.jp)   02/08/08

00:00:01        CPU     %user   %nice   %system  %iowait   %steal   %idle
00:10:01        all     0.14    0.00    17.22    22.88     0.00     59.76
00:20:01        all     0.15    0.00    16.00    22.84     0.00     61.01
00:30:01        all     0.16    0.00    19.66    18.99     0.00     61.19
00:40:01        all     0.10    0.00    8.50     13.09     0.00     78.30
Average:        all     0.14    0.00    15.34    19.45     0.00     65.07
```

이와 같이 병목을 판명할 때는 Load Average 등의 종합적인 수치에서부터 CPU 사용률이나 I/O대기율 등 보다 구체적인 수치, 나아가서는 각 프로세스의 상태까지 top-down방식으로 살펴보는 전략이 효율적이다. 커널 내부의 동작과 보고된 수치의 계산방법을 알고 있다면 무엇을 어떤 순서로 확인할 것인지 하는 방침은 자명한 것이다. 다시 한번 말하지만, 부하를 안다는 것은 커널의 동작을 안다는 것을 의미한다.

멀티CPU와 CPU사용률

근래의 x86 CPU 아키텍처는 멀티코어Multi-Core화가 진행되고 있다. 멀티코어가 되면, 예를 들어 CPU가 물리적으로 하나이더라도 OS에서는 여러 CPU가 탑재되어 있는 것처럼 보인다. 리눅스 커널은 CPU사용률 통계를 각각의 CPU별로 유지하도록 되어 있다. 확인해보도록 하자.

sar의 -P옵션을 이용한다. 그림 4.1.8은 코어가 4개인 쿼드코어 CPU[Quad-Core CPU]가 탑재된 서버에서의 sar 결과다.

각 CPU에는 CPU ID라는 연번 숫자가 붙어 있어서 출력내용 중 CPU열에서 확인할 수 있다. 각 CPU마다 사용률 통계가 얻어지고 있다.

4.1 리눅스 단일 호스트 부하의 진상규명

그림 4.1.8 sar -P의 실행 예(CPU 바운드인 서버, 멀티CPU 탑재)

```
% sar -P ALL | head -13
Linux 2.6.19.2-103.hatena.centos5 (jubuichi.hatena.ne.jp)    02/08/08

00:00:01       CPU     %user     %nice   %system   %iowait    %steal     %idle
00:10:01       all     59.84      0.00      1.54      0.00      0.00     38.62
00:10:01         0     68.10      0.00      3.71      0.00      0.00     28.19
00:10:01         1     52.82      0.00      0.81      0.00      0.00     46.37
00:10:01         2     53.52      0.00      0.76      0.00      0.00     45.72
00:10:01         3     64.94      0.00      0.88      0.00      0.00     34.18
00:20:02       all     48.72      0.00      1.48      0.00      0.00     49.80
00:20:02         0     62.81      0.00      3.59      0.01      0.00     33.59
00:20:02         1     39.11      0.00      0.81      0.01      0.00     60.07
00:20:02         2     38.17      0.00      0.71      0.00      0.00     61.12
00:20:02         3     54.79      0.00      0.82      0.00      0.00     44.39
```

이는 CPU 바운드인 서버지만 I/O 바운드인 서버에서의 결과를 보도록 하자. 우선은 -P옵션을 사용하지 않고 합계만을 보도록 한다(그림 4.1.9).

그림 4.1.9 sar의 실행 예(I/O 바운드인 서버, 멀티CPU 탑재)

```
% sar | head
Linux 2.6.18-8.1.8.el5 (takehira.hatena.ne.jp)    02/08/08

00:00:01       CPU     %user     %nice   %system   %iowait    %steal     %idle
00:10:01       all      0.14      0.00     17.22     22.88      0.00     59.76
00:20:01       all      0.15      0.00     16.00     22.84      0.00     61.01
00:30:01       all      0.16      0.00     19.66     18.99      0.00     61.19
```

I/O대기(%iowait열)가 평균적으로 20% 전후임을 확인할 수 있다. 이 서버는 코어가 2개인 듀얼코어 CPU를 이용하고 있다. sar -P로 개별적으로 살펴보자(그림 4.1.10).

결과는 약간 의외다. I/O대기는 거의 CPU 0번에서만 발생하고 CPU 1번은 거의 작업을 하지 않음을 알 수 있다.

그림 4.1.10 sar –P의 실행 예(I/O 바운드인 서버, 멀티CPU 탑재)

```
% sar -P ALL | head
Linux 2.6.18-8.1.8.el5 (takehira.hatena.ne.jp)  02/08/08

00:00:01        CPU     %user   %nice   %system %iowait %steal  %idle
00:10:01        all     0.14    0.00    17.22   22.88   0.00    59.76
00:10:01        0       0.28    0.00    34.04   45.58   0.00    20.10
00:10:01        1       0.00    0.00    0.40    0.18    0.00    99.42
00:20:01        all     0.15    0.00    16.00   22.84   0.00    61.01
00:20:01        0       0.30    0.00    31.61   45.58   0.00    22.51
00:20:01        1       0.00    0.00    0.38    0.11    0.00    99.50
```

멀티CPU가 탑재되어 있더라도 디스크는 하나밖에 없는 경우, CPU 부하는 다른 CPU로 분산돼도 I/O 부하는 분산되지 않는다. 이러한 편중현상은 sar의 결과로 나타나고 있다. 평균하면 I/O대기는 20% 정도로 그다지 많지 않은 듯이 보이지만, CPU별로 보면 그 값의 편중이 현저하게 나타난다. 멀티코어 환경에서는 경우에 따라서는 CPU사용률을 개별적으로 확인할 필요가 있다고 할 수 있다.

CPU사용률이 계산되는 원리

Load Average와 마찬가지로 CPU사용률 계산은 구체적으로 어떻게 이루어지는지를 알아둔다면, sar이나 top의 결과를 분석할 때 도움이 될 것이다. 또한 지금 확인한 바와 같이「무언가를 알고자 할 경우에 멀티코어의 지표를 CPU별로 살펴볼 필요가 있는지」도 명확해진다.

CPU사용률의 산출은 Load Average와 마찬가지로 타이머 인터럽트를 계기로 커널 내부에서 수행된다[주3].

[주3] 싱글코어와 멀티코어에서 이용하는 인터럽트 신호가 서로 다르지만, 어느 쪽이든 하드웨어에서 주기적으로 발생시킨 신호를 이용하고 있다는 점은 변함없다.

Load Average는 CPU에 엮인 실행큐가 유지하고 있는 프로세스 디스크립터의 수를 세었다. 또한 Load Average의 값이 저장되는 영역은 커널 내의 전역변수 배열이었다.

한편, CPU사용률은 조금 형태가 다르다. CPU사용률의 계산결과는 전역변수 배열이 아닌, 각 CPU용으로 준비된 전용 영역에 저장된다[주4]. CPU별로 지닌 영역에 데이터를 저장하고 있으므로 sar 등에서 CPU별 정보를 얻을 수 있는 것이다.

커널은 프로세스 전환을 위해서 각 프로세스가 생성된 후부터 어느 정도 CPU시간을 이용했는지를 프로세스별로 기록하고 있다. 「프로세스 어카운팅Process Accounting」이라고 하는 처리다. 그리하여 프로세스 어카운팅에 의해 얻어진 기록을 기반으로 스케줄러는 CPU시간을 지나치게 사용하고 있는 프로세스의 우선도를 낮추거나 일정 이상으로 계산을 수행했다면 다른 프로세스로 CPU를 내어주는 작업을 수행한다.

이렇게 「각 프로세스가 어떤 시간을 보냈는지에 대한 기록」을 CPU별 합계로 더해가면, CPU가 어느 정도로 무엇에 시간을 사용했는지를 알 수 있다. 그런 다음, 단위시간 동안의 계산결과로 변환하면 CPU사용률 등의 값을 산출할 수 있다.

여기서 중요한 것은 두 가지로, 다음과 같은 대비다.

- Load Average는 시스템 전역적인 계산결과다.
- CPU사용률이나 I/O대기율은 종류별, CPU별로 저장된 계산결과다.

이로부터 두 가지 지표의 차이점이 분명해진다.

- Load Average는 어디까지나 시스템 전체에서의 부하의 지표가 되는 값으로, 그 이상의 자세한 분석은 할 수 없다.
- CPU사용률이나 I/O대기율은 전체의 합계로 보고되지만 개별적으로 확인할 수가 있다. 또한 그럴 필요가 있다.

주4 보다 구체적으로는, 커널 내부의 cpu_usage_stat 구조체다.

프로세스 어카운팅의 커널 코드 확인

이제 개요를 파악했으므로 보다 확실하게 이해하기 위해 프로세스 어카운팅의 실제 코드도 보도록 한다. 우선, include/linux/kernel_stat.h에 정의되어 있는 cpu_usage_stat 구조체와 kernel_stat 구조체를 살펴본다.

```
struct cpu_usage_stat {
    cputime64_t user;
    cputime64_t nice;
    cputime64_t system;
    cputime64_t softirq;
    cputime64_t irq;
    cputime64_t idle;
    cputime64_t iowait;
    cputime64_t steal;
};

struct kernel_stat {
    struct cpu_usage_stat   cpustat;
    unsigned int irqs[NR_IRQS];
};

DECLARE_PER_CPU(struct kernel_stat, kstat);
```

이 구조체가 계산으로 산출된 CPU사용시간 등을 기록, 유지하는 영역이다.

cpu_usage_stat안을 보면 sar로 출력되고 있는 항목 그대로, user나 system, iowait 등의 멤버를 확인할 수 있다. 이 cpu_usage_stat 구조체는 kernel_stat 구조체 내에 포함되어 있고, kernel_stat 구조체는 DECLARE_PER_CPU() 매크로에 의해 CPU별로 준비된다는 것을 알 수 있다.

프로세스 어카운팅의 실제 처리과정은 kernel/timer.c의 update_process_times()에 정의되어 있다. 이 함수가 타이머 인터럽트마다 호출된다. update_process_times() 내에는 현재 프로세스가 직전의 프로세스 어카운팅 처리에서 현재까지 동안에 무엇을 했는지를 판정해서 통계정보를 어카운트한다.

4.1 리눅스 단일 호스트 부하의 진상규명

```c
void update_process_times(int user_tick)
{
    struct task_struct *p = current;
    int cpu = smp_processor_id();

    /* Note : this timer irq context must be accounted for as well. */
    if (user_tick)
        account_user_time(p, jiffies_to_cputime(1));
    else
        account_system_time(p, HARDIRQ_OFFSET, jiffies_to_cputime(1));

    <중략>
}
```

우선, current 매크로로 현재 프로세스의 프로세스 디스크립터를 얻는다. 그리고 나서, user_tick의 값을 보고 처리를 분기한다. user_tick은 최근 시간이 사용자 시간이었는지 시스템 시간이었는지를 판정하는 매크로다.

그 결과, 그 시간이 이 사용자 시간이면 account_user_time()을 호출하고, 그렇지 않으면 account_system_time()을 호출한다. account_user_time()을 살펴보자. (kernel/sched.c)

```c
void account_user_time(struct task_struct *p, cputime_t cputime)
{
    struct cpu_usage_stat *cpustat = &kstat_this_cpu.cpustat;
    cputime64_t tmp;

    p->utime = cputime_add(p->utime, cputime);

    /* Add user time to cpustat. */
    tmp = cputime_to_cputime64(cputime);
    if (TASK_NICE(p) > 0)
        cpustat->nice = cputime64_add(cpustat->nice, tmp);
    else
        cpustat->user = cputime64_add(cpustat->user, tmp);
}
```

매개변수로 넘어온 「p」는 현재 프로세스의 프로세스 디스크립터다.

먼저, 이 처리를 실행하고 있는 CPU용으로 cpustat 구조체를 얻는다. 다음으로 cputime_add 매크로를 사용해서 현재 프로세스의 utime 멤버를 갱신한다. 이것으로 이 프로세스가 사용자 모드로 소비한 CPU시간 값이 갱신된다. 다음에, cpustat 구조체의 nice 혹은 user값에 대해 cputime64_add 매크로로 동일하게 경과시각을 더해 넣는다.

다른 쪽의 account_system_time()은 어떨까?

```
void account_system_time(struct task_struct *p, int hardirq_offset,
            cputime_t cputime)
{
    struct cpu_usage_stat *cpustat = &kstat_this_cpu.cpustat;
    struct rq *rq = this_rq();
    cputime64_t tmp;

    p->stime = cputime_add(p->stime, cputime);

    /* Add system time to cpustat. */
    tmp = cputime_to_cputime64(cputime);
    if (hardirq_count() - hardirq_offset)
        cpustat->irq = cputime64_add(cpustat->irq, tmp);
    else if (softirq_count())
        cpustat->softirq = cputime64_add(cpustat->softirq, tmp);
    else if (p != rq->idle)
        cpustat->system = cputime64_add(cpustat->system, tmp);
    else if (atomic_read(&rq->nr_iowait) > 0)
        cpustat->iowait = cputime64_add(cpustat->iowait, tmp);
    else
        cpustat->idle = cputime64_add(cpustat->idle, tmp);
    /* Account for system time used */
    acct_update_integrals(p);
}
```

이 함수도 마찬가지의 처리과정을 수행하지만, 앞의 update_process_times()에서는 「사용자 모드로 작업하지 않으면 시스템 모드로 작업하고 있다」라는 대략적인 조건분기만 존재했다. 실제로는 사용자 모드로 작업을 하지 않을 경우에는 아무것도 하지 않는 idle상태, 시스템 모드로 계산하고 있는 시간, I/O를 기다리는 시간 등이 있다. 이러한 판정을 수행해서 필요한 cpu_usage_stat의 항목을 갱신하고 있다.

* * *

다소 복잡하지만 CPU사용률 통계를 갱신하는 처리과정을 살펴보았다. sar이나 top이 나타내는 각각의 지표가 구체적으로 무엇을 나타내는 지표인지를 명확히 이해했을 것이다.

쓰레드와 프로세스

이야기가 조금 벗어나지만, 프로세스와 쓰레드Thread에 대해서도 조금 다뤄보도록 하자.

일반적으로 쓰레드는 프로세스보다도 작은 단위다. 프로세스 내에 여러 쓰레드를 동작시킬 수 있다. 이른바 멀티쓰레드다. 하나의 프로그램에 동시에 병행해서 복수개의 처리를 수행하고자 할 경우의 구현 테크닉으로는 다음과 같은 방법을 들 수 있다[5].

- 프로세스를 여러 개 생성해서 실행 컨텍스트를 여러 개 확보한다(➡ 멀티프로세스)
- 쓰레드를 여러 개 생성해서 실행 컨텍스트를 여러 개 확보한다(➡ 멀티쓰레드)

MySQL은 멀티쓰레드에 의해 여러 클라이언트로부터의 요청을 동시에 처리하고, 아파치는 MPM으로 「prefork」를 선택하면 멀티프로세스, 「worker」를 선택하면 멀티프로세스+멀티쓰레드로 동작한다.

멀티프로세스(그림 4.1.11)와 멀티쓰레드(그림 4.1.12)의 결정적인 차이는, 전자가 메모리 공간을 개별적으로 갖는데 비해 후자는 메모리 공간을 공유한다는 점이다. 따라서, 메모리의 사용효율은 멀티쓰레드가 더 높으며, 또한 프로세스 전환 시에 메모리 공간의 전환이 발생하지 않는 만큼 전환비용이 낮아진다. 대량의 실행 컨텍스트를 필요로 하는 프로그램에서는 멀티쓰레드를 채용하는 편이 유리하다.

주5 그 밖에는, 싱글쓰레드에서 이벤트 구동(event driven)으로 처리하는 방법도 있다.

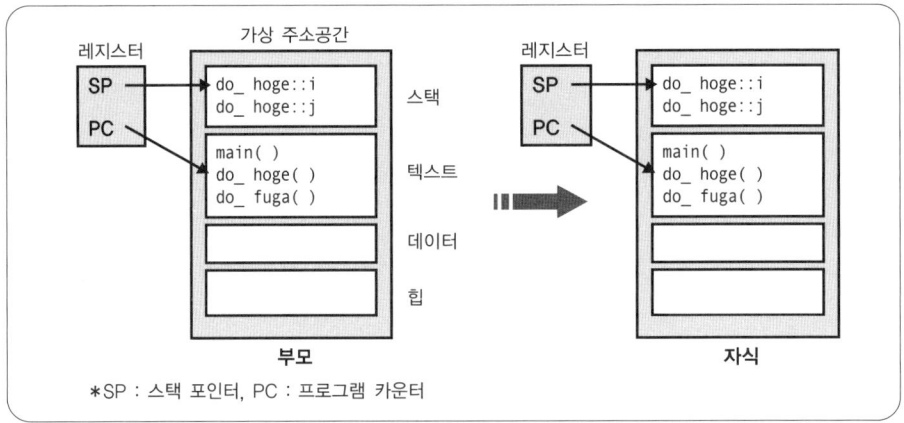

그림 4.1.11 멀티프로세스(메모리 공간은 별도. 복사)*

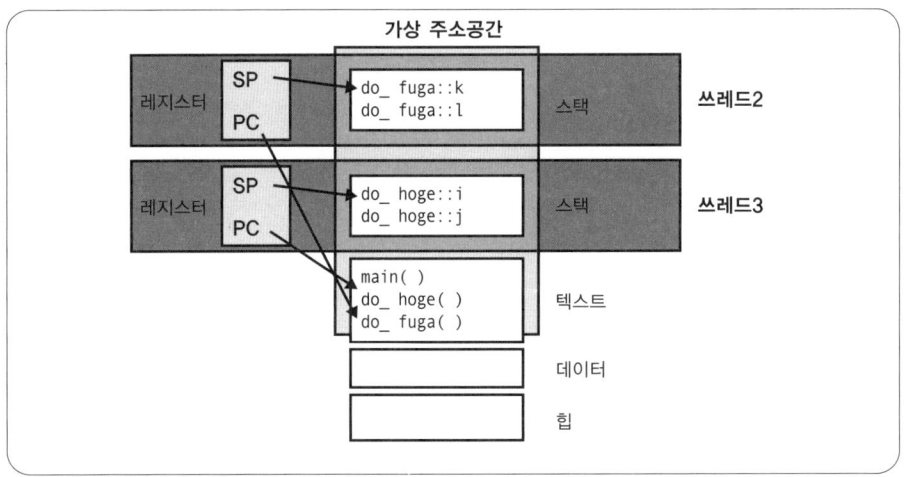

그림 4.1.12 멀티쓰레드(메모리 공간 동일)

커널 내부에서의 프로세스와 쓰레드

다만, 지금까지 설명한 것은 어디까지나 사용자 측면에서 본 프로세스와 쓰레드의 차이다.

커널 내부에서는 프로세스와 쓰레드가 거의 동일한 것으로 다뤄진다. 쓰레드 하나에 대해 프로세스 디스크립터 하나가 할당되며, 프로세스와 쓰레드는 완전히 동일한 로직으로 스케줄링된다. 따라서, 멀티쓰레드 애플리케이션을 동작시킬 경우라도 부하 측면에서의 구조는 변하지 않는다.

한편, 쓰레드는 커널 내부에서 LWP=Light Weight Process, 경량 프로세스라고 하기도 한다.

ps와 쓰레드

커널 측면에서는 프로세스와 쓰레드가 동일하지만, 사용자가 본 쓰레드는 프로세스 내에서 동작하는 실행 컨텍스트다. 즉, 쓰레드는 프로세스보다도 작은 개념으로, 프로세스는 쓰레드를 포함한다. 멀티쓰레드에서 모든 쓰레드를 ps 명령으로 확인할 경우에는 옵션이 필요하다.

예를 들어, mysqld의 프로세스를 보면 그림 4.1.13과 같이 2개의 프로세스밖에 출력되지 않는다. 여기에 그림 4.1.14와 같이 ps에 -L 옵션을 덧붙인다.

그림 4.1.13 ps의 실행 예

```
% ps -elf | egrep (CMD|mysql)
F S UID        PID  PPID  C PRI  NI ADDR SZ WCHAN  STIME TTY
TIME CMD
4 S root      3297     1  0  81   0 -  13260 wait   Jan25 ?
00:00:00 /bin/sh /usr/bin/mysqld_safe
4 S mysql    3329  3297 99  75   0 - 100738 stext  Jan25 ?
19-05:11:32 /usr/libexec/mysqld
```

출력된 행이 늘어났다. 늘어난 부분이 쓰레드다. 헤더인 「PID」와 「LWP」열에 주목하기 바란다. PID는 프로세스 ID인데 mysqld의 프로세스 ID는 모두 동일하다. 한편, LWP는 쓰레드 ID다. 프로세스 ID는 같고 쓰레드 ID가 다르다는 점에서 이 쓰레드들이 단일 프로세스 내에 생성된 복수 개의 쓰레드임을 알 수 있다.

그림 4.1.14 -L 옵션으로 멀티쓰레드의 모든 쓰레드 출력

```
% ps -elf -L | egrep (CMD|mysql) | head
F S UID         PID  PPID  LWP   C NLWP PRI  NI ADDR SZ WCHAN  STIME TTY
TIME CMD
4 S root       3297     1  3297  0    1  81   0 -  13260 wait   Jan25 ?
00:00:00 /bin/sh /usr/bin/mysqld_safe
4 S mysql      3329  3297  3329  0   37  75   0 - 101251 -      Jan25 ?
00:11:23 /usr/libexec/mysqld
1 S mysql      3329  3297  3332  0   37  75   0 - 101251 -      Jan25 ?
00:03:44 /usr/libexec/mysqld
1 S mysql      3329  3297  3333  0   37  75   0 - 101251 -      Jan25 ?
00:03:44 /usr/libexec/mysqld
1 S mysql      3329  3297  3334  0   37  75   0 - 101251 -      Jan25 ?
01:00:09 /usr/libexec/mysqld
1 S mysql      3329  3297  3335  0   37  80   0 - 101251 -      Jan25 ?
00:00:00 /usr/libexec/mysqld
<이하 생략>
```

「NLWP Number of LWPs」는 쓰레드 개수다. mysqld_safe는 쓰레드 하나, 즉 자기 자신뿐인데 반해, mysqld는 쓰레드가 37개 생성되어 있음을 알 수 있다.

LinuxThreads와 NPTL

그런데, 리눅스의 멀티쓰레드 구현은 역사적 경위에 의해 여러 구현 형태가 있다. 현재는 「NPTL Native POSIX Thread Library」 하나로 결합되었지만, 조금 오래된 배포판 등에서는 다른 형태의 구현인 「LinuxThreads」가 채용되어 있는 경우가 있다.

LinuxThreads와 NPTL 모두 거의 변하지 않았지만, ps로 목록을 확인했을 때, LinuxThreads는 거의 프로세스와 동일하게 출력된다는 차이가 있다. NPTL은 -L 옵션이 없이는 쓰레드를 확인할 수 없지만, LinuxThreads는 -L 옵션 없이도 쓰레드를 확인할 수 있으므로 혼돈하지 않도록 주의하기 바란다.

ps, sar, vmstat 사용법

잠시 벗어난 얘기에서 되돌아와서, 지금까지는 다음 사항들을 살펴보았다.

- 부하 계측의 기본 전략
- Load Average가 산출되는 과정
- CPU사용률이 산출되는 과정

지금까지의 내용을 이해할 수 있다면 여러 측정도구에서 출력되는 각종 지표를 어떤 의미로 봐야 하는지는 명확해지는 것이다. 이상의 지식을 전제로 ps, sar, vmstat를 보는 방법을 좀 더 깊이 파헤쳐보도록 한다.

ps ······ 프로세스가 지닌 정보 출력

ps Report Process Status는 프로세스가 갖는 정보를 출력하는 소프트웨어다. 이를테면 커널 내부에서 유지하는 프로세스 디스크립터에 저장된 각종 정보에, 사용자 공간에서 접근하는 도구를 말한다.

ps auxw의 출력을 확인해보자(그림 4.1.15). 주요 컬럼의 의미를 살펴보자.

- **%CPU** : ps 명령을 실행했을 때 해당 프로세스의 CPU사용률
- **%MEM** : 프로세스가 물리 메모리를 얼마나 소비하고 있는지를 백분율로 표시한다.
- **VSZ, RSS** : 각각 해당 프로세스가 확보하고 있는 가상 메모리 영역의 크기, 물리 메모리 영역의 크기(자세한 것은 뒤에 설명)
- **STAT** : 앞서 설명한 대로, 프로세스의 상태를 나타낸다. 매우 중요한 항목이다.
- **TIME** : CPU를 사용한 시간을 표시하는 항목(자세한 것은 뒤에 설명)

CHAPTER 04 ••• 성능향상, 튜닝_리눅스 단일 호스트, 아파치, MySQL

그림 4.1.15 ps auxw의 확인

```
% ps auxw
USER       PID %CPU %MEM   VSZ  RSS TTY    STAT START   TIME COMMAND
root         1  0.0  0.0  1944  656 ?      Ss   Feb05   0:00 init [2]
root         2  0.0  0.0     0    0 ?      S<   Feb05   0:00 [kthreadd]
root         3  0.0  0.0     0    0 ?      SN   Feb05   0:00 [ksoftirqd/0]
root         4  0.0  0.0     0    0 ?      S<   Feb05   0:00 [events/0]
root         5  0.0  0.0     0    0 ?      S<   Feb05   0:00 [khelper]
root        17  0.0  0.0     0    0 ?      S<   Feb05   0:00 [kblockd/0]
root        18  0.0  0.0     0    0 ?      S<   Feb05   0:00 [kseriod]
root        34  0.0  0.0     0    0 ?      S    Feb05   0:00 [pdflush]
root        35  0.0  0.0     0    0 ?      S    Feb05   0:07 [pdflush]
root        36  0.0  0.0     0    0 ?      S<   Feb05   0:01 [kswapd0]
root        37  0.0  0.0     0    0 ?      S<   Feb05   0:00 [aio/0]
root       786  0.0  0.0     0    0 ?      S<   Feb05   0:03 [kjournald]
root       982  0.0  0.0     0    0 ?      S<   Feb05   0:10 [kjournald]
root       983  0.0  0.0     0    0 ?      S<   Feb05   0:01 [kjournald]
root      1218  0.0  0.0  1628  616 ?      Ss   Feb05   0:00 /sbin/syslogd
root      1224  0.0  0.0  1576  380 ?      Ss   Feb05   0:00 /sbin/klogd -x
```

VSZ와 RSS ...... 가상 메모리와 물리 메모리의 지표

VSZ^{Virtual Set Size}는 프로세스가 확보한 가상 메모리 영역의 크기, RSS^{Resident Set Size}는 물리 메모리 영역의 크기를 말한다. 그런데 왜 메모리 지표가 두 가지 있는 것일까?

리눅스뿐 아니라 멀티태스킹 OS의 중요한 기능으로 가상 메모리 구조가 있다. 「가상 메모리^{Virtual Memory}」란 프로그램이 메모리를 사용할 때 물리적인 메모리를 직접 다루지 않고, 가상 메모리를 추상화한 소프트웨어적인 메모리를 다루는 구조다. 하드웨어에서 제공하는 「페이징^{Paging}」이라고 하는 가상 메모리 구조를 사용해 실현하였으며, OS가 이 가상 메모리 영역을 관리한다.

특정 프로세스가 적당한 크기의 메모리를 필요로 한다고 하자. 사용자 프로세스는 멀티 태스킹 시스템을 보호하기 위해 직접 하드웨어에 접근할 수 없으므로, 일단 처리를 중지하고 커널에 메모리 확보를 의뢰하게 된다.

커널은 프로세스에 할당할 메모리를 확보해야 하는데, 이 때 실제 물리 메모리 영역의 주소를 넘기는 것이 아니라 가상적인 메모리 주소를 넘긴다. 프로세스는 커널에서 반환된 가상 메모리 주소를 실제 주소인 걸로 간주하고 처리를 재개한다.

여기서 중요한 것은, 커널이 프로세스에 반환하는 가상 메모리 영역은 이 시점에서는 아직 실제로 물리 메모리와 연결되어 있지 않은, 이를테면 실체가 없는 메모리 영역이라는 점이다. 프로세스가 커널로부터 받은 이 새로운 가상 메모리 영역에 대해 쓰기작업을 수행한 시점에 처음으로 물리 메모리 영역과 연결관계를 맺는다(그림 4.1.16). 말하자면 커널은 가상 메모리라는 추상 레이어에 의해 프로세스를 (좋은 의미로) 속이는 것이다.

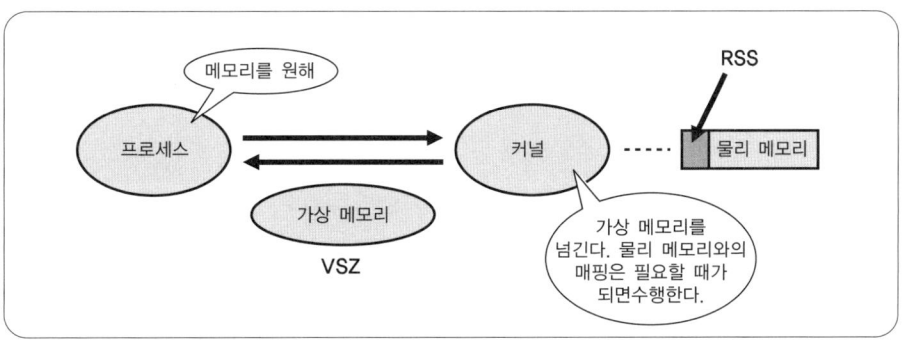

그림 4.1.16 가상 메모리

가상 메모리 구조를 통해 얻을 수 있는 혜택은 매우 커서, 멀티 태스킹 OS를 지탱하는 중요한 역할을 담당한다. 예를 들면, 다음과 같은 점을 들 수 있다.

- 본래 물리 메모리로 탑재되어 있는 용량 이상의 메모리를 다룰 수 있을 것처럼 프로세스에 꾸며 보일 수 있다.
- 물리 메모리상에서는 뿔뿔이 흩어져 있는 영역을 연속된 하나의 메모리 영역으로 프로세스에게 보일 수 있다.
- 물리 메모리가 부족한 경우는 장시간 사용되지 않은 영역의, 가상 메모리와 물리 메모리 영역 매핑을 해제한다. 해제된 데이터는 2차 기억장치(디스크 등)에 저장해두고 다시 필요해지면 원래로 되돌린다. 이른바 「스왑Swap」

CHAPTER 04 ••• 성능향상, 튜닝_리눅스 단일 호스트, 아파치, MySQL

- 서로 다른 두 개의 프로세스가 참조하는 가상 메모리 영역을 동일한 물리 메모리 영역에 대응시킴으로써, 두 개의 프로세스가 메모리 내용을 공유한다. IPC[주6] 공유 메모리 등은 이 방법으로 구현된다.

처음에 언급한 VSZ와 RSS는 각각 가상 메모리 영역과 물리 메모리 영역의 크기를 나타내는 지표다. 따라서, 예를 들어 스왑이 발생하고 있을 경우는 물리 메모리가 부족하다는 증거이므로, RSS의 크기를 보고 몹시 큰 프로세스가 없는지 등을 찾아보면 된다.

TIME은 CPU사용시간

TIME은 시간을 나타내는 지표지만, 이것은 프로세스가 실제로 CPU를 사용한 시간을 표시하는 항목이다. 프로세스가 생성된 후부터의 경과시간이 아닌 점에 주의하기 바란다.

프로세스가 실제로 CPU를 사용한 시간이란 무엇일까? 이미 눈치챘을 것이다. 앞에서 프로세스 어카운팅 처리에 관한 상세내용에서 본, 프로세스 디스크립터에 기록된 CPU 사용시간이다. 따라서, 예를 들어 CPU 부하가 매우 높은 시스템이 있다고 할 때, ps의 TIME항을 조사하면 어떤 프로세스가 CPU를 많이 사용하고 있는지를 판별할 수 있다.

블로킹과 busy 루프의 차이를 ps로 확인

여기서 CPU 시간에 대한 이해를 높이기 위해서 한 가지 실험을 해보자. 무한루프를 도는 2개의 Ruby 스크립트를 실행해서 ps로 해당 프로세스의 동작을 확인한다. 첫 번째 스크립트는 리스트 4.1.1로 오직 덧셈만 하는 스크립트(busy_loop.rb)다. 리스트 4.1.1의 스크립트를 실행하고 잠시 후에 ps의 결과를 살펴보자(그림 4.1.17)[주7].

[주6] Inter Process Communication의 약자. 프로세스 간 통신(기능).
[주7] 옵션에 BSD형식인 auxw가 아니라 SysV형식인 -fl을 지정하고 있으므로 출력내용이 앞서 설명한 것과 조금 다르지만, 표시되는 정보에는 큰 차이가 없다.

4.1 리눅스 단일 호스트 부하의 진상규명

리스트 4.1.1 busy_loop.rb

```ruby
#!/usr/bin/env ruby

i = 0
while true
  i += 1
end
```

그림 4.1.17 ps의 실행 예(busy_loop.rb, 일부 컬럼 생략)

```
% ps -fl -C ruby
F S UID         PID   C     TIME CMD
0 R naoya     10640  69  00:00:23 ruby busy_loop.rb
```

주목해야 할 것은 상태를 나타내는 「S」컬럼과 「TIME」컬럼이다. 리스트 4.1.1의 스크립트는 오로지 CPU로 가산연산을 수행하는 무한루프 스크립트로, 이벤트 대기로 들어가는 처리는 없다. 이에 따르면 상태는 항상 「TASK_RUNNING」이므로 S열은 「R」을 나타낸다. 또한 CPU시간을 계속해서 소비하므로 TIME값이 시간 흐름에 따라 증가한다. 이와 같이 오직 CPU의 연산처리를 반복하는 루프를 「Busy 루프 Busy Loop」라 한다.

한편, 리스트 4.1.2는 어떨까? 사용자의 키보드 입력을 그대로 표준출력으로 반환하는 스크립트(blocking.rb)다. ps의 결과는 그림 4.1.18과 같이 된다.

리스트 4.1.2 blocking.rb

```ruby
#!/usr/bin/env ruby

while true
  puts gets
end
```

그림 4.1.18 ps의 실행 예(blocking.rb, 일부 컬럼 생략)

```
% ps -fl -C ruby
F S UID        PID  C      TIME CMD
0 S naoya    10753  0  00:00:00 ruby blocking.rb
```

키보드 입력을 기다리며 블로킹되어 있기 때문에 상태는 「S」, 즉 「TASK_INTERRUPTIBLE」이다. 또한, 이 프로세스는 대기상태가 되어 있는 한 CPU시간을 사용하지 않는다. 따라서, 아무리 대기한다고 해도 TIME값이 증가하지는 않는다.

동일한 무한루프라고 해도 Busy 루프의 경우와 블로킹된 경우의 동작은 다르며, 그 결과가 ps의 항목으로 나타난다. 프로세스의 상태변화나 CPU 사용시간의 계산방법을 이해할 수 있다면 각 항목을 어떻게 파악하면 되는지는 자명하다.

sar ······ OS가 보고하는 각종 지표 참조

OS가 보고하는 각종 지표를 참조하는 툴은 여러 가지가 있지만, 그 중에도 범용적이고 편리한 것은 sar System Activity Reporter 다.

sar은 sysstat 패키지에 포함되어 있는 명령으로, 두 가지 사용방법이 있다.

- 과거의 통계 데이터로 거슬러올라가 접근한다(디폴트).
- 현재의 데이터를 주기적으로 확인한다.

sar에는 sadc라는 백그라운드에서 동작하는 프로그램이 포함되어 있어, sysstat 패키지를 설치하면 자동으로 sadc가 커널로부터 레포트를 수집해서 저장해주도록 되어 있다. 앞서 살펴본 바와 같이 sar 명령을 옵션을 덧붙이지 않고 실행하면, sadc가 수집한 CPU 사용률의 과거 통계를 참조할 수가 있다.

디폴트로는 최근 0:00부터의 데이터가 출력된다. 더욱 거슬러올라가 어제 이전의 레포트를 보고자 할 경우는, 그림 4.1.19와 같이 -f 옵션으로 /var/log/sa 디렉토리에 저장된 로그 파일을 지정한다.

이러한 과거 데이터를 확인하는 기능은 매우 유용하다. 예를 들면, 장애가 발생한

4.1 리눅스 단일 호스트 부하의 진상규명

```
그림 4.1.19  sar -f의 실행 예
```

```
% sar -f /var/log/sa/sa04 | head
Linux 2.6.19.2-103.hatena.centos5 (goka.hatena.ne.jp)   02/04/08

00:00:01        CPU     %user   %nice   %system %iowait %steal  %idle
00:10:01        all     3.21    0.00    2.51    2.16    0.00    92.12
00:20:01        all     3.10    0.00    2.48    2.04    0.00    92.38
00:30:01        all     3.01    0.00    2.34    1.94    0.00    92.71
00:40:02        all     2.92    0.00    2.29    1.95    0.00    92.84
```

후에 그 원인을 찾을 경우에 장애발생 시간대의 데이터는 도움이 된다. 또한, 프로그램을 교체한 후의 성능변화는 sar 데이터를 일정시간 동안 얻은 후 프로그램 교체 전후를 비교함으로써 확인할 수 있다.

과거 데이터가 아니라 지금 현재 데이터를 보고자 할 경우는 sar 1 1000과 같이 숫자를 매개변수로 부여한다. 「1 1000」은 「1초 간격으로 1000」이라는 의미다.

```
그림 4.1.20  sar로 지금 현재의 데이터를 확인한다
```

```
% sar 1 3
Linux 2.6.19.2-103.hatena.centos5 (goka.hatena.ne.jp)   02/08/08

16:13:30        CPU     %user   %nice   %system %iowait %steal  %idle
16:13:31        all     2.04    0.00    3.56    3.82    0.00    90.59
16:13:32        all     2.27    0.00    2.02    1.26    0.00    94.44
16:13:33        all     2.28    0.00    2.03    1.52    0.00    94.16
Average:        all     2.20    0.00    2.54    2.20    0.00    93.07
```

그림 4.1.20과 같이 1초마다 CPU 사용률을 확인할 수 있다. 지금 이 순간 시스템에 무슨 일이 일어나고 있는지를 확인하는 데는, 많은 경우 sar의 이러한 기능을 이용함으로써 커버할 수 있다.

sar은 옵션을 지정해서 CPU 사용률 이외에도 다양한 값을 참조할 수 있도록 되어 있다. 다수의 레포트를 확인할 수 있지만 이제부터는 자주 사용하는 것에 한해서

소개하도록 한다. 한편, 앞서 언급했듯이 –P 옵션으로 CPU별로 데이터를 확인할 수 있다.

sar –u ······ CPU사용률 확인

디폴트로 출력되는 CPU 사용률 등의 정보는 sar –u에 해당한다(그림 4.1.21). 각 열의 지표는 다음과 같다.

그림 4.1.21 sar –u의 실행 예

```
% sar -u 1 3
Linux 2.6.19.2-103.hatena.centos5 (koesaka.hatena.ne.jp)        02/08/08

16:19:14        CPU     %user   %nice   %system %iowait %steal  %idle
16:19:15        all     14.89   0.00    1.74    0.00    0.00    83.37
16:19:16        all     26.37   0.00    1.49    0.00    0.00    72.14
16:19:17        all     17.00   0.00    1.50    0.00    0.00    81.50
Average:        all     19.42   0.00    1.58    0.00    0.00    79.00
```

- user : 사용자 모드에서 CPU가 소비된 시간의 비율
- nice : nice로 스케줄링의 우선도를 변경한 프로세스가 사용자 모드에서 CPU를 소비한 시간의 비율
- system : 시스템 모드에서 CPU가 소비된 시간의 비율
- iowait : CPU가 디스크 I/O 대기를 위해 Idle상태로 소비한 시간의 비율
- steal : Xen 등 OS의 가상화를 이용하고 있을 경우, 다른 가상 CPU의 계산으로 대기된 시간의 비율
- idle : CPU가 디스크 I/O 대기 등으로 대기되지 않고, Idle상태로 소비한 시간의 비율

지금까지 보았듯이 부하분산을 고려할 때는 user/system/iowait/idle값이 중요한 지표가 된다.

sar -q ······ Load Average 확인

-q를 지정하면 실행큐에 쌓여 있는 프로세스의 수, 시스템상의 프로세스 사이즈, Load Average 등을 참조할 수 있다(그림 4.1.22). 시간 흐름을 따라 값의 추이를 추적할 수 있다는 점이 다른 명령보다도 편리하다.

그림 4.1.22 sar -q의 실행 예

```
% sar -q 1 3
Linux 2.6.19.2-103.hatena.centos5 (koesaka.hatena.ne.jp)     02/08/08

16:15:19      runq-sz   plist-sz   ldavg-1   ldavg-5   ldavg-15
16:15:20            0        123      0.62      0.72       0.81
16:15:21            0        123      0.62      0.72       0.81
16:15:22            2        122      0.62      0.72       0.81
Average:            1        123      0.62      0.72       0.81
```

sar -r ······ 메모리 사용 현황 확인

-r을 지정하면 물리 메모리의 이용 상황을 한눈에 살펴볼 수 있다. 그림 4.1.23은 4GB의 물리 메모리를 탑재한 서버에서 sar -r의 결과다. 각 열의 kbmemfree나 kbmemused의 「kb」는 Kilobyte의 약자다. 주요 항목의 의미는 다음과 같다.

그림 4.1.23 sar -r의 실행 예(일부 컬럼 생략)

```
% sar -r | head
Linux 2.6.19.2-103.hatena.centos5 (koesaka.hatena.ne.jp)     02/08/08

00:00:01    kbmemfree  kbmemused  %memused  kbbuffers  kbcached  kbswpfree  kbswpused
00:10:01       522724    3454812     86.86     114516   2236880    2048204         72
00:20:01       534972    3442564     86.55     114932   2225880    2048204         72
00:30:01       437964    3539572     88.99     115348   2238952    2048204         72
00:40:01       491184    3486352     87.65     115768   2251440    2048204         72
00:50:01       491208    3486328     87.65     116160   2263248    2048204         72
01:00:01       457364    3520172     88.50     116524   2274732    2048204         72
01:10:01       453172    3524364     88.61     116904   2281576    2048204         72
```

- kbmemfree : 물리 메모리의 남은 용량
- kbmemused : 사용중인 물리 메모리량
- memused : 물리 메모리 사용률
- kbbuffers : 커널 내의 버퍼로 사용되고 있는 물리 메모리의 용량
- kbcached : 커널 내에서 캐시용 메모리로 사용되고 있는 물리 메모리의 용량
- kbswpfree : 스왑 영역의 남은 용량
- kbswpued : 사용 중인 스왑의 용량

sar -r을 이용하면 시간 추이에 따라 메모리가 어느 정도, 어떤 용도로 사용되고 있는지를 파악할 수 있다. 뒤에 설명할 sar -W와 조합하면 스왑이 발생한 경우에 해당 시간대의 메모리 사용 상황이 어땠는지를 알 수 있다.

I/O 부하경감과 페이지 캐시

그렇다면, 그림 4.1.23에서는 「%memused」가 90% 가까운 수치를 나타내고 남은 용량은 겨우 500MB(Megabyte) 정도다. 또한 시간이 지나면서 남은 용량인 kbmemfree의 수치는 작아지고 있어서 이대로라면 메모리 부족이 되어버릴 것처럼 보인다. 그러나, 여기서 리눅스의 「페이지 캐시Page Cache」의 존재를 잊어서는 안 된다.

리눅스는 한번 디스크에서 읽어 들인 데이터는 가능한 한 메모리에 캐시를 해서 다음 번 이후의 디스크 읽기Disk Read가 고속으로 수행되도록 조정한다. 이렇게 메모리에 읽어들인 데이터의 캐시를 「페이지 캐시」라고 한다.

리눅스는 메모리 영역을 4KB(Kilobyte) 블록단위로 관리한다. 이 4KB 블록은 「페이지Page」라고 한다. 페이지 캐시는 그 이름대로 페이지의 캐시다. 즉, 디스크로부터 데이터를 읽어들이는 것은 다름아닌 페이지 캐시를 구축하는 것이다. 읽어들인 데이터는 페이지 캐시에서 사용자 공간으로 전송된다.

리눅스의 페이지 캐시 동작원리에서 기억해야 할 것은 「리눅스는 가능한 한 남아있는 메모리를 페이지 캐시로 활용하려고 한다」는 원칙이다. 즉, 다음과 같다.

- 뭔가 디스크로부터 데이터를 읽어서,
- 아직 그것이 페이지 캐시에 없고,
- 또한 메모리가 남아있다면,
- (오래된 캐시와 교체하는 것이 아닌) 언제든 새로운 캐시를 생성한다.

캐시용 메모리가 없다면 오래된 캐시를 버리고 새로운 캐시로 교체한다. 또한, 프로세스가 메모리를 필요로 할 경우는 페이지 캐시보다도 우선적으로 메모리가 할당되게 된다.

sar -r의 결과에서 시간이 지남에 따라 kbmemfree가 줄어드는 것은 페이지 캐시 때문이다. 그 증거로, 페이지 캐시에 할당된 메모리 용량에 해당하는 kbcached 값은 점점 증가하고 있다.

페이지 캐시에 의한 I/O 부하의 경감 효과

페이지 캐시의 효과는 어느 정도 기대할 수 있을까? 결론만 말하자면 데이터를 완전히 메모리에 올릴 수 있는 용량만 있다면 거의 모든 액세스를 메모리로부터 읽어낼 수 있으므로, 프로그램으로 메모리에 파일 내용을 모두 전개한 것과 다를 바 없는 속도를 기대할 수 있다.

예를 들면, 그림 4.1.24는 실제로 MySQL을 실행 중인 DB서버의 메모리를 8GB에서 16GB로 증설한 전후의 sar -P 0의 출력내용을 비교한 것이다. 이 DB가 저장하고 있는 데이터는 대략 20GB로 16GB 메모리가 있다면 대부분의 유효한 데이터는 캐시에 올릴 수 있다.

메모리 증설의 효과는 일목요연하다. 20%가 넘는 I/O대기(%iowait)가 거의 사라지게 되었다.

이와 같이, 특히 I/O바운드한 서버에서는 처리할 데이터량에 비례해서 메모리를 증설하는 것이 I/O 부하를 경감시키는 데 효과적인 방법이다.

sar -r을 보면 커널이 캐시를 어느 정도 확보하고 있는지를 판단할 수 있다. 이러한 캐시 용량과 실제로 애플리케이션이 다루는 유효한 데이터량을 비교해서 데이터량이 많을 경우 메모리 증설을 검토한다. 데이터가 캐시에 적절하게 실려 있는 상태에서는 디스크에 대한 액세스가 최소한이 된다. 뒤에 설명할 vmstat를 사용하면 실제 디스크 액세스가 얼마나 발생하고 있는지를 확인할 수 있다.

그림 4.1.24 sar -P의 출력내용 비교

```
• 메모리 8GB일 때
13:40:01        CPU     %user   %nice   %system %iowait %idle
13:50:01        0       20.57   0.00    15.61   23.90   39.92
14:00:01        0       18.65   0.00    16.54   30.36   34.45
14:10:01        0       19.50   0.00    15.26   20.51   44.73
14:20:01        0       19.38   0.00    16.19   21.93   42.50

• 메모리 증설 후
15:20:01        CPU     %user   %nice   %system %iowait %idle
15:30:01        0       23.31   0.00    17.56   0.81    58.32
15:40:01        0       22.43   0.00    16.60   0.86    60.11
15:50:01        0       22.90   0.00    16.93   1.06    59.11
16:00:01        0       23.54   0.00    18.37   1.02    57.07
```

메모리를 증설할 수 없을 경우에는 데이터를 분할해서 각각의 서버에 위치시키는 것을 검토한다. 데이터를 적절하게 분할하면 단순히 서버 대수를 늘린 만큼 디스크 I/O회수만 줄어드는 것이 아니라, 캐시에 올릴 데이터의 비율이 늘어나므로 상당한 전송량 향상을 기대할 수 있다.

페이지 캐시는 한 번의 read에서 시작된다

앞에서 말한 대로 페이지 캐시는 그 이름처럼 캐시이므로, 캐싱하지 못한 데이터는 당연히 직접 디스크에서 읽어들인다. OS를 부팅한 직후에는 대부분의 데이터가 캐시되지 못한 상태이므로, 거의 모든 읽기 요청은 캐시가 아닌 디스크로부터 전송된다.

MySQL 등의 DB서버를 운용하면서 대규모의 데이터를 처리할 경우에는 이 점에 주의해야 한다.

예를 들면, 유지보수 등으로 서버를 재부팅한 경우 그 때까지 메모리에 캐싱되어 있던 페이지 캐시는 모두 초기화되어 버린다. 요청이 많은 DB서버를 캐시가 구축되어 있지 않은 상태로 실제로 가동시킨 경우는 어떻게 될까? 예상대로 거의 모든 DB액세스는 디스크 I/O를 발생시키게 된다. 대규모의 환경에서는 이를 원인으로 해서 DB가 Lock에 걸려 서비스 불능상태가 되는 일도 드물지 않다. 필요한 데이터 전체를 한 번 읽어들인 후에 프로덕션 환경으로 되돌리는 방안이 필요한 것이다.

예를 들면, I/O바운드인 서버가 높은 I/O 부하로 인해 전송량이 제대로 나오지 않을 경우에는, 페이지 캐시가 최적화되기 이전인지 이후인지에 따라 얘기가 달라진다고도 할 수 있을 것이다.

그림 4.1.25에 재미있는 데이터를 소개한다. 메모리를 4GB 탑재하고 있는 MySQL서버에서 OS를 기동한 후에 20분 정도 sar -r을 실행한 결과다. OS가 기동한 후 MySQL의 각종 데이터 파일 전체를 읽어들이는 프로그램(파일을 read하기만 하는 프로그램)을 실행했다.

그림 4.1.25 페이지 캐시로 저장된 예(일부 컬럼 생략)

시간	kbmemfree	kbmemused	%memused	kbbuffers	kbcached
18:20:01					
18:30:01	3566992	157272	4.22	11224	50136
18:40:01	3546264	178000	4.78	12752	66548
18:50:01	112628	3611636	96.98	4312	3499144

부팅 직후에는 메모리의 사용률이 5% 미만으로 남은 메모리가 3.5GB 정도 있다. 이후 데이터 파일을 읽어들임으로써 메모리 사용률이 96.98%까지 오르고 있다. 파일을 읽어들인 덕분에 그 내용이 페이지 캐시로 저장되고 있음을 알 수 있다.

sar -W ...... 스왑 발생상황 확인

-W를 지정하면 스왑 발생상황을 확인할 수 있다(그림 4.1.26). 「pswpin/s」는 1초 동안에 스왑 인되고 있는 페이지 수, 「pswpout/s」는 그 반대, 스왑 아웃되고 있는 페이지 수를 나타낸다. 스왑이 발생하면 서버의 전송량은 급격히 떨어진다. 서버

상태가 좋지 않을 경우에 메모리 부족으로 스왑이 발생하고 있는지 여부가 의심되는 경우에는 sar -W를 이용하면, 그 시간에 스왑이 발생하고 있었는지 또는 발생하고 있는지를 확인할 수 있다.

그림 4.1.26 sar -W의 실행 예

```
19:20:01      pswpin/s    pswpout/s
19:30:01         0.00         0.00
19:40:01         0.00         0.00
19:50:37        44.01       811.27
Average:         0.39         7.21
```

vmstat ······ 가상 메모리 관련정보 참조

vmstat^{Report Virtual Memory Statistics}의 사용방법도 간단히 소개하도록 한다. vmstat에서 「vm」은 Virtual Memory(가상 메모리)를 뜻한다. vmstat는 가상 메모리와 관련된 정보를 참조할 수 있는 툴이다. 다수의 항목은 sar로도 확인할 수 있지만, CPU사용률과 실제 IO발생상황 등을 나열해서 실시간으로 표시할 수 있다는 점이 편리하다.

vmstat와 sar은 사용방법이 비슷하다. vmstat 1 100과 같이 매개변수로 숫자를 지정하면 「1초 간격으로 100회」 통계정보를 출력한다.

그림 4.1.27은 vmstat의 출력 예다. 각 항목의 의미는 man vmstat로 확인할 수 있으므로 이를 참조하기 바란다. 아마 지금까지의 설명을 보면 항목명에서 대략 의미를 떠올릴 수 있을 것이다.

그림 4.1.27에서 확실히 봐두었으면 하는 것은 「bi」와 「bo」값이다. 각각 다음과 같은 수치를 나타내고 있다.

- bi : 블록 디바이스에서 수신한 블록(blocks/s)
- bo : 블록 디바이스로 송신한 블록(blocks/s)

블록 디바이스라는 것은 단적으로 말하면 2차 기억장치, 즉 디스크를 말한다. 리눅스는 하드웨어와의 입출력을 두 종류로 나누어 다루고 있다.

그림 4.1.27 vmstat의 출력 예

```
procs -----------memory---------- ---swap-- -----io---- -system-- ----cpu----
 r  b   swpd   free   buff  cache   si   so    bi    bo   in   cs us sy id wa
 0  0      4  61692 342476 118464    0    0     3    16  105   41  1  1 98  0
 0  0      4  61692 342476 118464    0    0     0     0  101   12  0  0 100 0
 0  0      4  61692 342480 118464    0    0     0   192  101   18  0  0 100 0
 0  0      4  61692 342480 118464    0    0     0     0  101   10  0  0 100 0
```

- **캐릭터 디바이스** : 바이트 단위로 입출력을 수행하는 하드웨어
- **블록 디바이스** : 블록이라고 하는, 일정한 크기의 묶음 단위로 입출력을 수행하는 하드웨어

디스크는 블록 디바이스에 해당한다. vmstat에서는 디스크로부터 읽어들이고(bi) 디스크로 쓰는(bo) 작업이 블록 단위로 어느 정도 발생하고 있는지를 확인할 수 있다.

top이나 sar에서는 CPU사용률과 함께 I/O대기율을 확인할 수 있지만, I/O대기의 수치로 알 수 있는 것은 어디까지나 시스템 전체에서 I/O대기가 발생한 「비율」뿐이다. 실제로 얼마나 I/O가 발생하고 있는지 그 절대치를 알고자 할 경우에는 vmstat를 참고하면 좋을 것이다.

OS튜닝이란 부하의 원인을 알고 이를 제거하는 것

부하를 계측하는 방법을 익혔으므로 이제는 OS의 성능을 향상시키기 위한 튜닝에 대해 알아보도록 하자…라고 하고 싶지만, 이 책에서는 이 이상 설명하지는 않는다. 튜닝이라는 단어에서, 본래 소프트웨어가 지니고 있는 성능을 2배, 3배 이상으로 키워주기 위한 시책을 떠올리는 사람도 있을지 모르겠다.

그러나, 튜닝의 본래 의미는 「병목현상이 발견되면 이를 제거하는」 작업이다. 애초에 본래 하드웨어나 소프트웨어가 지니고 있는 성능 이상의 성능을 내는 것은 아무리 노력해도 불가능한 것이다. 할 수 있는 것은 「하드웨어/소프트웨어가 본래

지닌 성능을 충분히 발휘할 수 있도록 문제가 될 만한 부분이 있다면 제거하는」 것이다.

최근의 OS나 미들웨어는 디폴트 상태에서도 충분한 성능을 발휘할 수 있도록 설정되어 있다. 정체되지 않은 고속도로의 차도를 넓혀도 1대의 자동차가 목적지에 도달하기까지 걸리는 시간은 달라지지 않는 것과 마찬가지로, 디폴트 설정이 최적화되어 있다면 아무리 설정을 변경하더라도 대부분의 경우 효과는 없다.

예를 들면, CPU의 계산시간을 최대한 이용해서 10초 걸리는 처리는 아무리 OS 설정을 만진다고 해도 10초 이하로 줄어들 수는 없다. 이것이 정체되지 않은 고속도로의 예다.

한편, 예를 들어 다른 프로그램의 I/O성능이 영향을 끼치고 있어서 해당 프로그램이 본래 10초에 끝낼 일을 100초 걸려 마친다고 할 경우에는 I/O성능을 개선할 수 있다. 이는 정체되고 있는 고속도로의 예다. I/O성능을 개선하기 위해서는 다음과 같은 것을 규명할 필요가 있다.

- 메모리를 증설해서 캐시 영역을 확보함으로써 대응할 수 있는가?
- 원래 데이터량이 너무 많지는 않은가?
- 애플리케이션측의 I/O 알고리즘을 변경할 필요가 있는가?

결국, 원인을 알면 해당 원인에 대한 대응방법은 자명한 것이다. 이렇게 자명해진 대응방법을 실천하는 것이 튜닝인 것이다.

끝으로 다시 말하지만, 하드웨어가 지닌 성능이나 OS의 성능을 최대한으로 발휘시키기 위해 필요한 지식은 병목현상이 발생했을 때 어떤 이유로 발생했는지를 규명하기 위한 지식이다. 이번 절에서는 이를 위해 필요한 지식을 얻기 위한 발판으로서, OS 내부의 구조나 부하의 계측방법에 관한 기본적인 내용에 대해 설명했다.

4.2 아파치 튜닝

웹 서버 튜닝

지금까지는 OS에 관한 얘기였지만, 그 다음으로는 OS상에서 실행되는 애플리케이션, 웹 서버로 눈을 돌려보도록 하겠다. 여기서는 OSS인 웹 서버로는 사실상 표준으로 되어 있는 아파치 HTTP SERVER(APACHE)[주8]에 대해 설명한다.

OS 튜닝과 마찬가지로, 웹 서버도 튜닝 작업을 수행한다고 해서 웹 서버가 지니고 있는 성능이 2배, 3배 이상 향상되는 일은 없다. 어디까지나 본래 지니고 있는 서버의 성능을 충분히 발휘할 수 있도록 조정하는 것이 튜닝 작업인 것이다.

웹 서버가 병목현상?

사실은 과부하로 웹 서버가 응답을 제대로 반환하지 못할 경우, 그 원인이 되는 것은 웹 서버의 설정과는 관계없는 경우가 대부분이다. 웹 서버는 비교적 안정된 소프트웨어로, 오히려 그 자체만으로는 그 정도로 시스템에 부하를 유발하는 소프트웨어는 아니다.

문제가 웹 서버의 응답불능이라는 현상으로 겉으로 드러나 있는 것일 뿐, 그 원인

주8 URL http://httpd.apache.org/

이 웹 서버에 있다고 할 수는 없는 것이다. 열이 나고 있다고 해서 해열하는 것만으로는 병이 낫지 않는 것과 마찬가지다.

이러한 상황에서는 아무리 아파치 설정을 만진다고 해도 그 외의 부분에서 문제가 발생하고 있는 이상, 의미가 없다는 것을 의식하기 바란다. 4.1절에서도 봐온 것처럼, 아파치 설정을 변경하면서 상태를 살펴보는 것과 같은 대증요법對症療法적인 대책이 아닌, 장애의 원인을 찾기 위한 지식이 가장 중요하다. 여기에서도 「추측하지 말라, 계측하라」다. 문제의 상당수는 지금까지 살펴본 ps나 sar, vmstat 등의 툴을 사용하면 파악할 수가 있다.

한편, 「하드웨어나 OS가 충분히 성능을 발휘할 수 있는 상태」이면서 「부하가 큰 상황」에 국한된 상황이 되었지만, 웹 서버의 설정으로 족쇄가 되는 항목은 분명히 있다. 이후에는 아파치 설정항목 중에도 특히 대규모 환경에서 성능에 영향을 미칠 만한 부분에 한해서 설명하도록 한다.

아파치의 병렬처리와 MPM

아파치의 설정항목을 다루기 전에 아파치의 병렬처리 아키텍처를 복습해두겠다.

아파치뿐만 아니라 불특정 다수의 클라이언트에 공개된 네트워크 서버는 동시에 복수의 클라이언트로부터 접속되더라도 계속해서 처리할 수 있도록 병렬처리를 수행할 필요가 있다. 병렬처리를 수행하지 않는 서버에서는 특정 클라이언트가 접속해서 서버와 입출력을 하고 있는 동안, 다른 클라이언트는 서버에 접속할 수가 없다(그림 4.2.1). 특히 아파치를 시작으로 하는 웹 서버는 얼마나 다수의 접속을 동시에 처리할 수 있는가가 성능의 기준이 되는 소프트웨어이므로, 병렬처리의 구현이 서버의 성능에 미치는 영향이 상당히 크다고 할 수 있다.

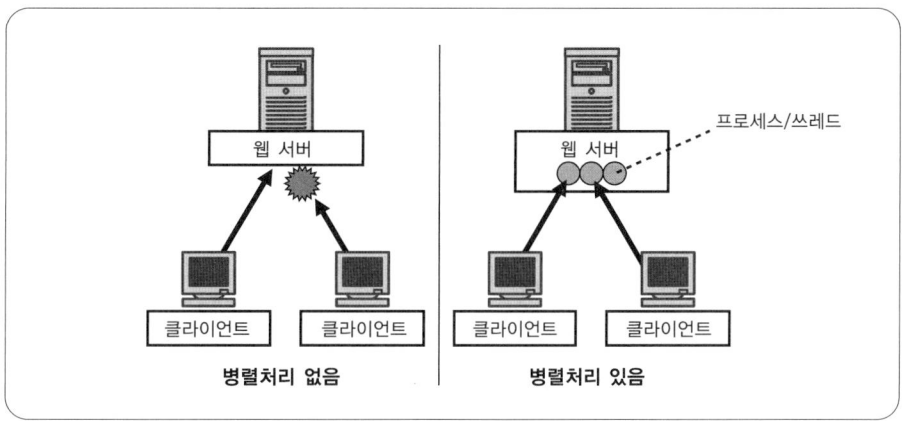

그림 4.2.1 병렬처리 유무

병렬처리의 구현모델은 몇 가지가 있다.

- 프로세스를 여러 개 생성해서 병렬처리를 실현하는 멀티프로세스 모델
- 프로세스가 아니라 보다 경량의 실행단위인 쓰레드를 사용하는 멀티쓰레드 모델
- 입출력을 감시해서 이벤트가 발생하는 타이밍에 처리를 전환하는, 시그널 쓰레드로 병렬처리를 수행하는 이벤트 구동 모델

각각에는 이점과 결점이 있으므로, 한마디로 어느 것이 좋다고 단언할 수 없다. 또한, 이러한 각 모델을 조합해서 구현하는 경우도 있다.

아파치는 내부의 각종 기능이 모듈화에 의해 깔끔하게 분리되어 있는 것이 특징이며, 병렬처리를 수행하는 코어 부분의 구현도 모듈로 되어 있다. 바로 MPM[Multi Processing Module]이라고 하는 모듈이다. MPM으로 무엇을 선택하느냐에 따라 병렬처리 모델로 무엇을 사용할지 사용자가 선택할 수 있도록 되어 있다. 아파치 2.2에서 이용가능한 MPM 목록은 다음 주소에서 확인할 수 있다.

URL http://httpd.apache.org/docs/2.2/ko/mod/

유닉스 환경에서 대표적인 MPM은 다음의 두 가지다(그림 4.2.2)[주9].

- prefork : 미리 복수의 프로세스를 생성Prefork해서 클라이언트의 접속에 대비하는 멀티프로세스 모델
- worker : 멀티쓰레드와 멀티프로세스의 하이브리드형

MPM으로 무엇을 이용할지는 컴파일시에 결정되므로, 나중에 다른 MPM을 이용할 경우에는 기본적으로 아파치를 재컴파일해야 한다. 다만, Red Hat Enterprise Linux나 CentOS에서는 prefork용과 worker용 두 가지 httpd가 설치된다. 디폴트로는 prefork의 바이너리가 이용된다. worker로 전환하고자 할 경우에는 /etc/sysconfig/httpd에 다음과 같이 설정함으로써 변경할 수 있게 된다.

HTTPD=/usr/sbin/httpd.worker

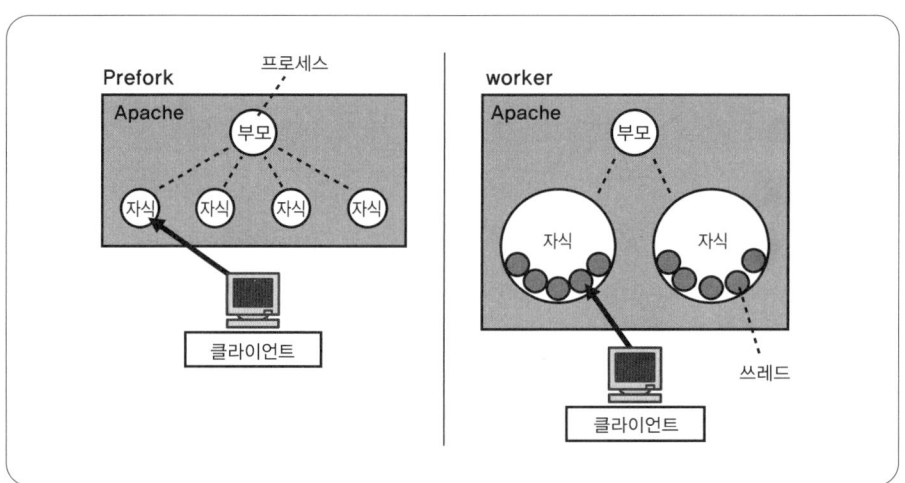

그림 4.2.2 유닉스 환경에서 대표적인 MPM

[주9] 그 밖에도 worker에 이벤트 모델의 장점을 포함시킨 「event MPM」도 있지만, 아파치 2.2 단계에서는 실험적인 모듈로서 자리매김하고 있으므로, 프로덕션 환경에서 이용되는 일은 거의 없다.

prefork와 worker, 프로세스와 쓰레드

prefork는 멀티프로세스, worker는 멀티쓰레드와 멀티프로세스의 하이브리드형이다. 기본적으로는 후자 쪽이 메모리를 시작으로 하는 리소스 소비량이 비교적 적다. 따라서, 보다 대규모 환경에서는 worker를 선택하는 것이 더 낫다. 이를 좀 더 깊이 파헤쳐 설명하도록 한다.

프로그래밍 모델 관점에서 본 멀티프로세스/멀티쓰레드의 차이

아파치는 이미지나 단일 HTML파일 등 정적인 파일을 반환하는 것 외에도 예를 들면, mod_perl이나 mod_php를 내장함으로써 AP서버 기능으로 이용할 수가 있거나, 2.1절에서 살펴본 것처럼 mod_proxy_balancer를 내장함으로써 리버스 프록시로서 이용할 수도 있다. 아파치 2.2에서는 보다 범용화가 진행되어, (세간의 인식은 별개로 하고) 최근에 아파치는 웹 서버라기보다는 범용적인 네트워크 서비스 플랫폼으로서의 자리매김이 강한 소프트웨어다.

일반적으로 「멀티프로세스」와 「멀티쓰레드」 중에는 후자 쪽이 프로그래밍 모델이 더 복잡해지기 쉽다. 이와 함께 그림 4.1.11, 그림 4.1.12를 다시 한번 확인해두기 바란다.

- 멀티프로세스에서는 기본적으로 프로세스 간에 메모리를 직접 공유하지는 않는다. 메모리 공간이 독립해 있으므로 안전하다.
- 멀티쓰레드에서는 메모리 공간 전체를 복수의 쓰레드가 공유하므로, 리소스 경합이 발생하지 않도록 주의할 필요가 있다. 이것이 멀티쓰레드 프로그래밍이 복잡하다고 하는 이유다.

따라서, 아파치 써드파티 모듈 중에는 멀티쓰레드 환경에서 제대로 동작할 수 없는 것이나 애초에 멀티쓰레드에서 동작하는 기능을 제공하지 않는 것, prefork를 제공하고 있는 모듈이 있다.

이와 같은 이유에서 다음과 같은 자리매김을 하고 있다.

- prefork : 안정지향, 후방호환성이 높은 MPM
- worker : 확장성이 높은 MPM

써드파티 모듈을 고려대상에 넣지 않는다면 worker를 사용하고, 써드파티 모듈을 사용할 경우에는 해당 모듈의 사양을 살펴본 후 prefork와 worker 중 하나를 선택하는 것과 같은 지침을 따르면 좋을 것이다[주10].

성능 관점에서 본 멀티프로세스/멀티쓰레드의 차이

일반적으로 멀티프로세스와 멀티쓰레드 중에는 후자 쪽이 가볍고 더 빠르다고 한다. 주된 이유는 다음의 두 가지다.

① 복수의 메모리 공간을 각각 지닌 멀티프로세스보다도 메모리 공간을 공유하는 멀티쓰레드 쪽이 메모리 소비량이 적다.

② 멀티쓰레드는 메모리 공간을 공유하고 있으므로, 쓰레드 전환에 걸리는 비용이 멀티프로세스보다도 적다.

아파치를 이용함에 있어서 실제로는 어떨까?

①의 메모리 소비에 대해서는 확실히 멀티쓰레드를 이용하는 worker에 손이 올라간다. 다만, 실제로는 멀티프로세스의 경우에도 부모와 자식 프로세스에서 갱신되지 않은 메모리 공간은 공유되므로(카피 온 라이트^{Copy on Write}) 그렇게까지 현저한 차가 나는 것은 아니다. 카피 온 라이트에 관해서는 나중에 자세히 설명하도록 한다.

②는 이른바 「컨텍스트 스위치^{Context Switch}」비용의 차다. 멀티태스킹 OS는 서로 다른 처리를 수행하는 처리단위로 프로세스/쓰레드를 짧은 시간에 전환함으로써 병렬처리를 실현하고 있다[주11]. 이 때의 프로세스/쓰레드의 전환처리를 「컨텍스트 스위치」라고 한다. 이렇게 컨텍스트 스위치할 때 멀티쓰레드는 메모리 공간을 공유하기 때문에 메모리 공간의 전환처리는 생략할 수 있다. 메모리 공간을 전환하지 않게 되면 CPU상의 메모리 캐시(정확히는 TBL[주12])를 그대로 유지할 수 있는 등의 큰 이

[주10] mod_perl을 worker로 작동시킬 경우에는 펄이 ithreads로 쓰레드를 생성한다. 펄의 쓰레드 구현은 다소 특수하기 때문에, prefork로 작동시킨 경우와는 다소 사양의 차이가 있다. 이를 꺼려해서 prefork를 선택하는 사용자가 많은 듯하다.

[주11] 멀티태스크의 전환에 관해 자세한 것은 4.1절 참조

점이 있으므로 성능에 미치는 영향은 현저하다.

이 두 가지 이유로 다음과 같은 것을 알 수 있다.

- prefork를 worker로 변경하더라도 하나의 클라이언트에 대한 응답시간이 고속화되는 것은 아니다.
- prefork를 worker로 변경하더라고 메모리가 충분하다면 동시에 처리할 수 있는 접속 수는 변하지 않는다.
- prefork를 worker로 변경하더라도 대량의 컨텍스트 스위치가 없다면(동시에 병렬적으로 대량의 액세스가 없다면) 효과는 크지 않다.

prefork를 worker로 변경했더라도 성능이 개선되는 상황은 제한되어 있다는 점을 인식하자.

반대로, worker로 변경해서 효과적인 부분은 다음과 같은 점이다.

- 이용할 수 있는 메모리 용량이 그다지 크지 않은 경우나, 메모리 소비량을 줄이고자 할 경우. 이런 경우, 프로세스보다 메모리 소비량이 적은 쓰레드의 이점이 살아난다.
- 컨텍스트 스위치 횟수가 많아서 그만큼의 CPU 리소스를 줄이고자 할 경우, 즉 대량의 액세스로 인한 CPU사용률을 줄이고자 할 경우[주13]. 프로세스보다 쓰레드 쪽이 컨텍스트 스위치 비용은 낮으므로 CPU소비가 줄어든다.

하나의 클라이언트에 대한 하나의 프로세스/쓰레드

prefork와 worker에 공통적인 것은, 아파치는 클라이언트로부터 온 하나의 요청에 대해 기본적으로 하나의 프로세스 혹은 하나의 쓰레드를 할당해서 처리한다는 점이다. 즉, 동시에 10개의 클라이언트로부터 요청이 있을 경우, 10개의 프로세스 또는 10개의 쓰레드를 생성해서 응답한다[주14].

[주12] TLB(Translation Lookaside Buffer)는 메모리의 가상 주소를 물리 주소로 변환하는 처리를 고속화하기 위한 캐시로, CPU 내부의 구조다. 컨텍스트 스위치가 일어나면 TLB가 초기화되는데, 이 영향에 의한 TLB 캐시 미스는 상대적으로 비용이 많이 든다.

[주13] 컨텍스트 스위치 횟수는 sar -c로 확인할 수 있다.

따라서, 동시에 생성할 수 있는 프로세스/쓰레드 수가 아파치의 성능을 좌우하는 항목이 된다. 이러한 프로세스/쓰레드 수를 제어하는 설정항목의 최적해를 찾는 것이 아파치 튜닝의 핵심이라 할 수 있을 것이다. 자세히 살펴보도록 하자.

httpd.conf 설정

httpd.conf 내에서도 아파치의 성능, 특히 「동시처리 가능한 요청수」에 영향을 주는 부분에 대해 설명한다.

아파치의 안전판 MaxClients

웹 서버는 불특정 다수의 클라이언트로부터 요청을 받아들이는 서버이기 때문에, 「언제 어느 정도의 트래픽이 발생할지는 예상할 수 없다」는 점을 전제로 설계되어 있다.

그래서 아파치는 프로세스/쓰레드 수를 부하에 맞게 동적으로 제어한다. 그러나 동적으로 제어한 결과, 머신 리소스를 고갈시킬 정도로 많은 프로세스/쓰레드를 생성한다면 곤란할 것이다.

이 때문에 안전판으로서, 「동시에 접속할 수 있는 클라이언트 개수의 상한값」이 준비되어 있다. 이 안전판이 없다면 해당 시스템이 허용할 수 있는 수 이상의 요청이 동시에 몰려올 경우, 메모리를 다 써버려서 OS가 hang-up되거나 CPU사용률을 모두 점유해서 응답불가능 상태가 되는 등 치명적인 장애를 초래하게 된다.

요청이 넘쳐날 경우에는 아파치의 안전판에 의해 다음과 같이 동작하게 된다.

- 처리를 마치지 못한 요청에는 대기행렬 내에서 일정시간 기다려준다.

주14 이 모델에 의해 써드파티 애플리케이션을 아파치에서 실행할 경우, 해당 애플리케이션 개발자의 부담이 줄어든다는 이점을 얻을 수 있다.

- 나아가 대기행렬이 넘쳐날 듯하면 해당 요청에 대해 에러를 반환해서 클라이언트로 응답을 돌려준다.

이로써 OS 자체가 hang-up하는 등의 최악의 사태를 피할 수 있게 된다.

이렇게 안전판 역할을 하는 상한값은 정적인 값이다. 머신이 지니고 있는 리소스에 맞게 수동으로 설정할 필요가 있다. 이 조정이 아파치 튜닝의 핵심이 된다. 반대로, 이 외의 항목으로 성능에 영향을 미치는 것은 많지 않다. 이후에는 이 안전판 값의 조정에 대해 상세히 언급하도록 한다.

prefork의 경우

prefork의 경우, 설정항목은 비교적 간단하다. 안전판이 되는 것은 ServerLimit와 MaxClients라는 두 가지 디렉티브로 설정된다. ServerLimit, MaxClients 둘 다 아파치가 생성하는 프로세스 수의 상한값이다.

- ServerLimit : 서버 수, 이를테면 prefork에서는 프로세스 수의 상한
- MaxClients : 동시에 접속할 수 있는 클라이언트 수의 상한

본래는 위와 같은 것을 의미하는 파라미터지만, 하나의 클라이언트를 하나의 프로세스로 처리하는 prefork에서는 양자는 거의 같은 의미다[주15]. 프로세스 수의 상한을 올리고자 하는 경우는 ServerLimit와 MaxClients를 설정하게 된다. 사양의 형편상 「MaxClients > ServerLimit」와 같이 설정할 수는 없으므로 다음과 같이 먼저 ServerLimit를 설정한다.

```
ServerLimit     50
MaxClients      50
```

이는 최대 프로세스 수(동시접속 클라이언트 수)를 50으로 설정하는 것이다.

그 밖에 프로세스/쓰레드 수를 제어하는 파라미터로 MinSpareServers,

[주15] 양자가 구별되는 것은 worker 모델 등의 다른 MPM에서 의미를 갖는다.

MaxSpareServers, Startservers 등의 값이 있지만, 이러한 항목이 성능에 미치는 영향은 그다지 크지는 않으므로 여기서 설명은 생략한다.

그렇다면 문제는 ServerLimit, MaxClients를 어느 정도의 값으로 설정하느냐 하는 것이다. 안타깝지만 「이 값으로 해야 한다」라고 단정적인 수치가 존재하지는 않는다.

- 서버가 탑재되어 있는 물리 메모리의 용량
- 프로세스 하나당 평균 메모리 소비량

위 두 가지로부터 최대 어느 정도까지 프로세스를 생성할 수 있는지를 계산해서 설정할 필요가 있다.

전자는 하드웨어 스펙을 참조하면 알 수 있다. free 등의 명령으로 확인해도 좋다.

후자의 프로세스 사이즈는 어떻게 확인하면 좋을까? ps나 top으로도 확인할 수 있지만, 여기서는 proc 파일시스템을 통해 조사해보겠다.

리눅스에는 /proc/<프로세스의 PID>/status로 프로세스의 메모리 사용량 등의 요약 내용을 볼 수 있다. 표시되는 항목의 의미에 대한 자세한 것은 커널 소스에 포함된 문서(Documentation/filesystem/proc.txt)를 참조하기 바란다.

그림 4.2.3의 요약 내용 중, 「VmHWM」이 해당 프로세스가 실제로 사용하고 있는 메모리 영역의 크기가 된다. 그림 4.2.3의 예는 mod_perl을 내장해서 AP서버로 이용하고 잇는 아파치 통계지만, 100MB 미만으로 물리 메모리를 이용하고 있음을 알 수 있다. 「VmPeak」나 「VmSize」는 가상 메모리상의 영역으로, 물리 메모리상에서의 영역 크기는 VmHWM이다.

언뜻 보면 이 VmHWM 값으로부터 httpd의 각 프로세스의 VmHWM 평균값을 구하면 될 것처럼 보인다. 예를 들면 그림 4.2.3의 예에서처럼 다음과 같은 로직으로 MaxClients 35…라는 상황이다.

- 탑재 메모리량이 4GB
- httpd 프로세스 하나당 메모리 사용률 100MB
- OS가 이용하는 메모리로 512MB 남는다.

- 4GB − 512MB = 3.5GB를 httpd에 할당 ➡ 3,500 / 100 = 35

그러나, 이것만으로는 판단재료가 불충분하다. 리눅스는 물리 메모리를 절약하기 위해 부모 프로세스와 자식 프로세스에서 일부 메모리를 공유한다. 이러한 공유 부분 메모리를 고려하면 보다 큰 값을 설정하는 것이 가능하다.

```
그림 4.2.3  프로세스의 메모리 사용률 등의 요약

% cat /proc/23812/status
Name:     httpd
State:    S (sleeping)
<中略>
VmPeak:   342544 kB
VmSize:   341036 kB
VmLck:         0 kB
VmHWM:     99016 kB   ←프로세스가 실제로 사용하고 있는 물리 메모리 영역의 크기
VmRSS:     97644 kB
VmData:    94572 kB
VmStk:        84 kB
VmExe:       308 kB
VmLib:     19072 kB
VmPTE:       668 kB
Threads:       1
<이하 생략>
```

부모/자식 프로세스 간 메모리를 공유하는 '카피 온 라이트'

사용자 프로세스는 모두 뭔가 다른 프로세스로부터 fork되어 생성된다. 이를테면 모든 프로세스에는 부모 프로세스가 있다. prefork인 아파치의 경우, 하나의 특정 httpd 부모 프로세스가 우선 기동해서 복수의 httpd 자식 프로세스를 생성한다.

프로세스가 fork에 의해 생성되면 부모와 자식은 서로 다른 메모리 공간에서 동작하게 된다. 서로가 서로를 간섭하는 일은 없다. 이렇게 독립된 메모리 공간을 실현하기 위해 fork에 동반해서 부모로부터 자식에게 메모리의 내용을 있는 그대로 복사되지만, 이러한 복사 처리는 매우 비용이 높은 처리다.

그래서 리눅스는 fork한 단계에서는 가상 메모리 공간에 매핑된 물리 메모리 영역은 복사하지 않고 부모와 자식 간에 이를 공유한다. 이러한 공유는 부모 자식에게 가상 메모리 공간은 각각 마련해주고, 각각의 가상 메모리 공간으로부터 동일한 물리 메모리 영역을 매핑함으로써 실현된다(그림 4.2.4). 부모 혹은 자식이 가상 메모리에 대해 쓰기를 수행하면, 해당 쓰기 작업이 수행된 영역은 더 이상 공유할 수 없으므로 그 때 처음으로 해당 영역과 연관되어 있는 물리영역만 부모 자식 간에 제각기 가지게 된다.

역으로 말하면, 쓰기 작업이 수행되지 않은 메모리 영역은 항상 계속해서 공유되어 있을 수 있으며, 이에 따라 메모리상의 페이지 중복을 피해서 메모리를 효율적으로 이용할 수가 있다.

이러한 구조를 「카피 온 라이트Copy on Write」라고 한다. 「쓰기 작업시에 복사한다」라는 의미다. fork에 동반한 메모리 복사의 지연처리라고 볼 수도 있다.

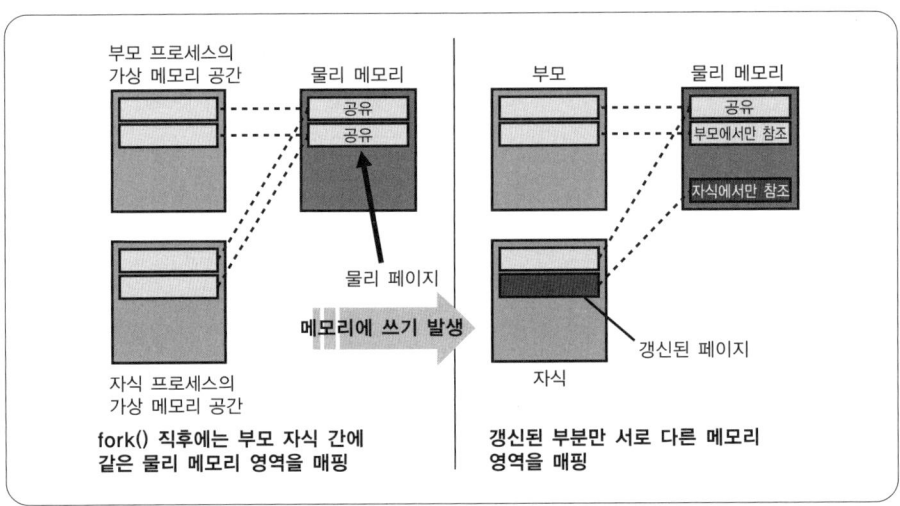

그림 4.2.4 가상 메모리의 카피 온 라이트

카피 온 라이트로 공유 메모리 사이즈 확인

MaxClients를 설정하려면 실제로 사용하고 있는 메모리 영역 내의, 부모 자식 간에 공유하고 있는 물리 메모리 크기도 고려할 필요가 있다. 공유 메모리 영역은 /proc/<프로세스 PID>/smaps의 데이터를 참조함으로써 확인할 수 있지만, 데이터량이 많으므로 그 자체로는 확인이 어렵게 되어 있다. 그러므로, 공유 메모리 크기를 확인하는 펄 스크립트(리스트 4.2.1)를 만들었다[주16]. 매개변수로 실행 중인 프로세스의 ID를 넘기면 해당 프로세스의 공유 메모리 크기를 확인할 수 있다. pgrep와 조합해서 사용하면 좋을 것이다. 출력은 그림 4.2.5와 같이 된다.

표시되고 있는 메모리 크기의 단위는 KB[Kilobyte]다. RSS는 프로세스 전체의 메모리 할당 크기, SHARED는 부모 자식 프로세스 간에 공유되고 있는 영역의 크기다. 70% 전후 정도의 메모리가 부모 자식 프로세스 간에 공유되고 있음을 알 수 있다.

리스트 4.2.1 shared_memory_size.pl

```perl
#!/usr/bin/env perl
use strict;
use warnings;
use Linux::Smaps;

@ARGV or die "usage: $0 [pid ...]";

print "PID\tRSS\tSHARED\n";

for my $pid (@ARGV) {
    my $map = Linux::Smaps->new($pid);
    unless ($map) {
        warn $!;
        next;
    }
```

[주16] 스크립트를 실행하기 위해서는 펄 모듈인 Linux::Smaps가 별도로 설치되어야 한다.

```
    printf
        "%d\t%d\t%d {%d%%}\n",
        $pid,
        $map->rss,
        $map->shared_dirty + $map->shared_clean,
        int((($map->shared_dirty + $map->shared_clean) / $map->rss) * 100)
}
```

그림 4.2.5 실행 예

```
% shared_memory_size.pl `pgrep httpd`
PID     RSS     SHARED
24807   69452   66032 (95%)
24809   76996   55216 (71%)
24810   80812   54292 (67%)
24811   77188   54236 (70%)
24812   79208   54340 (68%)
24813   76608   55492 (72%)
<이하 생략>
```

한편, 카피 온 라이트의 구조에서 부모와 자식의 메모리 내용은 시간이 지날수록 괴리가 발생하게 되어 공유율이 저하되어 간다. httpd를 시작한 직후에 공유하고 있는 비율이 당연히 높은 수치를 나타내기 때문에 그다지 참고가 되지 않는다. MaxClients의 계산에는 어느 정도 요청을 보내서 정상상태가 됐을 때의 수치를 이용하는 것이 좋다. 앞서의 계산과정에 부모 자식의 공유 크기를 고려하면 다음과 같은 결론이 난다.

- 탑재 메모리량이 4GB
- httpd 프로세스 하나당 메모리 사용률 100MB
- 대략 70%는 부모와 공유한다는 것을 확인했으므로, 자식 프로세스 하나당 메모리 사용량은 30MB
- OS가 이용하는 메모리로 512MB 남는다.
- 4GB − 512MB = 3.5GB를 httpd에 할당 ➔ 3,500 / 30 = 116.66

평균 메모리 사용량이나 공유율은 어디까지나 대략적인 계산이므로, 어느 정도 여유를 갖고 100 정도로 설정해두면 좋을 것이다.

MaxRequestsPerChild

여기서 포착해둘 것이 있다. 카피 온 라이트에 의한 메모리 공유는 시간의 경과에 따라 공유율이 하락해갔다. 그렇다면 웹 서버와 같이 항상 계속해서 작동해야 하는 소프트웨어에서는 최종적으로는 대부분의 영역이 공유할 수 없게 되어버리는 것처럼 생각될 수도 있다.

아파치에서는 정기적으로 자식 프로세스를 종료시키고 새로운 자식 프로세스를 생성시켜서 이 상태를 피해가는 방법이 있다. 자식 프로세스를 새롭게 생성한다는 것은 부모 프로세스에서 새롭게 자식 프로세스를 fork해야만 하므로, 이 시점에서 다시 완전히 메모리를 공유한 자식 프로세스로 되돌려놓을 수 있다는 것이다.

MaxRequestsPerChild 디렉티브가 이러한 설정인 것이다.

```
MaxRequestsPerChild    1024
```

위와 같이 설정해두면 하나의 프로세스당 1024개의 요청을 처리하면 해당 프로세스는 1024번째의 요청완료 직후에 자동으로 종료하고, 부모 프로세스가 새로운 자식 프로세스를 준비한다.

MaxRequestsPerChild는 mod_perl이나 mod_php 등에서 동작하고 있는 애플리케이션이 메모리 누수(Memory Lick)를 일으키고 있는데도 이를 방치해두고 항상 계속해서 메모리를 소비하도록 할 경우의 응급처치에도 유효하다.

요청을 다수 수신하고 있는 대규모 서버에서는 MaxRequestsPerChild의 값이 너무 작으면 빈번하게 프로세스 종료와 생성이 반복되므로, 어느 정도 큰 값을 설정해둘 필요가 있다. 반대로 요청이 그다지 많지 않은 서버에서는 작은 값으로 설정해도 서버에 걸리는 부하는 거의 없다. CPU 부하, 프로세스의 메모리 크기를 시간경과와 함께 살펴보면서 적당한 값을 결정하면 좋을 것이다.

worker의 경우

worker는 멀티프로세스와 멀티쓰레드의 하이브리드형 모델로, 다음과 같이 동작한다.

- 하나의 프로세스 내에 복수의 쓰레드를 생성하고, 쓰레드 하나로 클라이언트 하나를 처리한다.
- 해당 프로세스를 복수 개 생성한다.

따라서, 「프로세스×프로세스당 쓰레드」만큼의 쓰레드가 동시병행으로 동작하게 된다. 프로세스 부분은 prefork의 경우와 거의 같은 방식으로 튜닝한다. 다른 한쪽인 쓰레드 부분은 다음과 같은 점을 염두에 둬서 튜닝한다.

- 쓰레드는 프로세스의 경우와 달리, 메모리 공간을 쓰레드끼리 완전히 공유한다. 카피 온 라이트와 같은 경우를 생각할 필요가 없다.
- 하나의 쓰레드당 스택 영역으로 최대 8,192KB의 메모리를 필요로 한다[주17].

worker의 경우 ServerLimit, MaxClients에 보태서 ThreadLimit와 ThreadsPerChild를 조정하게 된다. 이는 worker에서 다음과 같은 의미를 갖는다.

- MaxClients : 동시에 접속할 수 있는 클라이언트의 상한, 즉 프로세스 수×쓰레드 수
- ServerLimit : 프로세스 수의 상한
- ThreadLimit : 프로세스당 쓰레드 수의 상한
- ThreadsPerChid : 프로세스당 쓰레드 수(ThreadLimit와 거의 같은 의미)

MaxClients는 시스템에서 허용 가능한 클라이언트의 개수로, 그와 동시에 클라이언트 개수를 처리하기 위한 프로세스와 쓰레드의 개수 제어를 다른 파라미터로 수행한다. MaxClients가 정해지고 ThreadsPerChild가 정해지면 자동적으로 프로세스 수가 결정된다. 예를 들면, MaxClients를 4096으로 하고 ThreadsPerChild를

[주17] 이것은 아파치의 사양이다. 아파치는 리눅스 환경에서 쓰레드의 스택 크기를 시스템 지정값에 맡긴다. 8,192KB는 시스템 의존적이다. 이는 ulimit -s로 확인할 수 있다.

128로 하면 다음과 같이 된다.

- MaxClients 4096 / ThreadsPerChild 128 = 32 프로세스

따라서, 항상 ServerLimit ≥ MaxClients / ThreadsPerChild라는 관계를 충족시키도록 조정한다. 이 관계를 충족되지 않는 경우는 에러로그에 그 이유가 기록된다. 이를 설정으로 만들면 다음과 같다.

```
ServerLimit        32
ThreadLimit        128
MaxClients         4096
ThreadsPerChild    128
```

각 파라미터를 얼마로 결정할지가 전략이지만, 기본은 prefork의 경우와 마찬가지로 시스템에 탑재된 메모리량과 쓰레드 하나당 소비 메모리량을 저울질해서 계산한다.

실제로 가동하고 있는 시스템에 쓰레드가 몇 개 생성되어 있는지를 세기 위해서는 ps에 –L옵션을 이용한다. 4.1절에서 설명했듯이 –L옵션을 덧붙이면 NPTL인 쓰레드를 표시할 수 있으므로, 그 개수를 세면 된다.

과부하로 MaxCilents를 변경하기 전

앞서 「문제가 웹 서버의 응답불능이라는 현상으로 겉으로 드러나 있는 것일 뿐, 그 원인이 웹 서버에 있다고는 할 수 없다」라고 언급했다. 문제는 표면상으로 MaxClients 상한선에 도달한다고 하는 현상으로 드러난다. 에러로그에는 다음과 같이 기록된다.

```
[Web Sep 05 17:30:43 2007] [error] server reached MaxClients setting, consider raising the MaxClients setting
```

다시 말하지만, MaxClients에 도달해서 이 이상 프로세스, 쓰레드를 생성할 수 없는 상태는 어디까지나 「뭔가 문제」가 있음을 경고하는 데 지나지 않는다. 실제로 접속 수가 너무 많아서 MaxClients에 달해 있을 경우도 있을 테지만, 다른 부분에

CHAPTER 04 ··· 성능향상, 튜닝_리눅스 단일 호스트, 아파치, MySQL

원인이 있는 경우도 많다.

예를 들면, AP서버로서 아파치를 이용하고 있고 그 위에 작동하는 애플리케이션이 DB에 접속하려 하고 있다고 해보자(그림 4.2.6).

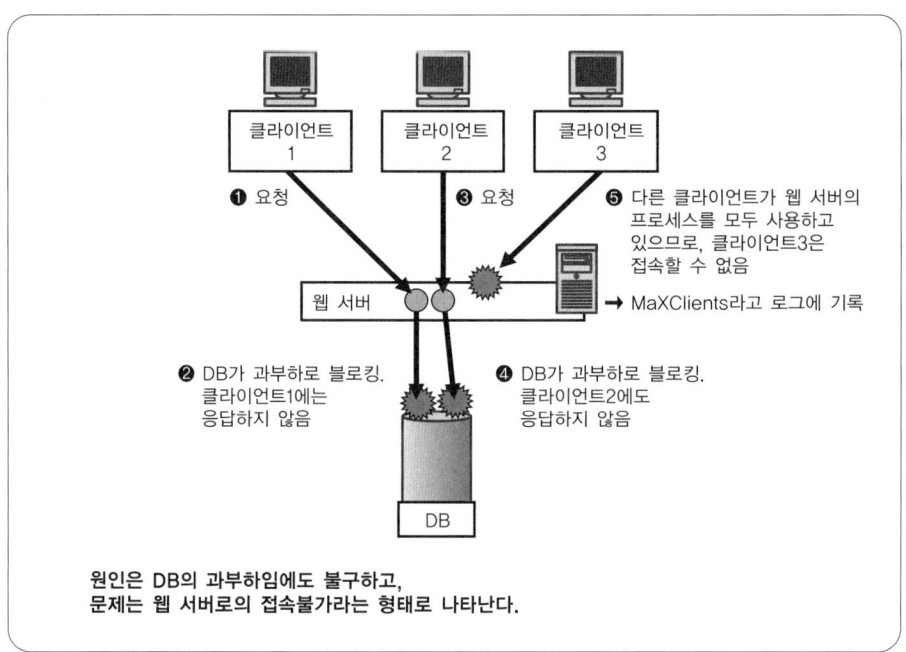

그림 4.2.6 DB의 과부하가 원인인 예

- DB가 과부하가 걸리면 애플리케이션은 DB로부터의 응답을 기다리며 블로킹된다.
- 그 결과 httpd 프로세스/쓰레드가 블로킹된 상태가 된다.
- 블로킹된 프로세스/쓰레드는 다른 클라이언트로부터의 요청을 처리할 수 없으므로, 아파치는 비어있는 프로세스/쓰레드를 찾는다.
- 빈 프로세스/쓰레드가 없다면 새로운 프로세스/쓰레드를 생성한다.
- DB가 여전히 과부하라면 새롭게 생성된 프로세스/쓰레드도 계속해서 클라이언트로부터의 요청처리 도중에 블로킹된다.
- 머지않아 MaxClients에 도달해서 프로세스/쓰레드를 생성할 수 없게 된다.
- 에러로그에 해당 로그가 기록된다.

이런 경우에는 아무리 아파치 설정을 조정하더라도 의미가 없고, MaxClients를 늘려도 늘린 만큼 거듭 계속해서 접속한 클라이언트가 블로킹되면서 상황은 개선되지 않는다. 결국, 애초의 원인으로 되돌아와서 DB 과부하 문제를 해결할 필요가 있다.

Keep-Alive

MPM모듈의 파라미터 이외에 성능에 영향을 미치는 것으로,「Keep-Alive」설정이 있다. Keep-Alive는 특정 클라이언트로부터의 요청이 완료된 후에도 당분간 접속을 유지해서, 동일한 클라이언트로부터 다른 문서 요청에 대비하는 기능이다. 이에 따라 클라이언트는 일일이 접속/끊기를 반복하지 않아도 한 번의 접속으로 복수의 문서를 다운로드할 수 있으므로 클라이언트/서버 모두 처리효율이 올라간다.

그렇지만, 경우에 따라서는 Keep-Alive가 병목현상의 원인이 될 수도 있다. 자세한 것은 2.1절의 리버스 프록시 절에서 설명했으므로 참조하기 바란다.

아파치 이외의 선택방안 검토

이 절의 중심은 아파치에 관한 설명이지만, 이 세상에는 OSS이면서 무료인 웹 서버가 많이 있다. 아파치는 그 중에서도 사실상 표준인 서버지만, 반드시 아파치를 사용해야만 하는 것은 아니다.

아파치의 장점 중 하나로, 내부가 깔끔하게 모듈화된 범용적인 구조로 되어 있어서 확장성이 높다는 점을 들 수 있다. 따라서, 써드파티를 포함한 확장모듈의 개발이 활발하다. 자신이 직접 새로운 모듈을 만들어서 아파치의 동작을 커스터마이징하기도 용이하다. 아파치를 웹 서버 이상의 네트워크 서버로 볼 때, 아파치 이상으로 다양한 상황에 사용할 수 있는 서버는 많지 않다.

한편, 성능은 어떨까? 아파치는 현재, 멀티프로세스/멀티쓰레드 모델을 채용하고 있다. 그 밖의 네트워크 서버의 대표적인 모델로 싱글프로세스-이벤트 구동Single Process Event Driven, SPED이라는 모델을 들 수 있다. SPED서버에서는 복수의 접속을 복수의 실행단위로 처리하는 것이 아니라 단일 프로세스가 복수의 네트워크 입출력 이벤트를 OS기능을 이용해 감시하고, 입출력 이벤트에 맞춰 처리를 고속으로 전환하며 실행함으로써 병행처리를 실현한다.

순수하게 멀티쓰레드와 SPED라는 아키텍처의 관점에서 볼 때, 각각 일장일단이 있고 어느 한쪽이 압도적으로 뛰어난 것은 아니다. 한편, 내부구현의 세계로 시선을 돌리면, 아파치는 범용적인 구조로 되어 있는 만큼 하나의 요청에 대한 사이클 내에 필요로 하는 리소스가 CPU연산량, 메모리 소비량 모두 약간 많고, 이러한 리소스 소비량이 프로세스/쓰레드 개수만큼 필요하다는 결점도 있다.

lighttpd

최근 OSS인 웹 서버로 인기가 있는 것이 lighttpd[주18]다. lighttpd는 다음과 같은 특징을 지닌 매우 뛰어난 내부구현으로, 대규모 환경에서의 가동실적도 늘려왔다. Hatena에서도 지금까지 아파치 worker로 처리해온 부분을 일부 lighttpd로 전환하기도 하고 있다.

- SPED를 채용하고 있고, 적은 메모리로 대량의 접속을 동시병행적으로 처리하는 것을 주안에 둔 빠른 내부구현.
- 아파치에 비해 범용성은 뒤떨어지지만 그만큼 하나의 요청에 소요되는 계산량이 적기 때문에 CPU 소모가 적다.
- 싱글프로세스이므로 메모리 소비량이 아파치와 비교해 훨씬 적게 든다.
- 아파치의 코어모듈, mod_rewrite나 mod_proxy에 해당하는 기본적인 기능은 모두 포함하고 있다.

[주18] URL http://www.lighttpd.net/

- FastCGI에도 대응하고 있고, 펄이나 PHP, Ruby로 작성한 웹 애플리케이션을 고속화해서 AP서버로 이용할 수도 있다.

lighttpd와 아파치를 비교했을 때, 가장 현저하게 차이가 나는 것은 메모리 소비량이다. Lighttpd는 아무리 접속이 많더라도 하나의 프로세스에서 몇 개의 프로세스로 모든 요청을 처리한다[주19]. 이 부분이 클라이언트 개수에 따라 프로세스/쓰레드를 증감하는 아파치와의 결정적인 차가 된다.

lighttpd를 이용하기에 적합한 곳은 정적인 파일을 대량으로 전송하고자 할 경우다. 대량의 파일을 대량의 클라이언트로 반환할 경우에도 최소한의 리소스 소비로 처리할 수 있다.

물론 lighttpd를 동적컨텐츠 전송에 이용할 수도 있다. lighttpd는 다루기 쉽다는 점 때문에 스크립트 언어로 개발된 웹 애플리케이션을 lighttpd + FastCGI로 고속화해서 작동시키고 있는 사례도 많이 있다. 다만, 동적인 컨텐츠를 전송할 경우는 아파치+mod_perl(mod_php 등)과 lighttpd + FastCGI와 같은 조합으로 비교했을 때 그다지 성능차가 없다[주20].

lighttpd에 관한 자세한 설명은 아쉽게도 생략했지만, 대량의 클라이언트로부터의 접속을 적은 리소스로 처리하고자 할 경우에는 lighttpd를 검토해보는 것도 좋을 것이다.

[주19] select(2)/poll(2)나 epoll 등의 파일 디스크립터 감시 시스템콜을 사용해서 네트워크 I/O를 다중화함으로써 병행처리를 실현하고 있다.

[주20] 개인적으로는 아파치의 풍부한 API를 사용해서 애플리케이션을 커스터마이징할 수 있다는 점을 높이 평가해서, 전자를 자주 이용하고 있다.

CHAPTER 04 ··· 성능향상, 튜닝_리눅스 단일 호스트, 아파치, MySQL

4.3 MySQL 튜닝의 핵심

MySQL 튜닝의 핵심

성능면에서 DB서버에 요구되는 것은 무엇일까? 꽤나 엉터리 같지만 한마디로 나타내면 「데이터를 얼마나 빨리 내보내고 저장할 수 있는가」라고 할 수 있지 않을까 생각한다.

그렇다면 DB서버의 성능 튜닝, 이를테면 「보다 짧은 시간에 데이터를 내보내고 저장할 수 있도록」하려면 어떤 방법을 생각해볼 수 있을까? 이는 튜닝의 단면에 의해 몇 가지로 분류할 수 있으므로, 우선은 이 점에 대해 간단히 정리해보도록 한다.

튜닝의 단면으로의 분류

먼저, 다음과 같은 튜닝의 단면으로 분류해서 생각해보자.

1 서버 측
2 서버 측 이외
3 주변 시스템

1 서버 측

첫 번째로는 「서버 측면에서의 튜닝」이다. 서버 측 튜닝이라고 하면 맨 먼저 들 수 있는 것은 「mysqld의 파라미터 튜닝」일 것이다. 그 중에서도 메모리 관련 파라미터와 디스크 I/O에 관련된 파라미터가 튜닝의 핵심이 된다.

mysqld의 파라미터 이외에는 다음과 같은 「OS관련된 튜닝」을 들 수 있다.

- 디스크 I/O와 관련된 커널 파라미터의 조정
- 적절한 파일시스템 선택과 마운트 옵션 등의 조정

이는 이번 절에서는 서버 측 튜닝으로 분류하도록 한다.

그 밖에 파라미터 이외의 튜닝, 연구로는 「파티셔닝^{Partitioning}」이 있다. 규모가 커지면 데이터 크기나 액세스가 증대되어 한 대의 DB서버로는 모두 처리할 수 없게 된다.

그러므로 테이블 단위로 DB서버를 나누거나 테이블의 데이터를 primary key 등을 기반으로 해서 분할해서 DB서버를 나눈다. 이에 따라 저장하는 데이터 크기를 작게 유지할 수 있기 때문에, 캐시에 올리기 쉽다거나 액세스를 분산할 수 있으므로 서버의 부하가 줄어드는 효과를 기대할 수 있다. 반면, 분할된 DB서버군 중에 적절한 것을 선택하는 처리를 하거나, SQL레벨에서 테이블 결합을 할 수 없게 되는 등 애플리케이션 측의 부담이 늘어나는 측면도 있다.

2 서버 측 이외

두 번째는 서버 측 이외의 부분 튜닝이다. 편의상 「서버 측 이외」라고 썼지만 여기서는 다음과 같은 사항을 가리키기로 한다.

- 테이블 설계
    - → 적절한 인덱스 생성
    - → 의도적인 비정규화
- SQL 최적화
    - → 인덱스를 제대로 사용하도록
    - → 테이블 결합 순서, 방법 조정

특히 SQL 최적화는 튜닝 효과가 극적으로 높은 경우가 많음과 동시에, 시간이 많이 걸리는 쿼리를 최적화하는 데에는 슬로우 쿼리$^{\text{log-slow-queries}}$로 시간이 걸리는 쿼리를 규정지은 후에 원인을 규명하기 위해 EXPLAIN구문과 주변 툴이 정비되어 있으므로, 비교적 착수하기 쉬운 튜닝이 아닐까 생각한다.

3 주변 시스템

마지막으로 「주변 시스템 튜닝」이다. 대체 주변 시스템의 튜닝이란 뭘까? 첫머리에 튜닝의 목적은 「보다 짧은 시간에 데이터를 내보내고 저장할 수 있도록 하는 것」이라고 했다. 그러므로 시선을 DB서버의 주변으로도 넓히면, 데이터의 입출력을 빠르게 하기 위해서라면 반드시 DB서버에 직접 질의할 필요는 없다라는 점을 알아챌 수 있을 것이다.

구체적인 예를 들면, 데이터를 참조하는 클라이언트와 DB서버 사이에 memcached와 같은 캐시서버를 넣으면, DB서버가 아닌 캐시서버의 데이터를 참조하게 되리라 생각할 수 있다.

RDBMS의 튜닝이라고 하면 자칫 SQL이나 서버 파라미터의 최적화만 눈에 띄기 쉽다. 그러나, 이를 「데이터를 입출력하기 위한 일련의 시스템」으로 생각해서 클라이언트나 DB서버를 그 구성요소로 생각한다면, 거기에 캐시서버라는 구성요소를 추가해서 시스템의 성능을 향상시키는 것과 같은 거시적인 관점도 필요하리라 생각한다.

지금까지 다룬 내용

지금까지 튜닝의 단면을 3가지로 분류했는데, 다음 단계, 즉 실제 튜닝작업이 이루어지는 과정을 알아보면, 「병목현상의 발견 ➡ 해결」이라는 과정을 반복하는 것이다.

병목현상의 원인은 발생한 곳에 숨어 있다. 그러므로 병목현상의 발견은 「느린 SQL문을 찾으면 된다」와 같이 단순한 것이 아니라, 앞서 살펴본 3가지 측면에서 횡단적으로 관찰, 검토하는 것이 요구된다.

그렇다고는 하지만, 이와 같은 병목현상은 요건이나 RDBMS의 사용방법에 기인하는 것이므로 매우 많은 형태가 있기 때문에 일차적으로 「이것이다」라고 할 수는 없다.

또한, DB나 테이블의 파티셔닝이나 캐시서버의 도입은 그 이전에 SQL 재검토나 파라미터 튜닝을 수행해서 DB서버의 성능을 100% 끌어내도 모든 처리를 할 수 없을 경우에 검토해야 한다고 생각한다.

그러므로 계속해서 이후에는 서버 측 튜닝 중에서도 특히 효과를 기대할 수 있는, MySQL 서버(mysqld)의 파라미터 튜닝의 급소에 초점을 맞춰서 깊이 파고들어 설명하도록 한다.

한편, 이 절에서 대상으로 하는 MySQL 버전은 5.0.45다.

메모리 관련 파라미터 튜닝

그렇다면 MySQL 서버의 튜닝에 있어서 매우 중요한 메모리(버퍼) 관련 파라미터에 대해 다음의 2가지 사항을 소개한다.

- 튜닝의 포인트
- 참고로 특정 DB서버(실메모리 4GB)의 실제 설정값

버퍼의 종류 ······ 튜닝시 주의점 ❶

가장 먼저 주의점을 설명하도록 한다. MySQL에는 성능향상을 위해 데이터를 일시적으로 쌓아두기 위한 메모리 영역이 있다. 이를 버퍼라고 하는데, 여기에는 2가지 타입이 있다.

- 글로벌 버퍼 Global Buffer
- 쓰레드 버퍼 Thread Buffer

글로벌 버퍼란, mysqld에서 내부적으로 하나만 확보되는 버퍼다. 이에 반해, 쓰레드 버퍼는 쓰레드(커넥션)별로 확보되는 것이다.

파라미터 튜닝을 할 때에는 이러한 글로벌과 쓰레드의 차이를 의식할 필요가 있다. 왜냐하면, 쓰레드 버퍼에 많은 메모리를 할당하면 커넥션이 늘어났을 때 순식간에 메모리가 부족해지기 때문이다.

지나치게 할당하지 않기 …… 튜닝시 주의점 ❷

버퍼에 할당할 메모리는 많으면 많을수록 성능이 올라간다. 그렇다고 해도 서버가 탑재하고 있는 물리 메모리 이상의 크기를 할당하면, 스왑이 발생하므로 반대로 성능이 떨어지게 된다.

또한, MyISAM 테이블은 MySQL 레벨의 파라미터 튜닝보다는, MyISAM의 데이터 파일이 OS의 디스크 캐시에 오르도록 조정하는 편이 성능이 향상되는 경우가 있다.

메모리 관련 파라미터

메모리 관련 파라미터를 표 4.3.1에 정리했다.

표 4.3.1에 대해 보충설명을 하면, 먼저 「innodb_log_file_size」에 대해 mysqld는 innodb_log_file이 가득 차게 되면 메모리상의 innodb_buffer_pool 내에만 갱신되는 부분을 디스크상의 InnoDB 데이터 파일에 쓰는 작업을 한다. 따라서, innodb_buffer_pool_size를 크게 하면 innodb_log_file_size도 함께 조정하지 않으면 innodb_log_file_size가 금방 넘쳐서, InnoDB 데이터 파일에 빈번하게 쓰기 작업을 수행하게 되어 성능이 저하된다.

innodb_log_file_size의 값은 1MB 이상으로 32bit 머신인 경우는 4GB 이하로 설정해야 한다고 MySQL AB의 문서에 적혀 있다.

또 하나의 상한선이 있다. innodb_log_file은 innodb_log_files_in_group의 수(디폴트는 2)만큼 만들어지지만, innodb_log_file_size × innodb_log_files_in_group이 innodb_buffer_pool_size를 넘어서도 안 된다.

4.3 MySQL 튜닝의 핵심

정리하면 다음과 같이 된다.

1MB < innodb_log_file_size < MAX_innodb_log_file_size < 4GB

$$\text{MAX\_innodb\_log\_file\_size} = \frac{\text{innodb\_buffer\_pool\_size}}{\text{innodb\_log\_files\_in\_group}}$$

그 밖에 주의해야 할 것은, innodb_log_file_size를 크게 하면 할수록 InnoDB의 크래시 리커버리(crash recovery) 시간이 오래 걸린다는 점이다.

다음으로, 마찬가지로 표 4.3.1의 「key_buffer_size」에 관해서도 참고로 보충설명을 하면, 키 버퍼의 히트율은 SHOW STATUS의 값을 사용해서 다음 식으로 산출할 수 있다.

키 캐시의 히트율 = 100 - (key_reads / key_read_requests × 100)

표 4.3.1 메모리 관련 파라미터

파라미터	설명
innodb_buffer_pool_size	**용도** InnoDB의 데이터나 인덱스를 캐시하기 위한 메모리상의 영역. **버퍼종별** 글로벌 **최고값** 512MB 글로벌 버퍼이므로 크게 할당할 것을 권함
innodb_additional_mem_pool_size	**용도** InnoDB의 내부데이터 등을 저장하기 위한 메모리상의 영역. **버퍼종별** 글로벌 **최고값** 20MB 그다지 대량으로 할당할 필요는 없음. 부족해지면 에러로그에 경고가 나오므로 그 후에 늘려도 문제없음.
innodb_log_buffer_size	**용도** InnoDB의 갱신로그를 기록하는 메모리상의 영역. **버퍼종별** 글로벌 **최고값** 16MB 대개는 8MB, 많아도 64MB로 충분하며, 그다지 크게 할당할 필요는 없음. 왜냐하면, 버퍼는 트랜잭션이 COMMIT되는 것, 또는 매초 디스크로 flush되므로 다른 파라미터를 크게 하는 편이 더 낫다.
innodb_log_file_size	**용도** InnoDB의 갱신로그를 기록하는 디스크상의 파일. 메모리가 아니지만 튜닝에 있어 중요하므로 본문에 따로 설명함. **버퍼종별** ─── **최고값** 128MB 많이 할당할수록 성능이 향상된다. 자세한 것은 본문 참조.

표 4.3.1 (계속)

파라미터	설명
sort_buffer_size	[용도] ORDER BY나 GROUP BY시에 사용되는 메모리상의 영역. [버퍼종별] 쓰레드 [최고값] 2MB 쓰레드 버퍼이므로 함부로 크게 하면 메모리가 부족해지므로 주의. 필자의 경우는 2MB나 4MB로 하고 있음.
read_rnd_buffer_size	[용도] 정렬 후에 레코드를 읽을 때 사용되는 메모리상의 영역. 디스크 I/O가 줄어듦으로 ORDER BY의 성능향상을 기대할 수 있음. [버퍼종별] 쓰레드 [최고값] 1MB 쓰레드 버퍼이므로 과하게 할당하지 않도록 주의. 필자의 경우는 512KB~2MB로 하고 있음.
join_buffer_size	[용도] 인덱스를 사용하지 않는 테이블 결합 시에 사용되는 메모리상의 영역 [버퍼종별] 쓰레드 [최고값] 56KB 쓰레드 버퍼임. 애초에 인덱스가 사용되지 않는 테이블 결합은 성능향상 관점에서 피해야 하므로, 이 파라미터는 그다지 크게 할당할 필요는 없을 것이다.
read_buffer_size	[용도] 인덱스를 사용하지 않는 테이블 스캔 시에 사용되는 메모리상의 영역. [버퍼종별] 쓰레드 [최고값] 1MB 이것도 성능을 생각한다면 인덱스를 사용하도록 쿼리를 생성해야 하므로, 그다지 크게 할당할 필요는 없을 것이다.
key_buffer_size	[용도] MyISAM의 키(인덱스)를 메모리상에 캐시하는 영역. [버퍼종별] 글로벌 [최고값] 256MB 글로벌 버퍼로, 많이 할당할수록 성능이 향상됨. 글로벌 버퍼이므로 크게 할당된다. 만일, MyISAM을 (그다지) 사용하지 않는다면, 작게 설정하고 다른 파라미터로 메모리를 돌릴 수도 있다.
myisam_sort_buffer_size	[용도] MyISAM에서 다음과 같은 경우의 인덱스의 정렬에 사용되는 메모리상의 영역. • REPAIR TABLE • CREATE INDEX • ALTER INDEX [버퍼종별] 쓰레드 [최고값] 1MB 통상의 쿼리(DML)에서는 사용되지 않으므로 그다지 많이 할당할 필요는 없을 것이다.

메모리 관련 체크툴 ······ mymemcheck

끝으로, 필자가 직접 제작해 사용하고 있는 툴인 「mymemcheck」에 대해 소개한다. mymemcheck는 my.cnf 혹은 SHOW VARIABLES의 결과를 기반으로 다음의 3가지를 체크한다.

- 최소한으로 필요한 물리 메모리 크기
- IA-32인 리눅스에서의 힙 크기 제한
- innodb_log_file_size의 최대 크기

모두 MySQL AB의 문서에 적혀 있는 항목이지만, 메모리 관련 파라미터는 서로 관계가 있는 것들이 몇 개 있으므로 주의하지 않으면 모순된 값을 설정할 우려가 있다. 따라서, 파라미터를 변경할 때는, 이 mymemcheck를 사용해서 무리한 값이 되지 않는지 확인하면 좋을 것이다[주21].

실행결과 예는 그림 4.3.1과 같다.

그림 4.3.1 mymemcheck의 실행 예

```
$ ./mymemcheck my.cnf

[ minimal memory ]
ref
  * 「High Performance MySQL」, Solving Memory Bottlenecks, p125

global_bbuffers
  key_buffer_size                          268435456    256.000 [M]
  innodb_bbuffer_ppool_size                536870912    512.000 [M]
  innodb_llog_buffer_size                   16777216     16.000 [M]
  innodb_aadditional_mmem_pool_size         20971520     20.000 [M]
  net_buffer_llength                           16384     16.000 [K]

thread_bbuffers
```

[주21] 이 책의 Appendix에 전문을 게재하고 있다(mymemcheck). 참조하기 바란다.

```
    sort_buffer_size                    2097152   2.000 [M]
    myisam_sort_buffer_size             1048576  1024.000 [K]
    read_buffer_size                    1048576  1024.000 [K]
    join_buffer_size                     262144   256.000 [K]
    read_rnd_uffer_size                 1048576  1024.000 [K]

max_connections                             250

min_memory_needed = global_buffers + thread_buffers* max_connections)
                  = 843071488 5505024* 250
                  = 2219327488 (2.067 [G])


[ 32bit Linux x86 limitation ]
ref
  * http:///ddev.mysql.com/doc/mysql/en/iinnodb-cconfiguration.html

  * need to nclude ead_rnd_buffer.
  * no need myisam_sort_buffer because allocate when repair, check alter.

          2G > process heap
  process heap = innodb_buffer_pool key_buffer
               + max_connections* sort_buffer + read_buffer + read_rnd_buffer)
               + max_connections* stack_size
             = 536870912 + 268435456
               + 250* 2097152 + 1048576 1048576)
               + 250* 262144
             = 1919418368 (1.788 [G])

          2G >1.788 [G ] ....safe

[ maximum size of innodb_log_file_size
ref
  * http://dev.mysql.com/doc/mysql/en/innodb-start.html

  1MB <innodb_log_file_size < MAX_innodb_log_file_size <4GB

MAX_innodb_log_file_size = innodb_buffer_pool_size* 1/innodb_log_files_in_group
                        = 536870912* 1/2
                        = 268435456 (256.000 [M])

   innodb_log_file_size < MAX_iinnodb_log_file_size
              134217728 < 268435456
           128.000 [M] < 256.000 [M] ... safe
```

CHAPTER

05

효율적인 운용

안정된 서비스를 향해

- **5.1** 서비스의 가동감시 …… Nagios
- **5.2** 서버 리소스 모니터링 …… Ganglia
- **5.3** 서버관리의 효율화 …… Puppet
- **5.4** 데몬의 가동관리 …… daemontools
- **5.5** 네트워크 부트의 활용 …… PXE, initramfs
- **5.6** 원격관리 …… 관리회선, 시리얼 콘솔, IPMI
- **5.7** 웹 서버 로그관리 …… syslog, syslog-ng, cron, rotatelogs

CHAPTER 05 ··· 효율적인 운용_안정된 서비스를 향해

5.1 서비스의 가동감시 Nagios

안정된 서비스 운영과 서비스의 가동감시

안정된 서비스 운영에는 서비스의 가동감시가 불가결하다. 서버를 이중화해서 대비한다고 하더라도 모르는 사이에 한쪽이 고장 나면 다중성을 잃게 되는 위험한 상태가 되고, 한 번 더 장애가 발생하면 서비스 정지가 돼버린다. 이와 같이 시스템의 일부에 이상이 발생했을 때, 신속하게 알려주는 서비스의 가동감시가 안정된 서비스 운영의 열쇠가 된다.

OSS이면서 서비스 가동감시 툴로 유명한 것이 Nagios[주1]다. Nagios는 유연한 설정이 가능해서 세계적으로 널리 사용되고 있다.

가동감시의 종류

일반적으로 가동감시는 특정 기능이 작동하고 있는지 여부뿐만 아니라 부하상태 체크도 포함한다. 가동감시는 주로 다음의 3가지로 분류된다.

1 호스트나 서비스의 가동상태인 사활상태 검사
2 호스트의 CPU사용률이나 서비스의 동시처리율 등의 부하상태 감시
3 일정시간(1개월이나 1년 등) 동안 서비스가 제공되고 있는 비율인 가동률 측정

주1 URL http://www.nagios.org/

1 사활상태 감시

「사활상태 감시」는 특정 기능이 작동하고 있는지 여부를 체크하는 것으로, 가동감시의 기본이 되는 감시다.

예를 들면, ping으로 응답을 확인함으로써 호스트가 살아있는지, 서비스에 대해 TCP연결을 맺을 수 있는지, 대상이 되는 서비스의 기본적인 프로토콜 처리가 가능한지를 체크하는 것으로, 대상이 되는 서비스가 제대로 작동하고 있는지 여부를 검출한다.

만일, ping에 의한 응답이 반환되지 않거나, TCP연결을 맺을 수 없거나, 기본적인 프로토콜 처리가 작동하지 않을 경우, 해당 호스트나 서비스가 정지해 있다고 판단해서 관리자에게 통지한다. 이를 받고 관리자는 호스트나 서비스를 재기동하거나 대체 호스트를 준비하는 등의 복구 수단을 신속하게 취할 수 있다.

감시대상이 되는 서비스가 다중화되어 있을 경우, 서비스를 구성하는 각각의 호스트에 대해 감시뿐만 아니라 다중화된 후의 VIP(가상 IP주소)에 대해서도 감시를 함으로써, 최종적인 사용자의 관점에서 정상적으로 서비스가 이루어지는지를 감시할 수 있다. 이렇게 함으로써 장애가 발생했을 때, 다중화되어 있는 호스트 중 일부만 영향이 있고 서비스에는 영향이 없는지, 서비스 제공에 영향이 있는 장애인지를 쉽게 판단할 수 있게 된다.

그림 5.1.1의 예에서는, 서버 B에 장애가 발생하더라도 로드밸런서가 자동적으로 요청을 서버 A로 전송함으로써 서비스에는 영향이 없다. 이와 같은 구성인 경우에 서버 A와 서버 B뿐만 아니라 로드밸런서상의 VIP도 감시대상이 되어, 서비스로의 영향 유무를 확인할 수 있고 장애의 긴급도를 판단할 수가 있다.

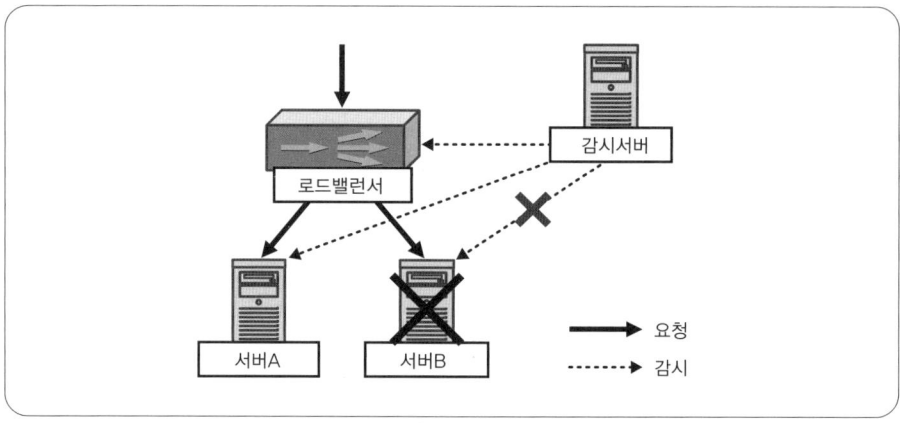

그림 5.1.1 다중화되어 있는 경우의 감시

2 부하상태 감시

「부하상태 감시」란, 서비스는 멈추지 않아야 하지만 비정상적으로 무겁지는 않은 지를 체크하는 것과 같이 서비스 가동감시의 응용차원의 감시다.

부하상태를 감시하기 위해 대상이 되는 호스트의 CPU부하나 OS레벨에서의 대기 프로세스 수 등을 측정해서 호스트의 부하가 비정상적인 수준에 도달하지는 않았는 지를 감시한다[주2]. 또한, 서비스를 제공하고 있는 프로세스의 요청큐에 있는 대기 요청 수나 요청의 응답시간을 측정해서 해당 서비스로의 요청이 허용 가능한 서비스 수준에서 처리되고 있는지를 감시한다. 대기 요청 수가 비정상적으로 많거나 응답시 간이 너무 긴 경우는 호스트나 서비스에 과도한 부하가 걸리고 있다고 판단한다.

과도한 부하는 다음과 같이 3가지로 나눌 수 있다.

① DoS공격과 같이 비정상적인 요청에 의한 부하
② Slashdot효과[주3]와 같이 돌발적인 요청에 의한 부하

주2 부하의 측정에 관해서는 4.1절에 자세한 설명이 있다.
주3 인기가 있는 다른 사이트로부터 링크가 걸려서 다수의 사용자가 방문하는 현상을 말한다.

③ 순수하게 서비스가 인기를 얻음으로써 일정하게 유지되는 요청에 의한 부하

이 때문에, 통지가 왔을 때의 대응도 사활감시처럼 단순하지 않고 각각의 부하에 맞는 대응이 필요하게 된다. 예를 들면, ①로 추측될 경우는 요청을 차단하거나, ②로 추측될 경우는 컨텐츠를 일시적으로 캐싱하는 등의 조치를 한다. ③과 같이 서비스 자체가 인기가 있어서 상시적인 부하가 상승했을 때에는 호스트의 증설이 필요하게 된다.

부하상태를 감시함으로써 단순한 사활감시로는 검출할 수 없는, 「일단 사용할 수는 있지만 느리다」와 같은 상태를 검출할 수 있고 그 대책을 수행함으로써 양호한 응답을 유지할 수 있게 된다.

3 가동률 측정

「가동률 측정」은 위 2가지 감시와는 달리, 수 주~수 개월 정도의 일정기간 동안의 감시효과를 분석함으로써 시스템의 중장기적인 개선으로 이어가기 위한 것이다.

앞서 말한 2가지인 서비스 사활감시와 부하상태 감시를 계속함으로써 해당 서비스가 얼마 동안 계속해서 실행되었는지, 어느 정도의 부하가 걸렸었는지를 알 수 있다. 이에 의해 시스템의 어느 부분이 저하되기 쉬운지, 시스템 전체적으로 어느 정도의 가동률을 나타내는지를 객관적으로 분석할 수 있게 된다.

이 분석에 의해 특정 호스트의 불안정함을 파악하거나 애초에 시스템 구성이 불안정하다는 것을 인지할 수 있게 된다. 이에 따라 시스템 전체적인 다중화 수준이나 관리자의 유지보수 체제 등의 전략적인 판단으로의 피드백을 쓸 수 있게 된다.

Nagios의 개요

이상과 같은 감시나 측정을 가능하게 하는 대표적인 감시툴로 「Nagios」가 있다. Nagios는 ping에 의한 호스트 사활감시, TCP접속에 의한 각종 서비스 감시,

SNMP^{Simple Network Management Protocol}에 의한 호스트 상태감시 등, 독자적인 플러그인에 의해 임의의 감시가 가능하게 되어 있다. 또한, 감시결과 통지도 메일을 기본으로 해서 임의의 수단을 정의할 수 있다. 나아가, 웹 인터페이스에 의해 상태를 참조하거나 감시를 정지, 재개하는 등의 제어를 할 수 있다.

한편, 이번 절에서는 집필시점에서 최신판인 Nagios 3.0.2를 기반으로 설명하고 있음을 밝힌다^{역주1}.

Nagios 설치

Nagios는 Red Hat Enterprise Linux 5나 CentOS 5에서는 표준 패키지에 포함되어 있지 않으므로, 아래의 공식 사이트에서 패키지를 다운로드해서 설치하기 바란다.

Nagios 본체와 결합해서 다양한 대상을 감시하기 위한 스크립트를 포함하는 「Official Nagios Plugins」도 설치하기 바란다. Official Nagios Plugins는 그 밖에 의존하고 있는 패키지가 몇 가지 있으므로, 필요에 따라 추가로 설치하기 바란다. 이후, 이번 절에서는 Centos 5.0에서 동작을 확인한다.

URL http://www.nagios.org/

Nagios의 설정

Nagios는 유연한 설정이 가능한 대신에 설정파일이 약간 복잡하게 되어 있으므로, 설치 시에 동시에 설치된 샘플 설정파일을 활용해가면서 설정하길 권한다.

우선, Nagios 설정에 필요한 기본적인 개념을 표 5.1.1에 정리했다. 이후에는 표 5.1.1에 있는 주요한 개념에 부합해서 설명을 진행한다.

역주1 2009년 4월 현재, 최신 안정버전은 Nagios 3.0.6이다.

표 5.1.1 Nagios의 기본개념

용어	설명
host	서버나 라우터 등 네트워크상의 물리적인 요소
hostgroup	한 개 내지 그 이상의 호스트를 그룹으로 묶은 것. 모든 호스트는 최소 하나의 호스트그룹에 속해야 한다. 호스트그룹 단위로 각 호스트의 이벤트(호스트의 장애, 복구 등)를 통지대상을 지정할 수 있다. 각 host는 한 개 혹은 그 이상의 hostgroup에 속할 필요가 있다.
service	호스트상에서 실행되고 있는 서비스. 이 서비스에는 POP이나 HTTP 등의 알기 쉬운 서비스 뿐만 아니라, ping 응답이나 디스크의 남은 용량 등, 호스트상의 다양한 것을 서비스라고 할 수 있다.
servicegroup	서비스그룹 정의는 웹 관리화면에서 표시하기 위해 하나 이상의 서비스를 분류하는 데 사용된다.
contact	Nagios상의 각종 이벤트를 통지받을 대상(contact)을 지정
contactgroup	복수의 contact을 그룹으로 모아놓는다. 호스트그룹과 서비스에서 지정한 통지대상은 이 contactgroup이 된다.
템플릿	복수의 호스트나 서비스에 공통적인 설정이 있을 경우, 템플릿을 이용함으로써, 공통 부분을 반복할 필요가 없이 설정을 간결하게 기술할 수 있게 된다.

설정파일

앞으로의 설명들은 3.0.2를 설치했을 때 동시에 설치되는 「nagios.cfg」, 「commands.cfg」와 「localhost.cfg」를 기반으로 하고 있다.

설정파일은 cfg_file이라는 설정항목으로 다른 파일을 읽어들일 수 있으므로, 임의로 분할할 수 있다. 호스트 수가 늘어남에 따라 설정파일은 점점 비대화되어 가는 경향이 있으므로 알기 쉽게 분할하기 바란다.

host ······ 호스트 설정

host로 감시대상이 되는 호스트를 정의한다. host로 설정한 항목은 여러 방면으로 사용되고, 또한 복수의 호스트에서 공통적인 경우가 많으므로 「템플릿」을 사용할 것을 권장한다.

리스트 5.1.1의 예에서는 우선, generic-host라는 템플릿을 정의하고, 해당 템플릿을 기반으로 호스트 localhost를 정의하고 있다.

각 설정항목은 리스트 5.1.1 내에 주석으로 간단히 설명하고 있지만, 중요한 항목에 대해 보충하도록 하겠다.

- flap_detection_enabled

    장애발생과 장애복구가 비정상적인 빈도로 반복되는 것을 「플래핑flapping」이라 한다. 플래핑이 발생하면 대량의 통지가 오게 되어 다른 통지가 묻혀버리게 된다. 이 설정을 유효하게 하면, 플래핑을 검출한 경우 플래핑 시작, 종료만을 통지하게 된다.

- max_check_attempts

    여기에 설정한 횟수 이상으로 체크에 실패한 경우, 호스트에 장애가 발생한 것으로 판정해서 통지된다.

- notification_period

    통지할 시간대. localhost.cfg에 「24×7」(24시간), 「workhours」(평일 9시부터 5시), 「nonworkhours」(평일 9시부터 5시 이외), 「none」(대응하는 시간 없음)과 같은 4가지가 정의되어 있다. 기본적으로는 「24×7」을 사용한다.

- check_command

    감시에 사용하는 명령. 설정 예에서 지정하고 있는 check-host-ailve는 ping을 발생시킴으로써 호스트의 사활을 확인하는 check_ping명령을 기반으로 하는 명령이다. 디폴트 설정에서는 5000ms 이내에 응답이 없으면 CRITICAL로 설정되도록 되어 있다.

리스트 5.1.1 host의 설정 예

```
define host{
    name                            generic-host    ←템플릿명
    notifications_enabled           1   ←호스트에 관한 통지를 유효하게 함
    event_handler_enabled           1   ←호스트에 관한 이벤트 핸들러를 유효하게 함
    flap_detection_enabled          1   ←플래핑을 검출함
    failure_prediction_enabled      1   ←장애예측을 유효하게 함
    process_perf_data               1   ←성능에 관한 정보를 처리함
    retain_status_information       1   ←재기동시에 상태에 관한 정보를 저장함
    retain_nonstatus_information    1   ←재기동시에 상태 이외에 관한 정보를 저장함
    notification_period             24x7   ←항상 통지함
    register                        0   ←이 정의를 템플릿으로 함
}
```

5.1 서비스의 가동감시 Nagios

```
define host{
  name                    linux-server         ←템플릿명
  use                     generic-host         ←사용할 템플릿을 지정
  check_period            24x7                 ←항상 체크함
  max_check_attempts      10                   ←10번까지 체크를 시행함
  check_command           check-host-alive     ←체크용 명령
  notification_period     workhours            ←평일 낮시간만 통지함
  notification_interval   120                  ←통지간격
  notification_options    d,u,r                ←통지할 상태
  contact_groups          admins               ←통지대상이 되는통지그룹
  register                0                    ←이 정의를 템플릿으로 함
}
define host{
  use         linux-server         ←사용할 템플릿을 지정
  host_name   localhost            ←호스트명
  alias       Localhost Server     ←앨리어스
  address     192.168.0.1          ←IP주소
}
```

service ······ 서비스 정의

service로 호스트상에서 동작하는 서비스를 정의한다(리스트 5.1.2). host와 마찬가지로 템플릿을 이용함으로써 간결하게 기술할 수 있다.

리스트 5.1.2 service의 설정 예

```
define service{
  name                          generic-service   ←템플릿명
  active_checks_enabled         1                 ←능동적 체크를 유효하게 함
  passive_checks_enable         1                 ←수동적 체크를 유효하게 함
  parallelize_check             1                 ←능동적 체크에서 병렬체크를 유효하게 함
  obsess_over_service           1                 ←분산환경에서 결과를 통지함
  check_freshness               0                 ←수동적 체크의 신선함을 체크함
  notifications_enabled         1                 ←호스트에 관한 통지를 유효하게 함
  event_handler_enabled         1                 ←이벤트 핸들러를 유효하게 함
  flap_detection_enabled        1                 ←플래핑을 검출함
  failure_prediction_enabled    1                 ←장애예측을 유효하게 함
  process_perf_data             1                 ←성능에 관한 정보를 처리함
```

```
    retain_status_information    1   ←재기동시에 상태에 관한 정보를 저장함
    retain_nonstatus_information 1   ←재기동시에 상태 이외에 관한 정보를 저장함
    is_volatile 0
    register                     0   ←이 정의를 템플릿으로 함
}
define service{
    name                local-server    ←템플릿명
    use                 generic-service ←사용할 템플릿을 지정
    check_period        24x7            ←항상 체크함
    max_check_attempts  4               ←4번까지 체크를 시행함
    normal_check_interval 5
    retry_check_interval 1
    contact_groups admin
notification_options    w,u,c,r         ←통지할 상태
notification_interval   60              ←통지간격
notification_period     24x7
register                0               ←이 정의를 템플릿으로 함
}
define service{
    use local-server    ←사용할 템플릿을 지정
    host_name localhost ←운용할 호스트그룹
    service_description PING    ←서비스 명칭
    check_command check_ping!100.0.20%!500.0,60  ←체크 명령
}
```

command ······ 명령 정의

command로 명령을 정의한다. 앞의 리스트 5.1.2(service의 설정 예)에서는 서비스의 사활감시에 check_ping을 이용한다. 명령 이름(check_ping) 뒤에 "!100.0,20%!500.0,60%"은 명령에 넘기는 파라미터다. 파라미터는 !로 구분되고, "100.0,20%"가 $ARG1$로, "500.0,60%"가 $ARSG2$로 넘겨진다.

이 명령은 디폴트 설정에는 리스트 5.1.3과 같이 설정되어 있다. -w에 넘겨진 파라미터가 WARNING이라는 조건, -c에 넘겨진 파라미터가 CRITICAL이 되는 조건이 된다. 리스트 5.1.2의 예에 이와 같은 파라미터를 넘기면, 100ms 이상 지연 혹은 20% 이상의 패킷 손실로 WARNING, 500ms 이상의 지연 혹은 60% 이상의 패

킷 손실로 CRITICAL이 된다.

리스트 5.1.3 command 정의 예

```
# 'check_ping' command definition
define command{
        command_name    check_ping
        command_line    $USER1$/check_ping -H $HOSTADDRESS$ -w $ARG1$ -c $ARG2$
        }
```

contact과 contactgroup …… 통지대상과 통지대상 그룹

contact으로 통지대상을, contactgroup으로 통지대상 그룹을 정의한다(리스트 5.1.4). 통지는 통지대상 그룹을 지정하면 수행되므로 최소 하나의 통지대상 그룹이 필요하다.

service_notification_commands로 서비스 관련 통지를 처리하는 명령을, host_notification_commands로 호스트 관련 통지를 처리하는 명령을 정의한다. 리스트 5.1.4에서는 모두 메일로 통지받도록 설정하고 있다.

리스트 5.1.4 contact과 contactgroup의 설정 예

```
define contact{
  contact_name                    nagios-admin         ←통지대상의 이름
  alias                           Nagios Admin         ←통지대상의 별명
  service_notification_period     24x7                 ←서비스에 대해 통지할 시간대
  host_notification_period        24x7                 ←호스트에 대해 통지할 시간대
  service_notification_options    w,u,c,r              ←서비스에 대해 통지할 이벤트 종류
  host_notification_options       d,r                  ←호스트에 대해 통지할 이벤트 종류
  service_notification_commands   notify-by-email      ←서비스 통지 명령
  host_notification_commands      host-notify-by-email ←호스트 통지 명령
  email                           nagios-admin@localhost ←통지대상의 메일주소
  }

define contactgroup{
  contactgroup_name    admins                ←통지대상 그룹의 이름
  alias                Nagios Administrators ←통지대상 그룹의 별명
```

CHAPTER 05 ··· 효율적인 운용_안정된 서비스를 향해

```
members         nagios-admin   ←통지대상 그룹에 소속된 통지대상의 이름
}
```

설정 테스트

Nagios의 설정을 변경했을 때에는 다음 명령으로 설정을 반영한다.

/etc/init.d/nagios reload

만일, 설정에 문법오류 등의 에러가 있다면 에러 메시지가 출력된다. 이럴 경우는 적절하게 설정파일을 수정하기 바란다.

웹 관리화면

Nagios는 강력한 웹 관리화면을 지니고 있어, 다양한 호스트나 서비스의 상태를 확인하거나 감시의 일시적인 중지 등 어느 정도의 제어를 할 수 있다. 그림 5.1.2가 Nagios의 메인 메뉴다. 메뉴의 내용에 대해서는 표 5.1.2에 정리해두었다.

그림 5.1.2 Nagios의 메인 메뉴

5.1 서비스의 가동감시 Nagios

표 5.1.2 Nagios의 메인 메뉴

항목	설명
Monitoring	감시관련 상태를 다양한 관점에서 표시하기 위한 메뉴
Tactical Overview	호스트와 서비스의 각 상태별 건수가 표시된다. 또한, 각 호스트나 서비스의 모니터링에 대해서도 상황별 건수가 표시된다. 전체 상황을 파악하는 데 유익하다.
Service Detail	모든 호스트에 대해 각각의 서비스가 일괄적으로 모두 표시된다. 각 컬럼으로 정렬 가능해서 각 정보를 빠짐없이 파악하는 데 이용할 수 있다.
Host Detail	모든 호스트를 일람할 수 있다. 호스트의 사활상태 확인가능
Hostgroup Overview	호스트 그룹별로 상태를 확인할 수 있다. 호스트 그룹으로 정리함으로써 목적에 맞게 파악할 수 있다. 또한, 호스트 그룹명의 링크를 따라가면서 특정 호스트 그룹에 대한 일람만 표시할 수 있다.
Hostgroup Summary	호스트 그룹별 상태를 건수로 표시한다.
Hostgroup Grid	Hostgroup Overview와 비슷하지만 서비스가 상태별이 아니라 열거되어 표시되므로, 상태가 좋지 않은 서비스를 쉽게 찾을 수 있다(그림 5.1.3).
Servicegroup Overview Servicegroup Summary Servicegroup Grid	각각 Hostgroup Overview, Hostgroup Summary, Hostgroup Grid의 호스트 그룹이 서비스 그룹으로 변경된 화면임
Status Map 3-D Status Map	호스트 간 부모-자식 관계를 네트워크 관계도로 표시하기 위한 화면. Status Map은 2D로, 3-D Status Map은 VRML에 의한 3-D맵으로 되어 있다.
Service Problems	장애가 발생하고 있는 서비스만을 표시한다.
Host Problems	장애가 발생하고 있는 호스트만을 표시한다.
Network Outages	호스트 간 부모-자식 관계를 기반으로 부모 호스트 장애의 영향 범위를 표시한다.
Comments	호스트나 서비스에 덧붙인 코멘트를 일괄적으로 표시한다.
Downtime	계획하고 있는 다운타임을 일괄적으로 표시한다.
Process Info	Nagios 프로세스에 대한 정보를 표시한다. 프로세스의 기동시간 등이 표시되는 등, Nagios 전체의 감시나 통지를 일시적으로 무효하게 할 수 있다.
Performance Informance	Nagios의 성능 정보로서 감시명령의 실행시간 통계 등을 표시한다.
Scheduling Queue	감시 명령을 실행하는 스케줄을 일괄적으로 표시한다.

표 5.1.2 (계속)

항목	설명
Reporting	과거의 감시결과를 분석하기 위한 메뉴다.
Trends	호스트나 서비스에 대해 시간을 가로축으로, 상태를 세로축으로 표시한다.
Availability	호스트나 서비스에 대해 지정한 기간 동안의 가동률이나 각 상태의 빈도, 감시로그를 표시한다.
Alert Histogram	호스트나 서비스에 대해 시간을 가로축으로, 경고수를 세로축으로 표시한다.
Alert History	모든 호스트와 서비스에 대한 경고이력을 표시한다(그림 5.1.4).
Alert Summary	지정한 호스트나 서비스의 경고이력에 대한 최근 25건이나 최다 25건이라는 집계결과를 표시한다.
Notifications	과거에 수행된 통지를 일괄적으로 표시한다. 특정 종류의 통지만 표시할 수도 있다.
Event Log	Nagios의 기동이나 경고, 통지를 포함한 모든 이벤트 로그를 표시한다.
Configuration	설정에 관한 메뉴
View Config	호스트와 서비스의 설정을 일괄적으로 표시한다.

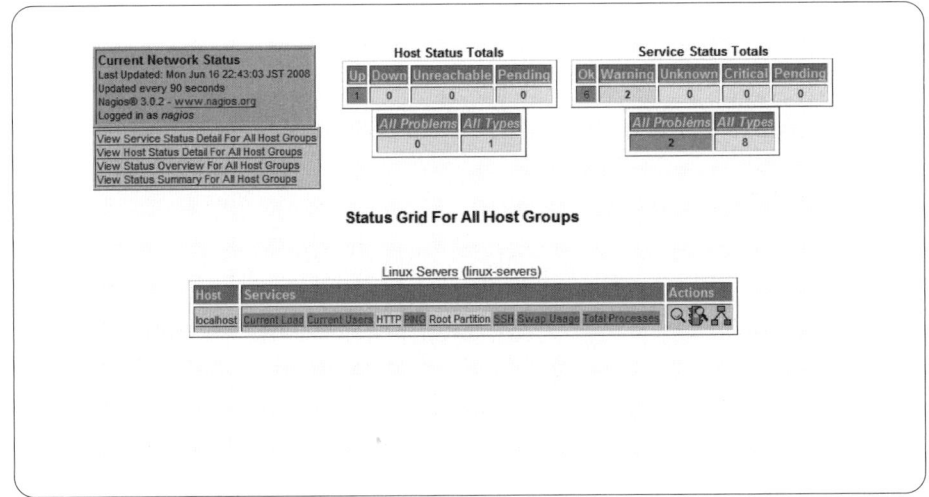

그림 5.1.3 Hostgroup grid 화면

5.1 서비스의 가동감시 Nagios

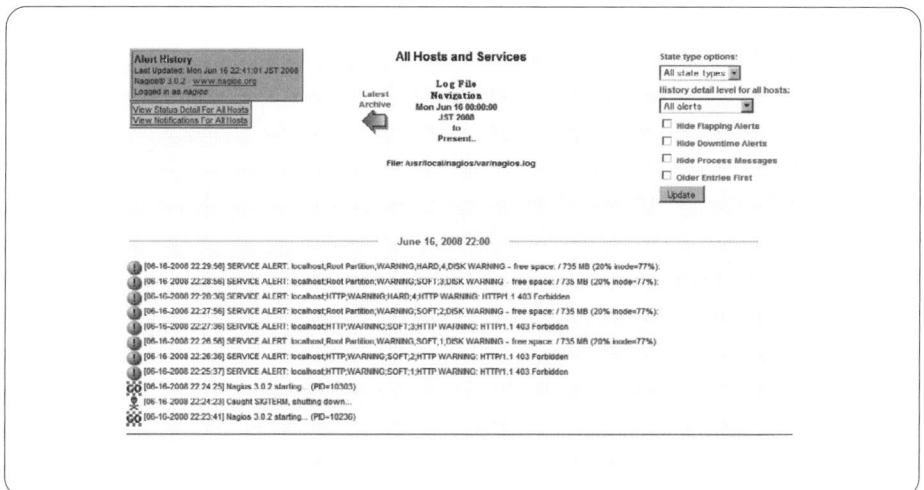

그림 5.1.4 Nagios의 Alert History 화면

Nagios의 기본적인 사용법

Nagios는 유연한 설정이 가능한 대신에, 처음 시작하기가 다소 어려운 면이 있다. 여기서는 웹 서버 감시를 소재로 기본적인 사용법을 소개한다.

호스트와 서비스의 정의

우선은, 서비스가 실행되고 있는 호스트를 등록하도록 한다(리스트 5.1.5). 그리고 나서, 서비스마다 호스트 그룹에 나누어 각각의 호스트 그룹에 감시 서비스를 정의한다.

추가할 서비스로는, 모든 서버에 공통인 서비스와 서버별 역할에 맞는 서비스가 있다. 공유 서비스로는, 호스트를 사활감시할 check_ping명령, 디스크 잔여용량을 체크할 check_snmp명령을 기본으로 한 SNMP에 의한 감시를 하고 있다.

253

아파치 등의 웹 서버에 대해서는 check_http를 정의하거나, MySQL서버에는 check_mysql를 사용한다. check_mysql은 Official Nagios Plugins에 포함되어 있다.

리스트 5.1.5 호스트와 서비스 정의 예

```
define command{
    command_name check_mysql
    command_line $USER1$/check_mysql -H $HOSTADDRESS$ -u $ARG1$ -p $ARG2$ -P $ARG3$
}

define host{
    use             linux-server
    host_name       databaseserver1
    alias           databaseserver1
    address         192.168.0.100
}

define hostgroup {
    hostgroup_name database-servers
    alias Database Servers
    members databaseserver1
}

define service{
    use http-service
    hostgroup_name database-servers
    service_description MySQL
    check_command check_mysql!nagios!nagios!3306
}
```

통지

가동감시에 의해 발견된 이상이나 경고가 명백해진 경우, 신속하게 대응 가능한 관리자에게 통지할 필요가 있다. 이를 위한 기본 기능으로, 이상이나 경고내용을 메일로 전송하는 기능이 있다. 또한 그 밖에도 임의의 명령을 실행할 수 있으므로, 명령을 구현하기에 따라서는 IRC나 IM 등으로 통지할 수도 있다.

예를 들면, 필자는 장애통지를 각 담당자 휴대전화로 전송하고 있는데, 여기에 추가로 IRC로 통지를 보내고 있다. IRC는 주로 장애에 대응할 때 정보를 공유하기 위해 이용하고 있으나, 거기에 Nagios에서 통지를 보낼 수 있게 함으로써 복잡한 장애가 발생한 경우에 상황을 파악하는 데 도움이 되고 있다.

메일

메일은 Nagios에서 장애를 통지하는 기본적인 방법이다. 장애가 발생하면 그림 5.1.5와 같은 내용의 메일이 발송된다. 디폴트 설정은, 호스트의 경우에는 host-notify-by-email명령이, 서비스의 경우에는 notify-by-email명령이 이용된다. 각각의 명령을 설정하는 예를 리스트 5.1.6에 나타냈다.

IRC

Hatena에서는 메일과 함께 IRC 채널로도 경고를 보내도록 하고 있다. 장애가 발생했을 때, 관리자끼리 대책을 논의하거나 각종 연락을 취하기 위한 채팅으로, 시시각각 변화하는 서버의 상태를 전송함으로써 정보공유를 원활히 하고 효율적인 대책을 마련할 수 있게 된다. 또한, 영향을 미치는 범위가 큰 장애가 발생하면 대량의 메일이 발송되어 오므로 한 번에 살펴보기 어려워진다. 이와 같은 경우에도 IRC의 채널로그를 확인함으로써 상황을 빠짐없이 파악할 수 있게 된다.

IRC로 메시지를 보내려면 IRC서버, IRCbot, bot에 메시지를 쓸 수 있는 클라이언트 3가지가 필요하다. IRC서버는 표준적인 ircd를 이용하고 있다. 또한 IRCbot으로는 Kwiki::Notify::IRC라는 CPAN모듈에 포함되어 있는 「notify-irc.pl」이라는 bot을 이용하고 있다. 클라이언트는 같은 모듈인 Kwiki::Notify::IRC.pm을 단일 스크립트로 실행되도록 한 「notify_irc.pl」을 사용하고 있다(리스트 5.1.7, 리스트 5.1.8).

그림 5.1.5 Nagios의 통지메일 예

```
From: nagios@example.com
Subject: CRITICAL 1011/http_service
To: maintenance@example.com

***** Nagios *****

Notification Type: PROBLEM

Service: http_service
Host: 1011
Address: 192.168.1.11
State: CRITICAL


Date/Time: 02-08-2008 12:37:51


Additional Info:

(Service Check Timed Out)
```

리스트 5.1.6 메일에 의한 통지명령의 설정

```
# 'host-notify-by-email' command definition
define command{
  command_name    host-notify-by-email
  command_line    /usr/bin/printf "%b" "*****Nagios *****\n\n
Notifycation Type: $NOTIFICATIONTYPE$\nHost: $HOSTNAME$\nState:
$HOSTSTATE$\nAddress: $HOSTADDRESS$\nInfo: $HOSTOUTPUT$\n\nDate/Time:
$LONGDATETIME$\n" | /bin/mail -s "$HOSTSTATE$ $HOSTNAME$!"
$CONTACTEMAIL$
       }

# 'notify-by-email' command definition
define command{
  command_name    notify-by-email
  command_line    /usr/bin/printf "%b" "***** Nagios *****\n\n
Notifycation Type: $NOTIFICATIONTYPE$\nService: $SERVICEDESC$\nHost:
$HOSTALIAS$\nAddress: $HOSTADDRESS$\nState: $SERVICESTATE$\n\nDate/Time:
$LONGDATETIME$\n\nAdditional Info:\n\n$SERVICEOUTPUT$" | /bin/mail -s
```

5.1 서비스의 가동감시 Nagios

```
" $SERVICESTATE$ $HOSTALIAS$/$SERVICEDESC$ " $CONTACTEMAIL$
}
```

리스트 5.1.7 notify_irc.pl을 위한 설정

```
define contact{
  contact_name irc
  alias irc-bot
  email test@example.com
  service_notification_period 24x7
  host_notification_period 24x7
  service_notification_options w,u,c,r
  host_notification_options d,u,r
  service_notification_commands notify-irc
  host_notification_commands host-notify-irc
}

# 'notify-by-irc' command definition
define command{
  command_name    notify-irc
  command_lnie    $USER1$/notify_irc.pl "$SERVICESTATE$ $HOSTALIAS$/$SERVICEDESC$(
$HOSTNAMES$)"
}
# 'host-notify-by-irc' command definition
define command{
  command_name    host-notify-irc
  command_line $USER1$/notify_irc.pl "$SERVICESTATE$ $HOSTALIAS$($HOSTNAME$)"
}
```

리스트 5.1.8 notify_irc.pl

```
#!/usr/bin/perl
use strict;
use warnings;
use POE::Component::IKC::ClientLite;
my $message = shift;

my $remote = POE::Component::IKC::ClientLite::create_ikc_client{
```

```
    port => 9999,
    ip => 'localhost'
    name => "Nagios$$",
    timeout => 5,
} or die "Couldn't create IRC connection!";
$remote->post('notify_irc/update', $message);
exit 0;
```

Nagios 응용법

여기서는 가동률 측정과 독자적인 플러그인이라고 하는 Nagios의 응용법에 대해 소개한다.

가동률 측정

가동률을 측정하려면, 먼저 서비스의 실행여부를 체크할 수 있어야 한다. 기본적으로는 해당 서비스의 글로벌 IP로 호스트를 정의한 후, 측정대상이 되는 서비스를 정의한다. 예를 들면, http://www.hatena.ne.jp/의 가동률을 측정하기 위한 Nagios의 설정은 리스트 5.1.9와 같이 된다. check_vhost는 check_http명령을 이용하는데, FQDN으로 도메인을 정의하고 임의의 경로를 지정할 수 있도록 한 명령어 정의다.

리스트 5.1.9 가동률 측정을 위한 설정

```
define service {
  use generic-service
  host_name hatena-www.hatena.ne.jp
  service_description hatena-www
  check_command check_vhost!www.hatena.ne.jp!/
}
```

5.1 서비스의 가동감시 Nagios

```
define host {
  use generic-host
  host_name hatena-www.hatena.ne.jp
  address 59.106.108.86
  alias hatena-question
}

# 'check_vhost' command definition
define command{
  command_name    check_vhost
  command_line    $USER1$/check_http -H $ARG1$ -u $ARG2$ -t 120
}
```

다음으로 가동률을 그래프화하기 위해 기록해본다. 리스트 5.1.10에는 Nagios의 웹 관리화면에서 스크래핑Scraping해서 Hatena 그래프에 저장하는 스크립트를 나타낸다. 이 스크립트를 1일 1회 실행함으로써 서비스의 가동률을 간단히 그래프화해서 타인이나 외부에 공개할 수도 있다. 그림 5.1.6에 가동률을 그래프로 저장하는 예를 나타냈다.

리스트 5.1.10 가동률 그룹화를 위한 스크립트

```ruby
#!/usr/bin/env ruby
require 'rubygems'
require 'hatena/api/graph'
require 'hpricot'
require 'pathname'
root = Pathname.new(__FILE__).parent
require root.parent.join('lib/hatena_consts')

targets = [
        { :host => "hatena-a.hatena.ne.jp",
          :service => "hatena-antenna",
          :id => "hatenaantenna",
          :graphname => 'availability' },
]
```

CHAPTER 05 ··· 효율적인 운용_안정된 서비스를 향해

```
targets.each do |target|
  cmd = "curl 'http://192.168.0.1/nagios/cgi-bin/avail.cgi-host=#{targe
t[:host]}&service=#{target[:service]}&assumeinitialstates=yes&assumestateretention=
yes&assumestatesduringnotrunning=yes&includesoftstates=no&initialassumedhoststate=0
&initialassumedservicestate=0&timeperiod=last31days'"
  body = `#{cmd}`

  graphname = target[:graphname]
  count = HPricot(body).search('td.serviceOK').last.innerText.to_f

  g = Hatena::API::Graph.new(target[:id], HatenaConsts::HATENA_PASSWD)
  puts "#{target[:host]}/#{target[:service]} #{target[:id]}, #{graphname}, #{count}"
  g.post_data(graphname, :value => count)
end
```

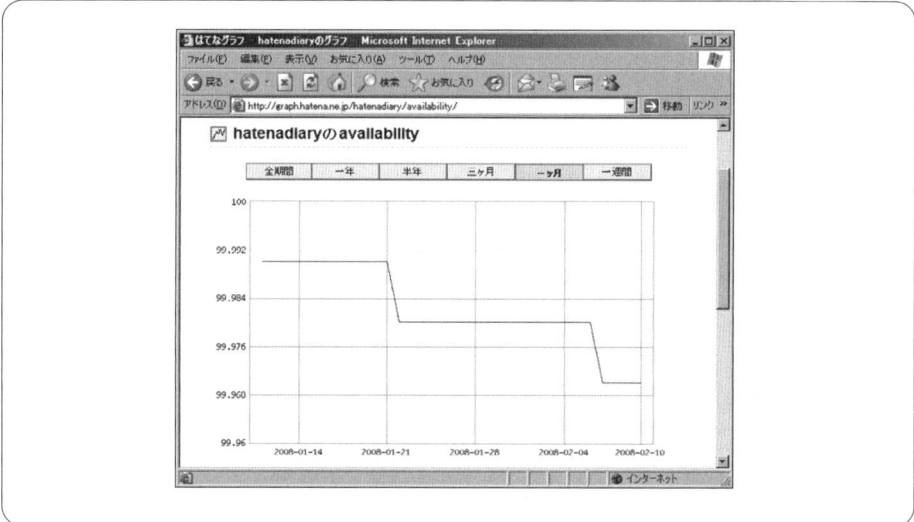

그림 5.1.6 가동률 그래프(Hatena그래프로 작성)

독자적인 플러그인

Nagios에는 다수의 체크용 명령이 마련되어 있지만, 그럼에도 불구하고 미처 대응하지 못한 서비스에 대한 상태감시나 특수한 하드웨어에 대한 상태감시와 같이 대응되어 있지 않은 감시대상이 있을 수 있다. 이와 같은 대상을 감시하는 데는 NRPE_{Nagios Remote Plugin Executor}를 이용하는 방법, SNMP를 이용하는 방법, 독자적인 플러그인을 작성하는 방법과 같이 3가지 종류의 방법이 있다.

NRPE를 이용하면 손쉽게 감시대상을 추가할 수 있지만, 각 서버에 Nagios를 위한 프로세스를 새롭게 실행해야 하므로 Hatena에서는 이용하고 있지 않다. 그 대신에 MySQL 등과 같이 원래부터 원격에서 접속하는 방법이 준비되어 있는 경우는 독자적인 플러그인을, 원격에서 접속할 수 없을 경우는 net-snmp에 의해 SNMP를 경유해서 감시하고 있다.

여기서는 독자적인 플러그인의 예로, 「MySQL 리플리케이션 감시」, 「MySQL 프로세스 개수 감시」, 「memcached 감시」와 같은 3가지를 소개한다[주4].

MySQL 리플리케이션 감시 …… check_mysqlrep.sh

MySQL 리플리케이션이 정상적으로 동작하고 있는지를 감시한다(리스트 5.1.11, 리스트 5.1.12). 이 스크립트에서는 MySQL서버로 show slave status명령을 보내서 리플리케이션의 정상 여부를 감시하고 있다. 에러로 정지해 있을 경우는 에러를 출력하고 종료된다.

리스트 5.1.11 check_mysqlrep.sh을 위한 설정

```
# 'check_mysqlrep'
define command{
  command_name check_mysqlrep
  command_line $USER1$/check_mysqlrep.sh -H $HOSTADDRESS$ -u $ARG1$ -p $ARG2$ -P $ARG3$
}
```

주4 3가지 독자적인 플러그인(check_mysqlrep.sh, check_mysql_process.sh, check_memcached.sh)에 관해서는 이 책의 Appendix도 함께 참조하기 바란다.

리스트 5.1.12 check_mysqlrep.sh

```
status=`$mysqlpath/mysql -u $user -p$pass -P $port -h $host -e 'show slave status\G' 2>&1`
if [ $? -gt 0 ]
then
  echo $satus | head -1
  exit $STATE_CRITICAL
fi

badcount=`echo $status | grep Running | grep No | wc -l`;
lasterror=`echo $status | grep Last_error`
IFS=$_IFS_OLD

if [ $badcount -gt 0 ]; then
  echo "NG : $lasterror"
  exit $STATE_CRITICAL
else
  echo 'OK'
  exit $STATE_OK
fi
exit $STATE_UNKNOWN
```

MySQL 프로세스 개수 감시 …… check_mysql_process.sh

MySQL에서 처리 중인 쿼리 수(프로세스 수)를 감시하는 스크립트다(리스트 5.1.13). 이 스크립트에서는 MySQL서버로 show processlist 명령을 보내서 MySQL서버에서 처리 중인 프로세스 수를 센다. 프로세스 개수를 셀 때 Sleep 상태에 있는 프로세스는 세지 않는다.

memcached 감시 …… check_memcached

메모리상에서 동작하는 캐시툴인 memcached(http://www.danga.com/memcached/)가 정상적으로 동작하고 있는지를 감시한다(리스트 5.1.14). Ian

---

주5 URL http://zilbo.com/ (집필 시점에서는 접속할 수 없었음)

5.1 서비스의 가동감시 Nagios

Zilbo의 사이트[주5]에 공개되어 있다. 이 스크립트에서는 지정된 memcached서버에 접속해서 정상적으로 값을 설정하고 얻을 수 있는지를 확인하고 있다.

리스트 5.1.13 check_mysql_process.sh

```
processcount=`$mysqlpath/mysql -u $user -p$pass -P $port -h $host -Bne 'show
processlist' | awk '{print $5}' | grep -v Sleep | wc -l`;

echo "processcount:  $processcount"
if [ $processcount -ge $crit ]; then
  exit $STATE_CRITICAL
elif [ $processcount -ge $warn ]; then
  exit $STATE_WARNING
else
  exit $STATE_OK
fi
exit $STATE_UNKNOWN
```

리스트 5.1.14 check_memcached.sh

```
my $memd = new Cache::Memcached {
    'servers' => [ "$host:$port" ],
    'debug' => 0,
    'compress_threshold' => 10_000,
};

unless ( $memd->set( $key , "Nagios Check key", 4*60 ) ) {
  print "unable to set memcached $key";
  exit $ERRORS{'CRITICAL'};
}

My $val = $memd->get( $key );
if ( defined($val) and $val eq "Nagios Check key" ) {
  exit $ERRORS{'OK'};
}
else {
  print "unable to get memcached $key/wrong value returned";
  exit $ERRORS{'CRITICAL'};
}
```

263

CHAPTER 05 효율적인 운용_안정된 서비스를 향해

정리

Nagios는 서버 감시라는 안정적인 동작이 기대되는 영역에서의 실용적인 OSS로는 거의 유일하다고 할 수 있을 정도라고 생각한다. 대규모 환경에서의 실행 사례도 많고 풍부한 스크립트도 준비되어 있어 모든 환경에서 대응할 수 있으므로, 효과적으로 이용함으로써 인프라의 안정화를 지향하기 바란다.

5.2 서버 리소스 모니터링 Ganglia

서버 리소스 모니터링

이 절에서는 서버 리소스 모니터링에 관련해서 설명한다. 전반부는 모니터링에 대한 의의 등을 정리하고, 후반부에서는 실제로 필자가 사용하고 있는 모니터링 장치에 대해 소개하고자 한다.

모니터링의 목적

우선 「모니터링」이라는 행위에 대해 정리해두자. 모니터링의 목적을 한마디로 정의하면 「변동을 관찰한다」라고 할 수 있다. 「변동을 관찰한다」라는 의미는, 서버의 상태를 나타내는 다음과 같은 다양한 지표의 값을 계속적으로 기록하고 시각화해서 경향이나 변동을 파악하기 쉽게 하는 것을 말한다.

- CPU 사용률
- 메모리 사용률
- Load Average
- 네트워크 트래픽

즉시 대응이 필요한 서비스 감시(「이상을 감지한다」라고도 할 수 있다)와는 달리, 「변동을 관찰한다」는 것은 화려함은 없지만 실천해보면 이후에 그 고마움을 느낄 수 있을 것이다.

예를 들면, 메일 매거진이나 TV광고, 대형 포털 사이트에 게재하는 광고 등과 같이 소비자의 구매욕을 불러일으키는 활동을 한 경우, 그 순간에 대량의 접속이 쇄도해온다. 접속이 진정될 때까지 관리자는 이것저것 대응하느라 정신 없이 바쁠 것이다. 일단 안정되고 나서 '어디서 병목현상이 생겼었나' 라고 되돌아볼 때, 과거로 거슬러올라가 서버 리소스의 변동을 그래프를 통해 시각적으로 비교할 수 있다면 상당히 도움이 될 것이다.

또한, 환경에 변화가 없음에도 불구하고 관측값에 증감이 있다면, 이는 고장이나 장애의 징조일지도 모른다. 일례를 들면, I/O대기 프로세스가 계속 늘어나서 높은 수준에서 머물러 있을 경우는 디스크 고장에 의한 I/O성능저하가 원인일 수도 있다. 모니터링을 수행하면 이와 같은 경우에 대한 대책으로 이어갈 수도 있을 것이다.

모니터링 툴

그렇다면, 실제로 모니터링을 수행하려면 어떻게 하면 될까? 제로에서부터 구조를 만들어가는 것도 좋겠지만, 모니터링을 위한 데이터 수집과 그래프화를 해주는 도구에는 다양한 것들이 있으므로, 먼저 이러한 툴을 시험해보는 것이 좋을 것이다. 몇 가지를 열거해보면 다음과 같다.

- Munin (URL) http://munin.projects.linpro.no/
- Cacti (URL) http://www.cacti.net/
- Centreon(구칭 : Oreon) (URL) http://www.centreon.com/
- Monitorix (URL) http://www.monitorix.org/
- NetMRG (URL) http://www.netmrg.net/
- collectd (URL) http://collectd.org/

Munin과 Cacti에 대해서는 개인적인 사용 느낌을 정리해보겠다. Munin 패키지에는 매우 많은 플러그인이 포함되어 있어서, 프로그램을 작성하거나 정교한 설정을 하지 않아도 굉장히 많은 리소스를 그래프화할 수 있다는 점이 좋다. Cacti는 레이어(데이터 수집, 데이터 정의, 그래프 묘사)의 기능이 깔끔하게 나뉘어 있고, 이와 관련한 모든 설정을 브라우저에서 할 수 있다는 점이 좋다.

다만, 둘 다 감시대상이 되는 노드(서버)를 추가하거나 삭제한 경우 설정을 변경할 필요가 있거나 그래프 표시화면의 일목요연함이 좋지 않는 등 대량의 서버를 모니터링하고자 할 경우에는 다소 적합하지 않다는 인상을 받았다.

Ganglia ······ 대량의 노드에 적합한 그래프화 툴

그래서 사용하고 있는 것은, 서버팜에서는 Ganglia[주6]라는 툴이다. Ganglia 사이트에 따르면, Ganglia는 원래 클러스터나 그리드 컴퓨팅과 같이 대량의 노드가 있는 환경에서 사용하는 것을 상정해서 만들어진 모니터링 시스템이라고 한다. 실제로 사용해보고 편리하다고 느낀 점을 들어보겠다.

우선 첫 번째는 노드(서버)를 추가, 삭제했을 때 설정변경이 불필요하다는 점이다. 추가한 노드에는 에이전트(gmond)를 실행하기만 하면 된다. 이것만으로 데이터 수집과 그래프화를 수행하는 스테이션(gmetad)과 통신하면서 그래프화 대상이 되는 그룹에 추가된다. 통신은 멀티캐스트로 수행되므로 양쪽의 IP주소를 설정할 필요도 없고, 노드를 검출하기 위해서 서브네트 전 영역으로 SNMP 탐색할 필요도 없다.

두 번째는 그래프의 일목요연함이다. 그림 5.2.1을 보기 바란다. 이런 식으로 모든 노드의 그래프가 그리드 형태로 표시되므로 대충 보고 경향을 비교하기 쉬운 화면구성으로 되어 있다.

반대로, 「이 부분은 좀 부족하다」라고 생각되는 점도 예를 들어 보겠다.

먼저, 그래프 종류가 그다지 많지 않다는 점이다. CPU나 메모리의 사용률, 트래

주6　URL http://ganglia.info/

CHAPTER 05 ••• 효율적인 운용_안정된 서비스를 향해

픽 등 기본적인 그래프는 그릴 수 있지만, Munin만큼 종류가 많지는 않다. 또한, 독자적인 그래프를 추가할 경우, 값이 한 종류라면 gmetric이라는 명령으로 값을 보내는 것만으로 그래프가 그려지므로 간단히 그릴 수 있지만, 하나의 그래프에 복수의 값을 그리고자 할 경우(예를 들어, 하나의 그래프 내에 I/O read와 I/O write 두 가지를 묘사하고자 할 경우)에는 Ganglia 자체의 코드(PHP)에 손을 댈 필요가 있으므로 다소 번거롭다.

두 번째는 그래프의 표시기간을 지정하는 선택 가짓수를 고정적으로 1시간, 1일, 1주, 1개월, 1년밖에 선택할 수 없다는 점이다. 이것으로는 「대량의 접속이 있었던 일자의 몇 시부터 몇 시까지만 표시된 그래프를 보고자 한다」와 같은 유연한 표시를 할 수 없다. 관측 데이터는 모든 시간에 대해 저장되고 있으므로 표시기간을 지정하는 사용자 인터페이스와 그래프화하는 로직을 조금 수정한다면, 임의의 기간 동안의 그래프를 조회할 수 있을 것이다. 필자의 경우도 이처럼 수정하고, 아울러 Yahoo! UI Library[주7]의 달력을 사용해서 일자 지정을 하기 쉽도록 하고 있다.

＊　＊　＊

결국, 원본 상태의 Ganglia에서는 세심한 부분까지는 배려하고 있지는 않다. 그러나 대량의 노드가 있는 환경에서는 사용을 고려할 경우에는 기본적인 설계, 구조가 잘 되어 있고, 또한 PHP로 작성되어 있으므로 전체적인 면을 살펴보기 좋고 커스터마이징하기는 쉽다고 할 수 있다. 따라서, Ganglia를 사용하면 마음에 들지 않는 부분은 조금씩 손을 봐서 개선해서 사용하기 좋을 것이다. 계속해서 다소 복잡한 그래프를 추가하는 방법을 소개한다. 한편, 이번 절에서 사용하는 Ganglia의 버전은 3.0.5다[역주2].

[주7] URL http://developer.yahoo.com/yui/
[역주2] 2009년 4월 현재, 최신버전은 3.1.10이다.

5.2 서버 리소스 모니터링 Ganglia

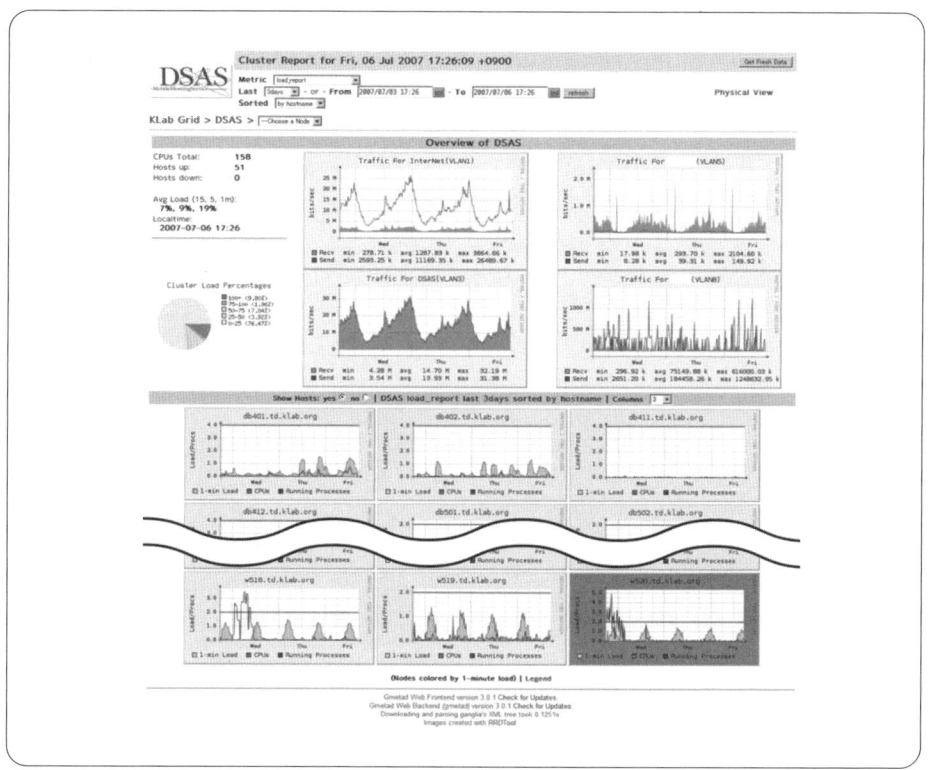

그림 5.2.1 Ganglia

아파치 프로세스의 상태 그래프화

Ganglia에 커스텀 그래프를 추가하는 예로, 아파치 프로세스의 상태를 그래프화 하는 방법을 소개한다.

아파치에 포함되어 있는 모듈 mod_status를 유효하게 설정하면, 실행되고 있는 httpd 프로세스 각각의 상태를 알아낼 수 있다(표 5.2.1). 예를 들면, httpd.conf에 리스트 5.2.1과 같이 설정하면, 「http://example.org/server-status」라는 URL에 접속해서 이러한 상태정보를 확인할 수 있다. 또한, /server-status?auto에 접속하면 프로그램에서 처리하기 쉬운 형식으로 응답을 반환한다.

이렇게 해서 프로세스의 상태별로 누적해서 분류한 그래프가 그림 5.2.2다. 이와 같이 그래프화함으로써, 단순하게 「웹 서버에 부하가 많은 것 같다」와 같은 추측 이상으로 어떤 처리를 하고 있어서 부하가 많은지, 예를 들어 Keep-Alive 타임아웃 대기로 정체되어 있는지 혹은 로그 쓰기와 같은 I/O대기로 대기 중인지 등을 한눈에 파악할 수 있다.

표 5.2.1 아파치 상태

기호	의미
_	접속을 기다리고 있음
S	기동 중
R	요청을 읽고 있음
W	응답을 보내고 있음
K	Keep-Alive요청을 위해 대기하고 있음
D	DNS질의 중
C	접속을 끊는 중
L	로그 쓰는 중
G	종료 처리 중
I	idle worker를 정리 중
.	프로세스 부재인 빈 슬롯

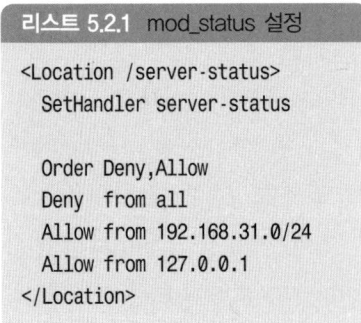

리스트 5.2.1 mod_status 설정

```
<Location /server-status>
  SetHandler server-status

  Order Deny,Allow
  Deny from all
  Allow from 192.168.31.0/24
  Allow from 127.0.0.1
</Location>
```

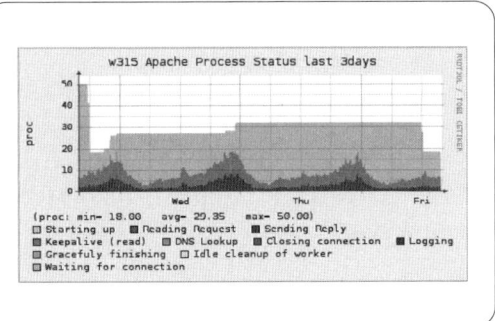

그림 5.2.2 아파치 프로세스 상태 그래프

Ganglia에 그래프를 추가하는 방법

그러면, Ganglia에 그래프를 추가할 경우, 하나의 측정값을 하나의 그래프로서 그린다면 gmetric 명령을 사용하는 것만으로 가능하다. gmetric은 멀티캐스트를 이용해 측정값 등의 정보를 보내고 이를 수신한 gmetad가 측정값을 저장한다.

한편, 복수의 측정값을 하나의 그래프 내에 그릴 경우에는 Ganglia의 코드를 수정할 필요가 있다. 구체적으로는 각각의 측정값은 각기 다른 데이터 파일에 저장되어 있으므로, 이를 모아서 읽은 후 하나의 그래프로 그리는 처리가 필요하다.

복합적인 그래프 추가

그러면 실제로 아파치의 프로세스 상태 그래프를 추가해보자. 우선은 리스트 5.2.1의 설정을 한 후 「http://localhost/server-status?auto」에 접속해서 응답을 얻을 수 있는지 확인한다.

확인했으면 이 URL에 접속해서 그 응답을 처리하고 gmetric로 측정값을 송신하는 프로그램을 실행한다. 이 경우에는 디폴트로 60초마다 아파치에 접속해서 프로세스 정보를 얻어서 gmetric으로 송신하는 샘플 프로그램을 사용했다[주8].

이렇게 해서 Ganglia의 웹 프론트엔드인 클러스터 뷰의 Metric의 풀다운 메뉴와 호스트 뷰의 페이지 아래쪽에는 개별 측정값의 그래프(ap_closing 등 ap_로 시작하는 것)가 표시될 것이다.

계속해서 이 측정값을 모아서 앞서 본 그림 5.2.2와 같이 하나의 그래프로 만들어보자. 여기서는 변경할 파일별로 간단히 설명하도록 한다. 모든 변경 부분은 이 책의 Appendix를 참조하기 바란다[주9].

[주8] 프로그램은 이 책의 Appendix에 전문을 게재하고 있다(apache-status). 참조하기 바란다.
[주9] 변경 부분은 이 책의 Appendix에 전문을 게재하고 있다(ganglia.patch). 참조하기 바란다.

- conf.php, my-conf.php

  conf.php에서 my-conf.php라는 이름의 파일을 include하도록 해서, 이번 변경에 관한 설정항목은 my-conf.php에 작성하도록 하고 있다.

- functions.php

  run_apache라는 함수를 추가하고 있다. 이것은 매개변수로 넘겨진 호스트로 아파치 그래프를 그릴지 여부를 boolean으로 반환하는 것이다. 이번에는 단순히 호스트명을 보고 판별하도록 처리하고 있다.

- graph.php

  행수로는 가장 많이 변경해야 하는 것이 graph.php지만 어렵지는 않다. RRDtool의 문법으로 그래프를 그리도록 지시할 뿐으로, 읽어들이는 데이터가 많으므로 행수가 많아진 것뿐이다.

- templates/default/host_view.tpl, host_view.php

  호스트 뷰의 화면을 커스터마이징하고 있다. 템플릿에「functional」이라는 레이블로 삽입 포인트를 추가해서 host_view.php에서는 run_apache가 참인 경우에 아파치의 그래프를 표시하기 위한 HTML을「functional」에 할당하고 있다.

- header.php

  클러스터 뷰의 Metric 풀다운 메뉴에 아파치 그래프(Apache_Proc_report)를 표시하도록 하고 있다.

그 밖의 커스텀 그래프

기타 유용한 그래프를 몇 가지 예로 들어보겠다. 앞서 본 아파치 프로세스 상태 그래프와 동일한 요령으로 Ganglia를 커스터마이징하면 그래프를 그릴 수 있으므로 꼭 도전해보기 바란다.

- MySQL의 각종 캐시(키 캐시나 쿼리 캐시 등) 히트율 그래프(그림 5.2.3 ❶)
- MySQL의 초단위의 처리 쿼리 수 그래프(그림 5.2.3 ❷)
- MySQL의 SELECT, INSERT, UPDATE, DELETE 쿼리의 비율 그래프(그림 5.2.3 ❸)
- MySQL의 InnoDB 테이블스페이스의 남은 용량 그래프(그림 5.2.3 ❹)
- MySQL의 접속연결 수 그래프(그림 5.2.3 ❺)
- Tomcat의 힙 메모리 사용상황을 나타내는 그래프(그림 5.2.3 ❻)

5.2 서버 리소스 모니터링 Ganglia

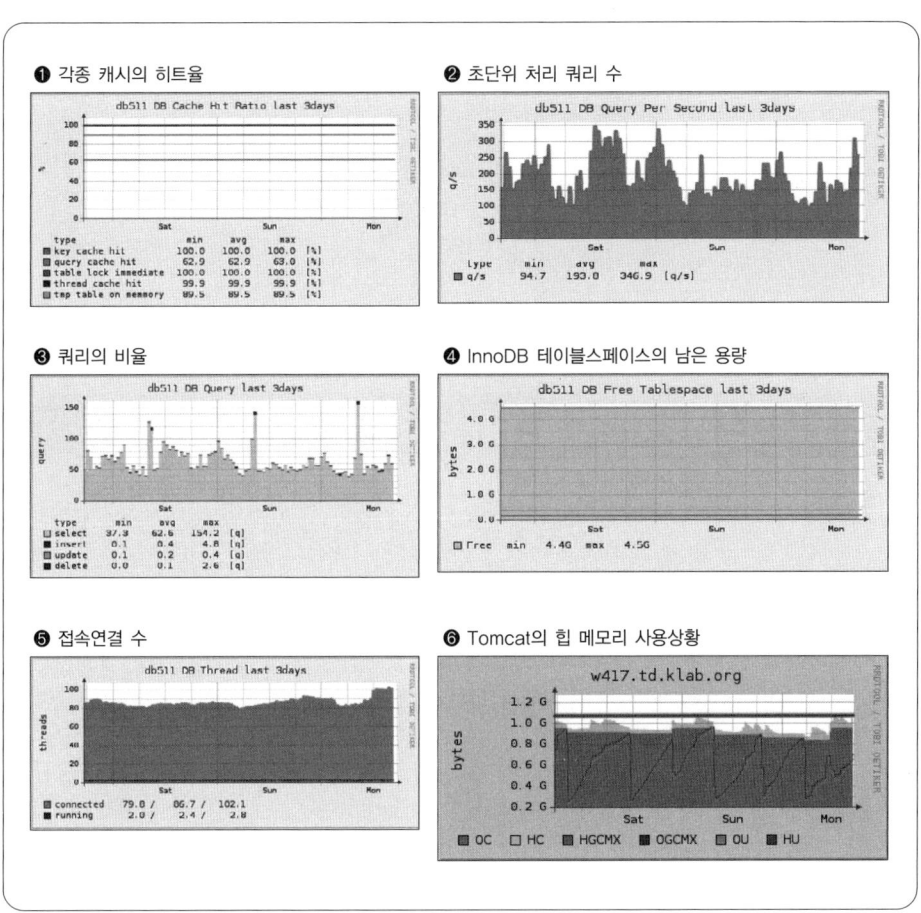

그림 5.2.3 커스텀 그래프

5.3 서버관리의 효율화 Puppet

효율적인 서버관리를 실현하는 툴 Puppet

관리하고 있는 서비스가 성장해서 차츰 규모가 커지게 되면 필연적으로 서버대수가 증가하고, 이와 함께 서버관리비용도 증대된다. 예를 들면, 개인 서비스로 1대~수대의 서버를 관리하는 방법을 기업에서 수백 대~수천 대의 서버를 관리할 경우로 적용한다면 터무니없는 작업이 필요하게 된다. 따라서 어느 정도 규모가 있는 기업에 있어서의 서버관리에서는 균질한 환경 유지나 전체 서버로의 설정변경 반영을 효율적이고도 확실하게 수행해야 한다.

Puppet[주10]은 이와 같은 대규모 환경에서의 효율적인 서버관리를 실현하기 위한 툴이다. Puppet을 이용하면 각 서버에 로그인해서 수작업으로 수행해온 설정을 거의 자동적으로 반영시킬 수 있게 된다. 이에 따라,

- 신규 서버의 투입
- 기존 서버의 설정변경

에 있어서 각 서버로 설정을 효율적으로 반영할 수 있게 된다. 또한, 설정 누락에 의한 이상도 줄일 수 있게 된다.

한편, 이 절의 동작 확인은 CentOS 5.0, Puppet 0.24.4에서 수행했다[역주3].

주10 URL http://puppet.reductivelabs.com/
역주3 2009년 4월 현재, 최신 안정버전은 Puppet 0.24.7이다.

Puppet의 개요

Puppet이란 Reductive Labs에 의해 개발된, Ruby로 구현된 OSS 서버설정 자동화 툴이다.

Puppet에서는 각 서버설정(매니페스트)을 클래스로 정의하거나 정의 완료된 클래스를 상속받아서 새로운 클래스를 정의하는 등, 객체지향적으로 유연하게 기술할 수 있는 특징을 지니고 있다. Puppet은 2003년에 개발되기 시작해서 최근 1, 2년 정도 관심도가 상승 중에 있으며 일본에서의 도입 사례도 몇 군데 보고되고 있다.

Puppet(그림 5.3.1)은 각 서버에서 실행되는 puppetd와 관리서버에서 실행되는 puppetmasterd 2가지 데몬에 의해 동작한다. 각 서버의 puppetd는 정기적(디폴트로는 30분간)으로 puppetmasterd에 질의해서 얻어진 정의를 현재 상황과 비교해서 반영해야 할 것이 있으면 반영한다. 이 때, 설정파일은 puppetmasterd로부터 다운로드된다. 또한, 정기적으로 질의하는 것뿐만 아니라 직접 puppetd를 명령어로서 실행함으로써 설정을 확인하거나 반영시키는 작업을 할 수 있다. 더 나아가, 서버인 puppetmasterd측으로부터 puppetrun명령에 의해 명시적으로 반영시킬 수도 있다.

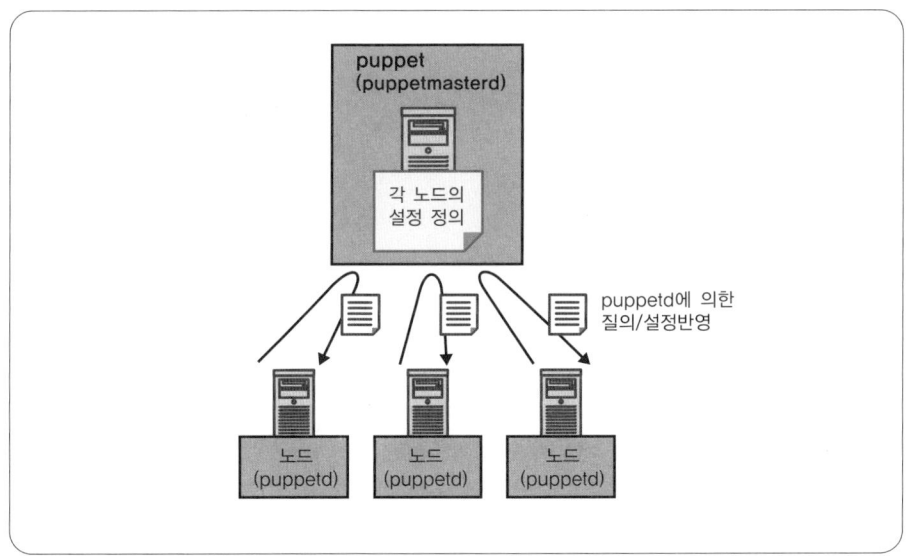

그림 5.3.1 Puppet에 의한 서버관리

puppetd와 puppetmasterd 간 통신은 SSL에 의해 암호화되는 등, 보안도 고려된 설계로 되어 있다.

Puppet의 설정

이 절에서는 아파치에 의한 웹 서버의 설정을 주제로 Puppet의 설정 개념을 설명한다. Puppet의 설정에는 다음과 같이 두 종류가 있다.

- Puppet 자체의 설정(/etc/puppet/puppet.conf)
- Puppet에 의해 설정된 서버의 설정내용을 정의하는 설정파일(매니페스트)

여기서는 후자인 매니페스트에 대해 설명한다. Puppet의 매니페스트에서는 노드(puppetd가 설정대상으로 하는 서버)에 각 서버의 설정정의 집합인 클래스를 할당한다. 또한, 클래스는 객체지향과 같이 다른 클래스를 상속할 수가 있다. 이러한 설정은 통상 /etc/puppet/manifests/ 하위에 기술한다. 모든 설정을 한 곳에 작성하면 상당히 긴 파일이 되므로, 서버의 역할별로 나누는 등 적절하게 분할하기를 권한다.

노드의 정의

먼저, 개개의 서버를 의미하는 노드에 대해 그 설정내용을 설명한다. 여기서 구체적인 설정을 직접 기술하는 것이 아니라 설정의 집합인 클래스를 지정함으로써 마스터에 기술할 수 있다. 하나의 노드에 복수의 클래스를 지정할 수도 있다. 리스트 5.3.1에서는 설정대상인 서버(testserver)에 아파치와 mod_perl에 의한 웹 서버 클래스(apache-mod_perl)를 지정하고 있다.

리스트 5.3.1 노드 정의 파일(nodes.pp)

```
node testserver {
  include apache-mod_perl
}
```

클래스의 정의

클래스는 구체적인 설정 집합이다. 다른 클래스를 상속함으로써 비슷한 역할을 지닌 서버의 공통설정을 모아서 기술할 수 있게 된다.

리스트 5.3.2에 나타낸 apache-mod_perl 클래스에서는 각종 rpm 패키지(httpd, mod_perl)이 설치되어 있는지, httpd.conf가 최신인지, httpd가 실행되고 있는지와 같은 설정항목을 정의한다. 구체적인 설정내용을 설명하도록 한다.

리스트 5.3.2의 ① package선언에 의해 httpd, mod_perl, perl-libapreq2의 각종 패키지가 설치되어 있음(ensure => installed)을 지정한다. 만일 설치되어 있지 않다면 패키지 관리 시스템에 의해 자동적으로 설치된다.

리스트 5.3.2의 ② configfile선언에 의해 httpd.conf와 sysconfig/httpd 두 가지 파일을 전달한다. require => Package["httpd-mod_perl"]라고 작성해둠으로써 패키지가 설치된 후에 파일전송이 수행되게 된다. Configfile은 Puppet이 표준으로 갖추고 있는 선언이 아니고 이후에 설명하는 define선언에 의해 독자적으로 확장한 것이다. 실제로 전달되는 파일의 위치는 configfile 선언 내의 source 속성으로 지정되고 있다. puppetmasterd는 파일서버도 겸하고 있으며 지정된 파일이 서버로 다운로드되도록 한다.

리스트 5.3.2의 ③ user선언에 의해 아파치 사용자를 정의하고 있다. 공식 문서에서는 password도 설정할 수 있게 되어 있지만, 현 버전에서는 주석처리되어 있으며, 패스워드 설정은 한 대씩 수행해야 한다.

리스트 5.3.2의 ④ service선언에 의해 httpd 프로세스가 실행되며, chkconfig로 부팅시에 실행되도록 정의한다. subscribe => [File[$path], File[$sysconfigpath], Package['httpd'], Package['mod_perl']]이라고 작성함으로써 패키지의 설치나 갱신, 설정파일 갱신시에 자동적으로 httpd 프로세스가 재시작되게 된다. 또한, enable => true에 의해 서버 재기동시에 자동적으로 서비스가 실행된다. 덧붙여, 수동으로 관리하면 자동으로 실행되도록 설정하는 것을 잊어버리는 일이 자주 있다.

리스트 5.3.2의 ⑤ file선언에 의해 /var/www 디렉토리의 속성을 정의한다.

리스트 5.3.2 클래스 정의 파일(apache-mod_perl.pp)

```
class apache-mod_perl {
  package { httpd :    ←①
    ensure => installed
  }

  package { mod_perl:
    ensure => installed
  }

  package { perl-libapreq2:
    ensure => installed
  }

  $path = '/etc/httpd/conf/httpd.conf'
  configfile { "$path" :    ←②
    source => "/apache-mod_perl/httpd.conf",
    mode => 644,
    require => Package["httpd-mod_perl"]
  }

  $sysconfigpath = '/etc/sysconfig/httpd'
  configfile { "$sysconfigpath":
    source => "/apache-mod_perl/sysconfig.httpd",
    mode => 644,
    require => Package["httpd-mod_perl"]
  }

  user { apache :    ←③
    ensure => present,
    uid => 48,
    gid => 48
  }

  service { httpd :    ←④
    hasrestart => true,
    hasstatus => true,
    ensure => running,
    subscribe => [ File[$path], File[$sysconfigpath], Package['httpd-mod_perl'] ],
    enable => true
```

5.3 서버관리의 효율화 Puppet

```
  }
  file {   ←⑤
    "/var/www": owner => apache, group => apache, mode => 755;
  }
}
```

설정 반영

이러한 노드 정의 파일과 클래스 정의 파일을 puppetmasterd로 읽어들이고 testserver에서 다음과 같이 puppetd를 실행함으로써 testserver에서 아파치와 mod_perl이 실행되면서 웹 서버로서 정상적으로 동작하게 된다. puppetmasterd 가 동작하고 있는 서버를 192.168.0.1로 하고 있다.

```
puppet -o -v --server 192.168.0.1
```

정상적으로 설정되면 다음과 같이 출력된다.

```
info: Caching configuration at /var/lib/puppet/localconfig.yaml
notice: Starting configuration run
notice: Finished configuration run in 1.27 seconds
```

설정파일 작성방법

설정파일의 문법은 Ruby류의 문법을 Puppet이 독자적으로 정의하고 있다. 개요는 다음에 설명한다. 공식 문서에 상세한 설명이 있으므로 관심이 있다면 참조하기 바란다.

리소스의 정의

정의 파일 등의 리소스Resource를 모아놓은 것이다. 클래스Class, 함수Definition, 노드Node 3종류가 있다.

클래스

복수의 리소스를 모아서 「클래스」를 정의한다. 하나의 호스트에는 각 클래스의 인스턴스를 하나만 만들 수 있다. 다음의 unix 클래스에서는 /etc/passwd 파일과 /etc/shadow 파일의 속성을 정의하고 있다.

```
class unix {
    file {
        "/etc/passwd": owner => root, group => root, mode => 644;
        "/etc/shadow": owner => root, group => root, mode => 440,
    }
}
```

각 클래스를 계속해서 일부만 변경할 수도 있다. 다음 예에서는 각 파일의 소유그룹이 root에서 wheel로 변경된다.

```
class freebsd inherits unix {
    File["/etc/passwd"] { group => wheel }
    File["/etc/shadow"] { group => wheel }
}
```

함수

매개변수를 지원하는 「함수」를 선언할 수가 있다. 클래스와 달리 상속할 수 없다. 하나의 호스트에 동일한 함수를 복수 정의할 수 있다는 점도 클래스와 다른 점이다.

리스트 5.3.3에서는 configfile 함수를 정의하고 몇 가지 파라미터의 디폴트값을 설정하고 있다.

리스트 5.3.3 configfile 함수의 정의와 디폴트값의 정의

```
define configfile($owner = root, $group = root, $mode = 644, $source,
$backup = false, $recurse = false, $ensure = file) {
  file { $name:
    mode => $mode,
    owner => $owner,
    group => $group,
    backup => $backup,
    recurse => $recurse,
    ensure => $ensure,
    source => "puppet://$server/config$source"
  }
}

$path = '/etc/httpd/conf/httpd.conf'
configfile { "$path":
  source => "/apache-mod_perl/httpd.conf",
  mode => 644,
  require => Package["httpd-mod_perl"]
}
```

노드

「노드」에서 정의할 수 있는 것은 클래스와 같지만 실 서버에 반영되게 된다. 호스트의 식별자로 hostname이 사용된다. IP주소는 사용할 수 없다. 아래에서는 testserver에 apache-mod_perl 클래스의 설정이 반영되게 된다.

```
node testserver {
    include apache-mod_perl
}
```

리소스

각 클래스의 실체인 리소스를 타입Type에 따라 정의한다. 타입은 파일file이나 패키지package 등 구체적인 설정항목이 된다.

file

「file」로는 파일의 속성을 정의한다. sources를 정의함으로써 puppetmasterd로부터 파일을 다운로드할 수 있다. 또한, content를 정의하면 내용을 직접 작성하거나 템플릿을 이용할 수 있다.

아래에서는 /etc/passwd 파일의 소유자와 권한을 지정하고 있다.

```
file {
    "/etc/passwd": owner => root, group => root, mode => 644;
}
```

package

「package」로는 패키지를 정의한다. ensure => installed라고 설정하면, 설치되어 있지 않을 경우 설치된다. Red Hat계열 OS에서는 yum에 의해 rpm 패키지가 설치되고, Debian계열 OS에서는 apt-get에 의해 deb 패키지가 설치되는 등 각각의 OS에 맞는 작동이 된다.

아래에는 mysql 패키지가 설치되도록 정의하고 있다.

```
package { mysql:
    ensure => installed,
}
```

exec

「exec」로는 임의의 명령을 실행한다. 아래 예에서는 갱신된 iptables의 설정파일을 수신한 후 iptables를 재실행하고 있다.

```
exec { "/etc/init.d/iptables stop && /etc/init.d/iptables start":
    subscribe   => File["/etc/sysconfig/iptables"],
}
```

service

「service」로는 서비스(프로세스)를 정의한다. 실행상태나 재실행시의 거동을 정의할 수가 있다.

아래에는 httpd 서비스가 실행하고 있는(ensure => running) 것과 OS 실행시에 자동적으로 기동되도록(enable => true) 정의하고 있다.

```
service { httpd:
  ensure => running,
  enable => true
}
```

서버별 미세 설정

설정항목을 적용할 서버마다 미세하게 조정하고자 할 경우는, Puppet이 이용하고 있는 facter 라이브러리의 변수를 사용해서 설정의 정의를 변경할 수 있다. 예를 들면, $operatingsystem이라는 변수를 참조함으로써 솔라리스^{Solaris}인 경우와 그 이외(default)인 경우로 파일을 위치시킬 경로를 변경할 수가 있다.

```
path => $operatingsystem ? {
    solaris => "/usr/local/etc/ssh/sshd_config",
    default => "/etc/ssh/sshd_config"
},
```

명령줄에서 facter명령을 실행해보면 목록이 출력되면서 $operatiingsystem 이 외에도 어떤 변수를 사용할 수 있는지 알 수 있다.

리소스 간 의존관계

리소스 간 의존관계를 정의함으로써 설정을 반영할 순서나 반영하기 위해 재실행할 필요가 있는 서비스를 지정할 수 있다. 예를 들면, 'httpd.conf를 변경했으면 httpd를 재시작한다.' 와 같이 의존관계를 정의할 수 있다. 이에 따라 파일은 갱신했지만 반영되지 않는 것과 같은 사태를 피할 수 있다.

다음에서는 service 정의 중 subscribe 항목에서 /etc/httpd/conf/httpd.conf라는 설정파일에 httpd 서비스가 의존하고 있음을 정의하고 있다. 이 설정에 따라 Puppet이 실행 중인 상태에서 /etc/httpd/conf/httpd.conf가 새로 변경되면 자동적으로 httpd 서비스가 재시작된다.

```
$path = "/etc/httpd/conf/httpd.conf"
configfile { "$path":
  source => "/apache-mod_perl/httpd.conf",
  mode => 644,
}

service { httpd:
  hasrestart => true,
  hasstatus => true,
  ensure => running,
  subscribe => [ File[$path] ],
  enable => true
}
```

템플릿에 의한 매니페스트 정의

Puppet의 특징으로, 템플릿을 이용해서 복잡한 매니페스트를 용도별로 커스터마이징하면서 전달할 수 있다. 여기서는 듀얼 마스터 MySQL 클래스와 iptables 클래스 2가지를 소재로 설정방법을 설명한다.

듀얼 마스터 MySQL 클래스

MySQL의 설정파일(my.cnf)은 server_id나 리플리케이션의 설정, 듀얼 마스터를 위한 설정 등 각 서버에서 설정파일이 다르다. 따라서, 템플릿 기능을 이용해서 간편하게 기술할 수 있다. 이 클래스에서는 각 노드를 정의할 때 파라미터를 넘겨서 설정파일을 조정하고 있다.

우선, 리스트 5.3.4와 같이 mysql-master-conf 함수를 정의한다. 다음으로, 리스트 5.3.5의 노드측 정의에서 server_id, master_host와 같은 파라미터를 노드와 함께 설정한다. 또한 리스트 5.3.6의 multimaster-my.cnf 템플릿을 저장한다.

이렇게 함으로써 puppetd가 실행되면 템플릿에 server_id나 master_host 등 넘겨진 파라미터에 따라 설정파일을 생성시키고 실제 서버로 배치된다. 덧붙여 말하면, 「server-id」가 아닌 「server_id」라고 한 이유는 Puppet의 언어사양이 파라미터에 「-」을 허용하지 않기 때문이다.

리스트 5.3.4 mysql-master-conf 함수

```
define mysql-master-conf($path, $server_id, $master_host = false,
$auto_increment_increment = false , $auto_increment_offset = false, $log_bin =
false, $log_slave_updates = false, $innodb = false, $replace = false) {
  templatefile { $path:
    source => "mysql/multimaster-my.conf.erb",
    notify => Service[mysqld],
    replace => $replace
  }
}
```

리스트 5.3.5 mysqldb 노드 정의

```
node mysqldb {
  mysql-master-conf {"my.conf":
    path => "/etc/my.conf",
    server_id => "1001",
    master_host => "192.168.1.1",
    auto_increment_increment => "16",
    auto_increment_offset    => "1",
  }
}
```

리스트 5.3.6 multimaster-my.cnf (발췌)

```
server-id  = <%= server_id %>
log-bin

master-host = <%= master_host %>
master-user = repli
<% if auto_increment_increment then -%>
auto_increment_increment = <%= auto_increment_increment %>
<% end -%>
<% if auto_increment_offset then -%>
auto_increment_offset    = <%= auto_increment_offset %>
<% end -%>
```

iptables 클래스

LVS에서 DSR에 대응하기 위한 iptables 설정은 해당 호스트의 용도마다 VIP가 달라진다. 따라서, VIP별로 설정파일도 달라지게 되는데, 이를 하나씩하나씩 설정하는 것은 번거롭고 복잡하다. iptables 클래스에서는 템플릿 기능을 이용해 노드를 정의할 때 파라미터를 넘김으로써 적절한 설정파일이 전개되도록 하고 있다.

```
node foobar {
  iptables-lvs-conf {"iptables":
    path => "/etc/sysconfig/iptables",
    lvs_iptables => "59.106.108.97:80"
  }
}
```

iptables-lvs-conf라는 독자적인 함수로 iptables를 설정한다. path가 파일을 저장할 곳, lvs_iptables가 iptable의 내용이다. 여기서는 "59.106.108.97:80"으로 정의되어 있으며, 실제로는 다음과 같이 실행된다.

```
/sbin/iptables -t nat -A PREROUTING -d 59.106.108.97 -p tcp -j REDIRECT --to-ports 80
```

또한, "59.106.108.97:80:81"로 함으로써 다음 명령이 실행되도록 되어 있다.

```
/sbin/iptables -t nat -A PREROUTING -d 59.106.108.97 -p tcp -m tcp --dport 81 -j REDIRECT --to-ports 80
```

리스트 5.3.7에서는 iptables-lvs-conf 함수를 정의하고 있다. source에 기반이 되는 템플릿을, notify에 템플릿 변경시에 iptables를 재시작하도록 정의하고 있다. 또한, templatefile은 functions/utils.pp에서 정의하고 있는 함수로 템플릿을 전개하는 함수다.

리스트 5.3.7 iptables-lvs-conf 함수

```
define iptables-lvs.conf($path, $lvs_iptables = []) {
  templatefile { $path:
    source => "iptables/lvs_iptables.erb",
    notify => Service[iptables]
  }
}
```

리스트 5.3.8에서는 iptables 클래스를 정의한다.

리스트 5.3.8 iptables 클래스

```
class iptables {
  package { iptables:
    ensure => installed
  }

  $path = '/etc/sysconfig/iptables'
  $binpath = '/usr/local/hatena/bin'

  $checkcmd_path = '/usr/bin/iptables_check.sh'    ←①
  configfile { "$checkcmd_path":
    owner  => root,
    group  => root,
    mode   => 755,
    source => "/iptables/iptables_check.sh",
  }

  exec { "/etc/init.d/iptables stop && /etc/init.d/iptables start":
    subscribe   => File["/etc/sysconfig/iptables"],
    refreshonly => true,
  }

  service { "iptables":
    status => "$checkcmd_path",
    start  => "/etc/init.d/iptables start",
    ensure => running,
  }
}
```

configfile에 포함되어 있는 iptables_check.sh는 iptables가 설정될지 여부를 체크하기 위한 명령이다. 파일을 배치하는 경로로 존재하지 않는 디렉토리를 지정하면 에러가 발생하기 때문에, 여기서는 /usr/bin에 저장하도록 한다. exec 정의로 configfile에서 생성된 파일을 subscribe함으로써 sysconfig/iptables가 변경되면 재시작되도록 지정하고 있다.

마지막으로 service 정의에 의해 iptables가 실행되도록 하고 있다. iptables 서비스의 status 체크를 위해(리스트 5.3.8의 ①에서) 배치시킨 iptables_check.sh를 이용하고 있다.

리스트 5.3.9는 템플릿 파일이다. 주어진 파라미터를 처리해서 적절한 파일을 생성하도록 하고 있다. 이상적으로는 파라미터를 배열로 넘겨받으면 좋았겠지만, Puppet의 언어사양이 대응하고 있지 않으므로[주11], : 구분자로 넘겨서 템플릿 내에서 전개하고 있다.

리스트 5.3.9 templates/iptables/lvs_iptables.erb

```
# Generated by puppet
*nat
:PREROUTING ACCEPT [6180:371400]
:POSTROUTING ACCEPT [42:5009]
:OUTPUT ACCEPT [42:5009]
<% lvs_iptables.split(/,/).each do |vs_params| -%>
<% lvs = lvs_params.split(/:/) -%>
-A PREROUTING -d <%= lvs[0] %> -p tcp -j REDIRECT<%= lvs.length > 2 ? " --dport #{lvs[2]}" : "" %><%= lvs.length > 1 ? " --to_ports #{lvs[1]}" : "" %>
<% end -%>
COMMIT
# Complete
```

로그 통지

Puppetd는 서버의 설정을 확인하고 필요에 맞게 변경한다(필요가 없다면 변경하지 않는다). 이 때 변경된 내용은 syslog에 출력된다. 메일이나 로그로 통지하도록 할 수도 있다.

주11 Puppet의 언어사양에서는 템플릿에 넘길 수 있는 파라미터는 문자열뿐인 것으로 되어 있다.

tagmail

tagmail 기능은 각 서버에서 Puppet가 동작하고 있을 때의 로그를 메일로 송신하기 위한 기능이다. 예를 들면, /etc/puppet/tagmail.conf에 다음과 같이 기술한다.

```
all: user1@example.com
apache: user2@example.com
```

all은 모든 변경을 통지하고 아파치 등의 태그를 지정하면 해당 태그에 관련된 변경사항만 통지된다. 태그는 각 그래프에 대해 태그명을 정의할 수 있다. 또한, 그래프의 클래스명은 디폴트로는 태그명으로 되어 있으므로 클래스명을 지정할 수도 있다.

puppetmaster.log

/var/log/puppet/puppetmaster.log에 실행결과가 출력된다. 다만, 에러메시지가 그다지 자세하지 않으므로 설정 디버그용으로는 그다지 사용되지 않는다.

report

/var/lib/puppet/reports에 YAML형식으로 출력할 수 있다. 한 번 반영하면 하나의 파일이 생성되며 아무것도 없다면 아무것도 생성되지 않는다. 사람이 본다기보다는 다른 툴에서 처리해서 그래프 등을 생성하기 위한 것이다.

puppetd에서의 로그

다음과 같이 각 서버에서 직접 puppetd를 실행함으로써 puppetd를 실행할 수가 있다.

```
% sudo /usr/sbin/puppet --server=192.168.0.1 -o -v --waitforce 60
```

이 때의 로그가 가장 상세하게 출력되므로 설정을 디버그할 때에는 이 방법을 사용하는 편이 알기 쉽다. --noop 옵션을 덧붙임으로써 실제로 설정을 수정하지 않고도 어떤 설정이 이루어지고 있는지를 확인할 수 있다.

운용

Puppet은 여러 서버의 설정파일을 간단하게 갱신할 수 있으므로, 잘못된 설정으로 인한 영향도 커진다. 예를 들면, sshd_config의 설정을 실패해서 로그인할 수 없게 되는 경우 등도 있다. 따라서, 많이 변경할 때에는 간단히 되돌릴 수 있는 방법으로 수정사항을 추가하는 것이 중요하다.

이를 위한 대책으로 다음과 같은 방법을 생각해볼 수 있다.

- 전체에 적용하기 전에 일부 서버에 테스트한다. 보통은 puppetd에서의 자동갱신을 off로 해두고 테스트용 서버에서 puppetd를 명시적으로 실행해서 테스트한 후, 정상적으로 동작하고 있다면 puppetrun으로 전체에 적용한다.
- Subversion에서의 설정파일을 관리한다. /etc/puppet 이하의 Puppet 관련 설정파일은 모두 Subversion에서 관리함으로써 변경사항에 대한 버전 관리가 가능해진다. 이에 따라 과거의 변경을 추적하거나 오류가 발생했을 때 롤백rollback할 수 있다. 또한, Subversion으로부터 체크아웃한 트리를 make명령 등을 이용해서 실제 반영하기 전에 --noop 옵션을 덧붙여서 Puppet을 실행함으로써 사전에 문법 체크를 할 수가 있다.

자동 설정관리 툴의 장단점

얼마 전까지는 cfengine, 최근에는 Puppet이 잘 알려진 OSS 자동설정 툴이다. 이러한 자동설정 툴은 얼핏 편리한 것 같지만 제대로 운용하기란 매우 어렵다.

자동설정 툴이라는 것은 얼핏 들으면 매우 좋은 것처럼 들리지만, 실제로는 굉장히 번거로운 것이다. 실제로 적용했을 때 발생하기 쉬운 상황을 포함해서 정리해보도록 한다.

- 뭔가 본질적으로 새로운 것을 할 수 있는 게 아니다.
  본래는 수작업으로 해오던 것을 자동화한 것뿐이므로 당연한 것이다. 사람은 이미 정해져 있는 것에 대한 작업방식을 좀처럼 바꾸려 하지 않는다는 얘기도 흔히 듣는다.

- **비교적 배워야 할 것이 이것저것 많아서 귀찮다.**

  특정 애플리케이션의 설정을 할 때 해당 애플리케이션의 설정방법을 익혀야 할 뿐만 아니라 설정하기 위한 설정도 해야 한다. 적혀 있는 것만으로도 귀찮을 뿐더러 도대체 왜 그런 작업을 해야 하는지도 모르게 된다.

- **게다가 해당 툴 덕분에 문제가 발생하는 경우가 (자주) 있다.**

  일부 사람이 직접 수작업으로 설정을 변경해버리면 문제가 발생하기 쉬워진다. 전형적으로는, 어느 날 설정 툴을 실행해봤더니 수작업으로 수정했던 부분이 말끔하게 지워져서 제대로 동작하지 않게 되는 경우가 있을 수 있다. 이것도 상당히 어려운 문제로, 문제가 발생하고 있는 도중에는 설정을 위한 설정을 하고 있을 여유는 없고, 혹 대처하고 있는 사람이 설정을 위한 설정에 대한 노하우를 지니지 못한 경우에는 직접 다룰 수밖에 없다.

이와 같이 쓰여 있으면 부작용이 너무 큰 것처럼 느껴지지만, 「다수의 서버를 효율적으로 관리」하기 위해서는 역시나 자동설정 툴은 상당히 매력적이다. 예를 들면, sshd_config의 사소한 설정변경을 수백, 수천 대의 모든 서버에 적용해야 하는 경우라면 역시나 자동설정 툴에 맡기고 싶어지는 것이다.

이와 같은 자동설정 툴을 제대로 도입하기 위해서는 어디까지를 자동화하고 어디까지를 수작업으로 할 것인지를 결정하는 문제가 중요할 것이다. 그러나 일반적인 지침을 나타내는 것은 매우 어려운 영역이다. 적용하려고 하는 곳의 규모나 담당하는 관리자의 의지에도 크게 좌우되기 때문이다.

단번에 자동설정 툴을 적용해서 제대로 운용할 수 있는 상태로 이끌기 위한 전략으로는,

- 서버 대수가 많은 곳
- 수동으로는 설정 실수가 발생하기 쉬운 곳

부터 서서히 도입해서 자동설정 툴에 익숙해져 가는 것이 좋을 것이다.

5.4 데몬의 가동관리 daemontools

데몬이 비정상 종료했을 경우

OS 부팅시에 자동으로 실행되어 계속 동작하는 것이 데몬이지만, 어느샌가 사라져서 곤란했던 적은 없는가? 웹 서버나 메일서버 등 눈에 잘 띄는 서비스는 중지되면 곧바로 알아차릴 수 있지만, 흔히 접하지 않는 기능을 하는 데몬은 중지되더라도 좀처럼 눈치채기 어렵다.

그 중에는 중지되면 자동적으로 재실행되는 것도 있지만[주12], /etc/init.d에 있는 많은 실행 스크립트에는 이러한 기능이 없다. 그렇다고 해서 개개의 실행 스크립트에 프로세스 감시와 자동 재실행 처리를 구현하기란 여간 번거로운 일이 아니다.

이와 같은 데몬의 가동관리에 안성맞춤인 툴이 바로 daemontools[주13]다. 이 절에서는 daemontools(버전 0.76)의 핵심적인 사용법을 설명한다.

[주12] MySQL에 포함된 mysqld_safe 등
[주13] URL http://cr.yp.to/daemontools.html
  덧붙여 말하면 daemontools와 매우 비슷한 runit(http://smarden.org/runit/)이라는 툴도 있다.

5.4 데몬의 가동관리 daemontools

daemontools

daemontools란, 데몬 프로세스의 시작, 종료, 재시작, 프로세스가 죽었을 경우의 자동시작과 같은 데몬 프로세스 관리를 수행하기 위한 프로그램군이다.

daemontools에서는 몇 가지 프로그램이 연대해서 데몬의 감시, 관리를 수행한다. 주요 부분만을 나타낸 것이 그림 5.4.1이다.

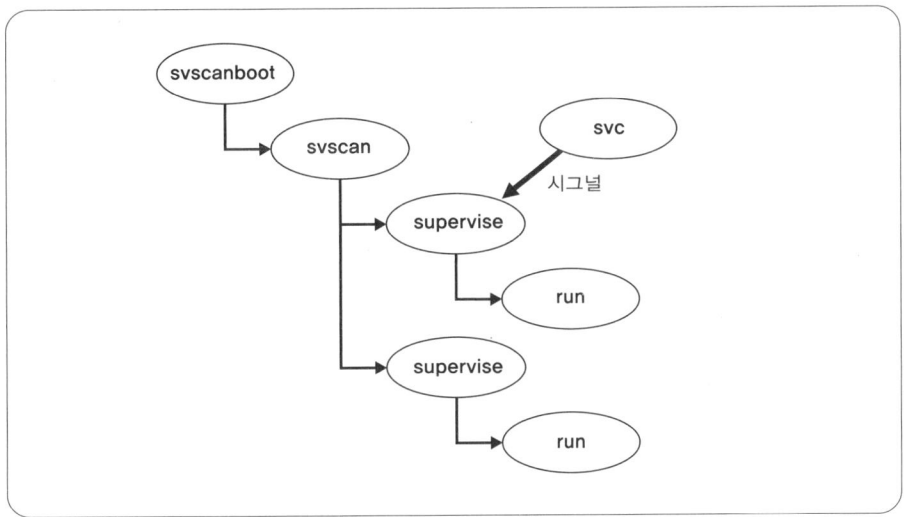

그림 5.4.1 daemontools의 개요도

먼저, svscanboot가 svscan을 실행한다. svscan은 지정된 디렉토리(디폴트로는 /service)를 감시해서 새로운 데몬이 추가될 경우에는 supervise를 기동한다. supervise는 run이라는 파일을 실행하고, run에서 데몬 프로세스를 실행한다. supervise는 하나의 데몬에 하나만 실행되므로, svscan은 복수의 supervise를 관리하는 형태가 된다.

또한, svc라는 명령 사용, supervise를 경유해서 데몬 프로세스에 시그널을 보낼 수가 있다.

daemontools를 사용하는 이유

daemontools를 사용하는 큰 이유는 2가지가 있다.

① 프로세스가 죽었을 경우에 자동적으로 재시작해준다.
② 손쉽게 데몬을 만들 수 있다.

①의 이유에 대해서는, 데몬 프로세스가 죽었을 경우에 supervise가 검출해서 자동 재시작해주는 준다는 이점은 매력이다. 이에 따라 알아채지 못한 채 데몬 프로세스가 죽어 있는 상태가 지속되는 사태는 막을 수 있다.

②에 대해서는, 일반적으로 데몬으로 동작하기 위해서는 다양한 처리가 요구된다. 예를 들면, 다음과 같은 처리를 해야 하므로[주14] 다소 번거롭다.

- 제어터미널에서 분리한다.
- Current Working Directory(cwd)를 루트(/)로 변경한다.
- 표준입출력을 /dev/null(혹은 기타 파일)로 리다이렉트한다.

그러나 daemontools를 사용하면 특정 조건(이후에 설명함)을 만족시키는 프로그램이라면 무엇이든 데몬으로 만들 수 있다. 급하게 직접 작성한 감시 스크립트이더라도 간단히 데몬화할 수 있으므로 매우 소중하다.

데몬이 되기 위한 조건 …… foreground로 동작하기

이전 절에서 daemontools로 데몬화하려면 특정 조건을 만족해야 한다고 했다. 이는 「foreground에서 동작하기」다.
httpd나 sshd와 같은 일반적인 데몬 프로그램은 fork해서 background로 동작하도록 되어 있기 때문에 그대로라면 daemontools의 관리 하에는 둘 수 없다. foreground로 동작하기 위한 옵션(sshd의 -D 옵션 등)이 해당 데몬 프로그램에서

[주14] OS에 따라 다르지만, 이러한 처리를 모아서 해주는 daemon(3)이라는 함수도 있다.

제공되고 있는지, 그것도 아니면 daemontools에 포함된 툴 fghack을 사용할 필요가 있다.

한편, 직접 데몬 프로그램을 작성할 경우에는, while이나 for 구문으로 무한루프를 돌려 종료하지 않고 foreground로 계속 실행되는 코드를 작성하기만 하면 된다.

또한, daemontools에는 multilog라는 뛰어난 로그수집 툴이 포함되어 있는데, 이를 이용하고자 할 경우에는 「데몬 프로세스는 표준출력(혹은 표준에러출력)으로 로그를 출력해야 한다」는 조건이 있다.

데몬의 관리방법

이제부터 데몬의 작성, 정지, 재시작 등 전형적인 운영방법을 확인해보도록 한다.

데몬의 신규작성

가령 「xxxd」라는 데몬을 새로 만들려고 할 경우를 생각해보자.

우선은 이 데몬에 관한 파일을 위치시킬 디렉토리를 만든다. 데몬들을 위치시킬 디렉토리는 어딘가 한곳에 모아두는 편이 차후에도 관리하기 편할 것이다. 여기서는 다음과 같이 한다.

- /etc/daemon ➡ 데몬들을 위치시킬 디렉토리
- /etc/daemon/xxxd ➡ xxxd를 위한 디렉토리

다음으로, supervise가 실행하게 될 /etc/daemon/xxxd/run이라는 파일을 만든다. 전형적인 run 파일[주15]은 셸 스크립트로, 유효 사용자 effective user를 변경하거나

[주15] 다음 페이지에 run 파일의 샘플이 있으니 참고하기 바란다.
  URL http://smarden.org/runit/runscripts.html

환경변수를 설정한 후에 데몬 프로그램을 실행(exec)한다.

리스트 5.4.1에 나타낸 샘플코드를 간단히 설명한다.

리스트 5.4.1 전형적인 run 파일

```
#!/bin/sh
exec 2>&1    ←①
exec \       ←②
  setuidgid USERNAME \    ←③
  env - -PATH="/usr/local/bin:$PATH" \    ←④
  envdir ./env \    ←⑤
  /usr/local/bin/xxxd    ←⑥
```

① 표준에러출력을 표준출력으로 리다이렉트한다.
② 이 프로세스를 이후에 오는 명령으로 대체한다.
③ 유효 사용자를 변경한다.
④ 환경변수를 초기화하고 필요한 환경변수를 설정한다.
⑤ env라는 디렉토리에 파일이 있을 경우는 이를 참조해서 환경변수를 설정한다.
⑥ 데몬 프로그램을 실행한다.

multilog를 이용해서 로그를 수집할 경우에는 log라는 서브 디렉토리를 만든 후에 log/run이라는 파일을 생성한다(그림 5.4.2, 리스트 5.4.2)

그림 5.4.2 multilog를 사용할 경우

```
# mkdir /etc/daemon/xxxd/log
# mkdir /etc/daemon/xxxd/log/main
# chown USERNAME /etc/daemon/xxxd/log/main
```

리스트 5.4.2 /etc/daemon/xxxd/log/run

```
#!/bin/sh
exec setuidgid USERNAME multilog t ./main
```

데몬의 시작

데몬을 시작하려면 svscan이 감시하고 있는 디렉토리(디폴트로는 /service)에 다음과 같이 데몬용 디렉토리를 가리키는 심볼릭 링크를 만든다. 이로써 5초 이내에 run이 실행되어 데몬이 시작될 것이다.

```
# ln -s /etc/daemon/xxxd /service/
```

데몬의 정지, 재개, 재시작

데몬을 정지, 재개, 재시작하려면 daemontools에 포함된 svc명령을 사용한다(표 5.4.1).

표 5.4.1 정지, 재개, 재시작

동작	명령	설명
정지	svc -d /service/xxxd	TERM 시그널을 보내서 프로세스를 종료시킨다. 재시작은 하지 않는다.
재개	svc -u /service/xxxd	프로세스가 존재하지 않으면 시작하고, 정지 중이면 재시작한다.
재시작	svc -t /service/xxxd	TERM 시그널을 보낸다.

데몬의 삭제

데몬을 삭제할 경우에는 심볼릭 링크를 삭제한 후에 svc명령을 사용해 supervice를 해제할 필요가 있다.

```
# cd /service/xxxd
# rm /service/xxxd
# svc -dx . log
```

| 또는 다음과 같이 해제할 수 있다 |

```
# mv /service/xxxd /service/.xxxd
# svc -dx /service/.xxxd /service/.xxxd/log
# rm /service/.xxxd
```

시그널 전송

표 5.4.1에서 svc 명령을 이용해 TERM 시그널을 보낸다고 설명했는데, 다른 시그널도 마찬가지로 보낼 수 있다(표 5.4.2).

표 5.4.2 svc 명령으로 보낼 수 있는 시그널

svc의 옵션	시그널
-p	STOP
-c	CONT
-h	HUP
-a	ALRM
-i	INT
-t	TERM
-k	KILL

keepalived ...... run파일의 예 ❶

run 파일의 예를 2가지 소개한다. 첫 번째, keepalived를 daemontools로 관리할 경우의 run 파일은 리스트 5.4.3과 같이 된다.

리스트 5.4.3 keepalived용 run 파일

```
#!/bin/sh
exec 2>&1
exec /usr/local/sbin/keepalived -n -S 1
```

keepalived는 -n(--dont-fork) 옵션을 지정하면 foreground에서 계속 실행되게 되므로, daemontools로 관리할 경우에는 이 옵션을 사용한다. 또한 이 예에서 로깅은 multilog를 사용하지 않고 syslog의 기능인 LOCAL1으로 출력하도록 하고 있다. 로그를 쓸 디스크가 없는 diskless 서버에서 로그를 남길 경우나 로그를 한곳에 집약하고자 할 경우에는 이와 같이 syslog로 syslog서버에 로그를 날리는 것도

방법이 될 수 있다.

직접 제작한 감시 스크립트 ······ run 파일의 예❷

두 번째는 직접 제작한 감시 스크립트를 daemontools로 관리하는 예를 소개한다. 리스트 5.4.4가 run 파일이고 기능은 리스트 5.4.3과 같다.

리스트 5.4.4 직접 제작한 감시 스크립트용 run 파일

```
#!/bin/sh
exec 2>&1
exec \
  setuidgid monitor \
  env - PATH="/usr/local/bin:$PATH" \
  envdir ./env \
  /usr/local/bin/monitor-ping
```

계속해서 리스트 5.4.5다. 이 monitor-ping이 감시 스크립트의 본체(셸 스크립트)가 된다.

여기서 핵심은 무한루프(while true; do)를 통해 종료하지 않도록 하는 것이다. 다만, 쉬지 않고 무한루프가 반복되면 머신에 많은 부하를 유발하므로 sleep을 이용해 어느 정도 간격을 유지하며 루프를 돌도록 한다.

그 다음에, 리스트 5.4.5의 스크립트에서는 스크립트 외부에서 설정되는 몇몇 변수(TARGET_HOSTS, INTERVAL, DEBUG)를 참조하고 있다. run 파일에서 envdir을 사용하고 있으므로, 예를 들어 그림 5.4.3과 같이 변수와 동일한 이름의 파일을 env 디렉토리 하위에 생성해서 그 안에 변수값을 저장하면 이 값이 환경변수로서 monitor-ping에 전달될 수 있다. 이와 같이 해두면, 감시할 호스트가 늘어나더라도 run 파일이나 감시 스크립트 monitor-ping을 전혀 편집하지 않고 동작을 바꿀 수가 있다.

리스트 5.4.5 감시 스크립트의 본체(monitor-ping)

```sh
#!/bin/sh
[ "$DEBUG"   = '1' ] && TRACE='echo DEBUG:' || TRACE=:
INTERVAL=${INTERVAL:=5}

$TRACE "TARGET_HOSTS: $TARGET_HOSTS"
$TRACE "INTERVAL: $INTERVAL"

alert() {
  host=$1
  # TODO: implement
  echo "$host is down!!"
}

monitor() {
  host=$1
  if ping -qn -c 1 "$host" >/dev/null 2>&1; then
    $TRACE "OK $host"
  else
    $TRACE "NG $host"
  fi
}

while true; do
  for h in $TARGET_HOSTS; do
    monitor $h
  done
  sleep $INTERVAL
done
```

그림 5.4.3 envdir을 사용한 환경변수 지정 방법

```
# echo 'host1 host2 host3' > env/TARGET_HOSTS
# echo 10                  > env/INTERVAL
# svc -t /service/monitor-ping
```

daemontools의 팁

끝으로 daemontools를 사용할 때의 Tip으로 「의존하는 서비스의 시작순서 제어」, 「편리한 셸 함수」를 소개한다.

의존하는 서비스의 시작순서 제어

daemontools로 관리하는 데몬과 rc 스크립트에서 실행하는 데몬 간에 실행 시작순서가 문제가 되는 경우가 있다. DNS가 그 일례다.

daemontools와 제작자가 동일한 djbdns[주16]라는 DNS서버가 있다. 이 djbdns를 daemontools로 관리하고 있고 daemontools(의 svscanboot)를 /etc/inittab에서 실행하고 있을 경우에, 만일 rc 스크립트에서 실행한 데몬에서 실행 시작시에 DNS의 이름변환이 불가능할 경우 실행되지 않거나 동작이 바뀌는 등의 경우가 발생하면 문제가 된다. 왜냐하면, daemontools 관리하의 djbdns가 실행되기 전에, 다시 말하면 DNS 이름변환을 할 수 있기 전에 rc 스크립트의 데몬이 실행되어 버리기 때문이다.

이를 해결하려면 좀 더 궁리할 필요가 있다. 해결방법 중 하나로 KLab에서 사용하는 방법을 소개하도록 한다.

먼저, 리스트 5.4.6을 살펴보기 바란다. 이와 같이 /etc/inittab을 편집해서 svscanboot을 실행한 후에 DNS서버가 작동을 시작한 후에 실행되었으면 하는 데몬의 실행 명령을 기술한 스크립트를 직접 작성한다. 덧붙여 각 스크립트에서 실행하고 있는 서비스는 표 5.4.3과 같다.

한편, 이 실행 스크립트(/etc/init.d/log)는 스크립트 앞부분에서 리스트 5.4.7의 waitdns와 같은 처리를 수행한다. 이것으로 이름변환이 가능하다는 것을 확실히 확인한 후에 다음 처리, 즉 서비스용 데몬을 실행하도록 하고 있다.

[주16] URL http://cr.yp.to/djbdns.html

또한, 리스트 5.4.6의 실행 스크립트의 일부 행 중 3번째 필드가 wait[주17]로 되어 있는데, waitdns가 필요한 것은 앞에 있는 /etc/init.d/log뿐이지만, 거듭 주의를 기울이는 차원에서 뒤에 나오는 /etc/init.d/shared와 /etc/init.d/web에서도 waitdns를 앞서 해두는 편이 좋을 것이다.

리스트 5.4.6 /etc/inittab (발췌)

```
SV:123456:respawn:/command/svscanboot
LG:2345:wait:/etc/init.d/log    >/dev/null
SH:2345:wait:/etc/init.d/share  >/dev/null
WE:2345:wait:/etc/init.d/web    >/dev/null
```

표 5.4.3 실행하고 있는 데몬

실행 스크립트	실행하고 있는 서비스
/etc/init.d/log	syslog-ng
/etc/init.d/share	NFS 클라이언트
/etc/init.d/web	웹 서버

리스트 5.4.7 waitdns

```
waitdns() {
  while true; do
    dig @127.0.0.1 +short +time=1 {DOMAINNAME} >/dev/null 2>&1 && break
  done
}
```

편리한 셸 함수

필자가 운용하면서 실제로 사용하고 있는 편리한 셸 함수를 3가지 소개한다.

[주17] wait는 OS부팅시에 단 한번 실행되어 4번째 스크립트가 종료하기를 기다린다는 의미다.

daemonup

/service에 심볼릭 링크를 만들어서 데몬을 등록, 시작한다(리스트 5.4.8, 그림 5.4.4).

daemondown

daemonup과는 반대로, 데몬을 정지, 삭제해서 /service에서 심볼릭 링크를 제거한다(리스트 5.4.9, 그림 5.4.5).

daemonstat

/service에 있는 데몬의 시작일시와 시작한 이후 경과시간을 표시한다(리스트 5.4.10, 그림 5.4.6). 경과한 초밖에 표시하지 않는 daemontool에 포함된 svstat명령의 출력을 보기 쉽도록 가공하고 있다.

리스트 5.4.8 daemonup

```
daemonup() {
  [ -z "$1" ] && return

  case $1 in
    */*)
      DAEMONDIR=$1
      ;;
    *)
      DAEMONDIR=/etc/daemon/$1
      ;;
  esac
  [ -d $DAEMONDIR ] || { echo "no such dir : $DAEMONDIR"; return; }

  d=$(basename $DAEMONDIR)
  if [ ! -s "/service/$d" ]; then
    ln -snf ${DAEMONDIR} /service/
  fi
  /command/svc -u /service/$d >/dev/null 2>&1
}
```

그림 5.4.4 daemonup의 사용 예

```
# daemonup monitor-ping
    (혹은)
# daemonup /path/to/monitor-ping
```

리스트 5.4.9 daemondown

```
daemondown() {
  [ -z "$1" ] && return
  if [ -s /service/$1 ]; then
    mv /service/$1 /service/.$1
    /command/svc -dx /service/.$1
    if [ -d /service/.$1/log ]; then
      /command/svc -dx /service/.$1/log
    fi
    rm -f /service/.$1
  else
    echo "not found: /service/$1"
  fi
}
```

그림 5.4.5 daemondown의 사용 예

```
# daemondown monitor-ping
```

리스트 5.4.10 daemonstat

```
daemonstat() {
  local -a ds
  if [ $# -gt 0 ]; then
    for i in "$@"; do
      ds[${#ds[@]}]=${i#/service/}
    done
  else
    ds="*"
  fi
  cd /service/
```

```
    svstat ${ds[@]} | \
      while read daemon state dsec pid sec dumy; do
        [ "$state" == "down" ] && sec=$dsec
        printf "%-20s %4s %8ds = %3ddays %02d:%02d:%02d, since %s\n" \
            $daemon $state $sec                                      \
            $((sec / 60* 60* 24) ))                                  \
            $(( (sec / (60* 60 )) % 24 ))                            \
            $(( (sec / 60) % 60 ))                                   \
            $((sec % 60))                                            \
            "$(date -d "$sec seconds ago" "+%y/%m/%d %T")";
      done
}
```

그림 5.4.6 daemonstat의 사용 예

```
# daemonstat
dhcpd:                  up   7417649s =  85days 20:27:29, since 07/10/05 05:21:57
dnscache.in:            up   5227391s =  60days 12:03:11, since 07/10/30 13:46:15
dnscache.lo:            up   7417649s =  85days 20:27:29, since 07/10/05 05:21:57
qmail:                  up   5637954s =  65days 06:05:54, since 07/10/25 19:43:32
qmqpd:                  up   7417649s =  85days 20:27:29, since 07/10/05 05:21:57
smtpd:                  up   7417649s =  85days 20:27:29, since 07/10/05 05:21:57
stone:                  up   7417649s =  85days 20:27:29, since 07/10/05 05:21:57
tinydns.ex:             up   7417649s =  85days 20:27:29, since 07/10/05 05:21:57
tinydns.in:             up   7417649s =  85days 20:27:29, since 07/10/05 05:21:57
```

5.5 네트워크 부트의 활용 PXE, initramfs

네트워크 부트

네트워크 부트Network Boot란, 머신이 부팅하기 위해 필요한 데이터나 파일을 네트워크로부터 얻어서 부팅하는 것이다. 통상적인 부팅에서는 머신의 기동에 필요한 부트로더나 OS의 커널은, BIOS가 로컬에 연결된 하드디스크나 CD-ROM 등의 2차 기억장치로부터 읽어낸다. 이에 비해, 네트워크 부트에서는 이러한 파일을 네트워크상의 서버로부터 읽어들인다.

네트워크 부트의 특징과 이점

네트워크 부트를 사용하면 머신이 기동할 때 로컬의 2차 기억장치가 필요없게 된다. 그러나, 부트로더와 커널을 네트워크로부터 얻는 것만으로는 사실상 통상적인 기동에 비해 운용의 유연성이 약간 늘어나는 정도일 뿐이다. 보다 유연성을 갖기 위해서는 네트워크 부트에 initramfs[주18]이라는 구조를 조합해야 한다.

initramfs란, 커널이 루트 파일시스템을 마운트하고 init을 실행하기 전에 커널의 외부에서밖에 수행할 수 없는 초기화를 하기 위한 구조다. initramfs의 전형적인 역할은 커널이 루트 파일시스템을 마운트하는 데 필요한 드라이버 모듈을 커널에 로

주18 initramfs에 관해서는 리눅스 커널에 포함된 문서가 1차적인 정보다. Kernel.org 등에서 커널의 배포 패키지를 입수해서 linux-2.6.X.X/Documentation/filesystems/ramfs-rootfs-initramfs.txt를 참조하기 바란다.

5.5 네트워크 부트의 활용 PXE, initramfs

드하는 것이다.

initramfs의 실체는 초기화하는 데 필요한 파일을 모아서 cpio로 정리하고 gzip으로 압축한 파일이다. 이 파일은 부트로더가 커널을 메모리에 읽어들일 때 커널과 함께 메모리상에 위치한다. initramfs의 이미지가 메모리상에 있으면 커널은 초기화가 끝난 후에 루트 파일시스템을 마운트하기 전에 initramfs 내에 있는 /init이라는 파일명을 가진 프로그램을 실행한다. 대개의 경우 init은 통상적인 부팅시에 사용되는 init 프로그램과는 다른 셸 스크립트다.

네트워크 부트에서는 부트로더가 initramfs를 커널과 함께 파일서버에서 얻는다. 이는 즉, 부팅할 머신상에 아무것도 사전에 준비해두지 않아도 파일서버상에 다양한 시스템용 커널과 initramfs를 준비해두면 어떤 머신에서라도 임의의 시스템으로서 기동할 수 있다는 것을 의미한다.

네트워크 부트를 사용하면 OS를 부팅하기 위한 디스크는 불필요하게 된다. 여기서 한걸음 더 나아가, OS의 동작에 필요한 파일시스템을 디스크 이외에 둔다면 「Diskless 시스템」으로 만드는 것도 가능하게 된다. Diskless 시스템에서는 루트 파일시스템을 「NFS Network File System」[주19]나 「메모리 파일시스템」상에 둔다.

머신의 구성요소 중에서도 하드디스크는 가장 고장률이 높은 부품 중 하나이므로, Diskless 구성으로 한다면 서버의 고장률은 훨씬 내려갈 것이다.

네트워크 부트의 동작 …… PXE

그러면 네트워크 부트의 동작을 살펴보자. 네트워크 부트의 구조는 몇 가지가 있지만, 현재로서는 x86계열의 아키텍처에서 메이저인 것은 인텔Intel사가 규격화한

[주19] 리눅스에서 NFS서버를 루트 파일시스템으로 사용하는 방법에 대해서는 커널에 포함된 문서인 linux-2.6.X.X/Documentation/nfsroot.txt에 상세한 설명이 있다.

PXE[Pre-eXecution Envirionment주20]라고 하는 것이 있다. PXE의 실체는 NIC상에 구현된 확장 BIOS다. PXE 부트의 흐름은 다음과 같이 된다(그림 5.5.1).

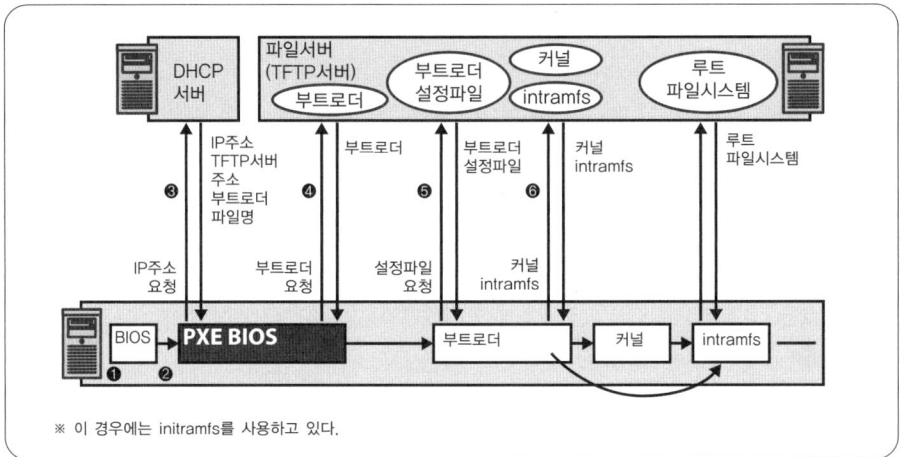

그림 5.5.1 PXE 부트의 흐름*

❶ 통상의 BIOS가 초기화 작업을 한다. 이 과정에서 확장 BIOS를 스캔해서 PXE BIOS가 등록된다.

❷ 부팅 디바이스로 PXE가 선택되면 PXE BIOS로 제어를 넘긴다.

❸ 제어를 넘겨받은 PXE BIOS는 DHCP를 사용해서 IP주소 등의 정보를 얻은 후 IP 통신을 준비한다.

❹ 다음으로 PXE BIOS는 파일서버로부터 부트로더를 얻어서 실행한 후 제어를 넘긴다. 파일서버 주소와 부트로더의 파일명은 ❸에서 DHCP서버로부터 알게 된다.

❺ 부트로더는 실행되면 ❹와 동일한 파일서버로부터 부트로더 자신의 설정파일을 얻는다. 파일서버의 주소는 PXE BIOS로부터 부트로더로 통지된다.

주20 URL http://www.pix.net/software/pxeboot/archive/pxespec.pdf
한편, PXE BIOS 자체의 설정항목은 없지만 PXE 부트를 하기 위해서는 DHCP서버 관련 설정이 몇 가지 필요하다. 이에 관해서는 다음 페이지(PXELINUX)에 설명이 있으므로 필요에 맞게 참조하기 바란다.
URL http://syslinux.zytor.com/pxe.php

5.5 네트워크 부트의 활용 PXE, initramfs

❻ 마찬가지로 부트로더는 실행할 커널과, 설정파일에 지정되어 있다면 initramfs의 파일을 파일서버로부터 얻어서 메모리상에 위치시킨 후 커널에 제어를 넘긴다.

커널에 제어를 넘기면 이후는 통상적인 부팅과 다르지 않다. 사용할 커널도 특별히 PXE에 맞게 만들어진 것을 따로 준비할 필요는 없다. 평소와 마찬가지인 것을 사용할 수 있다.

PXE BIOS가 서버로부터 파일을 얻기 위해서는 TFTP^{Trivial File Transfer Protocol}를 사용한다. 이것은 UDP기반의 간단한 파일전송 프로토콜로 인증과정도 없다.

정리하면, PXE 부트를 하기 위해 필요한 것은 다음과 같다.

- **PXE 부트를 지원하는 NIC**

  최신 서버 머신에 탑재되어 있는 NIC라면 대부분 지원하고 있다.

- **DHCP서버**

  PXE 부트에 필요한 정보를 제공한다.

- **TFTP서버**

  PXE BIOS에 필요한 파일을 얻기 위해 사용한다. atftpd 등의 TSIZE옵션을 지원하고 있는 것으로 사용할 필요가 있다.

- **PXE에 맞는 부트로더**

  PXE 부트를 지원하는 것을 사용할 필요가 있다. GRUB[주21]을 PXE 지원 가능하게 한 PXEGRUB나 SYSLINUX[주22]의 PXE버전인 PXELINUX[주23]가 있다.

- **커널**

  PXE 부트용으로 특별히 준비할 필요는 없다.

- **루트 파일시스템 초기화용 시스템(initramfs)**

  루트 파일시스템을 메모리 파일시스템상에 생성하고자 할 경우라면 필수다. 그 외에의 경우에도 initramfs를 사용하면 기동할 시스템을 유연하게 구성할 수 있게 된다.

주21 URL http://www.gnu.org/software/grub/
주22 URL http://syslinux.zytor.com/
주23 URL http://syslinux.zytor.com/pxe.php

CHAPTER 05 ··· 효율적인 운용_안정된 서비스를 향해

- **루트 파일시스템**
  어떠한 루트 파일시스템을 사용하더라도 OS가 동작하기 위해 필요한 파일을 어떠한 형태로든 준비해둘 필요가 있다.

루트 파일시스템용 파일을 Diskless 구성으로 할 경우에는 파일서버에 준비하도록 한다. NFS서버를 직접 루트 파일시스템으로서 마운트한다면 NFS마운트를 할 수 있는 형태로, 메모리 파일시스템을 루트 파일시스템으로 이용한다면 initramfs의 초기화 스크립트가 이용하기 쉬운 형태이므로 준비해두도록 한다[주24].

네트워크 부트의 활용 예

필자가 관리하는 환경에서 네트워크 부트를 활용하고 있는 사례를 소개한다.

로드밸런서

로드밸런서(물론 LVS를 사용한다)는, 서비스의 핵심이다. 로드밸런서가 하드디스크 고장시마다 정지하면 곤란하므로 완전한 Diskless 시스템으로 하고 있다. 덕분에 하드웨어 문제가 원인이 되서 로드밸런서가 정지한 적은 지금껏 한 번도 없다.

물론, 하드디스크를 사용하지 않는다고 해서 고장이 발생하지 않는 것은 아니다. 만에 하나 고장 난 경우에는 수많은 웹 서버 중 1대를 대체장비로 사용한다. 웹 서버를 로드밸런서로 다시 준비하는 것은 로드밸런서로서 네트워크 부트하는 것뿐이

[주24] 필자가 관리하는 환경에서는 루트 파일시스템용 파일은 tar로 한 번 묶어서 외부로부터는 접근할 수 없는 웹 서버에 위치시켜 둔다(tar로 묶은 파일은 기동할 서버의 목적에 맞게 여러 개를 준비해두고 있다). initramfs의 초기화 스크립트는 기동할 시스템에 있는 tar 파일을 HTTP로 얻은 후에 메모리 파일시스템으로 전개한다. PXE가 사용하는 TFTP가 아니라 굳이 HTTP를 사용하는 것은 TFTP로 파일을 전송하는 것이 HTTP에 비해 느리기 때문이다.

다[25]. 즉, 머신을 1대 재부팅하는 것만으로 복구작업이 완료된다.

DB서버/파일서버

DB서버나 파일서버도 네트워크 부트하고 있다. 그러나, 역시나 데이터 저장소를 메모리 파일시스템으로 처리하는 것은 용량면에서나 데이터 영속성면에서도 현실적이지 않다. 그래서 데이터 저장소에는 RAID를 사용해서 다중화한 하드디스크를 사용한다. RAID 디스크가 있음에도 굳이 메모리 파일시스템상에 루트 파일시스템을 두고 있는 것은 주로 설치작업을 불필요하도록 하기 위해서다.

RAID 디스크로 하더라도 그것만으로 머신이 고장 나지 않는 것은 아니다. 따라서, 만일의 사태에 대비해서 대체장비를 준비해두어야 하지만, 보통은 사용하지 않는 대체장비를 DB서버용과 파일서버용으로 각각 준비하는 것도 쓸데없는 일이다.

DB서버와 파일서버는 동작하는 프로그램이나 용도도 모두 다르지만, 하드웨어적으로는 둘 다 비슷한 구성이다. 그러므로, 이들의 대체장비는 공통으로 1대만 준비해두고 한쪽 장비가 고장 나면 고장 난 쪽 시스템으로서 대체장비를 네트워크 부트한다. 이렇게 하면 1대분의 비용으로 두 시스템 용도의 대체장비를 마련할 수 있고, 설치작업이 불필요하므로 보다 빨리 복구할 수 있다.

유지보수용 부트 이미지

네트워크 부트는 서비스를 제공한 후에 필요한 시스템뿐만 아니라 유지보수 목적으로도 활용하고 있다.

예를 들면, 서버 머신의 초기 셋업용 시스템이나 메모리 테스트용 시스템(memtest

주25 실제로는 웹 서버와 로드밸런서에서 필요로 하는 레이어2 네트워크는 다르다. 그러나 복구할 때 네트워크 케이블을 다시 연결한다는 것은 시간낭비이므로 모든 머신에서 물리적인 배선은 동일하게 해두고 레이어2를 분리할 필요가 있는 부분은 VLAN을 사용해서 분리하고 있다. 따라서, 실제로 웹 서버를 로드밸런서로 전환할 때는 해당 머신이 필요로 하는 VLAN에 속하도록 스위치 설정도 변경해주어야 한다.

주26가 실행된다), 디스크상의 데이터를 삭제하기 위한 시스템(shred주27이 들어 있다) 등 목적에 맞는 시스템을 마련해두고 있다.

네트워크 부트를 구성하기 위해

마지막으로 네트워크 부트 서버를 구성한 후에 고려해야 할 점을 몇 가지 소개한다.

initramfs의 공통화와 역할의 식별

initramfs을 사용해서 여러 종류의 시스템을 네트워크 부트한다면 initramfs 자체는 공통으로 사용할 수 있도록 구성하는 편이 한결 낫다. 이렇게 하는 이유로, initramfs는 커널의 기동 직후에 동작하므로 디버그하기 어렵고 만들어 넣는 데 상당한 노력이 필요하기 때문이다. Initramfs를 공통화한 경우에 문제가 되는 것은 머신을 어떤 시스템용으로 초기화하면 좋을지를 init 스크립트가 판단하는 방법이다. 여기에는 몇 가지 방법을 생각해볼 수 있다. 그 중 하나는 커널의 명령줄을 통해 init 스크립트에 파라미터를 넘기는 방법이다.

```
                ↓ 시스템 지정
boot: db id =100
                ↑ 어떤 DB서버인지를 지정
```

커널의 명령줄은 커널 내장 드라이버로 파라미터를 넘기기 위한 것이지만, 불필요한 파라미터를 넘기더라도 무시될 뿐 에러가 발생하지는 않는다. 커널의 명령줄

주26 URL http://www.memtest86.com/
주27 하드디스크의 데이터는 단순히 지워서는 자기의 흔적을 분석함으로써 복원할 수 있다. Shred는 하드디스크에 대해 특별한 비트패턴을 덮어씀으로써 데이터를 복원하기 어렵게 하는 툴이다.

에 넘겨진 문자열은 proc 파일시스템을 통해 부팅 후에 얻어낼 수 있다. 기동할 시스템에 있는 파라미터를 커널의 명령줄을 통해 initramfs에 넘기는 것은 기동할 시스템의 수만큼 부트로더 설정을 만들어서 기동시에 선택하거나 혹은 기동할 때마다 수동으로 입력한다.

그 밖의 방법으로는 기동한 머신에 할당된 IP주소(혹은 대응하는 호스트명)을 기반으로 initramfs가 판단하는 방법이 있다. IP주소 할당은 DHCP서버가 할 일이다[주28]. 기동할 머신에 대해 DHCP서버가 특정 IP주소를 할당하기 위해서는 미리 해당 머신의 MAC주소를 조사해서 IP주소와 MAC주소의 대응관계를 DHCP서버에 설정해두어야 한다.

이 외에도 다른 방법이 있을 수 있다. 어느 것이든 간에 자신이 관리할 환경에 맞는, 사용하기 쉽고 확장하기 쉬운 구조를 만들어 놓을 필요가 있다.

Diskless 구성할 경우 고려할 점

Diskless 구성을 할 경우에 주의해야 할 점이 몇 가지 있다.

로그의 출력

첫 번째는 로그를 출력할 곳이다. 통상 로그는 로컬 하드디스크에 쓰여진다. 그러나, Diskless 구성에서는 하드디스크가 없을 경우도 있다. Diskless 시스템에서도 보존해야만 하는 로그는 존재한다. 이러한 로그는 다른 머신에 전송해서 보존한다. 로그를 손쉽게 전송하는 방법으로는 「NFS에 쓰는 방법」과 「syslog의 전송기능을 사용하는 방법」 2가지가 있다.

네트워크 부트를 하는 머신이 NFS를 사용한다면 거기에 로그를 출력하는 것이 가장 손쉽다. 이 경우 주의해야 할 점이 두 가지 있다. 하나는 여러 머신이 동일한 파일에 로그를 쓰지 않도록 하는 것이다. 다른 하나는 출력할 로그의 양이다. 로그의 양이 많으면 NFS서버로의 I/O를 압박해서 본래의 사용목적에 지장을 초래하게

[주28] IPMI(5.6절 참조)를 사용하고 있다면 IPMI에 설정된 IP주소를 읽어내서 사용할 수도 있다.

된다.

　NFS를 사용하지 않는다면, syslog의 로그 전송기능을 사용하는 방법이 간단하다. 이 경우, 보통의 syslog가 아닌 「syslog-ng」를 사용하면 송신 측에서 로그를 필터링할 수 있으므로 편리하다[주29].

　보존할 필요는 없지만 문제발생시에 참조하고자 하는 로그는 메모리 파일시스템에 출력한다. 이 경우, 메모리 파일시스템의 용량은 하드디스크에 비해 매우 작으므로 저장할 로그의 양에 주의해야만 한다. 통상적인 경우보다 짧은 주기로 로그를 회전(Rotate)시키고, 오래된 로그는 적극적으로 지우도록 한다. 여기에는 「multilog」가 편리하다.

　multilog는 daemontools에 포함된 프로그램 중 하나로[주30], 표준입력으로 로그를 입력 받아서 필터링이나 가공을 한 후에 파일로 출력한다. 로그를 파일로 출력할 때 multilog는 출력대상인 파일의 크기가 일정크기 이상이면 로그파일을 회전시킨다. 또한 회전시킨 파일의 수가 정해진 수를 초과한 경우 오래된 파일을 삭제해준다. 이에 따라 로그파일 전체의 양이 일정 이상이 되지 않도록 보장할 수 있다.

파일의 변경관리

　두 번째는, 루트 파일시스템 용도의 파일에 대한 변경관리다. 루트 파일시스템으로 메모리 파일시스템을 사용할 경우, 기동 중인 머신에 있는 파일을 변경하더라도 재시작하면 원래로 되돌아가버린다. 따라서, 파일을 변경했을 때는 동시에 그 기반이 되는 파일에도 변경사항을 반영해야 한다. 이를 소홀히 하면, 예를 들어 문제가 발생했을 때 이를 해결하기 위해 시스템을 재시작하면 다른 문제가 발생하는 웃지 못할 상황에 처하게 된다. 이와 같은 사태에 빠지지 않도록 하기 위해서는 운용하기 쉬운 절차를 확립해야 한다.

　필자가 관리하는 환경에서는 기동 중인 시스템상에서 파일을 갱신한 후 동작확인을 하면 이를 마스터로 복사하고 오래된 마스터를 만일에 위해 백업하고 있다. 또한

[주29] syslog-ng에 대해서는 5.7절을 참조하기 바란다.
[주30] daemontools, multilog에 대해서는 5.4절을 참조하기 바란다.

5.5 네트워크 부트의 활용 PXE, initramfs

이러한 일련의 작업은 전용 스크립트를 준비해서 간단화시켜 일하고 있다.

마스터 파일의 보안

마스터 파일의 보안에는 주의를 기울여야 할 필요가 있다. 루트 파일시스템을 메모리 파일시스템상에 둘 경우, 루트 파일시스템의 마스터를 마련해놓게 된다. 이 마스터에는, 예를 들어 패스워드나 SSH의 비밀키 등 일반 사용자가 접근해서는 안 되는 파일을 포함해서는 안 된다. 왜냐하면, 마스터의 파일은 머신 기동시에 파일서버로부터 복사된다. 이 작업은 initramfs가 수행하는데, initramfs가 복사할 수 있다는 것은 일반 사용자도 복사할 수 있다는 것이기 때문이다.

파일서버로부터의 복사에 인증을 걸어두면 괜찮을 거라고 생각할 수도 있겠지만, 이는 무의미하다. 그 이유는 인증을 통과하기 위해서는 인증정보를 initramfs 내에 포함해야 하는데 initramfs의 패키지는 TFTP로 얻을 수 있고 이 TFTP에는 인증이 없기 때문이다.

5.6 원격관리 관리회선, 시리얼 콘솔, IPMI

원격 로그인

높은 가용성을 추구하는 서버 머신은 많은 경우에 임대한 데이터센터에 설치된다. 그러나, 시스템 관리자가 데이터센터에 상주하는 경우는, 특히나 소규모 사이트에서는 드물다. 서버 설치장소와 시스템 관리자가 보통 근무하는 장소가 떨어져 있으면 유지보수를 할 때마다 서버 설치장소로 가는 것은 시간적으로나 금전적으로 낭비다. 따라서, 일반적인 관리작업은 SSH 등으로 원격 로그인해서 마치게 된다.

그러나 장애시에는 네트워크를 이용한 원격 로그인이 가능하다고 확신할 수 없다. 또한 애초에 원격 로그인은 OS가 기동해서 정상적으로 동작하고 있음을 전제로 한다. 이 절에서는 문제발생시나 OS가 작동하지 않고 있을 경우에도 원격관리Remote Maintenance를 실현하는 방법을 소개한다.

네트워크 장애 대비

우선은, 네트워크 장애시에도 원격관리를 가능하게 하는 방법을 소개한다. 원격관리를 하기 위해 데이터센터에 있는 서버 머신에 로그인하는 경로로는 서비스 제공용 상용회선이 있다. 이 상용회선은 라우터에 연결되고 라우터는 스위칭 허브를 경유해서 서버와 통신한다. 네트워크 장애에 대한 대비는 이 상용회선과 라우터 장애에 대한 것, 그리고 네트워크 스위치 장애에 대한 것으로 나누어 생각해볼 수 있다.

관리회선

상용회선이나 라우터(레이어3 스위치)의 장애시에도 원격관리를 가능하게 하기 위해서는 다른 계통의 경로를 마련함으로써 대비한다. 이것을 여기서는 「관리회선」이라고 한다. 관리회선을 별도로 준비하는 것은 비용면에서 어렵다고 생각할 수도 있지만, 사실은 의외로 저렴하게 해결할 수 있다. 왜냐하면 관리회선이 절대적으로 필요한 것은 상용회선에서 로그인할 수 없을 때일 뿐으로, 그렇다면 가정용 정도의 등급이 낮은 것으로 충분하기 때문이다[주31]. 또한 관리회선은 장애발생시뿐만 아니라 평상시에도 대량 파일전송 등 상용회선을 이용하면 서비스에 악영향을 끼치는 작업에도 활용할 수 있으므로 결코 쓸데없는 것은 아니다.

필자가 관리하고 있는 환경에서는 그림 5.6.1과 같이 구성하고 있다. 회선은 NTT의 B플래시(+고정IP 옵션이 있는 ISP계약)다. B Flet's 광회선은 ONU[Optical Network Unit]로 종단된 LAN케이블을 끌어 연결하지만, 이 LAN케이블은 라우터에 접속하는 것이 아니라 허브를 경유해서 여러 대의 서버에 접속한다. 이 허브는 상용회선 계통의 허브와는 물리적으로 완전히 다른 것을 이용한다. 상용회선용 허브를 VLAN으로 구분해서 임대하는 것도 금지된 일이다. 왜냐하면, 해당 허브에 문제가 발생한 경우, 양쪽 모두 사용할 수 없게 되기 때문이다.

허브를 경유해서 관리회선의 ONU에 연결된 서버 중 한 대가 실제로 인터넷에 연결된다. 이 서버는 외부로 직접 연결되어 있으므로 상용회선이나 내부 네트워크 문제의 영향을 받지 않고 원격 로그인할 수 있다. 아울러 일부러 허브를 사용해서 여러 대의 서버를 ONU에 연결하고 있는 것은 인터넷에 접속하는 서버를 변경할 경우에 대비한 것으로, 이로 인해 데이터센터로 가서 LAN케이블을 변경하지 않고

[주31] 상용회선과 관리회선이 완전하게 다른 계통의 회선이라면 동시에 사용할 수 없는 상황은 거의 없다.

CHAPTER 05 ··· 효율적인 운용_안정된 서비스를 향해

원격관리로 해결할 수 있도록 하고 있다.

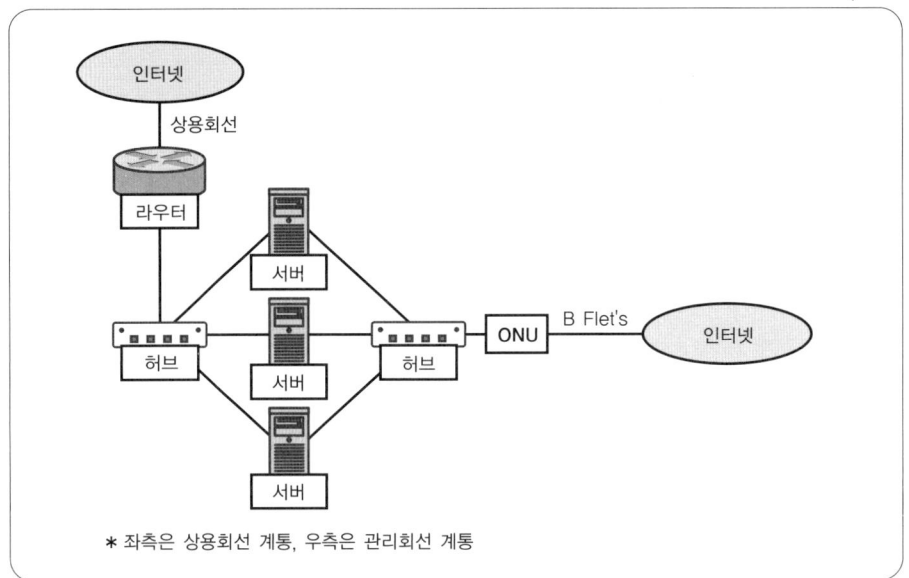

그림 5.6.1 관리회선의 구성 예*

스위치 장애 대비

상용회선으로 원격 로그인할 수 없는 경우에도 관리회선을 통해 1대의 머신에는 로그인할 수 있게 되었다. 이 머신에서 이웃 머신으로 로그인하기 위해서는 스위치가 필요하다. 다음은 이 스위치의 장애에 대한 대비책이다.

스위치 장애의 요인으로 2가지를 생각해볼 수 있다. 하나는 스위치 자체가 원인인 경우로, 이에 대한 대처법은 스위치를 재시작하는 것이다. 다른 하나는 스위치에 보내지는 패킷이 원인인 경우로, 이에 대한 대처법은 송신처가 연결되어 있는 포트를 차단하는 것이다.

스위칭 허브에는 인텔리전트 스위치와 None-인텔리전트 스위치의 2종류가 있다. None-인텔리전트 스위치의 경우에는 이러한 작업을 원격에서 할 수 없다. 한편, 인텔리전트 스위치의 경우에는 스위치 자체에 로그인해서 스위치의 설정 인터

318

5.6 원격관리 관리회선, 시리얼 콘솔, IPMI

페이스를 통해 스위치를 재시작하거나 포트를 차단할 수 있다.

스위치에 로그인하는 방법은 대개의 경우 Telnet이나 SSH를 이용한 네트워크 로그인과 시리얼 콘솔을 통해 로그인하는 2종류가 마련되어 있다. 보통의 작업에는 네트워크 로그인을 이용하는 편이 응답이 좋지만, 문제가 발생해서 네트워크 로그인을 할 수 없는 경우를 위해 시리얼 콘솔을 통해서도 로그인할 수 있도록 준비해둔다. 시리얼 콘솔에 관해서는 다음 절에서 자세히 언급하므로, 여기서는 시리얼 콘솔의 연결대상에 대해서만 설명한다.

상용회선 계통에 장애가 발생했을 때 확실하게 로그인할 수 있는 머신은 관리회선이 접속된 머신뿐이다. 그러므로, 이 머신에서 스위치의 시리얼 콘솔에도 접속할 수 있도록 해둔다. 그렇게 하기 위해서는 모든 스위치의 시리얼 인터페이스를 연결해야만 하는데, 통상적으로 머신에 준비되어 있는 시리얼 인터페이스는 많아야 2개뿐이다. 3대 이상의 스위치를 접속하기 위해서는 USB-시리얼 교환 커넥터(사진 5.6.1) 등을 사용한다.

사진 5.6.1 USB-시리얼 교환 커넥터

CHAPTER 05 ··· 효율적인 운용_안정된 서비스를 향해

시리얼 콘솔

지금까지 네트워크 장애에 대한 대비는 끝났다. 다음은, 머신 장애가 발생해서 네트워크로 로그인할 수 없는 경우나 혹은 머신을 재시작할 때의 원격관리 수단으로서, 시리얼 콘솔[주32]을 소개한다.

콘솔이란, 구체적으로 말하면 키보드와 디스플레이, 즉 입력과 출력이다. 유닉스 계열 OS인 경우 대부분의 관리작업에 GUI는 필요하지 않으므로 텍스트 데이터의 입출력만 가능하면 된다. 시리얼 콘솔에서는 디스플레이와 키보드 대신에 관리하고자 하는 머신에 시리얼 인터페이스를 이용해 다른 머신을 연결해서 텍스트 입출력을 수행한다[주33].

시리얼 콘솔로는 일반적으로 RS-232C라고 하는 인터페이스가 사용된다. RS-232C 통신은 일대일이다. 이더넷과는 달리 하나의 케이블을 사용해서 통신할 수 있는 상대는 겨우 1대뿐이다. 따라서, 2대의 머신이 하나의 쌍이 된다. 특정 머신으로 시리얼 콘솔을 이용해 로그인하려면 먼저 쌍이 되는 머신에 원격 로그인한 후에 다시 목적지 머신에 로그인한다. 다소 사용하기 어려운 면이 있지만 대개의 서버 머신에는 RS-232C 단자가 1개 또는 2개는 준비되어 있으므로, 케이블[주34]만 갖춰져 있다면 그 이후에는 소프트웨어를 설정하는 것만으로 사용할 수 있다.

[주32] 시리얼 콘솔을 리눅스에서 사용하는 방법이 전반적으로 잘 정리되어 있는 것이 「Remote Serial Console HOWTO」다. 원문이나 일본어 번역문도 오래되었지만 상황이 크게 변하는 분야가 아니므로 지금도 충분히 참고할 만하다. xmodem 등이나 Magic SysRq에 관해서도 언급되어 있다.
 URL http://tldp.org/HOWTO/Remote-Serial-Console-HOWTO/ (원문)
 URL http://www.linux.or.jp/JF/JFdocs/Remote-Serial-Console-Howto/ (일본어 번역문)

[주33] 워크스테이션이 일반적이 되기 전에는 1대의 유닉스 머신에 다수의 시리얼 콘솔 전용의 장치(덤 터미널(dumb terminal))을 연결해서 이용하는 것이 주류였다. 현재에는 덤 터미널은 모습을 감췄지만 그 기능은 소프트웨어로 구현되어 이용되고 있다.

[주34] 일반적으로 「시리얼 크로스 케이블」이라고 하는 것을 사용한다. 또한 RS-232C에 사용되는 단자는 9핀인 것과 25핀인 것이 있지만 서버 머신에 갖춰져 있는 것은 9핀인 것이다.

시리얼 콘솔의 실현

시리얼 콘솔은 SSH 등과는 달리 로그인되는 쪽을 서버라고 하지 않는다. 그러나 여기서는 이해하기 쉽도록 조작되는 쪽을 서버/조작하는 쪽을 클라이언트라고 표현하겠다.

시리얼 콘솔을 위한 클라이언트 소프트웨어로 유명한 것으로는 cu나 kermit, minicom이 있다. cu는 역사가 오래된 프로그램이므로 구하기 어려울 수도 있다. 단순히 시리얼 콘솔을 이용하는 것이라면 minicom이 알기 쉬울 것이다. 한편, cu나 kermit은 시리얼 콘솔뿐 아니라 시리얼 접속을 사용해서 파일전송도 가능하다[주35].

시리얼 콘솔의 서버 측[주36]은 머신의 기동이 진행함에 따라 담당이 바뀐다. 차례대로 BIOS, 부트로더, OS, getty 순이다.

- BIOS
  서버 머신에 탑재된 BIOS라면 「콘솔 리다이렉션」이라는 기능을 지니고 있다. 이것은 머신 기동시에 BIOS가 출력하는 메시지나 BIOS의 설정화면을 지정된 시리얼 인터페이스로 출력하는 기능이다.

- 부트로더
  lilo나 SYSLINUX, GRUB 등의 일반적인 부트로더는 시리얼 콘솔에 대응하고 있다. 설정하면(그림 5.6.2①) 통상의 콘솔과 마찬가지로 시리얼 콘솔을 통해 부트로더 제어화면에 액세스할 수 있다.

- OS
  대부분의 유닉스 계열 OS는 OS나 부팅시에 실행되는 초기화 스크립트가 출력하는 메시지를 시리얼 콘솔로 출력할 수 있다. 리눅스의 경우라면 커널의 파라미터로, 디폴트 콘솔로서 시리얼 인터페이스를 지정한다(그림 5.6.2②).

[주35] xmodem이나 ymodem, zmodem이라고 하는 프로토콜을 사용한다. 양쪽 방향으로 파일을 전송할 수 있지만, 서버 측에서는 송수신을 위한 프로그램이 별도로 필요하다. 자세한 것은 각주 32에 소개한 참고자료를 참조하기 바란다.

[주36] 여기서는 예로 들지 않았지만, 앞서 말한 스위치도 시리얼 콘솔의 서버 측이 된다.

[주37] 정확히 말하면 getty는 지정된 인터페이스를 감시해서 특정 입력이 있다면 login이라는 프로그램으로 로그인 처리를 인계한다.

- getty

  유닉스 계열 OS에서는 콘솔로부터의 로그인은 getty라고 하는 프로그램이 처리한다[주37].
  시리얼 콘솔로부터의 로그인에도 getty를 사용한다

> **그림 5.6.2** GRUB에서 부트로더와 커널의 설정 예*
> ```
> default=0
> timeout=10
> serial    --unit=1 --speed=19200 -word=8 --parity=no --stop=1   ←①
> terminal  --timeout=30 console serial   ←①
>
> title Linux (Console Mode)
>   root (hd0,0)
>   kernel /vmlinuz ro root=/dev/sda3 console=ttyS1,19200n8 colsole=tty0   ←②
> title Linux (Serial Mode)
>   root (hd0,0)
>   kernel /vmlinuz ro root=/dev/sda3 console=tty0 console=ttyS1,19200n8   ←②
> ```
> * 이 예의 GRUB 버전은 0.99다.
> ①GRUB자신의 시리얼 콘솔 설정, ②커널 파라미터

getty는 많은 종류가 있으며 대부분은 시리얼 콘솔로부터의 로그인을 처리할 수 있지만, 여기서는 mgetty를 추천한다. 일반적으로 getty는 실행되면 감시할 인터페이스를 잠근다[lock]. 그러나 mgetty에서는 실행옵션에 −r을 붙이거나 설정파일(mgetty.config)에서 「direct yes」를 지정하면 인터페이스를 잠그지 않고 동작한다[주38](리스트 5.6.1). 이에 따라 하나의 시리얼 연결만으로 mgetty가 감시하고 있는 동안에도 클라이언트 프로그램을 이용해서 쌍을 이루고 있는 머신의 시리얼 콘솔에 액세스할 수 있다.

주38 login이 실행되면 인터페이스는 잠긴다.

리스트 5.6.1 mgetty.config의 예*

```
port ttyS0
    speed           19200
    direct          yes
    blocking        no
    data-only       yes
    need-dsr        yes
    toggle-dtr      n
    ignore-carrier  no
    login-time      10
    term            vt102
```

* 이 예에서 사용한 mgetty 버전은 1.1.31-Jul24다.

IPMI

그렇다면, 이것으로 서버에 네트워크 로그인할 수 없는 경우나 OS를 재시작할 때에도 원격관리를 할 수 있게 되었다. 그러나, 커널이 패닉panic 상태가 되거나 스톨stall 된다면 시리얼 콘솔로도 로그인할 수 없게 된다. 이와 같은 때에는 머신이 옆에 있으면 리셋 버튼이나 전원 버튼을 눌러서 강제로 재시작할 수 있지만, 원격지에 있는 머신의 버튼은 누를 수가 없다[주39].

대신에 이웃 머신에서 네트워크를 통해 전원을 제어하는 방법이 있다. 이것이 IPMI Intelligent Platform Management Interface[주40]다. IPMI는 인텔사 등에 의해 만들어진, 소프트웨

[주39] 대부분의 데이터센터에서는 이와 같은 간단한 작업을 대행하는 서비스를 하고 있다. 그러나 요청한 후에 실제로 재시작되기까지는 시간이 걸리고 여러 번 부탁하려면 주눅이 든다.

[주40] IPMI에 대한 자세한 것은 하드웨어 매뉴얼 및 각 소프트웨어 사이트를 보기 바란다.
- GNU FreeIPMI URL http://www.gnu.org/software/freeipmi/
- IPMItool URL http://sourceforge.net/projects/ipmitool/
- ipmiutil URL http://sourceforge.net/projects/ipmiutil/

어를 이용해서 머신의 전원을 제어하거나 상태를 확인하기 위한 규격이다. IPMI에서는 로컬 머신에서는 물론, 네트워크상의 다른 머신으로부터도 이러한 기능에 액세스할 수 있다. IPMI의 기능은 하드웨어로 구현되어 있어 OS와는 독립적으로 동작한다. 게다가 IPMI는 머신의 전원의 온/오프 상태에 의존하지 않는다. 머신에 전원이 공급되고만 있다면 IPMI를 사용해서 외부로부터 머신을 제어할 수 있다. 말하자면, IPMI는 본체와는 독립된 제어용도의 작은 머신과 같은 것이다.

IPMI로 할 수 있는 일

IPMI의 주요 기능을 표 5.6.1에 정리했다. 현재 사용되고 있는 IPMI의 버전으로는 1.5와 2.0이 있다. 모두 전원 제어나 센서 정보/이벤트 로그를 얻는 등의 기능을 할 수 있다. IPMI 2.0에서 관심을 끄는 점은 Serial over LAN(SoL) 지원이다. 이것은 서버 머신의 시리얼 콘솔에 IPMI를 통해 액세스하는 기능이다. SoL을 사용하면 시리얼 케이블에 얽매이지 않고 네트워크상의 어떠한 머신에서도 시리얼 콘솔로 액세스할 수 있다.

표 5.6.1 IPMI로 할 수 있는 일

1.5	2.0	기능
O	O	전원 on/off, reset
O	O	FAN 회전 수나 온도, 전원 전압 얻기
O	O	이벤트 로그 얻기
O	O	WatchDog 타이머
△	O	Serial over LAN. 1.5에서는 규격화되어 있지 않지만 독자적으로 구현되어 있는 경우도 있다.
x	O	VLAN 지원
x	O	통신 암호화

IPMI를 사용하려면

IPMI를 사용하려면, 먼저 머신이 IPMI 기능을 지원하고 있어야 한다. 지원방법은 머신에 따라 다르다. 처음부터 IPMI 기능을 지원하고 있는 것도 있고, 옵션인 서브보드가 필요한 것도 있다. 사용 중인 하드웨어 제조사에 확인하기 바란다.

IPMI에 액세스하기 위한 소프트웨어는 하드웨어 제조사가 배포하고 있는 것과 OSS인 것이 있다. 하드웨어 제조사의 것은 동일한 제조사의 머신에서만 사용할 수 있으므로 주의가 필요하다. OSS의 것은 OS나 하드웨어 제조사에 의존하지 않고 사용할 수 있으므로 편리하다. OSS의 IPMI 클라이언트 소프트웨어에는 FreeIPMI나 IPMItool, ipmiutil이 있다(그 밖에도 있을 수 있다).

정리

여기서 소개한 대비책이 물론 전부는 아니다. 그러나, 비교적 저렴하게 도입할 수 있는데 비해서는 일반적인 관리작업에서도 편리하게 사용할 수 있으므로, 도입해서 손해나지는 않을 것으로 생각한다. 물론, 여기서 소개한 것 외에도 편리한 기술은 다양하게 존재한다. 여기서는 자세하게 예를 들지는 않겠지만, 예를 들어 Magic SysRq나 WatchDog 타이머, kdump 등이 있다. 다양한 기술이나 원리를 시험해보고 보다 관리하기 편한 환경을 만들어보기 바란다.

5.7 웹 서버 로그관리
syslog, syslog-ng, cron, rotatelogs

웹 서버 로그 집약, 수집

분산환경을 갖춰서 서비스 제공을 본격적으로 시작하게 되면 접속집계나 장애분석을 위해서 로그를 다룰 경우가 늘어나게 된다. 분산환경에서는 하나의 서비스를 여러 대의 웹 서버로 제공하므로, 로그는 서버 대수분만큼 분산해서 출력된다. 그러나 로그의 분석이나 저장 관점에서 보면, 로그는 한곳에 모아져 있는 편이 바람직하다. 그래서 이 절에서는 로그의 집약과 수집에 대해 설명한다. 웹 서버(아파치)의 로그를 집약, 수집하는 방법을 언급하지만, 그 밖의 로그에 대해서도 사고방식을 응용할 수 있을 것이다.

집약과 수집

여기서는 로그의 집약과 수집을 구별해서 다룬다. 여기서 말하는 집약이란, 웹 서버가 출력하는 로그를 항상 전송해서 한곳에 모으는 것이다. 이에 비해 수집이란, 각 서버상에 출력된 로그를 정기적으로 모아서 저장하는 것을 말한다. 이들을 구별하고 있는 이유는 각각 목적과 정밀도가 다르기 때문이다.

로그를 항상 집약하는 목적은 그 순간순간의 상황을 파악하기 위해서다. 예를 들

5.7 웹 서버 로그관리 syslog, syslog-ng, cron, rotatelogs

면, 장애가 발생했을 때에는 어떤 머신에서 문제가 일어나고 있는지를 확인하거나 사이트의 액세스 상황, 즉 순간적인 페이지뷰(PV)나 사용자 수 등을 대략 집계하는 일에 사용한다. 즉, 무슨 일이 일어나고 있는지, 어디서 일어나고 있는지를 가늠해 보기 위해 사용한다.

한편, 로그를 수집하는 목적은 주로 집계와 분석, 그리고 보존이다. 서비스를 운용하면서 웹 서버나 AP서버의 로그를 집계, 분석하는 것은 기본이다. 로그분석에는 일별, 주별, 월별 등 다양한 단위의 로그가 필요하게 된다. 이 때문에 필요한 로그가 여기저기 분산되어 있으면 상당히 수고스럽다. 또한 보존을 생각해서라도 한곳에 모아두는 편이 다루기 편한 것이다.

결국 양쪽 모두 한곳에 로그를 모으는 것이지만, 로그 집약과 수집을 구별하고 있는 것은 앞서 말했듯이 양쪽 로그의 정밀도가 다르기 때문이다. 웹 서버의 경우, 액세스의 양에 비례해서 단위시간당 출력되는 로그의 양도 증가한다. 액세스가 일시적으로 증가하면 해당 모든 로그를 집약해서 빠짐없이 보존하려면 그에 걸맞는 성능을 지닌 하드웨어가 필요하게 된다. 일시적으로만 발생하는 상황에 맞춰 고성능 하드웨어를 마련하는 것은 비용성능 면에서 바람직하지 않으므로, 집약하는 로그는 정밀도를 추구하지 않고 문제가 되는 용도를 위해 별도로 각 서버의 로컬에 출력된 로그를 수집하는 것이다.

로그의 집약, 수집에는 다양한 방법이 있다. 예를 들면, 로그를 파일로 쓰는 것이 아니라 DB에 쓰는 것도 하나의 방법이다. DB에 로그를 등록한다면 검색성은 높아지지만 동시에 관리비용도 증가하므로, 통상은 그렇게까지 할 필요는 없는 경우가 많다. 이후에는 필자가 관리하는 환경에서 채용하고 있는 방법을 소개하도록 한다.

로그 집약 ······ syslog와 syslog-ng

로그를 집약하려면 syslog를 사용하는 편이 손쉽다. syslog의 역할은 유닉스 계열 OS에 있어서 로그 집약의 허브다. 아파치의 로그를 syslog를 이용해서 집약하는 원리를 아래에 설명한다[주41].

syslog를 이용한 로그 집약

아파치는 로그의 출력위치로 지정된 파일에 쓰는 것 이외에 다른 프로그램을 실행해서 표준입력으로 로그를 넘기는 기능을 지니고 있다[주42]. 로그를 넘겨받은 프로그램은 해당 프로그램의 목적에 따라 로그를 처리한다. 한편, syslog에는 logger[주43]라는 프로그램이 포함되어 있어서 표준입력으로부터 받은 로그를 syslog로 넘길 수가 있다. 이 2가지를 조합함으로써 아파치 로그를 syslog로 출력할 수 있다.

syslog로 모인 로그에는 기능성^{Facility}과 우선순위^{Priority}[주44]가 설정된다. syslog는 이를 실마리로 로그를 식별하고 필요한 로그를 지정된 파일에 쓰거나 혹은 다른 머신 상의 syslog로 로그를 전송할 수가 있다. 아파치가 출력하는 로그를 특정 1대의 머신(여기서는 로그서버라고 한다)에서 syslog를 사용해서 집약하는 데에도 이 기능성과 우선순위를 이용한다. 즉, 아파치가 출력하는 로그를 syslog가 식별할 수 있도록 해두고, 목적 로그만을 로그서버로 전송한다(그림 5.7.1).

주41 이 책에서는 설명하지 않지만, 로그 집약을 syslog가 아닌 mod_log_spread라는 아파치 모듈을 이용해서 실현하는 방법에 대해 『스케일러블 웹사이트』(Cal Henderson 저)의 「10장 : 통계, 감시, 경고」에 설명이 있다.
mod_log_spread를 얻으려면 다음을 참조하기 바란다.
URL http://www.backhand.org/mod_log_spread/

주42 아파치에서 로그를 외부 프로그램으로 넘기는 방법은 아파치의 문서 중 CustomLog 디렉티브 항에 설명이 있다.
URL http://httpd.apache.org/docs/2.0/mod/mod_log_config.html

주43 아파치로부터 로그를 받아들이는 logger에 대해서는 man을 참조하기 바란다.

주44 syslog에서 기능성(facility)이란, 다른 용어로 바꿔 표현하면 카테고리가 된다. 기능성과 우선순위는 애초에 어느 정도 정해져 있고, syslog를 통해서 로그를 출력하는 프로그램은 출력할 때 그 안에서 적절한 것을 선택해서 지정한다. 기능성의 예로는 kern(커널용)이나 mail(메일함수), daemon(각종 데몬용) 등이 있다. 우선순위의 예로는 debug나 error, emerg 등이 있다.

5.7 웹 서버 로그관리 syslog, syslog-ng, cron, rotatelogs

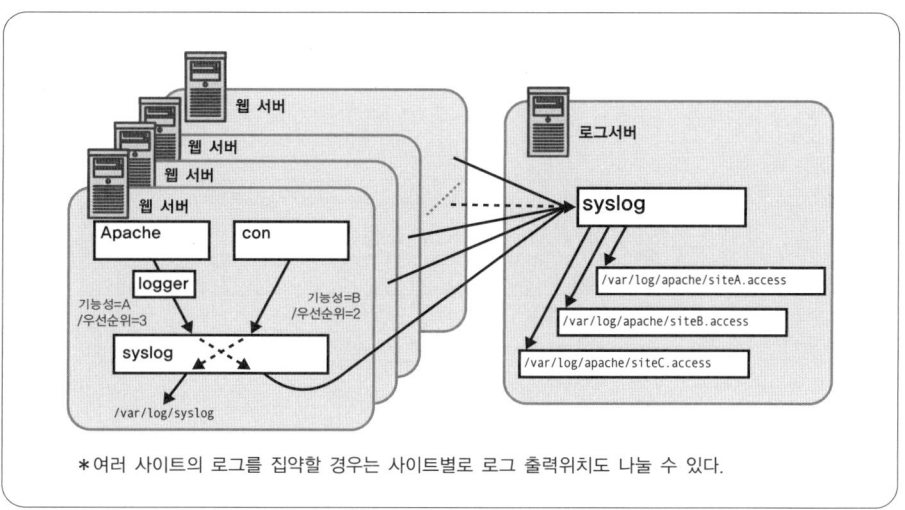

그림 5.7.1 syslog를 이용한 로그 집약*

syslog는 때때로 로그를 누락하는 경우가 있다. 또한 동일한 로그가 연속해서 출력되면 이를 하나의 로그로 정리한다. 이 때문에 집계 등 엄밀함이 요구되는 용도에는 적합하지 않지만, 한편으론 대량의 로그가 출력될 경우라도 디스크 부하를 억제할 수가 있다. syslog로 집약한 로그는 어디까지나 문제가 발생했을 때 어떤 머신에서 발생했는지에 대한 단서를 잡거나 혹은 현재 사이트의 트렌드를 관찰하기 위해 사용한다.

syslog-ng

그러면, 여러 사이트를 운용하고 있고 각각의 로그를 개별적으로 집약하고자 한다고 하자. 이와 같은 경우에 사이트마다 기능성과 우선순위를 지정해야 한다면 수고스러울 것이다. 또한, 기능성과 우선순위의 조합은 유한하므로 설정할 수 있는 가짓수에 상한선이 생긴다. 가능하면 웹 서버용으로서 하나의 기능성과 우선순위로 끝냈으면 하는 부분이다. 다만, 물론 이런 경우에도 각 사이트의 로그가 섞여버리면 곤란하다. 즉, 로그를 전송할 때는 하나의 기능성과 우선순위를 사용하고, 로그를 쓰는 단계에서 서로 다른 정보를 사용해서 구별하고, 사이트마다 다른 파일에 로그를 출력할 수 있다면 이상적일 것이다.

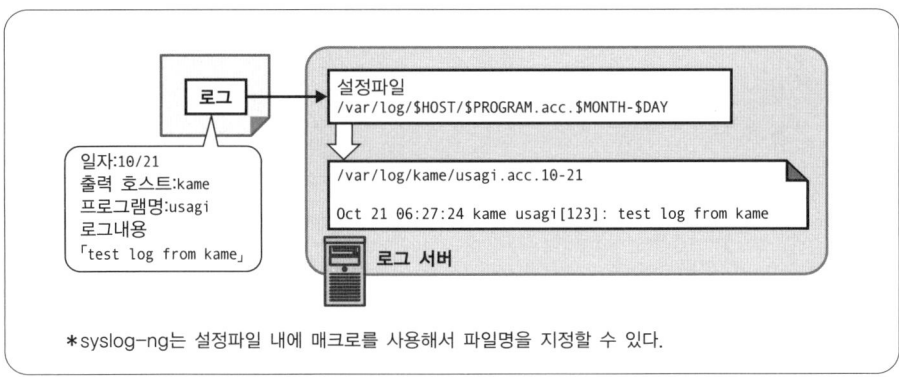

그림 5.7.2 syslog-ng 사용 예*

이렇게 다양한 요구를 실현해주는 것이 syslog-ng[주45]다. syslog-ng는 syslog를 구현한 것 중 하나다. syslog ng에서는 syslog에 비해 출력할 로그의 필터링이나 회전, 로그를 출력할 디렉토리 자동생성 등 편리한 기능을 다양하게 갖추고 있다. 이렇게 편리한 기능 중 하나로「매크로」가 있다. 이것은 로그에 관한 메타정보 등을 나타내는 것으로, 이미지상으로는 변수에 가깝다. 갖춰져 있는 매크로로는 현재 일시나 로그의 기능성/우선순위를 나타내는 것, 로그를 출력한 호스트를 나타내는 것, 출력된 로그에 설정되어 있는 태그(프로그램명)를 나타내는 것 등이 있다. syslog-ng에서는 이러한 매크로를 사용해서 로그를 출력할 파일의 이름을 조립할

[주45] syslog-ng는 아래 사이트에서 배포되고 있다.

    URL http://www.balabit.com/network-security/syslog-ng/

    syslog-ng는 정통파인 syslog에 비해 설정파일의 기술방식이 상당히 달라서 처음에 시작하기가 어려울 수도 있다. 아래 주소에 일본어로 된 해설이 있다.

- 「안정성이 높은 로그서버로 갈아타는 방법(1)」과 연재글인 (2) (키무라 야스시 저, @IT)

    URL http://www.atmarkit.co.jp/fsecurity/rensai/unix_sec09/unix_sec01.html

    URL http://www.atmarkit.co.jp/fsecurity/rensai/unix_sec10/unix_sec01.html

수 있다. 즉, 예를 들어 출력위치가 되는 파일명으로서 태그를 나타내는 매크로를 사용하면 동일한 태그가 붙어 있는 로그는 동일한 파일로 출력되게 된다. 로그의 회전도 파일명 일부에 일시를 나타내는 매크로를 사용하면 실현할 수 있다(그림 5.7.2).

로그 수집

로그를 수집하는 첫째 목적은 로그의 보존과 분석을 위함이다. 대부분의 경우 로그분석은 하루에 한 번 수행한다. 따라서, 로그 수집도 하루에 한 번, 비교적 서버 부하가 낮은 이른 아침 시간대에 각 머신상에 있는 전(前) 일자 로그를 수집한다. 이와 관련해서 필자가 관리하고 있는 환경에서는 수집과 동시에 각 머신상에 있는 오래된 로그를 삭제한다. 또한, 로그서버상에 있는 오래된 로그를 압축하기도 한다[주46].

로그분석은 일일 분석뿐만 아니라 주간, 월간 등 다양한 기간단위로 수행한다. 또한 과거로 거슬러올라가 새로운 시점에서 분석할 경우도 있다. 따라서, 오래된 로그도 가능한 한 바로 액세스할 수 있는 상태로 두는 것이 바람직하다. 그러나 로그를 있는 그대로 두면 크기가 매우 커지므로 일정 이상으로 오래된 로그는 압축하도록 한다. 이 때의 압축처리는 시간이 다소 걸리더라도 상관없으므로 가능한 한 크기가 작아지도록 압축한다[주47]. 필자가 관리하는 환경에서는 bzip2를 사용해서 웹 서버와 AP서버의 로그를 압축저장하고 있는데, 500GB 정도의 디스크에 어림잡아 수년치의 로그를 충분히 저장할 수 있다.

[주46] 이는 일련의 작업을 수행하도록 스크립트로 만들어 둔다. 이 스크립트를 만든 후에는 에러 발생시의 기록이나 복구에 특히 주의해야 한다. 왜냐하면, 로그 수집에 실패했음을 로그분석 프로그램이 감지할 수 없다면 어중간한 상태에서 분석된 결과가 보고되어 혼란을 초래하기 때문이다.

[주47] 로그는 텍스트 데이터로, 출력된 문자열의 패턴도 정해져 있으므로 상당히 높은 압축률을 기대할 수 있다. 예를 들면, 특정 사이트의 아파치 로그의 경우, bzip2를 사용해서 최대한 작게 하는 옵션을 지정하면 원래 파일의 1/10 정도가 된다.

아파치 로그의 회전 ······ cron과 rotatelogs

그렇다면, 로그를 매일 수집하기 위해서는 웹 서버가 출력하는 로그가 일별로 나누어져 있는 편이 편리할 것이다. 아파치 자체는 로그를 회전시키는 기능이 없으므로 아파치가 출력하는 로그를 일별로 회전[rotate]하려면 외부 프로그램에 의존해야 한다. 여기에는 2가지 방법이 있다.

첫 번째 방법은 cron을 사용해서 로그파일을 리네임[rename]하고 아파치를 재시작하는 방법이다. 아파치는 동작하고 있는 동안은 로그파일을 열고 있으므로, 도중에 로그파일을 리네임하는 것만으로는 로그 회전을 할 수 없다. 아파치를 재시작하면 로그파일을 일단 닫으므로, 리네임 후 즉시 아파치를 재시작하면 로그를 회전시킬 수 있다.

두 번째 방법은 아파치에 부가적으로 포함되어 있는 rotatelogs 프로그램을 사용하는 방법이다[주48]. 이것은 로그 집약에서 설명했던, 외부 프로그램으로 로그를 넘기는 기능과 조합해서 사용하는 프로그램이다. rotatelogs는 넘겨받은 로그를 파일로 쓰지만, 로그를 쓸 때 로그파일을 회전하는 기능을 갖고 있다.

아쉽게도, 이 중 어떤 방법을 사용하더라도 일자가 바뀔 때 정확하게 로그파일을 회전시킬 수는 없다. cron을 사용하는 방법에서는 그 구성상, 아파치를 재시작하는 타이밍에 오차가 발생한다. rotatelogs를 사용하면 cron을 사용하는 방법보다는 엄밀한 타이밍에 회전시킬 수가 있다. 그러나, 아파치가 요청을 수신한 후에 로그를 생성해서 rotatelogs로 넘기기까지의 시간차가 있기 때문에, 예를 들어 정확히 0시에 회전하도록 설정했더라도 어제 액세스한 로그가 오늘자 로그파일에 출력될 수가 있는 것이다.

주48 rotatelogs로 아파치 로그를 회전시키는 설정은 아파치에 포함된 man, 또는 다음 페이지를 참조하기 바란다.
    URL http://httpd.apache.org/docs/2.0/programs/rotatelogs.html

로그서버의 역할과 구성

로그서버의 역할은 로그의 집약과 수집, 그리고 수집한 로그의 보존이다. 그 밖에 수집한 로그의 집계나 분석을 하기 위한 머신으로서도 로그서버를 이용할 수 있다. 로그 수집이나 오래된 로그를 압축하고 집계/분석하는 것은 비교적 중요한 부류의 처리다. 따라서, 서비스를 제공하는 서버가 동시에 로그서버 역할을 담당하는 것은 적절치 않다. 또한 로그를 보존할 용도로 용량이 큰 디스크가 필요하게 된다. 그러므로, 로그서버로는 전용 머신을 배정하는 것이 바람직하다.

필자가 관리하는 환경에서는 로그서버를 프라이머리용과 백업용, 2대의 서버로 준비해두고 있다. 백업용 로그서버는 로그파일 보관위치의 백업으로서의 역할과 프라이머리 로그서버가 고장 났을 때 대체 머신으로서의 역할을 담당한다. 또한 월간이나 연간 로그집계와 같은 대량의 파일을 처리할 필요가 있는 분석은 일별 로그집계에 영향을 주지 않도록 프라이머리에서가 아닌 백업 로그서버에서 수행하도록 하고 있다.

백업용 로그서버를 별도로 준비할 수 없는 경우라도 로그파일만은 어딘가 다른 머신에 전송해서 보존하도록 하는 편이 좋을 것이다. 전송위치는 반드시 데이터센터 내의 머신일 필요는 없고 사무실에 있는 머신에 관리회선 등을 사용해서 전송하는 것도 하나의 방법이다. 이럴 경우, 로그파일에는 여러 차례 민감한 정보가 포함되므로 이를 다룰 때에는 충분히 주의를 기울일 필요가 있다.

정리

이 절에서는 필자가 관리하는 환경에서의 방법을 기반으로 로그의 집약과 수집에 대해 언급했다. 로그에 대한 요구는 그때그때의 상황에 따라 그 내용이나 처리방법이 크게 바뀐다. 어떤 사이트에서는 실시간으로 PV나 사용자 수 집계를 얻고자 할 경우도 있다. 또한, 대규모 사이트가 되면 출력된 로그의 양이 매우 커져서 보존하

CHAPTER 05 ··· 효율적인 운용_안정된 서비스를 향해

는 것도 상당히 수고스럽다는 얘기도 듣는다. 실제로 운용하는 사이트에 따라 로그에 대한 요구는 천차만별이다. 또한, 동일한 사이트라도 성장해감에 따라 요구사항이 변할 수도 있다. 따라서, 로그를 처리하는 방식도 상황에 따라 바뀔 필요가 있다. 그럴 때, 이 절에서 언급한 내용이 설계에 일조할 수 있길 바란다.

CHAPTER

06

서비스의 무대 뒤
자율적인 인프라, 다이나믹한 시스템 지향

6.1 Hatena의 내부
6.2 DSAS의 내부

CHAPTER 06 ••• 서비스의 무대 뒤_자율적인 인프라, 다이나믹한 시스템 지향

6.1 Hatena의 내부

Hatena의 인프라

㈜Hatena[주1]에서는 Hatena 다이어리, Hatena 북마크, 인력검색 Hatena와 같은 몇 가지 웹서비스를 제공하고 있다. 2008년 2월 시점에서 트래픽은, 월간 unique user가 약 970만 정도 되고 있다. Hatena는 독자적인 사고방식을 기반으로 한 독특한 웹서비스로 유명하지만, 그 인프라도 특유한 생각을 갖고 구축하고 있다.

Hatena의 인프라에는 「자전주의(自前主義)[역주1]」, 「오픈소스 주의」라는 두 가지 사고방식이 맥맥이 흐르고 있다(사진 6.1.1~사진 6.1.3). 자전주의라는 생각에서, 완성된 서버를 사오는 것이 아니라 서버의 하드웨어나 케이스 레벨에서부터 스스로 설계, 조립하고 있으며, 오픈소스 주의라는 생각에서 서버상에서 동작하는 소프트웨어는 거의 모두가 OSS다. 또한, 직접 커스터마이징하거나 기능을 추가한 소프트웨어를 가능한 한 오픈소스 커뮤니티에 환원할 수 있도록 하고 있다.

주1 URL http://www.hatena.ne.jp/
역주1 자전주의(自前主義) : 독자적으로 모든 일을 수행하는 기업 경영 원칙. 독자주의(獨自主義).

6.1 Hatena의 내부

사진 6.1.1 Hatena의 서버

사진 6.1.2 설치된 자체제작 서버

사진 6.1.3 데이터센터 내부모습

CHAPTER 06 ··· 서비스의 무대 뒤_자율적인 인프라, 다이나믹한 시스템 지향

집필 시점에서는 Hatena의 인프라 전체 중에서 서버 대수는 약 350대 정도가 되고 있다. 그 중에 서비스 대상 인프라에는 기본적으로 리버스 프록시 서버, AP서버, DB서버의 세 층으로 구성되어 있으며, 거기에 필요성이나 부하에 맞게 파일서버나 캐시서버, 배치서버가 추가되어 있다. 여기에 보조적으로 로그서버나 감시서버, 리포지토리 서버 등의 공용서버가 한데 모여 있는 구성이다(그림 6.1.1)

이러한 서버군이 24시간 365일 지속적으로 안정되게 작동함으로써 Hatena의 서비스가 꾸준히 제공되고 있다. 이 장에서는 Hatena의 인프라에 있어서 확장성과 안정성/운용효율/전원효율 각각을 향상시키는 방안에 대해 소개한다.

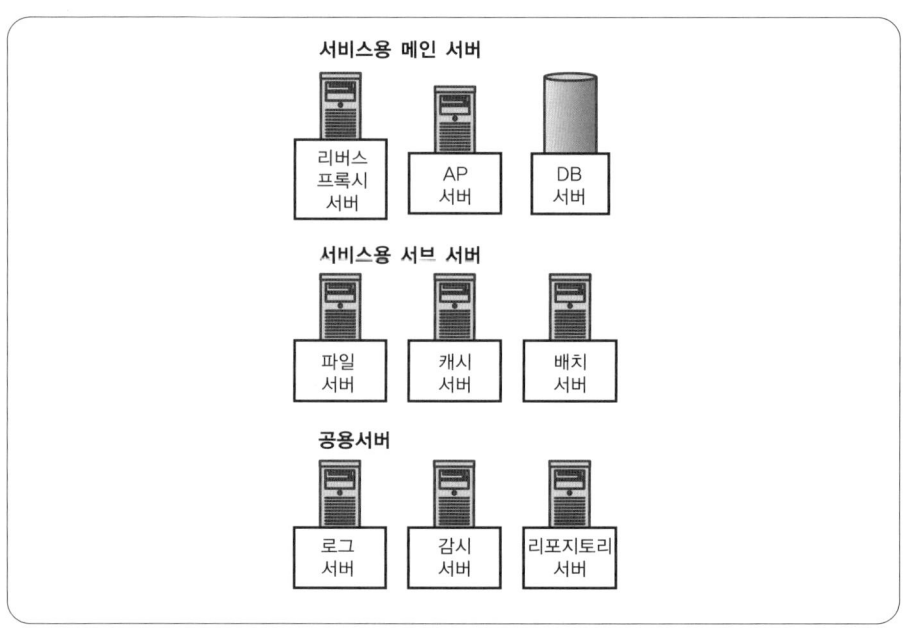

그림 6.1.1 Hatena의 서버구성

확장성과 안정성

Hatena에서 다루는 정도의 높은 트래픽이 되면 효율적으로 부하를 분산함으로써 높은 확장성을 유지하는 것이 대단히 중요해진다.

Hatena에서는 부하분산을 위해 LVS(IPVS) + keepalived를 이용하고 있다. 이러한 구성의 서버를 2대 준비해서 VRRP로 다중화한 것이 1세트로, 리버스 프록시 서버, AP서버, DB서버의 세 층 각각의 바로 앞에 1세트씩 배치하고 있다. LVS서버의 스토리지로 하드디스크가 아닌 컴팩트 플래시를 이용함으로써 하드웨어적인 고장률을 낮추는 노력을 하고 있다. 또한, LVS에서는 DSR을 이용함으로써 LVS서버를 통과하는 트래픽을 낮추고 있으며, 각각의 층에 대해 1세트로 충분히 잘 처리하고 있다. 차후에 트래픽이 더욱 늘어나면 각각의 층 바로 앞에 2세트씩 배치할 때가 올 수도 있겠지만, 이는 한참 후의 일이 될 것이다.

리버스 프록시

리버스 프록시에는 아파치 2.2를 주로 이용하고 있다. 리버스 프록시에서 여러 백엔드로 처리를 프록시하는 모듈은 mod_proxy_balancer가 아닌 mod_proxy를 사용하며, 부하분산에는 앞서 말한 LVS를 이용하고 있다. 또한, AP서버와의 사이에 Squid를 이용함으로써 최대한으로 캐시를 해서 AP서버나 DB서버로의 부하를 감소시키고 있다.

리버스 프록시인 아파치에 저자가 개발한 mod_dosdetector[주2]를 이용해서 동적으로 DoS공격을 검출해내는 DoS공격 대책도 수행하고 있다. mod_dosdetector 도입 이전에는 DoS공격을 당할 때마다 수동으로 공격지 IP주소를 끌어내는 설정을 추가해오던 터라 숙면을 방해받아 왔지만, mod_dosdetector를 도입함으로써 동적으로 공격이 배제되어 단순한 DoS공격으로는 거의 영향을 받지 않게 되었다.

주2 URL http://sourceforge.net/projects/moddosdetector/

아파치의 아키텍처는 하나의 요청에 대해 worker모델의 경우 쓰레드가, prefork 모델의 경우 프로세스가 할당되어 AP서버의 응답대기에도 할당이 해제되는 일이 없도록 되어 있다. 이 때문에, 극도로 많은 요청이 들어오면, 예를 들어 AP서버의 부하에 여유가 있다고 하더라도 리버스 프록시의 리소스를 다 소진해버리는 경우가 있다. 얼마 전에는 Hatena 북마크의 북마크 사용자 수를 반환하는 API에서 이 문제가 발생하고 있었다. 그래서, 아파치보다 전면에 lighttpd라는 아키텍처가 다른 웹 서버를 리버스 프록시로 준비해 API인지 통상적인 요청인지를 분류시킴으로써 효율을 향상시킬 수가 있었다. 현재에는 대단히 빠른 응답을 반환하고 있다.

DB

DB는 확장성과 안정성을 생각할 때 병목현상이 발생하기 쉬운 곳이다. Hatena에서는 DB로 MySQL을 전면적으로 채용하고 있다. Hatena의 운용 초기에는 PostgresSQL을 사용했었지만, 비교적 빠른 시기에 그 빠른 속도 때문에 MySQL로 갈아디서 현재에 이르고 있다. 지금은 MySQL 4.0계열과 5.0계열이 공존하고 있는 상태가 되어 있다. 필자로서는 지원도 종료되어 있는 4.0계열을 계속 사용하는 것보다는 모두 5.0계열로 이행하고자 하지만, 4.0계열과 5.0계열에서 타임스탬프 관련 동작이 다르기 때문에 애플리케이션을 수정해야 하므로 좀처럼 진행하지 못하고 있다.

MySQL은 리플리케이션에 의해 마스터·슬레이브 구성을 취하고 있으며, 슬레이브군도 앞서 말한 바와 같이 LVS로 부하를 분산시키고 있으므로, 슬레이브 1대에 장애가 발생한 경우에도 장애가 발생한 서버로의 요청을 자동적으로 억제함으로써 가용성을 높이고 있다.

또한, MySQL 5.0계열로 이행을 마친 DB에서는 멀티마스터 구성을 채용하고 keepalived에 의해 Active/Standby를 전환함으로써 마스터 DB에 대해서도 다중화를 실현하고 있다(그림 6.1.2). 멀티마스터의 구체적인 설정은 리스트 6.1.1과 같다. 이 설정을 함으로써 서로에게 마스터이기도 하고 슬레이브이기도 한 관계가 되어 서로가 상대 서버에 쓰기를 전달하도록 있게 되어 있다. 멀티마스터 구성을 채용한 경우, auto increment를 지정한 필드로의 INSERT 경합이 문제가 된다. MySQL 에서는 auto increment를 할 때, 증가할 양(auto_increment_increment)과 초기 오 프셋(auto_increment_offset)을 지정할 수 있게 함으로써 멀티마스터에서 auto increment를 올바르게 사용할 수 있도록 하고 있다.

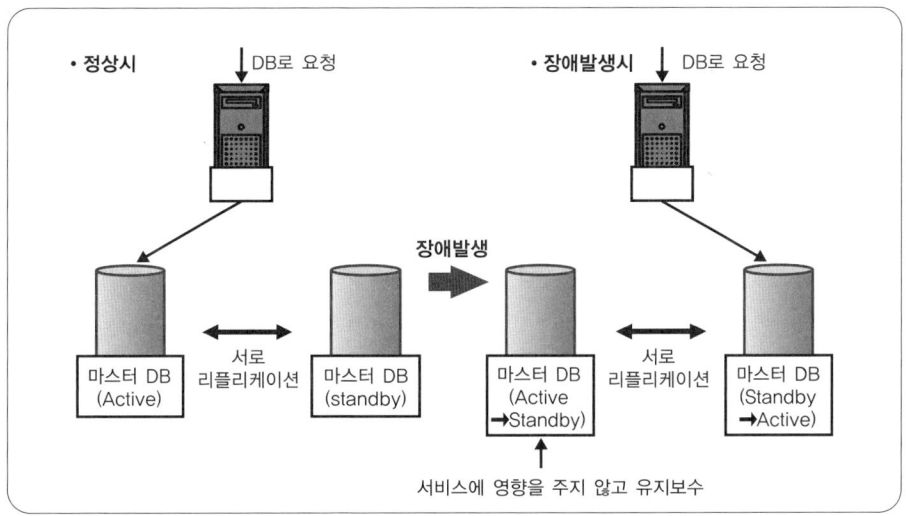

그림 6.1.2 MySQL의 멀티마스터 구성

리스트 6.1.1 멀티마스터 설정

```
• 서버A (192.168.1.1)
server-id=1001
master-host = 192.168.1.1
master-user = repli
auto_increment_increment = 16
auto_increment_offset    = 1

• 서버B (192.168.1.2)
server-id=1002
master-host = 192.168.1.2
master-user = repli
auto_increment_increment = 16
auto_increment_offset    = 2
```

또한, DB의 스키마에 auto increment를 이용하고 있지 않을 경우에도, Active/Active 구성으로 운용하고 있을 경우 애플리케이션의 특성에 따라서는 Duplicate Entry 에러로 인해 리플리케이션이 멈출 경우가 있다. 따라서, 각각의 마스터 서버에 keepalived를 실행하고 VRRP에 의한 Active/Standby 구성을 함으로써, 데이터를 변경하는 SQL은 한쪽에서만 처리하도록 하고 있다. 이에 따라 애플리케이션의 특성에 의존하지 않고 안정된 운용을 할 수 있도록 하고 있다.

멀티마스터 구성으로 이행한 DB에서는 테이블에 컬럼을 추가하거나 테이블을 최적화하는 등, 종래의 마스터/슬레이브 구성에서는 서비스를 정지시킬 수밖에 없었던 유지보수 작업이 서비스에 영향을 주지 않을 수 있게 되었다는 것도 커다란 진전이다.

마스터 ❹(Active)와 마스터 ❺(Stand-by)로 된 멀티마스터 구성의 경우, 구체적인 절차는 다음과 같다.

- 마스터 ❺(Stand-by)인 호스트에서 keepalived를 정지한다.
- 마스터 ❹와 마스터 ❺ 각각에서 SLAVE STOP을 실행해서 리플리케이션을 정지한다.
- 마스터 ❺에서 컬럼 추가 등 유지보수를 실행한다.
- 마스터 ❺에서 SLAVE START를 실행해서 A에서 B로의 리플리케이션을 재개한다.
- 마스터 ❺의 리플리케이션이 마스터 ❹에 도달하기를 기다린다.
- 마스터 ❺의 keepalived를 실행하고 마스터 ❹의 keepalived를 정지해서 마스터 ❺를 Active로 한다.
- 마스터 ❹에서 SLAVE START를 실행해서 B에서 A로의 리플리케이션을 재개한다.
- 마스터 ❹의 리플리케이션이 마스터 ❺에 도달하기를 기다린다.
- 마스터 ❹의 keepalived를 실행해서 마스터 ❹를 Active로 되돌린다.

조금은 복잡한 과정이지만, 이것으로 서비스를 무정지 상태로 몇 번이고 유지보수 작업을 할 수 있다. 다만, 실시할 유지보수 내용이 이와 병행해서 계속 실행될 Active측으로의 갱신내용과 모순되지 않아야 한다. 예를 들면, 유지보수의 내용이 기존 테이블에 컬럼을 추가하고 추가된 컬럼의 내용은 모두 디폴트값이면 되는 경우는 모순이 없으므로 문제가 되지 않는다. 한편, 컬럼을 삭제하는 유지보수 작업인 경우에는 Active측에 컬럼 삭제가 반영되기 전에 실행된 Insert문에 해당 컬럼 항목이 포함되어 있다면 「마스터❸의 리플리케이션이 마스터❹에 도달하기를 기다리는」 단계에서 리플리케이션 에러가 발생해버린다. 후자의 예와 같이 리플리케이션을 재개했을 때 에러로 인해 리플리케이션이 정지해버린 경우에는, 포기하고 서비스 정지를 동반하는 유지보수를 실시해야 한다.

멀티마스터의 그 밖의 문제로, 트래픽이 늘어나서 2대의 마스터만으로는 액세스가 원활하지 않아서 슬레이브를 추가했을 경우의 장애처리가 있다. 각 슬레이브는 특정 마스터의 슬레이브인데, 자신이 마스터로 삼고 있는 서버에 장애가 발생해서 하나의 마스터만으로 작동하고 있다면, 장애가 발생한 쪽에 의지하고 있는 슬레이브 DB에는 갱신정보가 전달되지 않는다. 그렇기 때문에, 장애가 발생한 경우에 어떤 방법으로 갱신정보를 전달할지, 장애가 발생한 쪽의 슬레이브 DB를 모두 중지할지에 대한 적절한 대응이 필요하지만 현재 상태에서는 적합한 대책을 찾지 못했다.

전자와 같이 살아있는 쪽 마스터로부터 갱신정보를 받을 수 있다면 이상적이지만, MySQL 리플리케이션의 구조상 어렵기 때문에, 후자인 장애가 발생한 쪽의 슬레이브를 멈추는 방법밖에는 없는 듯하다. 다만, 이렇게 하면 처리능력이 단번에 반감돼버리므로 서버 리소스를 여유 있게 갖춰놓고 있지 않으면, 피크 시간대에 장애가 발생할 경우 힘겨워질 것이다. 현재는 아직 거기까지는 필요하지 않지만 가까운 장래에 해결해야 할 과제다.

파일서버

DB와 마찬가지로 파일서버도 확장성이나 안정성 측면에서 병목현상이 발생하기 쉬운 서버다. Hatena에서는 DRBD + keepalived로 다중화한 파일서버에 lighttpd에 의한 API와 Squid에 의한 캐시를 갖춤으로써 다중성과 빠른 속도의 밸런스를 취하고 있다. 또한, DRBD로 다중화한 블록 디바이스를 OCFS2 Oracle Cluster File System for Linux 2 주3라는 클러스터 파일시스템으로 포맷해서 이용하고 있다. 클러스터 파일시스템을

주3 URL http://oss.oracle.com/projects/ocfs2/

이용함으로써 DRBD의 Active측에서 서비스를 제공하고 Backup측에서 백업을 수행해서, 일일 백업에 의한 I/O 부하가 서비스에 영향을 주지 않도록 하고 있다.

운용효율 향상

새로운 서버를 인프라의 운용환경에 투입하기까지는 크게 다음과 같은 것이 필요하다.

- 하드웨어 조립, 설치
- OS설치
- 애플리케이션의 동작에 필요한 라이브러리 등의 설치, 설정
- 감시 등 인프라의 일부로서 동작하기 위한 설정
- 애플리케이션의 deploy나 DB설정 등 서버별 역할에 맞는 설정
- 로드밸런서 설정에 추가함으로써 서비스 투입

애플리케이션의 동작에 맞는 설정이나 DB 데이터 복사 등은 그 나름의 시간이 걸리지만, 그 이외의 부분은 거의 자동화되어 있으므로 하드웨어 조립부터 실제로 사용할 수 있게 되기까지 거의 관리자의 수고 없이 가능하도록 되어 있다.

이제부터 그 과정을 간단히 소개하도록 한다.

킥스타트에 의한 설치

Hatena의 서버는 기본적으로 부품을 조달해서 조립하고 있다. 이 부분은 순수하게 인해전술로 되어 있어서 역시나 어느 정도의 시간이 걸린다. 서버 조립이 완료되고 BIOS설정이 끝나면, 먼저 킥스타트 Kick Start로 OS의 기본적인 설치를 수행한다. 통상적으로 최소한의 OS설치와 함께 LDAP Lightweight Directory Access Protocol 이나 autofs에 의한 사용자 로그인 관련 설정, Puppet 초기설정을 하고 마지막으로 엔지니어 간 연락에 사용하고 있는 IRC채널에 서버 자신의 IP주소를 통지한다. 이 과정에서는 대량의

패키지가 설치되므로 그만큼 시간이 걸린다.

그리고 나서 BIOS설정을 마치고 재부팅한 후에는 완전하게 원격으로 작업이 가능하게 된다.

패키지 관리와 Puppet

「애플리케이션의 동작에 필요한 라이브러리 등의 설치, 설정」과 「감시 등 인프라의 일부로서 동작하기 위한 설정」 부분은, 얼마 전까지는 상당한 시간과 노력이 드는 부분이었다. 그러나, 다음 2가지를 작성, 도입함으로써 거의 자동화되게 되어 큰 폭으로 시간을 단축할 수 있게 되었다.

- 무엇이든 rpm 패키지화 & yum으로 한 번에 설치
- Puppet(설정 자동화 툴, 5.3절 참조)

「무엇이든 rpm 패키지화 & yum으로 한 번에 설치」란, MySQL은 아파치에서 특정 버전을 사용하고자 한다거나 표준이 아닌 라이브러리를 사용하고자 하는 등의 경우에도 모두 rpm화한 후에 yum 리포지토리를 경유해서 설치하는 것을 말한다. 가장 어려운 것은 대량의 CPAN 모듈인데, CPAN의 의존관계를 분석해서 rpm화하는 스크립트로 CPAN 모듈을 rpm화하는 것은 거의 자동화되어 있다. 덕분에 200개 이상에 달하는 Hatena의 애플리케이션이 의존하고 있는 CPAN모듈도 간단하게 설치할 수 있게 되었다[주4].

5.3절에서 설명한 Puppet은 서서히 운용 노하우를 쌓아오면서 서버에 필요한 초기설정이 자동화되기까지 이르게 되었다. Puppet의 사용처로는 전혀 만질 것 같지 않은 설정, 예를 들어 네임서버 설정이나 sshd 설정 등을 중심으로 적용해서, 백엔드 서버나 DB서버의 기본적인 설정을 수행하는 등의 부분까지 하고 있다. 애플리케이션마다 부하에 맞춰 미세하게 설정을 변경해가기 위한 설정파일에 대해서는 초기

[주4] 또한 rpm화 덕분에 CPAN모듈의 업데이트를 적용하는 것도 간단해졌다.

파일을 배치할 뿐, 그 이상의 설정까지는 Puppet에서 적용하지 않도록 하고 있다.

Puppet은 그 특성상, 설정을 미세하게 조정하는 부분에도 쓸데없이 길다고 느낄 정도로 여러 단계의 조작이 필요하다. 이 때문에, 시행착오가 필요하거나 빈번하게 수정해야 하는 설정, 예를 들어 아파치의 httpd.conf나 MySQL의 my.cnf와 같은 설정파일은 설정이 반영되기까지의 스피드와 효율을 중시해서 각 관리자가 직접 수정하도록 하고 있다.

이렇게 해서 서버 설정이 끝나면 애플리케이션의 deploy와 동작확인을 간단히 하고 로드밸런서(LVS) 설정을 갱신해서 본격적으로 서비스에 투입하게 된다.

서버관리와 감시

매일 서버의 추가, 설정, 튜닝을 하다 보면, 어떤 서비스가 어느 서버에서 동작하고 있는지, 어떤 서버가 어떤 스펙인지를 관리하는 것이 대단히 중요해진다. 이전에는 Hatena그룹의 키워드 기능(소위 Wiki와 같은 기능을 갖고 있다)으로 목록을 관리했있다. 그러나 이 갱신작업은 너무나 빈번해서 갱신을 누락하는 일이 생기고, 막상 서버 작업을 하려고 생각했을 때 실제론 다른 서버에서 동작하고 있는 등의 일이 빈발했다.

이에 대한 최대의 원인은 서버 1대의 역할을 변경하기 위해 다음과 작업이 필요하기 때문이다.

- 서버관리 키워드의 수정
- Nagios에 의한 감시설정 변경
- MRTG^{Multi Router Traffic Grapher주5}에 의한 리소스 그래프화 툴의 설정 변경
- 애플리케이션 배치 대상목록 변경
- LVS 설정변경

주5 URL http://oss.oetiker.ch/mrtg/

위와 같이 서버 1대의 역할을 변경하면 수정해야 할 항목이 여러 갈래에서 발생하므로 인위적인 실수를 피하기 어려운 상태가 된다.

이 때문에 독자적인 서버관리 툴을 구축하기 시작했다. 그리하여 서버관리 툴의 데이터를 변경하는 것만으로 다른 설정항목도 자동적으로 수정되도록 서서히 바꿔가고 있다. 현재는 MRTG에 의한 그래프화 툴은 자체적인 서버관리 툴에 그래프화 기능도 추가하면서 흡수되었고, deploy 대상목록 갱신은 필요치 않게 했다. Nagios나 LVS의 설정 반영은 차후 진행할 예정이다.

또한, 서버관리 툴에서 모든 서버의 대수나 스펙별 서버 대수와 같은 통계 데이터를 출력할 수 있게 했으며, Hatena 그래프로의 쓰기 스크립트와 결합함으로써 인프라 규모나 구성장비의 변화를 파악할 수 있도록 하고 있다. 최근에는 Hatena의 인프라 내에 펜티엄 MMX가 아직 사용되고 있음을 알고 조금 감동했다.

이러한 서버관리 툴도 OSS로 공개할 예정이다.

Capistrano에 의한 deploy

애플리케이션의 deploy는 꽤 오래 전부터 Capistrano[주6]를 이용해서 거의 명령어 한 번으로 끝나도록 되어 있다. Capistrano는 Ruby로 구현된 애플리케이션 deploy지원 툴이다. deploy 이외에도 여러 서버에 대해 임의의 명령을 실행시키거나 셸로 인터랙티브하게 명령어를 실행할 수 있는 편리한 툴이다.

Hatena에서는 이러한 Capistrano를 있는 그대로 사용하지 않고, 일부 자체적으로 수정해서 이용하고 있다. 예를 들면, deploy 등의 명령을 보낼 서버목록을 앞서 말한 서버관리 툴의 API로부터 얻어낼 수 있게 하고 있다. 이렇게 해서 인프라팀이 서버를 증설해도 애플리케이션 개발자는 이를 의식하지 않고 애플리케이션을 deploy하거나 업데이트를 할 수 있도록 되어 있다.

주6 URL http://www.capify.org/

전원효율 – 리소스 이용률 향상

다수의 서버를 운용하고 증설하는 일을 반복하다 보면, 인프라 비용은 아무래도 증가하게 된다. 이 때 문제가 되는 것은, 지금 특정 서버를 계속 사용하는 게 좋을지, 보다 효율이 높은 새로운 서버를 도입하는 게 좋을지 결정하는 것이다.

Hatena에서는 서버 구입비 등 초기비용을 줄이는 것을 중요시함과 동시에 전원비용을 줄이는 것도 중시하고 있다. 이 때문에, 다음의 세 가지 사고방식으로 매일 서버를 조달하고 선정하고 있다.

- 서버를 설계, 조달할 때, 1A당 성능을 중시한다.
- 서버 1대당 성능을 가능한 한 높이고, 가상화 기술로 분할해서 이용한다.
- 불필요한 부품은 설치하지 않는다.

1A당 성능을 중시한다

서버를 선정할 때 대부분의 경우 해당 서버의 가격은 중요시되지만, 소비전력은 그다지 중시되지 않는 경향이 있는 것 같다. 특히 유명 제조업체 제품인 서버라면서 소비전력을 공개하지 않는 경우도 종종 있는 것 같다. Hatena에서는 하드웨어를 직접 설계, 조립해서 완성하는 경우도 있는데, CPU나 칩셋의 소비전력뿐만 아니라 메모리, 하드디스크나 전원유닛의 소비전력도 하나하나 테스트해서 측정하면서 선정하고 있다.

또한, 기존 서버에 대해서도 일부 부품을 교체해서 성능이 향상되거나 소비전력이 내려가는 등의 경우에는 적극적으로 교체를 진행한다. 최근 사례 중에 가장 극적이었던 것은, Core2 Duo CPU에서「Core2 Quad」로 업그레이드를 하면 단지 CPU를 교체하는 것만으로 성능은 2배이면서도 소비전력은 그대로인 상황이 있었다. 이 때는 Core2 Duo를 도입한 지 아직 1년 정도밖에 안 지났지만 상당한 기세로 Core2 Quad로 교체해서, 지금에 와서는 Core2 Duo는 가장 번성했던 시기의 1/3 정도까지 줄어들었다. 이러한 교체작업으로 인해 서버 대수를 증가시키지 않고 트래픽 증가에 대응하고, 데이터센터의 랙 비용, 전원비용을 억제할 수 있어서 결과적으로 인프라 비용을 줄일 수 있었다.

서버 1대당 성능을 최대한 끌어낸다

앞서 말한 것과 같이 Core2 Duo에서 Core2 Quad로 교체하고, 나아가 다중화를 위해 동일한 용도의 Core2 Quad를 탑재한 서버를 갖추고 나면, 그 다음으로 발생하는 문제는 서버 성능을 최대한 끌어내는 것이 된다. Core2 Quad의 성능은 상당히 높아서 1대만으로도 어느 정도의 트래픽은 잘 해결할 수 있으며, 다소 작은 규모의 서비스에서는 그 성능을 최대한으로 사용할 수조차도 없기 때문에 다중화를 위해 2대를 갖추게 되면 상당한 규모의 서비스가 아닌 이상 서버 능력이 남아돌게 된다. 또한, 장래를 내다봤을 때에도 1대당 서버 성능은 점점 향상될 것이 예상되며 이러한 경향은 점차 강화될 것으로 생각한다.

이와 같은 경우에 보다 저렴한 CPU를 사용하는 해법도 있겠지만, 애초에 CPU는 가격면으로나 소비전력면에서 그다지 지배적이지는 않다. 그렇기 때문에, 작은 서비스를 위해서도 어느 정도의 비용이 소요되는 것이다. 그래서 Hatena에서는 가상화 기술 Xen[주7]을 도입함으로써 서버 리소스의 효율화를 도모하고 있다.

Xen을 사용함으로써 1대의 물리적인 서버상에 논리적인 서버를 여러 개 갖출 수 있으며, 메모리와 하드디스크, CPU 부하가 허락하는 한 가득 채워 넣을 수가 있다. 현재 Hatena의 표준적인 구성에서는 최초에 기동하는 호스트 OS(Xen용어로는 Dom0)를 관리용으로 해서 최소한의 하드디스크와 메모리만을 할당하고, 남은 용량으로는 몇 개의 게스트 OS(Xen용어로는 DomU)를 만들고 있다. 예를 들면, 2대의 서버에 AP서버인 DomU와 멀티마스터 DB인 DomU를 구축하고 있다. 2대를 갖추고 있는 이유는 다중화를 위한 것으로, 한쪽 서버에 하드웨어 장애가 발생하더라도 AP서버와 DB인 DomU가 하나씩은 남아있음을 기대할 수 있다. 또한, AP서버

주7 URL http://www.xen.org/

와 DB를 분리하는 것은 차후에 서비스가 성장했을 때 각각의 DomU를 각기 다른 서버로 재배치하기 용이하게 하기 위함이다.

나아가, DB서버는 메모리 용량과 I/O성능에서 병목이 되기 쉽고, AP서버는 CPU성능에서 병목이 되기 쉬운 경향이 있다. 따라서, DB서버에서 남아있는 CPU 성능을 AP서버의 DomU에서 함께 사용함으로써, CPU도 I/O도 한계에 이를 때까지 사용할 수 있게 된다.

Hatena에서는 이러한 방침으로 서서히 인프라 리소스의 효율화를 진행하고 있으며(그림 6.1.3), 현재 물리적인 서버 대수는 350대 정도이지만 가상적인 논리 서버 수로는 2할 정도 증가하게 된다.

다만, 리소스 이용률이 향상되면서 1대당 소비전력도 오르고 있으므로, 하나의 전원에 상정한 것보다 적은 대수의 서버밖에 연결할 수 없다는, 또 다른 고민이 생겼다.

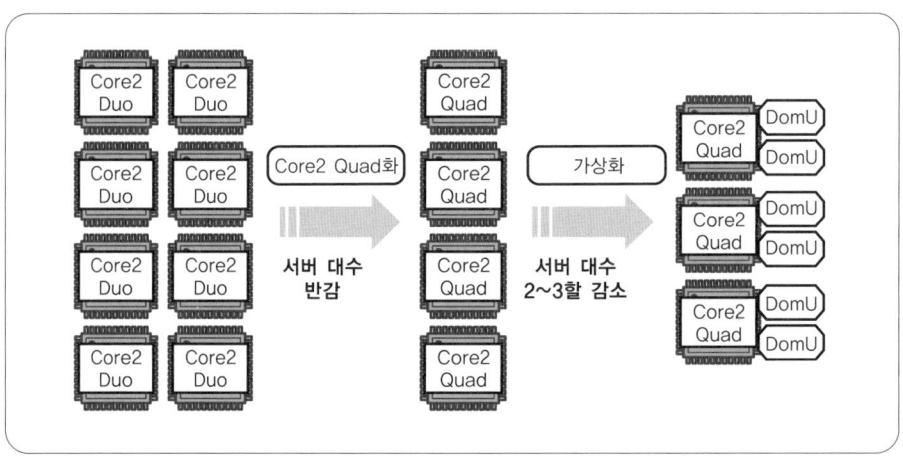

그림 6.1.3 인프라 리소스의 효율화

불필요한 부품은 설치하지 않는다

또 하나 전원효율을 향상시키는 방법으로, 불필요한 부품은 서버에 설치하지 않는다는 것이 있다. 예를 들면, 메모리를 저가에 최대한으로 설치하지 않고, 하드디스크 용량은 적은 듯하게, 쓸데없이 RAID를 구성하지 않는 것 등이 있다. 현재, Hatena에서는 처음부터 하드디스크를 없앤 Diskless 서버 연구에 몰두하고 있다.

Diskless 서버는 그 이름대로 하드디스크가 없는 서버를 말하며, 그 이점으로는 소비전력 저하, 하드웨어 고장확률 저하, 네트워크 부트에 의한 역할 설정의 용이한 변경과 같은 점을 들 수 있다. 반대로 단점으로는 자력으로는 부팅도 할 수 없고, 로그 등을 로컬에 저장할 수 없는 등, 발이 땅에 붙어 있지 않은 것 같은 불안정감이 있다.

Hatena에서의 Diskless 서버는 다음과 같은 특징을 지니고 있다.

- 네트워크 부트 & DHCP에 의한 역할 설정
- 가상화 기술에 의한 높은 유지보수성
- 온 메모리 파일시스템[주8]에 의한 파일서버와의 약한 결합

실제로 파일서버가 기동하면 다음과 같은 흐름으로 기동한다.

- DHCP에 의해 MAC주소로부터 IP주소와 디스크 이미지 경로 얻기
- 초기 루트에 의해 디스크 이미지를 얻고 실제 루트로서의 마운트
- 실제 루트에 의한 기동

파일서버나 DHCP서버가 외부와의 접속이 필요한 것은 기동할 때뿐으로, 기동 후에는 그러한 서버와의 접속이 차단되어도 단일 장비로서 계속 동작할 수 있다. 기동 후에 애플리케이션의 deploy 등으로 파일이 갱신되었을 때에는 갱신된 내용이 디스크 이미지에 자동적으로 덮어 쓰여지므로, 사용자는 Diskless 서버라는 것을 의식하지 않고 사용할 수 있다. 다만, 동일한 역할을 부여 받은 Diskless 서버는 모두 동일한 이미지로 기동하도록 되어 있으므로, 이 점은 주의할 필요가 있다.

Diskless 서버를 이용하면, 예를 들어 부하분산을 위해 새로운 백엔드 서버를 추

주8 aufs를 가리킨다. aufs는 Another Unionfs의 약자. URL http://aufs.sourceforge.net/

가할 때 DHCP 설정파일을 수정하고 해당 서버를 부팅하는 것만으로 자동적으로 적절한 디스크 이미지가 다운로드 & 마운트되어 운용에 투입할 수 있게 된다.

자율적인 인프라 지향

Hatena의 인프라는 최근 1, 2년 동안 부하분산과 다중화, 리소스 효율향상의 노하우가 웬만큼 축적되어 상당한 규모의 트래픽에 견딜 수 있는 서버를 효율성 있게 운용할 수 있도록 해오고 있다. 다만, 기술자의 감각에 의존해서 설정하고 있는 부분이나 수동으로 미세한 조정을 반복하고 있는 부분은 아직도 남아있다. 일일 트래픽은 증가하고 서비스 종류는 계속 늘어나고 있으며, 또한 인프라 기술적으로도 가상화 기술에 의한 튜닝이 필요한 곳이 늘어나고, 효율향상과 함께 서버의 잉여성능도 계속 줄어들고 있다. 이 때문에, 가까운 장래에 이와 같은 세세한 튜닝에 관리자가 소비하는 시간이 점점 늘어나게 될 것임을 쉽게 짐작할 수 있다.

지금부터 당분간은 튜닝을 위해 축적한 노하우를 구조로 확립함으로써 각 서버의 튜닝부터 서버 추가 및 철거까지 서서히 자동화하려고 한다. 예를 들면, 아파치의 프로세스를 감시해서 부하가 증가하면 MaxProcess를 늘리고, 프로세스의 소비 메모리가 늘어나면 MaxProcess나 RequestsPerChild를 제한하는 등의 작업은 금방이라도 할 수 있을 것 같다. 또한, Diskless 서버의 운용이 제대로 궤도에 오르면 특정 역할을 하는 서버를 동적으로 늘리거나 줄이는 것도 쉽게 할 수 있을 듯하다.

이와 같은 자율제어를 궁극적인 목표로 힘차게 나아간다면 인프라는 생물체처럼 되지 않을까라고 생각한다. 개개의 서버가 자율적으로 동작하고 장애가 발생하면 스스로 복구하고 부하가 높아지면 해당 부위가 증강되고 사용하지 않으면 쇠약해진다. 물론 하드웨어 레벨의 작업은 사람의 힘이 필요하겠지만, 논리적인 소프트웨어로 완결되는 부분은 생물체처럼 자율적으로 튼튼한 「계※」를 구축하는 것이 인프라의 궁극적인 모습이라고 생각한다.

6.2 DSAS의 내부

DSAS란

DSAS$^{Dynamic\ Server\ Assign\ System}$란, KLab(주)[주9]에서 운용하고 있는 서버·네트워크 인프라를 총칭한다. 현재는 도쿄와 후쿠오카의 데이터센터에서 300대 이상의 서버가 가동되고 있다(사진 6.2.1). 이 절에서는 DSAS의 특징과 내부구조를 소개한다.

DSAS의 특징

먼저, DSAS의 큰 특징인 아래와 같은 점에 대해 설명한다.

- 하나의 시스템에 여러 사이트를 수용
- OSS로 구축
- 어딘가 끊어져도 멈추지 않는 네트워크
- 간편한 서버증설
- 간단한 장애복구

[주9] URL http://www.klab.org/

CHAPTER 06 ··· 서비스의 무대 뒤_ 자율적인 인프라, 다이나믹한 시스템 지향

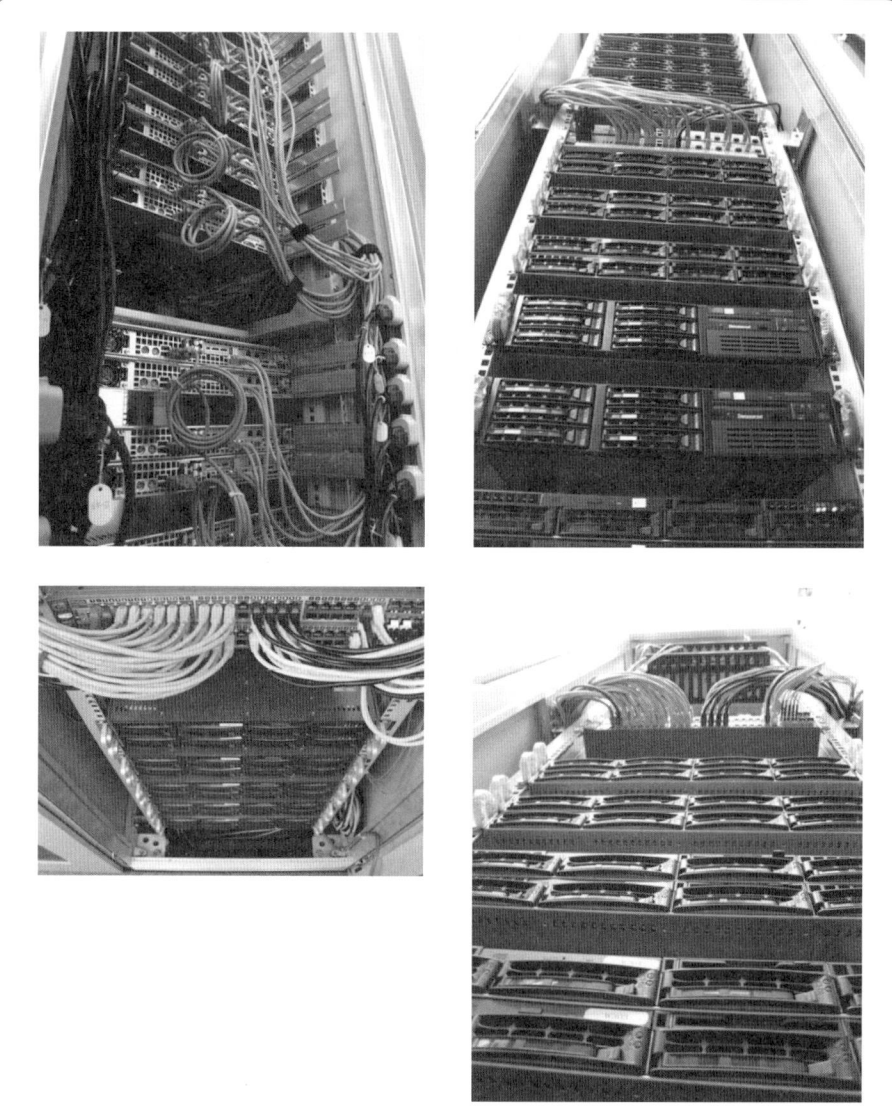

사진 6.2.1 DSAS의 외관

6.2 DSAS의 내부

하나의 시스템에 여러 사이트 수용

새로운 사이트를 시작할 때마다 서버나 네트워크를 새롭게 구축한다면 전체 구성은 그림 6.2.1과 같이 되어 간다. 이 구성에서는, 사이트A의 트래픽이 급증해서 서버의 처리가 따라가지 못하게 되더라도 사이트B의 서버를 유용流用할 수가 없으므로, 접속 피크에 맞게 사이트A용 서버를 증설할 필요가 있다. 일상적 수준으로 접속 수가 일정하다면 이걸로 됐지만, 일회성 피크(캠페인 등)를 위해 서버를 증설하는 것은 비용적으로 적합하지 않을 경우가 많다.

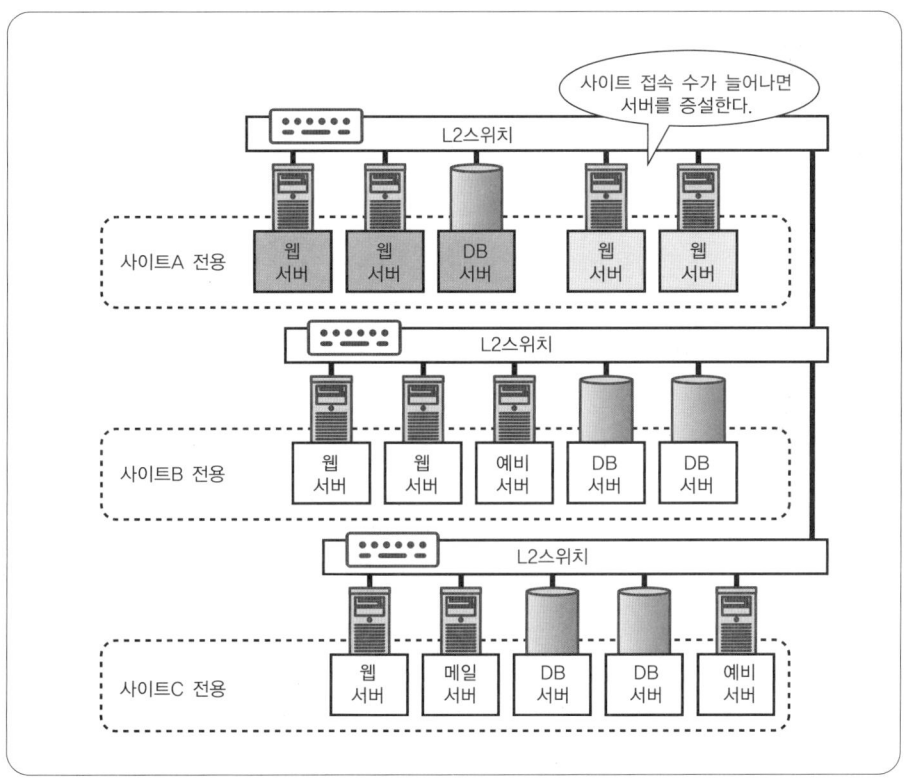

그림 6.2.1 사이트마다 시스템 구축

DSAS의 구성은 그림 6.2.2와 같이, 하나의 시스템을 여러 사이트가 공유하고 있다. 나아가, 어떤 사이트가 어떤 서버를 이용할지를 동적으로 변경할 수 있는 구조로 되어 있다[10]. 이에 따라, 사이트A의 접속 수가 급증하더라도 일시적으로 사이트B의 서버를 이용해서 극복할 수가 있다. 여러 사이트를 하나의 시스템에 수용함으로써 서버 리소스를 낭비 없이 이용할 수 있게 되어 있다.

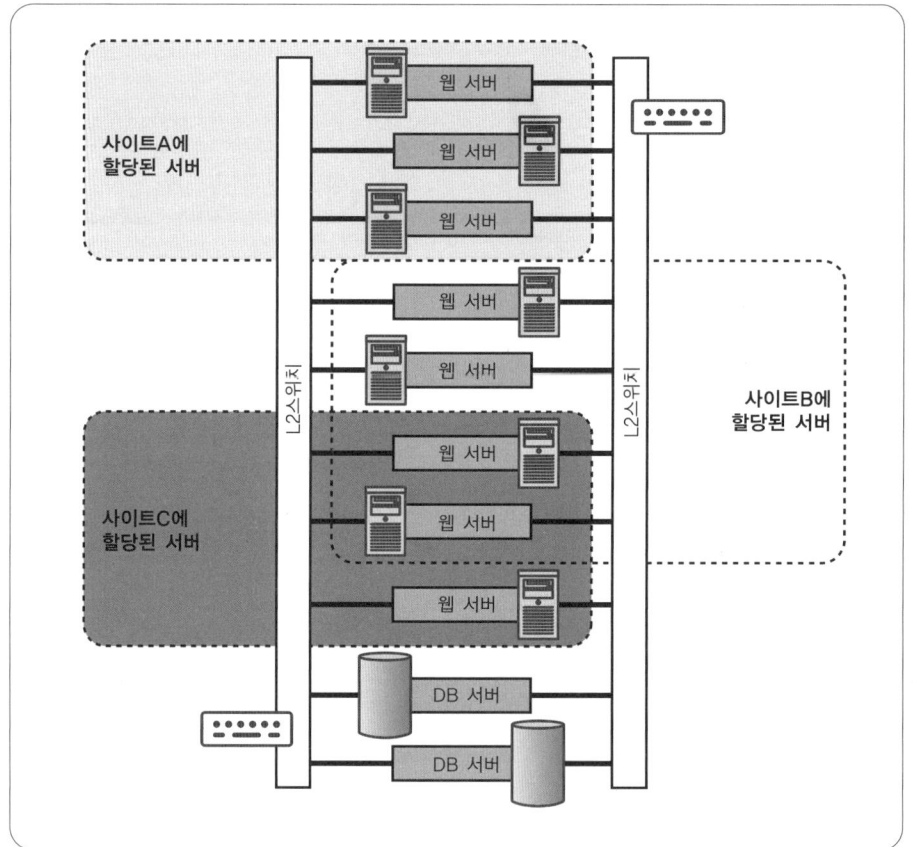

그림 6.2.2 하나의 시스템에 여러 사이트 수용

---

[10] 「DSAS」라는 이름은 「동적으로 서버할당을 변경할 수 있다」라는 특징에서 유래한다.

OSS로 구축

서버 구성은 그림 6.2.3과 같이 되어 있다. 역할에 따라 「프론트엔드 서버」와 「백엔드 서버」로 나뉘어 있지만, 모든 서버는 리눅스(Debian GNU/Linux 4.0)를 기반으로 한 OSS로 구축하고 있다. 표 6.2.1은 주로 이용하고 있는 소프트웨어 목록이다. 프론트엔드 서버와 백엔드 서버에 대해 표 6.2.2, 표 6.2.3에 정리해두었다.

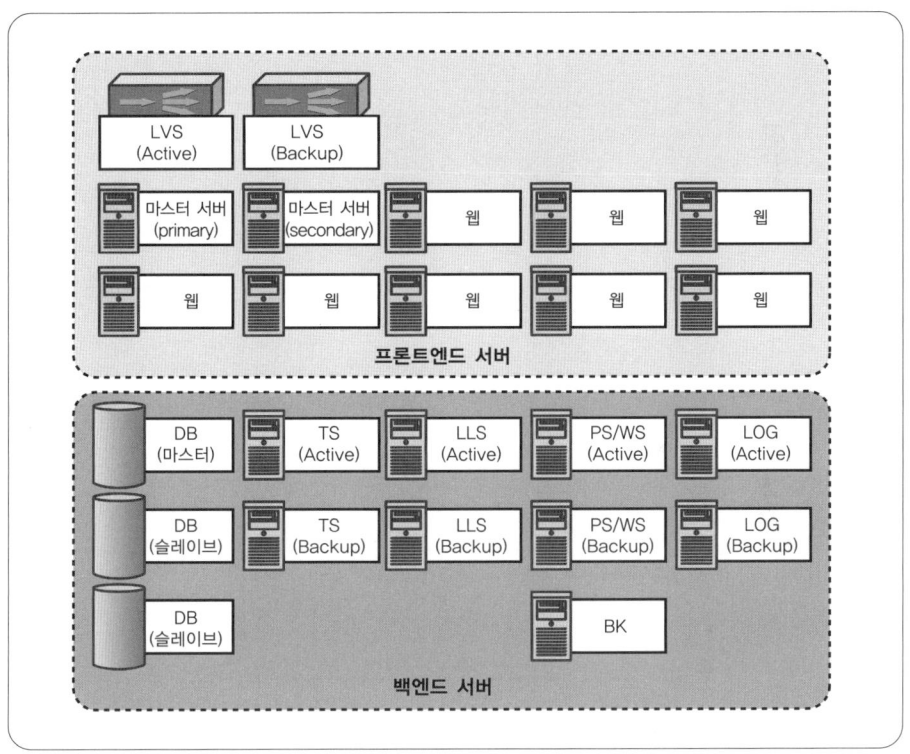

그림 6.2.3 DSAS의 서버 구성

CHAPTER 06 ··· 서비스의 무대 뒤_자율적인 인프라, 다이나믹한 시스템 지향

표 6.2.1 주로 이용하고 있는 소프트웨어

명칭	버전
Apache	2.0계열, 2.2계열
Tomcat	5.5계열, 6.0계열
PHP	4.4계열, 5.2계열
MySQL	4.0계열, 5.0계열
qmail	1.03
djbdns	1.0.5
daemontools	0.70
thttpd	2.25b
dhcpd	3.0.4
atftpd	0.7
DRBD	0.7.25
stone	2.3c
keepalived	1.1.13
repcached	2.0

표 6.2.2 프론트엔드 서버

서버	설명
LVS	리눅스로 구축한 로드밸런서. End-user로부터의 요청을 웹 서버로 부하분산한다. 헬스체크 기능을 확장한 keepalived를 이용해서 독자적인 유지보수 스크립트를 내장하고 있다.
마스터 서버	동적으로 서버할당을 변경할 수 있도록 하려면 「모든 서버의 내용이 동일하다는 것」을 보장해야 한다. 따라서, 사이트를 갱신할 때에는 마스터 서버에 대해 deploy해서 전용 명령어로 모든 서버로 전개하는 형태의 운용으로 되어 있다.
웹	End-user에게 웹서비스를 제공하는 서버. 모든 서버에 모든 사이트를 deploy해두고, 어떤 서버가 어떤 사이트라도 제공할 수 있도록 되어 있다. 웹 서버로는 아파치를, AP서버로는 Tomcat이나 PHP 등을 이용하고 있다.

표 6.2.3 백엔드 서버

서버	설명
DB	DB서버로는 MySQL을 이용하고 있다. 마스터 1대와 슬레이브 2대, 총 3대 구성을 최소 구성으로 하고 있으나, 필요에 따라 슬레이브의 대수를 늘려간다. 마스터가 장애로 정지한 경우는 슬레이브를 마스터로 전환해서 복구한다.
TS(Temporary Share)	일시적인 데이터(캐시나 세션 데이터 등)를 보관하기 위한 서버. memcached에 리플리케이션 구성을 추가한 repcached(후술)라는 소프트웨어를 이용하고 있다.
PS(Permanent Share), BK(Backup)	영속적인 데이터(컨텐츠 데이터 등)를 보관하기 위한 스토리지 서버. 2장에서 소개한 DRBD를 이용해서 다중화하고 있다. NFS뿐만 아니라 HTTP로도 파일을 읽을 수 있다. BK는 Backup서버로, 정기적으로 PS의 백업을 하고 있다.
LLS	내부 로드밸런서. LVS와 마찬가지로 keepalived로 구축하고 있다. DNS나 MySQL의 부하분산 등에 이용하고 있다.
LOG	아파치 로그 등을 집약하는 서버. 각 웹 서버의 로그를 집약해서 합친다. 로그분석 등에 이용한다. 또한 5.2절에서 소개한 Ganglia도 동작하고 있어서 각 서버의 가동상황을 저장하고 있다.

어딘가 끊어져도 멈추지 않는 네트워크

그림 6.2.4는 네트워크의 물리적인 배선도다. 완전히 다중화되어 있어서 어딘가 끊어져도 멈추지 않는 구성으로 되어 있다. L2스위치는 RSTP로 다중화하고 서버는 Bonding 드라이버를 이용하고 있다. 인터넷 회선도 2개 끌어들이고 있어서 어느 한쪽이 링크다운 되더라도 영향이 없는 구성으로 되어 있다.

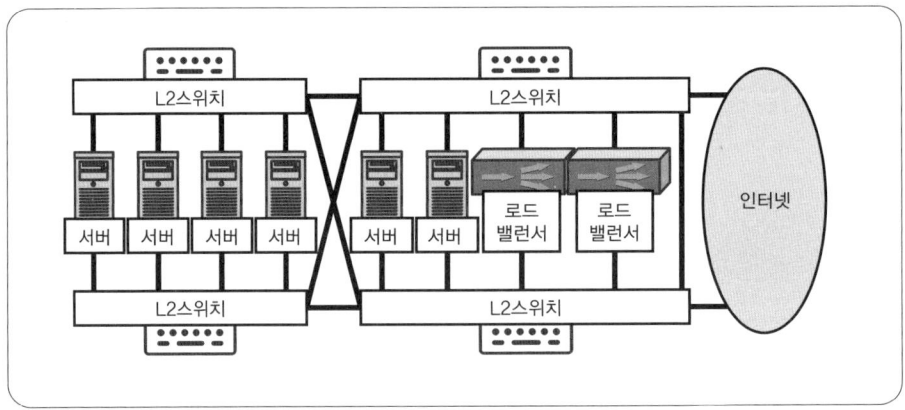

그림 6.2.4 물리적인 배선도

간편한 서버증설

마스터 서버 이외의 서버는 모두 네트워크 부트하고 있다. 네트워크 부트의 이점은 서버를 증설할 때 설치할 필요가 없다는 점이나. 갓 사서 디스크가 신품인 서버이더라도 BIOS에서 네트워크 부트를 유효하게 하는 것만으로 곧바로 OS를 기동할 수가 있다. 기동시에 입력하는 파라미터에 따라 웹 서버로도, 로드밸런서로도, DB 서버로도 사용될 수 있다.

간단한 장애복구

RSTP로 L2스위치를 다중화하는 구성은 더 이상 신기한 일은 아니지만, 그림 6.2.4에서 특징적인 점은 인터넷 회선이 L2스위치에 직접 연결되어 있다는 부분일 것이다. 로드밸런서는 리눅스 머신이므로 외견은 다른 서버와 동일하다. 따라서, 로드밸런서에 직접 인터넷 회선을 연결하려면 2대의 서버(로드밸런서)에 NIC를 증설해야 한다. 그리고 나면 고장 등으로 로드밸런서가 멈춰버릴 경우, 대체장비가 되는 머신에 NIC를 증설하고 케이블을 갈아 끼워야 한다.

이러한 번거로움을 해소하기 위해 인터넷 회선을 L2스위치에 수용해서 모든 서버의 물리적인 배선을 동일하게 하고 있다(자세한 내용은 3.3절에서 소개하고 있다). 로드밸런서가 고장 난 경우는 대체가 될 서버를 1대 선정해서 재시작한다. 이 때, 네트워크 부트의 기동 파라미터에 로드밸런서가 되도록 지정한다. 이 작업은 모두 원격에서 가능하므로 데이터센터에 직접 가지 않더라도 다중구성으로 복구시킬 수가 있는 체제로 되어 있다.

시스템 구성 상세

DSAS는 다양한 OSS를 조합해서 구성되어 있다. 그 중에서도 특징적인 부분을 몇 가지 짚어가면서 연구한 점이나 고생한 점 등을 소개한다.

Bonding 드라이버를 이용하는 이유

다중화할 목적으로 여러 NIC를 이용할 경우, 각각의 NIC에 IP주소를 할당하려고 생각할 수도 있지만 이 방식은 좀처럼 생각대로 작동해주질 않는다. 예를 들면, 특정 서버의 eth0에 192.168.0.1/24를 할당하고 eth1에는 192.168.0.2/24를 할당했다고 하자. 다른 머신에서 이들 IP주소로 ping을 날리면 두 주소에서 모두 정상적으로 응답이 반환된다. 그러나, eth0의 LAN케이블을 빼면 eth1에 LAN케이블이 꽂혀 있어도 192.168.0.2와 통신할 수 없게 된다. ARP테이블을 확인하면 두 주소 모두 eth0의 MAC주소가 할당되어 있음을 알 수 있다. 즉, 양쪽 NIC를 사용하려고 계획했지만 사실은 한쪽 NIC하고만 통신하고 있었던 것이다.

여러 IP주소를 할당한 서버의 라우팅 테이블은 그림 6.2.5와 같이 되어 있다. 이와 같이, 동일한 네트워크에 대한 엔트리가 여러 개 등록되어 있을 경우는 라우팅 테이블에서 위에 있는 룰이 이용되므로, 192.168.0.0/24를 향한 패킷은 반드시 eth0에서 나가게 된다. 이 동작은 NIC의 링크상태를 의식하지 않으므로 LAN케이블이 연결되지 않은 경우에도 eth0에서 패킷을 내보내려고 한다.

그림 6.2.5 여러 NIC를 이용할 때의 라우팅 테이블

```
# route -n
Kernel IP routing table
Destination  Gateway  Genmask        Flags Metric Ref   Use Iface
192.168.0.0  0.0.0.0  255.255.255.0  U     0      0     0 eth0   ←반드시 이것이 사용된다.
192.168.0.0  0.0.0.0  255.255.255.0  U     0      0     0 eth1   ←이것은 사용되지 않는다.
```

eth0에 대한 라우팅 테이블을 지우면 eth1을 사용해서 다른 서버와 통신할 수 있게 되지만, 이럴 때에는 다른 서버의 ARP엔트리를 초기화하거나 eth1에서 gratuitous ARP를 송신해서 MAC주소가 변경되었음을 통지해야만 한다. 즉, NIC를 다중화하기 위해서는 다음과 같은 처리가 필요하다.

- NIC의 링크상태를 체크한다.
- 링크다운되었다면 NIC를 교체한다.
- gratuitous ARP를 송신한다.

Bonding 드라이버는 이러한 기능을 구현하고 있다. 가상 인터페이스(bond0 등)에 등록된 물리적인 인터페이스(eth0, eth1 등)가 Link-Down되면 자동적으로 Link-Up되어 있는 NIC로 교체해서 gratuitous ARP를 송신한다. 이 기능은 L2스위치를 다중화한 네트워크에 있어서 대단히 편리한 것이다.

DRBD를 장애극복할 때의 주의점

스토리지 서버는 3.2절에서 소개한 DRBD를 이용해서 다중화하고 있지만, 장애 시에 장애극복할 경우에는 주의해야 할 점이 있다. DRBD에는 「on-io-error」라는 설정항목이 있다. 이것은 하드디스크나 RAID 컨트롤러 고장 등으로 물리 디바이스로의 액세스에 에러가 발생한 경우에 어떠한 처리를 할지를 지정하는 것으로, 다음과 같은 값을 설정할 수 있다.

- pass_on : 디스크 에러를 상위 레이어(파일시스템)에 통지하고 계속 동작한다.
- panic : 커널 패닉한다.

- detach : 물리 디바이스를 분리해서 계속하고 동작한다.

디폴트 설정은 detach다. 필자는 다음의 이유로 인해 detach를 선택했다.

- 디스크 에러가 발생하자마자 패닉되는 것은 아무래도 너무 지나치다.
- 디스크 에러가 발생한 경우는 장애극복하는 것이 이상적인 동작이다.
- pass_on의 경우는 파일접근에 실패한 프로세스 이외에는 비정상임을 감지할 수 없다.
- detach되면 곧바로 비정상임을 검출할 수 있으므로 부드럽게 장애극복을 할 수 있다.
- detach되면 OS는 그대로 계속 동작하므로 장애의 상세원인을 조사할 수 있다.
- 디폴트가 detach이므로 그 자체로도 문제는 없다.

Primary에서 디스크 에러가 발생했을 때에는,

① Primary는 디스크를 분리한다(OS는 계속 동작한다).
② 장애극복 처리가 실행된다.
③ Secondary가 Primary로 승격된다.

위와 같은 처리를 기대하고 있었지만 실제로는 이와 같은 형태로는 되지 않았다. 실제로 물리 디스크가 고장이 나면 Primary는 디스크를 분리시키고 계속해서 동작하지만, Secondary는 커널 패닉이 되어 정지해버린다. 이 때, 각각의 서버의 커널 로그에는 그림 6.2.6과 같은 내용이 출력된다.

Primary가 디바이스를 detach하면 NegDReply 메시지를 Secondary로 송신한다. Secondary가 NegDReply를 수신하면 커널 패닉이 발생해서 정지하도록 구현되어 있다. 소스코드를 확인하면 리스트 6.2.1과 같이 되어 있다[11].

적어도 이것은 개발자가 의도했던 바대로 동작한 것으로 비정상적이라고 할 수는 없을 듯하다. 아마도 「멈춰도 좋으니 데이터를 확실하게 보호하고자 한다」라는 의도로 이와 같이 구현되어 있는 것으로 보이지만, 고장 난 서버가 계속 작동하고 건전한 서버가 정지되어서는 장애극복을 할 수 없다. 그러므로 on-io-error에 panic

---

[11] 이것은 drbd-0.7.25의 소스다.

을 지정해서 고장 난 서버가 정지하도록 운용하고 있다.

> **그림 6.2.6** 디스크 고장시의 커널 로그
>
> • primary의 로그
> kernel: drbd1: Local IO failed. Detaching...
> kernel: drbd1: Sending NegDreply. I guess it gets messy.
> kernel: drbd1: Notified peer that my disk is broken.
>
> • secondary의 로그
> kernel: drbd1: Get NegRSDReply. WE ARE LOST. We lost out up-to-date disk.
> kernel: Kernel panic - not syncing: drbd1: Got NegRSDReply. WE ARE LOST.
> we lost our up-to-date disk

> **리스트 6.2.1** drbd/drbd_receiver.c
> ```
> STATIC int got_NegRSDReply(drbd_dev *mdev, Drbd_Header* h)
> {
>   sector_t sector;
>   Drbd_BlockAck_Packet *p = (Drbd_BlockAck_Packet*)h;
>
>   sector = be64_to_cpu(p->sector);
>   D_ASSERT(p->block_id == ID_SYNCER);
>
>   drbd_rs_complete_io(mdev, sector);
>
>   drbd_panic("Got NegRSDReply. WE ARE LOST. We lost our up-to-date disk.\n");
>
>   // THINK do we have other options, but panic?
>   //       what about bio_endio, in case we don't panic ??
>
>   return TRUE;
> }
> ```

SSL 가속기

HTTPS를 이용하는 사이트에서는 웹 서버로 SSL을 처리하면 성능이 저하될 우려가 있다. 그림 6.2.7과 같이 하드웨어 가속기를 이용해서 부하를 경감시키는 방법도 있지만, DSAS에서는 stone[주12]을 SSL 소프트웨어 가속기로 이용하고 있다.

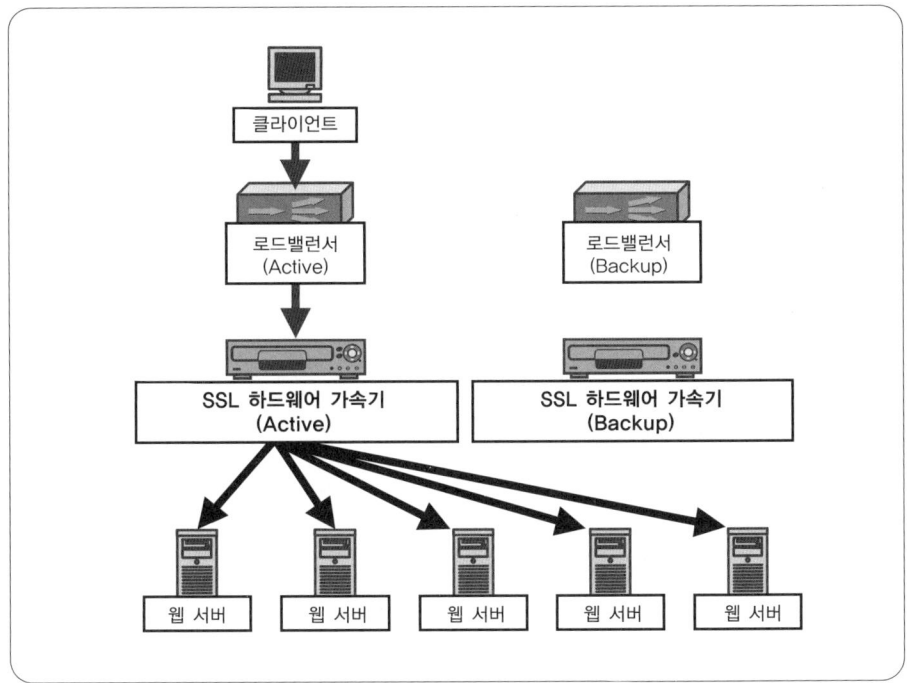

그림 6.2.7 하드웨어 가속기

하드웨어 가속기는 비교적 고가인 제품이 많지만, 빠르고 대량처리가 가능하므로 다중화한 2대의 서버로 처리하는 게 가장 일반적이다. 그 밖에는 가속기 기능이 달린 NIC나 PCI카드 등, 웹 서버에 직접 장착해서 CPU의 부하를 경감시키는 타입의 제품도 있다.

그러나 stone을 소프트웨어 가속기로 이용할 경우는 1대당 처리능력이 낮음으로 그림 6.2.8처럼 해서 여러 대를 나열해서 처리를 분산한다.

주12 URL http://www.gcd.org/sengoku/stone/Welcome.ja.html

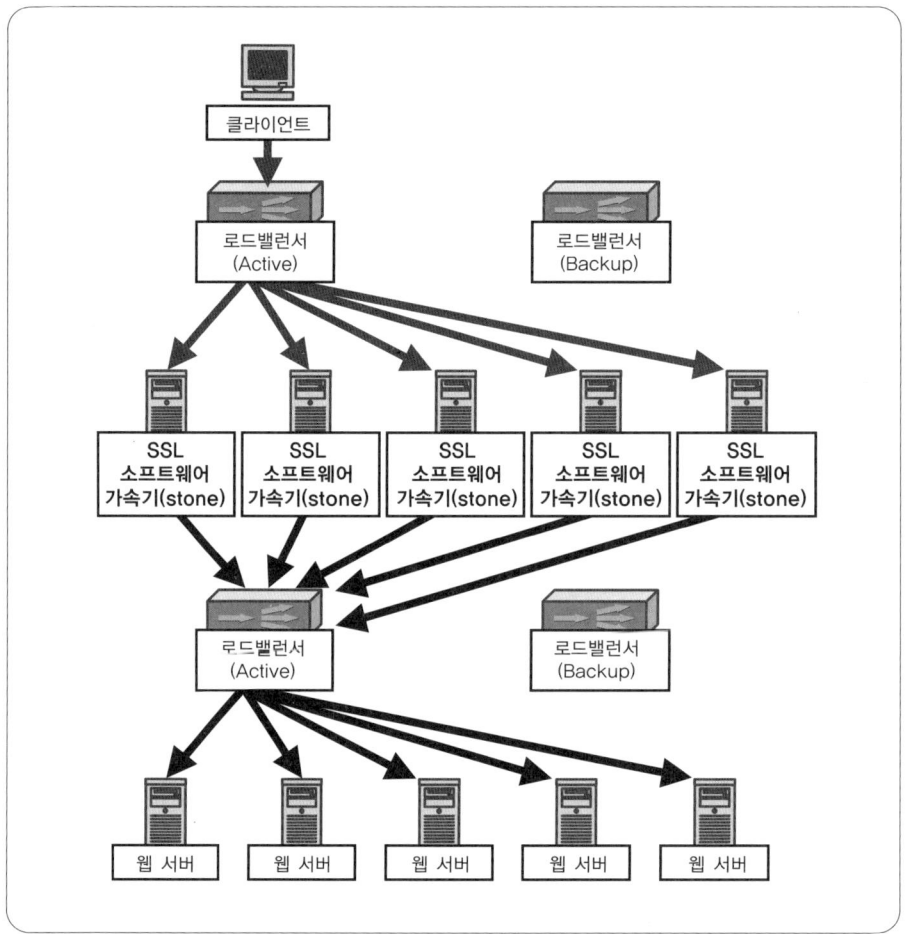

그림 6.2.8 소프트웨어 가속기

HTTPS접속은 stone이 처리를 하고 복합된 HTTP요청을 로드밸런서를 경유해서 웹 서버로 전달한다. 그러나 이 구성에서는 원래 IP주소가 가속기의 IP주소로 변경되므로 IP주소에 의한 액세스를 제한하고 있는 경우에 문제가 된다. 따라서, stone의 설정을 리스트 6.2.2처럼 해서 「X-Orig-Client:」라는 HTTP확장헤더에 클라이언트 IP주소를 심는다. 웹 서버는 이 헤더를 참조해서 실제로 어디서 접속되었는지를 알 수 있다.

리스트 6.2.2 stone 설정

```
-z default
-z sid_ctx='ssl.example.com:443'
-z CApath=/usr/local/etc/ssl/certs/
-z cert=/usr/local/etc/ssl/cert.pem
-z key=/usr/local/etc/ssl/priv.pem
lls:80/proxy 443/ssl 'X-Orig-Client: \a' --
```

웹 애플리케이션에서는 클라이언트가 HTTP로 접속하고 있는지, HTTPS로 접속하고 있는지를 판별해야만 할 경우가 있다. 아파치의 mod_ssl에서는 HTTPS로 접속되면 환경변수 (HTTPS=on)이 설정된다. PHP나 Tomcat 등의 AP서버는 이 환경변수를 참조해서 판별하지만, stone을 경유하면 모든 접속이 HTTP로 되어 버리므로 httpd.conf에 리스트 6.2.3과 같이 설정을 추가한다.

리스트 6.2.3 아파치 설정

```
<IfModule mod_setenvif.c>
  SetEnvif Remote_Addr    "^192\.168\.1\." HTTPS=on
  SetEnvif X-Orig-Client "^$" !HTTPS
</IfModule>
```

Remote_Addr은 stone이 작동하고 있는 모든 서버의 주소와 매치되어 HTTPS=on을 설정한다. 다음으로, X-Orig-Client를 체크해서 비어있을 경우는 stone 경유가 아니므로 환경변수를 초기화한다. 이에 따라, stone을 경유해서 접속된 경우에만 HTTPS=on이 된다.

헬스체크 기능의 확장

DSAS의 로드밸런서는 keepalived를 이용하고 있지만, 패치(keepalived-extcheck)[주13]를 적용해서 헬스체크 기능을 확장한 것을 사용하고 있다.

이 keepalived-extcheck를 적용하면 다음과 같은 헬스체크가 가능하게 된다.

- **FTP_CHECK** : FTP서버가 NOOP명령에 응답할 수 있는지를 체크한다.
- **DNS_CHECK** : DNS서버가 응답을 반환할 수 있는지를 체크한다.
- **SSL_HELLO** : 서버가 SSL handshake에 응답할 수 있는지를 체크한다.

keepalived에는, 지원하고 있지 않은 헬스체크를 위해 MISC_CHECK라는 기능이 있다. 이것은 외부 명령을 호출해서 해당 종료코드를 통해 헬스체크 결과를 얻는 것인데, 다음과 같은 문제가 있다.

- 헬스체크를 할 때마다 명령을 실행하는 것이므로 오버헤드가 크다.
- 명령이 스스로 종료할 수 없는 경우가 발생하면 프로세스가 계속 증가한다.

DNS와 FTP의 헬스체크는 MISC_CHECK를 이용하면 리스트 6.2.4와 같은 설정으로 할 수 있다. 그러나, 수 초 단위의 짧은 주기로 헬스체크를 해야만 하는 경우는 외부 명령을 호출한다는 점에 다소 거부감을 느끼게 된다. 그리하여 keepalived의 본체를 수정해서 리스트 6.2.5와 같이 설정할 수 있게 했다. 이에 따라서 MISC_CHECK에 비해 매우 적은 비용으로 헬스체크를 할 수 있게 된다.

keepalived에 기본적으로 내장되어 있는 SSL_GET은 HTTPS인 사이트에 액세스해서 상태코드를 얻는 것이다. 이를 위해 헬스체크할 때마다 암호화 통신을 한다. 그러나, 클라이언트 인증이 필요한 사이트나 HTTPS 이외의 프로토콜(SMTPS 등)에는 이용할 수 없다는 문제가 있다.

패치를 통해 확장된 SSL_HELLO는 SSL handshake를 시행해서 서버가 인증서를 보내오는지 여부를 체크한다. 애플리케이션 프로토콜에 의존하지 않으므로 클라이언트 인증이 필요한 사이트나 단일 SSL 가속기의 헬스체크에도 이용할 수 있다. 또한, 암호화 통신도 하지 않으므로 서버에 부하가 걸리지 않는다는 이점도 있다. DSAS에서는 SSL_HELLO로 stone을 헬스체크하고 있다.

주13 keepalived-extcheck는 아래 주소에 공개되어 있다.
http://lab.klab.org/modules/mediawiki/index.php/Software#keepalived-extcheck

6.2 DSAS의 내부

리스트 6.2.4 MISC_CHECK로 DNS와 FTP를 헬스체크하는 설정

```
real_server 192.168.1.1 53 {
  MISC_CHECK {
    misc_path "/usr/bin/dig +time=001 +tries=2 @192.168.1.1 localhost.localdomain"
    misc_timeout 5
  }
}
real_server 192.168.1.1 21 {
  MISC_CHECK {
    misc_path "echo -en 'NOOP\r\nQUIT\r\n' | nc -w 5 -n 192.168.1.1 21 |
egrep '200 NOOP command successfol'"
    misc_timeout 5
  }
}
```

리스트 6.2.5 확장기능으로 DNS와 FTP를 헬스체크하는 설정

```
real_server 192.168.1.1 53 {
  DNS_CHECK {
    port    53
    timeout 5
    retry   3
    type    A
    name    localhost.localdomain
  }
}
real_server 192.168.1.1 21 {
  FTP_CHECK {
    host {
      connect_ip    192.168.1.1
      connect_port 21
    }
    connect_timeout    5
    retry              3
    delay_before_retry 5
  }
}
```

간편하고 안전하게 운용할 수 있는 로드밸런서

로그밸런서의 유지보수 작업은 「가상서버 구축」과 「리얼서버 할당」이 주요한 내용이 된다. 이 작업의 실체는 설정파일(keepalived.conf)을 변경하는 것이지만, 사이트나 서버의 수가 많아지면 직접 편집하기가 곤란한 양이 된다[주14]. 이 때문에 간단하고 안전하게 설정파일을 유지보수할 수 있는 구조를 생각할 필요가 있다.

우선은, keepalived.conf의 서식을 무시하고, 유지보수할 때 어떠한 인터페이스가 있으면 좋을지를 생각한다. 로드밸런서를 유지보수하는 목적은 가상서버에 할당되어 있는 리얼서버를 늘리거나 줄이거나 변경하는 것이다. 적절한 할당관리를 하기 위해서는 지금 현재 어떤 사이트에 어떤 리얼서버가 할당되어 있는가라는 정보를 직감적으로 파악할 수 있어야 한다. 그렇게 하기 위해 다음과 같은 형식의 텍스트 파일을 만들었다. 가장 왼쪽의 w101이나 w102와 같은 것이 리얼서버의 호스트명으로, SiteA나 SiteB 등은 사이트명(가상서버)이 된다. 이 파일을 KLab 용어로 「MATRIX」라고 하고 있다. 아울러, 이름의 유래는 단순히 「형식이 행렬과 비슷하기 때문」이다.

```
w101 : SiteA
w102 : SiteA SiteC
w103 : SiteB SiteC
w104 : SiteB SiteC
w105 : SiteB
w106:
```

심플한 서식이지만 여기서의 기술을 「사이트명 : 서버 서버」로 할지, 「서버 : 사이트명 사이트명」으로 할 것인지 고민했다. 「어떤 사이트에 어떤 서버가 할당되어 있는지」를 파악하려 한다면, 전자가 직감적으로 알기 쉽다고 생각한다. 그러나, 실제로 MATRIX를 편집할 경우라는 것은 서버의 상태가 악화되어 할당한 후 제거하거나, 다른 서버로 이동하거나 할 때다. 예를 들면, w103의 상태가 악화되어 예비서

[주14] 현재 DSAS의 keepalived.conf는 2500행 이상 있다.

버인 w106으로 교체하려고 할 경우, 후자라면 w103과 w106의 행을 교체하기만 하면 되므로, 한 번의 cut & paste로 끝나지만, 전자라면 「w103」이라는 문자열을 「w106」으로 치환해야만 한다. 따라서, MATRIX에서는 「어떤 서버가 어떤 사이트를 제공하고 있는가」를 나타내는 후자의 서식으로 하고 있다.

이후에는 MATRIX를 참조해서 keepalived.conf를 생성하는 스크립트를 작성하면 될 것 같지만, MATRIX에는 가상서버에 관한 정보가 포함되어 있지 않으므로, 이것과는 별개로 리스트 6.2.6과 같은 정의파일을 만든다. 이것은 가상서버의 설정에 필요한 파라미터를 YAML로 기술한 것이다. DSAS에서는 독자적인 펄 스크립트에서 이 정의파일과 MATRIX를 읽어들이고, Template-Toolkit을 사용해서 keepalived.conf를 생성하고 있다. 리스트 6.2.7은 Template-Toolkit의 템플릿이다.

keepalived.conf에는 해당 서버 대수만큼의 real_server 블록을 기술해야 하지만, 템플릿 엔진을 사용함으로써 간단히 안전하게 생성할 수 있게 되었다. 리스트 6.2.8이 자동 생성된 keepalived.conf다.

이 구조에 따라 서버의 할당변경은 MATRIX를 편집해서 특정 스크립트를 실행하는 것만으로 잘 수행되었다. 방대한 keepalived.conf 내에서 변경부분을 찾을 필요도, 두근두근하면서 수작업으로 설정을 변경할 필요도 없다.

리스트 6.2.6 가상서버 설정

```
PROJECT : SiteA
SERVICE:
  - 10.0.0.1:80

lb_algo:      lc
lb_kind:      DR
protocol:     TCP
HEALTH_TYPE:  HTTP_GET
  path:             /health.html
  status_code:      200
  connect_port:     80
  connect_timeout:  5
```

리스트 6.2.7 keepalived.conf 템플릿

```
virtual_server_group [% PROJECT %] {
[% FOREACH S=SERVICE -%]
  [% S.replace(':',' ') %]
[% END -%]
}
virtual_server_group [% PROJECT %] {
  lb_algo     [% lb_algo %]
  lvs_method  [% lb_kind %]
  protocol    [% protocol %]
}
[% FOREACH R=REAL -%]
  real_server [% R %] [% real_port %] {
    weight 1
    inhibit_on_failure
[% SWITCH HEALTH_TYPE -%]
[% CASE 'HTTP_GET' -%]
    HTTP_GET {
      url {
        path [% HTTP_GET.path %]
        status_code [% HTTP_GET.statue_code %]
      }
      connect_port       [% HTTP_GET.connect_port    %]
      connect_timeout    [% HTTP_GET.connect_timeout %]
    }
[% CASE 'TCP_CHECK' -%]
    TCP_CHECK {
        connect_port [% TCP_CHECK.connect_port %]
        connect_timeout [% TCP_CHECK.connect_imeout %]
    }
[% END -%]
  }
[% END -%]
}
```

리스트 6.2.8 자동 생성된 keepalived.conf

```
virtual_server_group SiteA {
  10.0.0.1:80
```

```
}
virtual_server_group SiteA {
  lb_algo     lc
  lvs_method  DR
  protocol    TCP
  real_server 192.168.0.1 80 {
    weight 1
    inhibit_on_failure
    HTTP_GET {
      url {
        path /health.html
        status_code 200
      }
      connect_port    80
      connect_timeout 5
    }
  }
  real_server 192.168.0.2 80 {
    weight 1
    inhibit_on_failure
    HTTP_GET {
      url {
        path /health.html
        status_code 200
      }
      connect_port    80
      connect_timeout 5
    }
  }
}
```

세션 데이터 처리

부하분산 환경에서는 사용자가 페이지를 전환했을 때 반드시 동일한 서버로 접속된다고는 할 수 없으므로, 세션 데이터를 로컬파일에 저장할 수가 없다. 따라서, DB나 NFS와 같이, 어떤 웹 서버에서도 이용할 수 있는 리소스에 저장할 필요가 있는

데, DB나 NFS는 액세스 집중시에 병목이 되기 쉬우므로 빈번하게 갱신되는 세션 데이터를 저장할 용도로는 적합하지 않다는 문제가 있다.

세션 데이터의 처리에 관해 「memcached」, 「repcached」와 같은 2가지를 설명한다.

memcached

당초, 고속 캐시서버인 「memcached」를 세션 스토리지로서 이용하고 있었지만, memcached에는 리플리케이션 기능이 없기 때문에 사라지면 곤란한 세션 데이터(회원등록이나 탈퇴 중인 세션정보 등)를 저장할 수가 없다.

또한, 사라져도 상관없다고는 해도 실제로 세션 데이터가 사라져버리면 각각의 이용자에게는 무엇인가 영향을 미치게 된다. 예를 들면, 갑자기 최상위 페이지로 되돌아가버리거나 입력한 데이터가 사라져버리는 등의 영향이 있다. 이 때문에, memcached와는 별개로 RamDisk를 DRBD로 다중화한 NFS서버를 구축해서, 성능을 중시할 경우에는 memcached, 안전성을 중시할 경우는 RamDisk와 같이, 상황에 따라 세션 스토리지를 선택할 수 있게 해보았다.

그러나, 세션 스토리지의 전환을 웹 애플리케이션 측에서 구현하는 것은 여러 가지로 번거로운 측면도 있어서, 결국은 DRBD로 다중화한 RamDisk만을 사용하는 케이스가 대부분을 차지하고 있었다. 하지만, RamDisk라고는 해도 결국은 NFS서버이므로, 기간이 지난 세션 데이터를 없애기 위해 정기적으로 가비지 컬렉터와 같은 것을 작동시켜야 한다거나, 액세스 집중시에는 병목이 되기 쉽다는 문제점이 남게 된다.

repcached

memcached는 성능이나 편리성 면에서 매우 뛰어나다고 생각한다. 리플리케이션 기능이 없다는 이유로 이용할 수 없다는 것은 아까우므로, memcached에 리플리케이션 기능을 추가 구현한 repcached를 개발했다[주15].

주15 Repcached는 아래 주소에 공개되어 있다.
    URL http://lab.klab.org/modules/mediawiki/index.php/Repcached

repcached의 동작은 그림 6.2.9와 같이 되어 있고, 2대의 서버가 한 조로 쌍방향으로 데이터 리플리케이션을 한다. 어느 서버에 데이터를 설정하더라도 양쪽 서버에 저장된다.

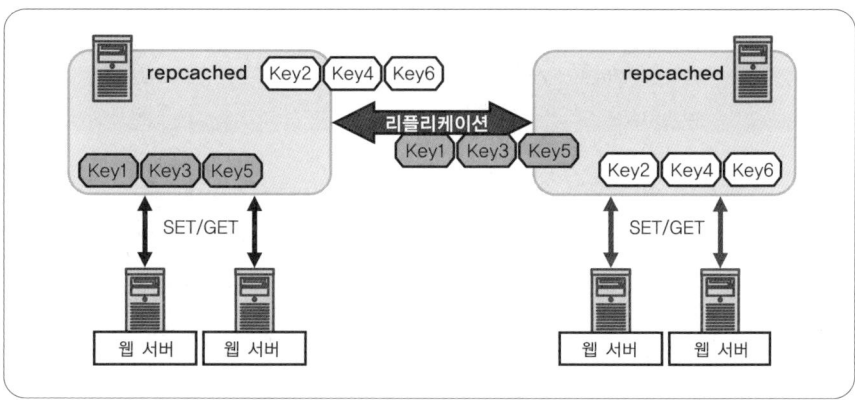

그림 6.2.9 repcached의 동작

그림 6.2.10과 같이 한쪽이 정지하더라도 데이터는 모두 저장되어 있으므로, 웹 서버는 가동중인 repcached에 바뀌어 접속될 뿐 아무일 없다는 듯이 처리를 계속할 수 있다.

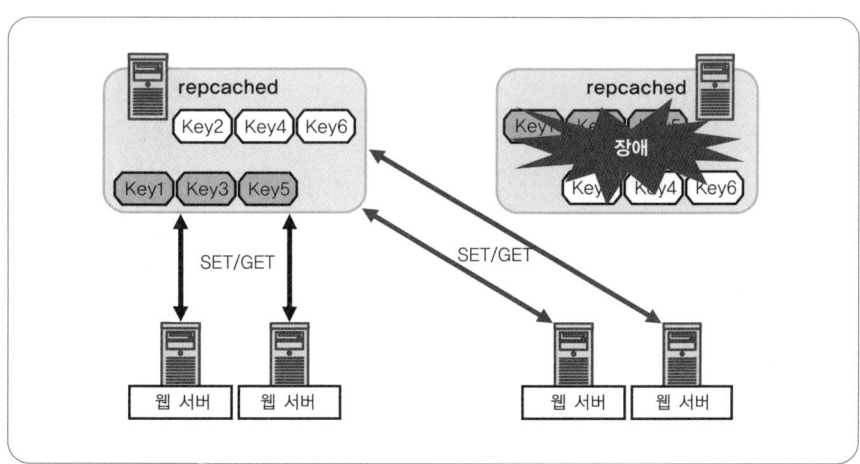

그림 6.2.10 장애시의 거동

memcached의 클라이언트 라이브러리에는 여러 서버로 부하분산하거나, 장애 시에 다른 서버로 전환하는 기능이 있으므로, repcached용 클라이어트를 신규로 구현하지 않아도 memcached의 라이브러리를 그대로 사용할 수 있다

DSAS의 미래

현재의 DSAS는 「동적Dynamic으로 서버Server를 할당Assign하는 시스템System」이라고 하기에는 갖추지 못한 점이 다수 남아있다. 이 이름은 「상황에 따라 원하는 대로 서버 할당을 변경할 수 있다」는 의도로 붙인 것이지만, 그 경위를 모르는 사람에게는 보다 깊은 인상을 주는 것 같다. 예를 들면, 트래픽이나 접속 수에 따라 자동적으로 서버구성을 변경해주는 시스템이라던가, 서버가 망가지면 자동적으로 대체장비를 구축해주는 시스템 등이다.

「다이나믹Dynamic」이라는 단어는 「동적」과 동시에 「자동적」이라는 의미로 받아들여지는 경우가 많은 것 같다. 분명히 「다이나믹 라우팅 테이블」은 자동적으로 경로정보를 변경해주고, 「다이나믹 DNS」도 IP주소를 자동적으로 설정해주는 듯한 이미지가 있다. 나아가, DHCP의 첫 문자도 「다이나믹」이므로, 그런 느낌은 잘 알고 있다. DSAS에서도 가능한 한 기대를 져버리지 않도록 이름에 걸맞는 시스템으로 만들고자 하는 생각을 항상 갖고 있다.

또한, 트래픽 증가에 따라 자동적으로 서버를 할당하는 것과 같은 일은 재미있는 주제라고 생각하며, 서버가 고장이 나면 자동적으로 다른 서버를 재구축해서 다중구성으로 복구시키는 것도 불가능하지는 않을 것이다. 이런 얘기를 하고 있으면 마지막에는 SF같은 얘기가 되어 수집이 어려워지는 경우도 있지만, 「그건 불가능해」라고는 하지 않고 농담반 진담반이라도 좋으니 「어떻게 하면 실현할 수 있을까」를 곰곰이 생각해보면, 거기서 나온 아이디어가 다른 부문에서 도움이 되는 일도 있다. 이후, 어떻게 성장해갈 것인가는 상상할 수 없지만, 좋은 의미로 「항상 발전 중인 시스템」으로 이어가고 싶다.

APPENDIX

샘플코드

_ mymemcheck (4.3절)
_ apache-status (5.2절)
_ ganglia.patch (5.2절)

APPENDIX ··· 샘플코드

APPENDIX
샘플코드

샘플코드를 구하는 방법은 아래 이 책의 웹 보충정보 사이트를 참조하기 바란다.

URL http://gihyo.jp/book/support/24svr

리스트 mymemcheck (4.3절)

```perl
#!/usr/bin/env perl
use strict;
use warnings;
use Carp;
use Getopt::Long;
use Pod::Usage;
use Readonly;

Readonly my $VERSION => '1.01';

Readonly my @GLOBAL_BUFFERS  => qw(
                                key_buffer_size
                                innodb_buffer_pool_size
                                innodb_log_buffer_size
                                innodb_additional_mem_pool_size
                                net_buffer_length
                            );
Readonly my @THREAD_BUFFERS  => qw(
                                sort_buffer_size
                                myisam_sort_buffer_size
                                read_buffer_size
                                join_buffer_size
                                read_rnd_buffer_size
```

```perl
                                 );
Readonly my @HEAP_LIMIT       => qw(
                                    innodb_buffer_pool_size
                                    key_buffer_size
                                    sort_buffer_size
                                    read_buffer_size
                                    read_rnd_buffer_size
                                 );
Readonly my @INNODB_LOG_FILE => qw(
                                    innodb_buffer_pool_size
                                    innodb_log_files_in_group
                                 );
Readonly my @OTHER_VARIABLES => qw(
                                    max_connections
                                 );
Readonly my @REQUIRE_VARIABLES => (
    @GLOBAL_BUFFERS,
    @THREAD_BUFFERS,
    @HEAP_LIMIT,
    @INNODB_LOG_FILE,
    @OTHER_VARIABLES,
    );

MAIN: {
    my %opt;
    Getopt::Long::Configure("bundling");
    GetOptions(\%opt,'help|h|?') or pod2usage();
    pod2usage() if exists $opt{'help'};

    my $myvar = read_myvariables();
    validate_myvariables($myvar);

    report_minimal_memory($myvar);
    report_heap_limit($myvar);
    report_innodb_log_file($myvar);

    exit 0;
}

sub read_myvariables {
```

```perl
    my $myvar;

    my $mycnf    = 0;
    my $in_mysqld = 0;

    while (<>) {
        next if /^#/;

        if (/^\[/) {
            $mycnf = 1;
            if (/^\[mysqld\]/) {
                $in_mysqld = 1;
            } else {
                $in_mysqld = 0;
            }
        }
        next if $mycnf && ! $in_mysqld;

        chomp;
        s/^\|\s+//;

        if (my ($name, $value) = split /[\s=¦]+/, $_, 2) {
            next if ! defined $value;
            $value =~ s/\s*\|\s*$//;
            $value = to_byte($value) if $value =~ /[KMG]$/;
            $myvar->{$name} = $value;

            if ($name =~ /buffer$/) {
                $myvar->{$name.'_size'} = $value;
            }
        }
    }

    return $myvar;
}

sub validate_myvariables {
    my $myvar = shift;

    my %missing;
```

```perl
        for my $k (@REQUIRE_VARIABLES) {
            $missing{$k}++ unless exists $myvar->{ $k };
        }

        if (keys %missing) {
            die "[ABORT] missing variables:\n  ", join("\n  ", keys %missing), "\n";
        }
}

sub report_minimal_memory {
    my $myvar = shift;

    my $global_buffer_size;
    for my $k (@GLOBAL_BUFFERS) {
        $global_buffer_size += $myvar->{$k};
    }

    my $thread_buffer_size;
    for my $k (@THREAD_BUFFERS) {
        $thread_buffer_size += $myvar->{$k};
    }

    my $minimal_memory = $global_buffer_size + $thread_buffer_size * $myvar->
{max_connections};

    print <<EOHEAD;
[ minimal memory ]
ref
  * 「High Performance MySQL」, Solving Memory Bottlenecks, p125

EOHEAD

    print "global_buffers\n";
    for my $k (@GLOBAL_BUFFERS) {
        printf "  %-32s %12d   %12s\n", $k, $myvar->{$k}, add_unit($myvar->{$k});
    }
    print "\n";

    print "thread_buffers\n";
    for my $k (@THREAD_BUFFERS) {
```

```
            printf "  %-32s %12d  %12s\n", $k, $myvar->{$k}, add_unit($myvar->{$k});
        }
        print "\n";

        printf "%-34s %12d\n", 'max_connections', $myvar->{max_connections};
        print "\n";

        printf "
min_memory_needed = global_buffers + (thread_buffers * max_connections)
                  = %lu + %lu * %lu
                  = %lu (%s)\n\n",
            $global_buffer_size,
            $thread_buffer_size,
            $myvar->{max_connections},
            $minimal_memory,
            add_unit($minimal_memory),
                ;
}

sub report_heap_limit {
    my $myvar = shift;

#    my $stack_size =   2 * 1024 * 1024; #   2 MB
    my $stack_size = 256 * 1024;         # 256 KB

    my $heap_limit_size =
          $myvar->{innodb_buffer_pool_size}
        + $myvar->{key_buffer_size}
        + $myvar->{max_connections} * ( $myvar->{sort_buffer_size}
                                      + $myvar->{read_buffer_size}
                                      + $myvar->{read_rnd_buffer_size}
                                      + $stack_size)
                ;

    print <<EOHEAD;
[ 32bit Linux x86 limitation ]
ref
  * http://dev.mysql.com/doc/mysql/en/innodb-configuration.html

  * need to include read_rnd_buffer.
```

```
        * no need myisam_sort_buffer because allocate when repair, check alter.

            2G > process heap
process heap = innodb_buffer_pool + key_buffer
             + max_connections * (sort_buffer + read_buffer + read_rnd_buffer)
             + max_connections * stack_size
           = $myvar->{innodb_buffer_pool_size} + $myvar->{key_buffer_size}
             + $myvar->{max_connections} * ($myvar->{sort_buffer_size} + $myvar->
{read_ buffer_size} + $myvar->{read_rnd_buffer_size})
             + $myvar->{max_connections} * $stack_size
EOHEAD
    printf "                   = %lu (%s)\n\n",
        $heap_limit_size,
        add_unit($heap_limit_size),
    ;

    printf "         2G > %s ... %s\n\n",
        add_unit($heap_limit_size),
        $heap_limit_size >= 2147483648 ? 'LIMIT OVER!!' : 'safe'
    ;
}

sub report_innodb_log_file {
    my $myvar = shift;

    my $max_innodb_log_file_size = int($myvar->{innodb_buffer_pool_size} / $myvar-
>{innodb_log_files_in_group});

    print <<EOHEAD;
[ maximum size of innodb_log_file_size ]
ref
  * http://dev.mysql.com/doc/mysql/en/innodb-start.html

  1MB < innodb_log_file_size < MAX_innodb_log_file_size < 4GB

MAX_innodb_log_file_size = innodb_buffer_pool_size * 1/innodb_log_files_in_group
= $myvar->{innodb_buffer_pool_size} * 1/$myvar->{innodb_log_files_in_group}
EOHEAD
    printf "                            = %lu (%s)\n\n",
        $max_innodb_log_file_size,
```

```perl
            add_unit($max_innodb_log_file_size),
            ;

    print"     innodb_log_file_size < MAX_innodb_log_file_size\n";
    printf "%24d < %lu\n",
        $myvar->{innodb_log_file_size},
        $max_innodb_log_file_size,
        ;
    printf "%24s < %s ... %s\n",
        add_unit($myvar->{innodb_log_file_size}),
        add_unit($max_innodb_log_file_size),
        $myvar->{innodb_log_file_size} > $max_innodb_log_file_size ? 'LIMIT OVER!!'
: 'safe',
        ;
    print "\n";
}
sub to_byte {
    my $s = shift;

    return unless $s =~ /^(\d+)([KMG])$/;
    my $n = $1;
    my $u = $2;

    if ($u eq 'G') {
        $n *= 1073741824
    } elsif ($u eq 'M') {
        $n *= 1048576
    } elsif ($u eq 'K') {
        $n *= 1024;
    } else {
        $n = 0;
    }

    return $n;
}

sub add_unit {
    my $n = shift;

    my $base = 0;
```

```perl
    my $unit = '';

    if ($n > 1073741824) {
        $base = 1073741824;
        $unit = 'G';
    } elsif ($n > 1048576) {
        $base = 1048576;
        $unit = 'M';
    } elsif ($n > 1024) {
        $base = 1024;
        $unit = 'K';
    } else {
        $base = 1;
        $unit = '';
    }

    return sprintf "%.3f [$unit]", $n/$base;
}
```

리스트 apache-status (5.2절)

```perl
#!/usr/bin/env perl
use strict;
use warnings;
use Carp;
use Getopt::Long;
use LWP::UserAgent;
use Data::Dumper;
$Data::Dumper::Indent   = 1;
$Data::Dumper::Deepcopy = 1;

my $RCSID    = q$Id$;
my $REVISION = $RCSID =~ /,v ([\d.]+)/ ? $1 : 'unknown';
my $PROG     = substr($0, rindex($0, '/')+1);

my $Debug     = 0;
my $No_Daemon = 0;
my $INTERVAL  = $ENV{INTERVAL} || 60;
```

```perl
sub dprint (@) {
    return unless $Debug;
    my @m = @_;
    chomp @m;
    print STDERR 'DEBUG: ', @m,"\n";
}

sub dprint2(@) {
    dprint @_ if $Debug >= 2;
}

sub usage() {
    my $mesg = shift;

    print "[ERROR] $mesg\n" if $mesg;
    print "usage:\n";
    print "    $PROG [ -d level ] [-X] url\n";
    print "

v$REVISION
";
    exit 1;
}

MAIN: {
    my %opt;
    Getopt::Long::Configure("bundling");
    GetOptions(\%opt,
               'nodaemon|X' => \$No_Daemon,
               'debug|d+'   => \$Debug,
               'help|h|?') or &usage();
    dprint "DEBUG MODE LEVEL=$Debug";

    my $url = $ARGV[0] ? shift @ARGV : 'http://localhost/server-status?auto';
    unless ($url) {
        &usage('missing arugment.');
    }
    dprint2 "url=$url";

    ### initialize
```

```perl
    my $ua = LWP::UserAgent->new(agent => "apache-status/$REVISION",
                                 timeout => 8,
                                );
    my $req = HTTP::Request->new(GET => $url);
    # $req->header(Host => 'example.org'); # set vhost name if you need

    for (;;) {
        ### get status data
        my $res = $ua->request($req);
        unless ($res->is_success) {
            carp "failed to get $url";
            sleep $INTERVAL;
            next;
        }

        my $content = $res->content;
        unless ($content) {
            carp "failed to get content of $url";
            sleep $INTERVAL;
            next;
        }
        dprint2 "content=$content";

        ### parse status data
        ## request per second (ExtendedStatus On)
        my $rps;
        if ($content =~ /^ReqPerSec:\s*([\d\\.]+)$/m) {
            $rps = $1;
        } else {
            $rps = -1;
        }
        $rps += 0;                  # as numeric
        dprint2 "rps=$rps";

        ## process status
        my @sc_order = (
                       'waiting',
                       'starting',
                       'reading_request',
                       'sending_reply',
```

```perl
                    'keepalive',
                    'dns_lookup',
                    'closing',
                    'logging',
                    'gracefully_finishing',
                    'idle',
                    'open_slot',
                );
    my %sc_byname = (
                    'waiting'               => '_',
                    'starting'              => 'S',
                    'reading_request'       => 'R',
                    'sending_reply'         => 'W',
                    'keepalive'             => 'K',
                    'dns_lookup'            => 'D',
                    'closing'               => 'C',
                    'logging'               => 'L',
                    'gracefully_finishing'  => 'G',
                    'idle'                  => 'I',
                    'open_slot'             => '.',
                );
    my %sc_bychar = reverse %sc_byname;
    my $score;
    if ($content =~ /^Scoreboard:\s*(.+)$/m) {
        $score = $1;
    } else {
        $score = "";
    }
    dprint2 "score=$score";

    my %scoreboard;
    map { $scoreboard{$_} = 0 } keys %sc_byname; # initialize
    map { $scoreboard{ $sc_bychar{$_} }++ } split //, $score;
    dprint2(Dumper(\%scoreboard));

    ### gmetric
    if ($rps >= 0) {
        &gmetric('ap_rps', $rps,
                '--type'  => 'uint16',
                '--units' => 'r/s',
```

```
                    );
        }
        while (my ($k, $v) = each %scoreboard) {
            &gmetric("ap_${k}", $v,
                    '--type'  => 'uint16',
                    '--units' => 'proc',
                    );
        }

        last if $No_Daemon;
        dprint2 "sleep $INTERVAL";
        sleep $INTERVAL;
    }

    exit 0;
}

sub gmetric {
    my $name  = shift;
    my $value = shift;
    my %opts  = @_;
    $opts{'--name'} = $name unless $opts{'--name'};
    system('gmetric', '--value', $value, %opts);
}
__END__
```

리스트 ganglia.patch (5.2절)

```
Index: graph.php
===============================================================
--- graph.php    (.../tags/3.0.5)      (revision 134)
+++ graph.php    (.../trunk) (revision 134)
@@ -28,6 +28,11 @@
 $sourcetime = isset($_GET["st"]) ?
    escapeshellcmd($_GET["st"]) : NULL;

+$custom_metrics = array_keys($my_custom_metrics);
+if (is_null($graph) && in_array($metricname, $custom_metrics)) {
+    $graph = $metricname;
```

```
+}
+
 # RFM - Define these variables to avoid "Undefined variable" errors being
 # reported in ssl_error_log.
 $command = "";
@@ -194,6 +199,7 @@

            $lower_limit = "--lower-limit 0 --rigid";
            $vertical_label = "--vertical-label 'Load/Procs'";
+           $extras = "--slope-mode";

            $series = "DEF:'load_one'='${rrd_dir}/load_one.rrd':'sum':AVERAGE "
                ."DEF:'proc_run'='${rrd_dir}/proc_run.rrd':'sum':AVERAGE "
@@ -205,10 +211,10 @@
            $series .="AREA:'load_one'#$load_one_color:'1-min Load' ";
            if( $context != "host" )
                {
-               $series .= "LINE2:'num_nodes'#$num_nodes_color:'Nodes' ";
+               $series .= "LINE1:'num_nodes'#$num_nodes_color:'Nodes' ";
                }
-           $series .="LINE2:'cpu_num'#$cpu_num_color:'CPUs' ";
-           $series .="LINE2:'proc_run'#$proc_run_color:'Running Processes' ";
+           $series .="LINE1:'cpu_num'#$cpu_num_color:'CPUs' ";
+           $series .="LINE1:'proc_run'#$proc_run_color:'Running Processes' ";
            }
        else if ($graph == "network_report")
            {
@@ -216,13 +222,13 @@
            $style = "Network";

            $lower_limit = "--lower-limit 0 --rigid";
-           $extras = "--base 1024";
+           $extras = "--base 1024 --slope-mode";
            $vertical_label = "--vertical-label 'Bytes/sec'";

            $series = "DEF:'bytes_in'='${rrd_dir}/bytes_in.rrd':'sum':AVERAGE "
                ."DEF:'bytes_out'='${rrd_dir}/bytes_out.rrd':'sum':AVERAGE "
-               ."LINE2:'bytes_in'#$mem_cached_color:'In' "
-               ."LINE2:'bytes_out'#$mem_used_color:'Out' ";
+               ."LINE1:'bytes_in'#$mem_cached_color:'In' "
```

ganglia.patch (5.2절)

```
+                    ."LINE1:'bytes_out'#$mem_used_color:'Out' ";
             }
         else if ($graph == "packet_report")
             {
@@ -238,6 +244,63 @@
                 ."LINE2:'bytes_in'#$mem_cached_color:'In' "
                 ."LINE2:'bytes_out'#$mem_used_color:'Out' ";
             }
+        else if ($graph == 'Apache_Proc_report')
+            {
+                $style = 'Apache Process Status';
+                $lower_limit = '--lower-limit 0 --rigid';
+                $extras = '--base 1000';
+                $vertical_label = "--vertical-label 'proc'";
+
+                $series = ''
+                    ."DEF:'stup'='${rrd_dir}/ap_starting.rrd':'sum':AVERAGE "
+                    ."DEF:'read'='${rrd_dir}/ap_reading_request.rrd':'sum':AVERAGE "
+                    ."DEF:'send'='${rrd_dir}/ap_sending_reply.rrd':'sum':AVERAGE "
+                    ."DEF:'keep'='${rrd_dir}/ap_keepalive.rrd':'sum':AVERAGE "
+                    ."DEF:'dnsl'='${rrd_dir}/ap_dns_lookup.rrd':'sum':AVERAGE "
+                    ."DEF:'clos'='${rrd_dir}/ap_closing.rrd':'sum':AVERAGE "
+                    ."DEF:'logg'='${rrd_dir}/ap_logging.rrd':'sum':AVERAGE "
+                    ."DEF:'gfin'='${rrd_dir}/ap_gracefully_finishing.rrd':'sum':AVERAGE "
+                    ."DEF:'idle'='${rrd_dir}/ap_idle.rrd':'sum':AVERAGE "
+                    ."DEF:'wait'='${rrd_dir}/ap_waiting.rrd':'sum':AVERAGE "
+                    ."CDEF:total=stup,read,send,keep,dnsl,clos,logg,gfin,idle,wait,+,+,
+,+,+,+,+,+ "
+                    .'GPRINT:total:MIN:"(proc\: min=%6.2lf " '
+                    .'GPRINT:total:AVERAGE:"avg=%6.2lf " '
+                    .'GPRINT:total:MAX:"max=%6.2lf)\n" '
+                    ;
+
+                if ($metricname == 'Apache_Proc_report') {
+                    // metric view
+                    if (array_key_exists('upper-limit', $my_custom_metrics[$metricname])) {
+                        $upper_limit = "--upper-limit ".$my_custom_metrics[$metricname]
['upper-limit'];
+                    }
+                    $series .= ''
```

APPENDIX ··· 샘플코드

```
+                   ."AREA:'stup'#FFD660::STACK "
+                   ."AREA:'read'#FF0000::STACK "
+                   ."AREA:'send'#157419::STACK "
+                   ."AREA:'keep'#00CF00::STACK "
+                   ."AREA:'dnsl'#55D6D3::STACK "
+                   ."AREA:'clos'#797C6E::STACK "
+                   ."AREA:'logg'#942D0C::STACK "
+                   ."AREA:'gfin'#C0C0C0::STACK "
+                   ."AREA:'idle'#F9FD5F::STACK "
+                   ."AREA:'wait'#FFC3C0::STACK "
+                   ;
+           } else {
+               // host view
+               $series .= ''
+                   ."AREA:'stup'#FFD660:'Starting up':STACK "
+                   ."AREA:'read'#FF0000:'Reading Request':STACK "
+                   ."AREA:'send'#157419:'Sending Reply\l':STACK "
+                   ."AREA:'keep'#00CF00:'Keepalive (read)':STACK "
+                   ."AREA:'dnsl'#55D6D3:'DNS Lookup':STACK "
+                   ."AREA:'clos'#797C6E:'Closing connection':STACK "
+                   ."AREA:'logg'#942D0C:'Logging':STACK "
+                   ."AREA:'gfin'#C0C0C0:'Gracefuly finishing':STACK "
+                   ."AREA:'idle'#F9FD5F:'Idle cleanup of worker\l':STACK "
+                   ."AREA:'wait'#FFC3C0:'Waiting for connection':STACK "
+                   ;
+           }
+       }
        else
        {
            /* Got a strange value for $graph */
Index: host_view.php
===================================================================
--- host_view.php   (.../tags/3.0.5)    (revision 134)
+++ host_view.php   (.../trunk) (revision 134)
@@ -3,6 +3,17 @@

 $tpl = new TemplatePower( template("host_view.tpl") );
 $tpl->assignInclude("extra", template("host_extra.tpl"));
+if (run_apache($hostname))
+   {
```

ganglia.patch (5.2절)

```
+        $template = <<<EOTMPL
+<A HREF="./graph.php?g=Apache_Proc_report&z=large&c={cluster_url}&{graphargs}">
+<IMG BORDER="0" ALT="{cluster_url} PACKETS"
+   SRC="./graph.php?g=Apache_Proc_report&z=medium&c={cluster_url}&{graphargs}">
+</A>
+<br>
+EOTMPL;
+        $tpl->assignInclude("functional", $template, T_BYVAR);
+    }
 $tpl->prepare();

 $tpl->assign("cluster", $clustername);
Index: functions.php
===================================================================
--- functions.php   (.../tags/3.0.5)    (revision 134)
+++ functions.php   (.../trunk) (revision 134)
@@ -411,4 +411,9 @@
    return $racks;
 }

+function run_apache($hostname)
+{
+   return (strpos($hostname,'w') === 0);
+}
+
 ?>
Index: my-conf.php
===================================================================
--- my-conf.php (.../tags/3.0.5)    (revision 0)
+++ my-conf.php (.../trunk) (revision 134)
@@ -0,0 +1,7 @@
+<?php
+$my_custom_metrics = array(
+   'Apache_Proc_report' => array(
+       'upper-limit' => 30,
+       ),
+   );
+?>
Index: templates/default/host_view.tpl
===================================================================
```

APPENDIX ··· 샘플코드

```
--- templates/default/host_view.tpl (.../tags/3.0.5)    (revision 134)
+++ templates/default/host_view.tpl (.../trunk) (revision 134)
@@ -71,6 +71,8 @@
    SRC="./graph.php?g=packet_report&z=medium&c={cluster_url}&{graphargs}">
 </A>

+<!-- INCLUDE BLOCK : functional -->
+
 </TD>
 </TR>
 </TABLE>
Index: get_context.php
===================================================================
--- get_context.php (.../tags/3.0.5)    (revision 134)
+++ get_context.php (.../trunk) (revision 134)
@@ -98,7 +98,10 @@
 switch ($range)
 {
    case "hour":  $start = -3600; break;
+   case "4hour": $start = -14400; break;
+   case "8hour": $start = -28800; break;
    case "day":   $start = -86400; break;
+   case "3days": $start = -259200; break;
    case "week":  $start = -604800; break;
    case "month": $start = -2419200; break;
    case "year":  $start = -31449600; break;
Index: conf.php
===================================================================
--- conf.php    (.../tags/3.0.5)    (revision 134)
+++ conf.php    (.../trunk) (revision 134)
@@ -4,6 +4,7 @@
 # Gmetad-webfrontend version. Used to check for updates.
 #
 include_once "./version.php";
+include_once "./my-conf.php";

 #
 # The name of the directory in "./templates" which contains the
@@ -114,12 +115,12 @@
 #
```

```
   # Default graph range (hour, day, week, month, or year)
   #
-$default_range = "hour";
+$default_range = "3days";

 #
 # Default metric
 #
-$default_metric = "load_one";
+$default_metric = "load_report";

 #
 # Optional summary graphs
Index: header.php
===================================================================
--- header.php  (.../tags/3.0.5)   (revision 134)
+++ header.php  (.../trunk) (revision 134)
@@ -237,6 +237,8 @@
         $context_metrics[] = $m;
    foreach ($reports as $r => $foo)
         $context_metrics[] = $r;
+   foreach ($my_custom_metrics as $c => $foo)
+        $context_metrics[] = $c;
    }

 #
@@ -244,7 +246,10 @@
 #
 if (!$physical) {
    $context_ranges[]="hour";
+   $context_ranges[]="4hour";
+   $context_ranges[]="8hour";
    $context_ranges[]="day";
+   $context_ranges[]="3days";
    $context_ranges[]="week";
    $context_ranges[]="month";
    $context_ranges[]="year";
```

찾아보기

ㄱ

가동감시	240
가동률	258
가동률 측정	243
가상 라우터 ID	34, 35
가상 메모리	194
가상 IP주소	7
가상 MAC주소	34, 37
가상서버	31
가용성	XXI, 2
가중치	22
감시 스크립트	299
관리회선	317
그래프	271
글로벌 버퍼	233
글로벌 주소	30

ㄴ

내부 로드밸런서	95
내부 세그먼트	146
네임서버	113
네트워크 부트	XXI, 306, 310
네트워크 세그먼트	XXI
네트워크 장애	316
네트워크 카드	134
네트워크 트래픽	265
노드	276, 281

ㄷ

논리 NIC	134
다중구성	27
다중화	XXI, 2, 33, 39, 135
단일장애점	XXI
단일 호스트	162
대체 포트	142
대체장비	148
데몬	XXI, 292
데이터 복사	82
데이터센터	XXII
동일 서브넷	31
동적 컨텐츠	52
동적 VLAN	151
듀얼 마스터 MySQL 클래스	284
디스크 읽기	202

ㄹ

라우터	20
라우터 장애	3, 4, 5
라운드로빈	XXII
레이어	XXII
로그	313
로그서버	333
로그 수집	331
로그의 집약과 수집	326

찾아보기

로그 집약 ····· 327
로그 통지 ····· 288
로그파일 ····· 333
로드밸런서 ····· XXII, 18, 19, 39, 95, 118, 310, 370
로드밸런스 ····· 12
루비 ····· 77
루트 브리지 ····· 141
루트 포트 ····· 142
루프백 인터페이스 ····· 31
리눅스 ····· 20
리눅스 커널 ····· 169
리눅스 커널 2.6 ····· 163
리버스 ····· 46
리버스 프록시 ····· 21, 46, 47, 48, 51, 57, 72, 339
리소스 ····· XXII, 280, 281
리소스 이용률 ····· 348
리얼서버 ····· 22, 30
리졸버 ····· 113
리커버리 ····· 120
리플리케이션 ····· 80, 83, 84, 85
릴레이 로그 ····· 83, 84
링크 다운 ····· 134
링크 업 ····· 134
링크 장애 ····· 133
링크 집합 ····· 137

ㅁ

마스터 ····· 81, 342
마스터 서버 ····· 128
마스터 파일 ····· 315
매니페스트 ····· 284
매크로 ····· 178
멀티마스터 ····· 341
멀티 슬레이브 ····· 81
멀티쓰레드 ····· 189, 213
멀티캐스트 프레임 ····· 151
멀티캐스팅 주소 ····· 35
멀티코어 ····· 182
멀티태스킹 ····· 168
멀티태스킹 OS ····· 168
멀티프로세스 ····· 189, 213
메모리 기반 캐시서버 ····· 106
메모리 누수 ····· 223
메모리 사용률 ····· 265
메모리 소비 ····· 54
메모리 파일시스템 ····· XXII, 307
메일 ····· 255
메일서버 ····· 114
모니터링 ····· 265
목적지 NAT ····· 31
물리 NIC ····· 134

ㅂ

바이너리 로그 ····· 83, 84
백업 서버 ····· 126
백업용 로그서버 ····· 333

찾아보기

백업 포트 … 142
백엔드 서버 … 359
버퍼 … 233
병렬처리 … 211
병목 … XXIII, 165
보존 … 327
부모 프로세스 … 223
부트로더 … 309, 321
부하 … XXIII, 167
부하분산 … 12, 27
부하분산기 … 18, 19
부하상태 감시 … 242
분산 … 162
분석 … 327
브로드캐스트 스톰 … 139
브리지 … 141
브리지 기능 … 134
브리지ID … 141
블록되다 … XXIII
비동기 … 82
비동기 데이터 리플리케이션 … 82

ㅅ

사용자 모드 … 180
사활상태 감시 … 241
서버 리소스 모니터링 … 265
서버관리 … 346
서버팜 … XXIII, 112, 145, 154
서비스 … 253
서비스 감시 … 9
선점형 모드 … 34, 37

성능 … 162
세션관리 … 73
셸 함수 … 302
수집 … 326
스냅샷 … 87
스왑 … 195
스위치 간 접속 장애 … 133, 137
스위치 장애 … 133, 137, 318
스위칭 허브 … XXIII, 318
스케일 아웃 … XXIII, 94
스케일 업 … XXIV
스케줄링 알고리즘 … 21
스테이징 환경 … XXIV
스토리지 서버 … 102, 103, 120
슬레이브 … 81, 91, 94
슬로우 쿼리 … 232
시그널 … 298
시리얼 콘솔 … 320
시스템 모드 … 180
시스템콜 … 181
실행 스크립트 … 302
실행큐 … 178
싱글 마스터 … 81
쓰레드 … 189, 191
쓰레드 버퍼 … 233

ㅇ

아파치 … 210
아파치 모듈 … 56
아파치 튜닝 … 209
아파치 2.2 … 57

찾아보기

안정성 ………………………………………… 339
애플리케이션 ………………………………… 95
애플리케이션 계층 …………………………… 20
애플리케이션 영역 …………………………… 122
예비 운용장비 ……………………………… 2, 3
오픈소스 주의 ……………………………… 336
우선순위 …………………………………… 34, 36
운용 ………………………………………… 290
운용체제 …………………………………………… 3
원격관리 …………………………………… 316
원격 로그인 ………………………………… 316
웹 서버 …………………………………… 25, 46
웹 서버 장애 ………………………………… 3, 5
웹 서버 튜닝 ………………………………… 209
유닉스 계열 ………………………………… 122
유효 사용자 ………………………………… 295
인터넷 익스플로러 ……………………………… 69
인텔리전트 스위치 …………………………… 318
인프라 ……………………………………… 352
인프라 리소스 ……………………………… 350
입출력 ……………………………………… 168

ㅈ

자바 ………………………………………… 50, 77
자바스크립트 ………………………………… 50
자식 프로세스 ……………………………… 223
장애 ………………………………………… 2, 3
장애검출 ……………………………………… 8
장애극복 ………………………………… XXIV, 7
전송량 ……………………………………… XXIV
전원효율 …………………………………… 348

정적 컨텐츠 ………………………………… 52
정적 VLAN ………………………………… 151
주소변환 라이브러리 ………………………… 112
중단 ………………………………………… 175
지연시간 …………………………………… XXIV
지정 포트 …………………………………… 142
집계 ………………………………………… 327
집약 ………………………………………… 326

ㅊ

참조 쿼리 …………………………………… 81
초기비용 …………………………………… 348

ㅋ

카피 온 라이트 ………………………… 219, 220
캐리어 게이트웨이 …………………………… 13
캐시 ………………………………………… 69
캐시서버 ………………………………… 22, 69
캐싱 ………………………………………… 49
커널 ………………………………………… 309
커스텀 그래프 ……………………………… 272
컨버전스 ……………………………………… 38
컨텍스트 스위치 …………………………… 214
콘솔 ………………………………………… 320
콘텐츠 ……………………………………… XXIV
쿠키 ………………………………………… 73
쿨한 URL …………………………………… 49
클라이언트 ………………………………… 46, 48
클라이언트 라이브러리 ……………………… 76
클래스 …………………………………… 277, 280

399

찾아보기

킥스타트 ··· 344

ㅌ

타이머 인터럽트 ······································· 175
타입 ··· 281
태그 VLAN ····································· 153, 157
태스크 ·· 170
테스트 ·· 250
템플릿 ·· 245, 284
통지 ··· 254
튜닝 ·· 207, 230
트랜스포트 계층 ······································· 20

ㅍ

파라미터 ··· 40, 234
파이썬 ··· 77
파이어폭스 ··· 69
파일 ··· 281
파일서버 ·· 311, 343
파일시스템 ··· 122
파티셔닝 ·· 231
패키지 ··· 281
패키지 관리 ·· 345
패킷 ··· XXV, 136
펄 ··· 50, 77
페이지 캐시 ·· 202
페이징 ··· 194
페일백 ·· XXV, 67
포지션 ··· 83, 84
포트 감시 ·· 9

포트 트렁킹 ·· 137
포트 VLAN ···································· 152, 156
프레임 ··· XXV
프로그램 카운터 ······································ 170
프로덕션 환경 ··· XXV
프로세스 ······································· 170, 189
프로세스 디스크립터 ························ 170, 171
프로세스 상태 그래프 ······························· 271
프로세스 스케줄러 ······························ 169, 170
프로세스 어카운팅 ·································· 185
프로세스의 상태변화 ································ 174
프록시 서버 ·· 13
프론트엔드 서버 ······································ 358

ㅎ

함수 ··· 280
헬스체크 ······························· XXV, 8, 9, 367
호스트 ··· 253
혼재 모드 ··· 83
확장성 ··································· XXV, 12, 339

기타

%iowait ··· 181
%system ··· 180
%user ··· 180
802.3ad ··· 135, 137

A

active-backup ·· 135

400

찾아보기

Active/Backup 구성 ·················· 7, 10, 12, 117
address ·· 124
Alias ·· 62
Alternate Port ·· 142
AP ··· 96
AP서버 ·· XIX, 49, 50, 51
apache-status ·· 385
Application Server ·· XIX
ARP 요청 ·· 135
ARP 캐시 ·· 37
ARP테이블 ·· 37
ARP(Address Resolution Protocol) ········· 11, 134
autofs ·· 344
Availability ··· XXI
averun ·· 178

B

background ·· 294
Backup Port ·· 142
balance-alb ··· 135
balance-rr ··· 135
balance-tlb ·· 135
balance-xor ··· 135
BalancerMember ··· 68
basic 섹션 ··· 97
BBU(Battery Backup Unit) ····································· 81
BIND ·· 116
BIOS ··· 308, 321
Blocked ·· XXIII
Bonding 드라이버 ····························· 134, 359, 361
Bottleneck ··· XXIII

BPDU(Bridge Protocol Data Unit) ············ 140
broadcast ·· 135
Broadcast Storm ·· 139
bzip2 ·· 331

C

C언어 ·· 76, 77
C++ ··· 77
Cacti ·· 266
Capistrano ··· 347
cascade연결 ··· 138
CDN(Content Delivery Network) ············ XIX
CentOS 5 ··· 57
Centreon ·· 266
cfengine ··· 290
CGI ··· 107
Cisco사 ·· 33
Cold Standby ··· 4
collectd ·· 266
command ··· 248
contact ·· 245, 249
contactgroup ·· 245, 249
Contents ·· XXIV
Context Switch ··· 214
Convergence ·· 38
Cookie ··· 73
Copy on Write ·· 220
Core2 Duo ·· 348
Core2 Quad ··· 348
CPAN 모듈 ··· 345
CPU 바운드한 프로그램 ··································· 167

401

찾아보기

CPU 부하 ·· 166, 167
CPU사용률 ······························ 165, 184, 265
CPU 아키텍처 ······································ 182
cpustat ·· 188
cron ·· 332
CSS ·· 50
cu ·· 321
curl ··· 16

D

Daemon ··· XXI
daemondown ······························· 303, 304
daemonstat ·································· 303, 304
daemontools ························· 130, 292, 293
daemonup ··· 303
data center ······································· XXII
Database ··· 79
DB ·· 79, 340
DB데이터 ··· 80
DB서버 ································· 79, 231, 311
db100 ··· 96
db100-s ·· 96
db101 ··· 96
db102 ··· 96
deploy ··· 347
Designated Port ··································· 142
detach ·· 363
device ·· 124
dh ·· 22
DHCP서버 ································· 309, 351
dig ··· 116

Directive ··· 62
Disabled Port ····································· 142
disk ·· 124
Diskless 서버 ···································· 351
Diskless 시스템 ································· 307
Distributed Replicated Block Device ····· 121
DNAT(Destination Network Address Translation)
 ·· 31
DNS ··· 301
DNS 라운드로빈 ····························· 13, 19
DNS Round Robin ······························· 13
DNS서버 ····································· 13, 112
DNS서버 장애 ··································· 114
DNS서비스 ·· 116
DNS질의 ·· 114
DNS클라이언트 ································· 115
DomU ·· 349
Dos공격 ································· 56, 242, 339
DR ··· 30, 99
DRBD ···························· 121, 122, 123, 343, 362
DRBD 0.7계열 ···································· 122
drbd-backup ······························· 128, 130
drbd-master ······························· 128, 129
drbd.conf ··· 124
DSAS(Dynamic Server Assign System) 353
DSO(Dynamic Shared Object) ·············· 58
DSR(Direct Server Return) ······ 29, 30, 99, 101
DSR구성 ·· 32

찾아보기

E

envdir	299, 300
exec	282
Exec_Master_Log_Pos	92

F

Failback	XXV, 67
Failover	XXIV, 7, 10
FastCGI	50
fghack	295
file	281, 282
foreground	294
Frame	XXV
free	218
FTP	71

G

Ganglia	267
ganglia.patch	389
GARP	38
getty	321, 322
GFS	122
Global Buffer	233
Global File System	122
GNU tar	87
Googlebot	49
gratuitous AR	38
gratuitous ARP	12, 38
GRUB	322

gzip	56

H

hard	103
Hatena	50, 336
Health Check	XXV, 8
host	245
hostgroup	245
Hot Standby	6
HSRP(Hot Standby Routing Protocol)	33
HTML	50
HTTP	53, 69, 71, 106, 108
HTTP 요청	47, 366
HTTP 프로토콜	73
httpd	212
httpd.conf	216
HTTPS	71
HTTPS접속	366

I

I/O 대기율	165, 181
I/O 바운드	181
I/O 부하	166, 167
I/O 쓰레드	83, 92
ICMP 감시	8, 9, 15
IEEE	137
If-Modified-Since	70
init	306
initramfs	306, 309, 312
InnoDB	87, 88

찾아보기

interrupt	175
intr	103
IP주소	17, 48, 113
IP주소 인계	7, 8, 11
ipaddress	98
IPC	196
IPMI(Intelligent Platform Management Interface)	323
iptables 클래스	284, 286
IPVS(IP Virtual Server)	XIX, 20, 23, 118
IPVS(LVS)	46
ipvsadm	23, 25
IRC	255

J

| Java | 50, 77 |
| JavaScript | 50 |

K

KB(Kilobyte)	221
kbmemfree	203
kdump	325
Keep-Alive	53, 54, 61, 227
keepalived	23, 24, 25, 43, 128, 298
keepalived-extcheck	367
keepalived.conf	370
KeepAliveTimeout	61
kermit	321
khttpd	109
Kick Start	344
KLab	353

L

L1	132
L1-1	136
L1-2	136
L2	132
L2스위치	359
L3-3	139
L4스위치	20, 28, 29
L4-3	139
L7스위치	20, 28, 29, 32
LAN	11, 46
LAN 게이트웨이	71
LAN 케이블	146
LAN 케이블 장애	133
Last_Errno	92
Last_Error	92
Latency	XXIV
Layer	XXII
Layer 3	8
Layer 4	9
Layer 7	9
lblc	22
lblcr	22
lc	21
LDAP(Lightweight Directory Access Protocol)	344
lighttpd	53, 56, 109, 228, 340
LIMIT절	82
Link Aggregation	137

찾아보기

Link Down	134
Link Up	134
LinuxThreads	192
Live HTTP Headers	70
ll1	96
ll2	96
Load	XXIII
Load Average	165, 169, 175, 265
Load Balance	12
Load Balancer	XXII, 18, 19
loadfactor	68
log-slow-queries	232
Loopback Interface	31
ls	170
LS1-2	136
LS1-3	138
LS2-4	138
LVM(Logical Volume Manager)	87
LVS(Linux Virtual Server)	XIX, 66, 67, 339
lvs_method	30, 99

M

MAC주소	11
Magic SysRq	325
man nfs	103
Master	81
Master_Log_File	92
MATRIX	370
MaxClients	58, 59, 216, 217, 224
MaxProcess	352
MaxRequestsPerChild	223
Media Access Control Address	11
memcached	74, 76, 106, 374
memcached 감시	262
Memory File System	XXII
Memory Lick	223
meta-disk	124
MII(Media Independent Interface)	134
MII 감시	138
minicom	321
MISC_CHECK	99, 118
mod_alias	61
mod_deflate	56
mod_dosdetector	56, 339
mod_perl	50, 213
mod_php	50, 213
mod_proxy	61, 339
mod_proxy_balancer	66, 67
mod_proxy_http	61
mod_rewrite	48, 61
mod_setenvif	64
mod_ssl	56
monitor-ping	299
Monitorix	266
MPM(Multi Processing Module)	211
MRTG(Multi Router Traffic Grapher)	346
Multi-Core	182
multilog	296, 314
Munin	266
my.cnf	85
my.conf	88
MyISAM	87
MyISAM 테이블	234

찾아보기

mymemcheck ·· 237, 378
MySQL ·· 82, 85
MySQL 리플리케이션 ··· 81, 94
MySQL 리플리케이션 감시 ······································ 261
MySQL 슬레이브 ·· 94, 99
MySQL 튜닝 ··· 230
MySQL 프로세스 개수 감시 ···································· 262
MySQL 4.0계열 ·· 340
MySQL 5.0계열 ·· 340
MySQL 5.1.5 ··· 83
MySQL 5.1.8 ··· 83
mysqlbinlog ·· 84
mysqld ·· 79, 84, 87

N

Nagios ··· 240
Nagios 3.0.2 ··· 244
NAT(Network Address Translation) ··· 29, 30, 101
NAT구성 ·· 32
NegDReply ··· 363
Netfilter ·· XX, 31
Netfilter모듈 ·· 23
NetMRG ·· 266
Network Boot ·································· XXI, 306
Network File System ·· 307
Network Segment ·· XXI
NFS ··· 103, 307
NFS서버 ··· 104, 127, 131
NIC(Network Interface Card) ································
································ XX, 11, 133, 134, 309, 360
NIC 고장 ·· 133

NLWP(Number of LWPs) ······································· 192
None-인텔리전트 스위치 ······································· 318
nopreempt ·· 129
notify_backup ·· 129
notify_fault ··· 129
notify_master ·· 129
NPTL(Native POSIX Thread Library) ······ 192
nq ··· 22
NRPE(Nagios Remote Plugin Executor) ··· 261

O

O/R mapper ··· 95
OCFS ·· 122
OCFS2(Oracle Cluster File System for Linux 2)
··· 343
on ·· 124
ONU(Optical Network Unit) ·································· 317
OpenSource Software ··· 20
Oracle Cluster File System ···································· 122
ORDER BY ··· 82
OS ··· 321
OS튜닝 ··· 207
OSI 참조 모델 ·· XX
OSS ··· 20, 336, 357
OSS 자동설정 툴 ·· 290

P

package ··· 281, 282
Packet ·· XXV

Page Cache	202
Paging	194
Partitioning	231
perl	50, 77
pgrep	221
PHP	50, 77
Port Trunking	137
Preemptive Mode	37
prefork	213
prefork 모델	57
Primary	363
primary 상태	125
primary key	231
Priority	36
proc	179, 218
Process	170
Process Accounting	185
Process Descriptor	170
Process Scheduler	169
Production Environment	XXV
Program Counter	170
protocol	124
Proxy	62
ps	164, 176, 191, 193
Puppet	274, 290, 345
puppetd	275
puppetd에서의 로그	289
puppetmaster.log	289
puppetmasterd	275
PXE(Pre-eXecution Envirionment)	308
PXE BIOS	308
Python	77

RAID	81, 120
rc 스크립트	301
RDBMS	232
Read_Master_Log_Pos	92
recovery	120
Red Hat Enterprise Linux 5	57
Redundancy	XXI, 2
Relay_Log_File	92
Relay_Log_Pos	92
Relay_Master_Log_File	92
Remote Maintenance	316
repcached	374
Replication	80
report	289
RequestsPerChild	352
resolve	112
resolver	113
Resource	XXII, 124
Reverse	46
Reverse Proxy	46
RewriteRule	62, 64
RFC 3768	34, 37
Root Port	142
rotatelogs	332
Round Robin	XXII
rr	21
RSS(Resident Set Size)	194, 221
RSTP(Rapid Spanning Tree Protocol)	139, 140, 141, 142, 359
Ruby	77

찾아보기

run 파일 ·· 295

S

S컬럼 ·· 197
sar(System Activity Reporter)
···································· 164, 165, 166, 179, 198
sar -q ··· 201
sar -r ·· 201
sar -u ··· 200
sar -W ·· 205
Scalability ··· XXV, 12
scalable ··· 76
scale out ··· 94
Scale-out ·· XXIII
Scale-up ··· XXIV
Scheduling Algorithm ································· 21
Secondary ··· 363
secondary 상태 ·· 126
sed ·· 22
SELECT문 ·· 81
server farm ······································ XXIII, 112
server-id ·· 88
ServerLimit ······························· 59, 217, 224
ServerLimit/ThreadLimit ··························· 60
ServerRoot ·· 62
server_id ··· 100
service ··· 245, 282
servicegroup ·· 245
sh ·· 22
SHARED ·· 221
SHOW MASTER LOGS ····························· 90

SHOW MASTER STATUS ························· 89
SHOW SLAVE STATUS ············· 90, 91, 93
Single Point of Failure ···························· XXI
Slashdot효과 ·· 242
Slave ·· 81
Slave_IO_Running ····································· 92
Slave_SQL_Running ································· 92
sleep ·· 299
SMTP서버 ··· 44
SNMP(Simple Network Management Protocol)
··· 244, 261
soft ··· 103
Spanning Tree Protocol ··························· 38
SPED서버 ··· 228
SQL레벨 ·· 231
SQL문 ·· 83
SQL 쓰레드 ·· 83
SQL 최적화 ·· 231
Squid ···························· 64, 71, 72, 73, 75, 339
SSH ·································................. 316, 319
SSI ·· 107
SSL ·· 56
SSL 가속기 ··· 364
Staging Environment ····························· XXIV
state-less ·· 69
stone ··· 365
STP(Spanning Tree Protocol) ········ 38, 139
Subversion ··· 290
supervise ·· 130
svr1 ·· 136
svr2 ·· 136
svr3 ·· 138

408

svr4	138
svscan	293
Swap	195
Switching Hub	XXIII
syslog	314, 327, 328
syslog-ng	329
sysstat 패키지	179

T

tagmail	289
tar	87
Task	170
TASK_INTERRUPTIBLE	171, 173
TASK_RUNNING	171, 172
TASK_STOPPED	171
TASK_UNINTERRUPTIBLE	171, 173
TASK_ZOMBIE	171
TBL	214
tcpdump	97
Telnet	319
TFTP(Trivial File Transfer Protocol)	309
TFTP서버	309
Thread	189
Thread Buffer	233
ThreadLimit	59, 224
ThreadsPerChid	224
ThreadsPerChild	58, 59, 60
Throughput	XXIV
thttpd	107, 109
TIME	196
TIME컬럼	197

Timer Interrupt	175
TLB	215
top	164, 165, 179
top-down방식	182
trap	130
TTL(Time To Live)	13
Type	281

U

UNIQUE	82
UPDATE문	82
uptime	165, 179
URL	47, 48, 49, 63
USB-시리얼 교환 커넥터	319
User-Agent	48, 49
user_tick	187
utime	188

V

vcnofig	158
VIP(Virtual IP Address)	XX, 7, 41, 101, 118
Virtual Memory	194
virtual_router_id	97
VLAN(Virtual LAN)	145, 150
VLAN(Virtual LAN) 기능	134
VLAN 식별자	152
VLAN ID	152
VmHWM	218
vmstat	165, 166, 204, 206
VRID(Virtual Router ID)	97

찾아보기

VRRP(Virtual Router Redundancy Protocol) ··33, 34, 41, 97, 112, 115
VRRP 라우터 그룹 식별자 ·························· 97
VRRP 인스턴스 ···························· 42, 43
VRRP패킷 ································ 34
VSZ(Virtual Set Size) ························ 194

W

wait ···································· 130
waitdns ································ 302
WAN ······························· 46, 146
WAN측 세그먼트 ··························· 147
WatchDog 타이머 ························· 325
Weight ··································· 22
wlc ····································· 21
worker ······························ 213, 224
worker 모델 ····························· 57
Write Cache ····························· 81
wrr ····································· 21
WS ································ 106, 107

X

Xen ·································· 349

Y

Yahoo! Slurp ···························· 49

Z

Zilbo ································· 263